"十四五"职业教育国家规划教材

国家级精品资源共享课配套教材
智 能 制 造 专 业 群 系 列 教 材

典型零件计算机辅助设计与制造

主　编　胡新华　郭　利
副主编　张　丽　张艺潇　李宏炼

科 学 出 版 社
北　京

内 容 简 介

本书以机械加工岗位工作任务为驱动，共安排了灯罩盖外壳凹模CAM、充电器座型芯零件CAM、放大镜型芯零件CAM、保护盒型腔零件CAM、酒杯型腔零件CAM五个典型项目实训任务。通过学习和实践，学习者可以掌握数控加工自动编程技术的基本思路与方法，自动编程软件UG/NC模块的使用方法，铣削加工、钻削加工、NC后处理，以及全仿真等技术的方法与步骤。

本书可作为高职高专院校CAD/CAM类课程的教材，也可作为高职高专院校学生岗位专项培训的教材。

图书在版编目（CIP）数据

典型零件计算机辅助设计与制造/胡新华，郭利主编. —北京：科学出版社，2019.11（2023.6修订）

ISBN 978-7-03-063430-6

Ⅰ.①典… Ⅱ.①胡… ②郭… Ⅲ.①机械元件-计算机辅助设计-高等职业教育－教材 Ⅳ.①TH122

中国版本图书馆CIP数据核字（2019）第255305号

责任编辑：张振华 / 责任校对：王　颖

责任印制：吕春珉 / 封面设计：东方人华平面设计部

科学出版社 出版

北京东黄城根北街16号

邮政编码：100717

http://www.sciencep.com

三河市骏杰印刷有限公司 印刷

科学出版社发行　各地新华书店经销

*

2019年11月第　一　版　开本：787×1092　1/16

2024年 1 月第三次印刷　印张：14 3/4

字数：365 000

定价：49.00元

（如有印装质量问题，我社负责调换〈骏杰〉）

销售部电话 010-62136230　编辑部电话 010-62135120-2005

前　言

党的二十大报告中深刻指出："加快建设国家战略人才力量，努力培养造就更多大师、战略科学家、一流科技领军人才和创新团队、青年科技人才、卓越工程师、大国工匠、高技能人才。"为了深入贯彻落实二十大报告精神，编者根据二十大报告和《职业院校教材管理办法》《高等学校课程思政建设指导纲要》《"十四五"职业教育规划教材建设实施方案》等相关文件精神，对"十三五"职业教育国家规划教材、"十四五"职业教育国家规划教材《典型零件计算机辅助设计与制造》做了更新、完善等修订工作。在修订过程中，紧紧围绕"培养什么人、怎样培养人、为谁培养人"这一教育的根本问题，以落实立德树人为根本任务，以学生综合职业能力培养为中心，以培养卓越工程师、大国工匠、高技能人才为目标。通过这次修订，本书的体例更加合理和统一，概念阐述更加严谨和科学，内容重点更加突出，文字表达更加简明易懂，工程案例和思政元素更加丰富，配套资源更加完善。具体而言，主要具有以下几个方面的突出特点。

1）校企"双元"联合编写，行业特色鲜明。本书是在行业专家、企业专家和课程开发专家的指导下，由校企"双元"联合编写的。编者均来自教学或企业一线，具有多年的教学或实践经验。在编写过程中，编者能紧扣该专业的培养目标，遵循教育教学规律和技术技能人才培养规律，将新理论、新标准、新规范融入教材，符合当前企业对人才综合素质的要求。

2）项目引领，任务驱动，与机械制造工艺员工作岗位对接。本书基于"项目化"教学的编写理念，以真实生产项目、典型工作任务、案例等为载体组织教学，共安排了灯罩盖外壳凹模 CAM、充电器座型芯零件 CAM、放大镜型芯零件 CAM、保护盒型腔零件 CAM、酒杯型腔零件 CAM 五个典型项目实训任务，体现了由易到难、由单一到综合循序渐进的教学原则，能够满足项目学习、案例学习、模块化学习等不同教学方式要求。

3）融入思政元素，落实课程思政。为落实立德树人根本任务，充分发挥教材承载的思政教育功能，凝练思政要素，融入精益化生产管理理念，将安全意识、质量意识、职业素养、工匠精神的培养与教材的内容相结合，使学生在学习专业知识的同时，潜移默化地提升思想政治素养。

4）配套立体化资源，便于实施信息化教学。为了方便教师教学和学生自主学习，本书配套教学资源包（含工作任务单、课件等），下载地址：www.abook.cn。书中穿插有丰富的二维码资源链接，通过手机等终端扫描后，可观看操作视频。

本书由胡新华（金华职业技术学院）、郭利（安徽国防科技职业学院）担任主编，张丽（河南工业职业技术学院）、张艺潇（北京科技高级技术学校）、李宏炼（安徽东风机电科技股份有限公司）担任副主编。具体编写分工如下：项目 1 由胡新华编写，项目 2 由李宏炼编写，项目 3 由张丽编写，项目 4 由郭利编写，项目 5 由张艺潇编写，胡新华和郭利负责统稿和定稿。

由于编者水平有限，书中难免存在疏漏之处，恳请广大读者批评指正。

目　录

项目 1　灯罩盖外壳凹模 CAM

项目任务

知识目标

1. 了解型腔铣削的特点与应用场合；
2. 掌握型腔铣削的切削模式及步距的设置方法；
3. 掌握型腔铣削的参数和切削层设置方法。

能力目标

1. 能正确创建型腔铣典型工序；
2. 能规划型腔类零件铣削加工工艺方案；
3. 能进行型腔铣切削参数设置、非切削移动参数设置、切削区域与修剪边界设置、进给率和速度参数设置；
4. 能进行深度轮廓加工特有参数设置、剩余铣与深度拐角加工；
5. 能对灯罩盖凹模的型腔进行铣削加工。

思政目标

1. 树立正确的学习观，坚定技能报国的信念；
2. 培养职业认同感、责任感，自觉践行行业道德规范；
3. 发扬一丝不苟、精益求精的工匠精神。

工作任务描述

1. 工作任务

应用计算机辅助设计与制造技术完成对灯罩外壳凹模型腔的铣削加工，通过制定加工工序，运用型腔铣典型操作，完成灯罩盖凹模零件型腔铣削的刀轨设置及仿真加工。项目任务工作流程如图 1-0-1 所示。

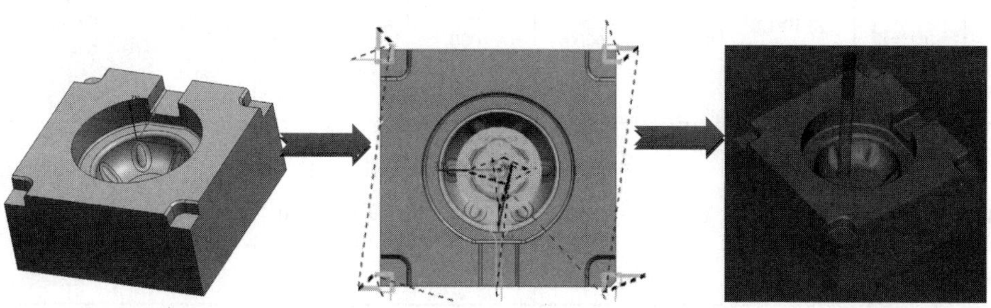

（a）导入零件模型　（b）刀轨设置　（c）仿真加工

图 1-0-1　项目任务工作流程

2. 工艺要求

由于采用标准模架和标准件，该模具除了成型零件部分外已经全部加工完毕。凹模零件属于成型零件，成型的是灯罩盖的外表面部分，对其表面粗糙度要求高（*Ra*0.4），因此机加工后还要进行抛光处理。灯罩盖凹模零件成型面结构特征简单：最小圆角半径为 1mm，侧壁有滑槽与滑块配合，四角有四个虎口位（用于成型零件定位），分型面为一张大平面，一般安排磨削加工。因此，制定灯罩盖的数控铣削加工工艺路线如图 1-0-2 所示。

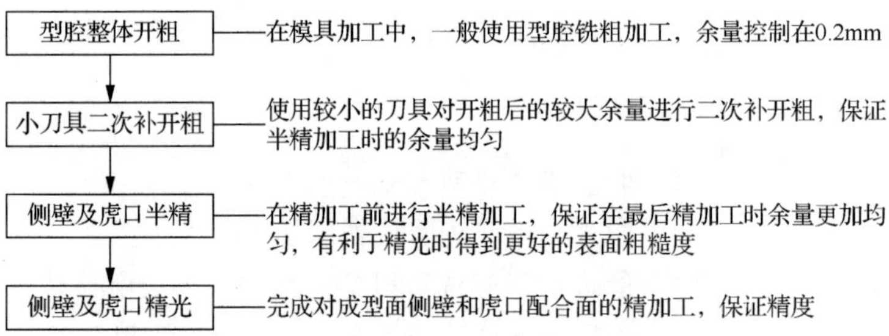

图 1-0-2 制定灯罩盖的数控铣削加工工艺路线

灯罩盖凹模铣削加工工序卡如表 1-0-1 所示。

表 1-0-1 灯罩盖凹模铣削加工工序卡

工序	工序内容	铣削类型	刀具	主轴转速/（r/min）	进给速度/（mm/min）	背吃刀量/mm	余量/mm		图解
							侧面	底面	
1	粗加工	CAVITY	D12R1	3500	2000	0.5	0.2	0.1	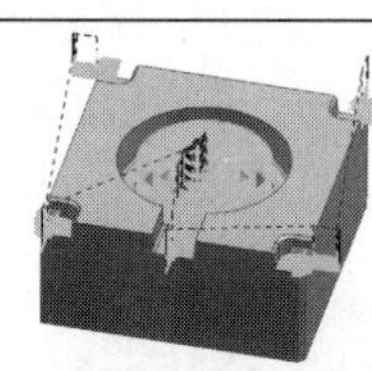
2	二次补开	CAVITY 参考刀具	D6R0.5	4500	2000	0.3	0.2	0.1	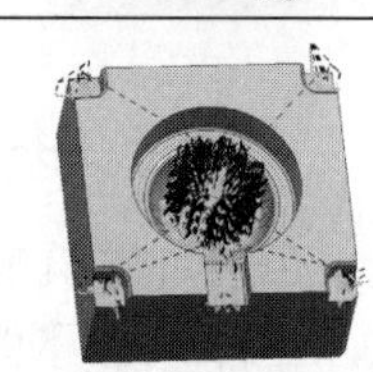
3	侧面半精	ZLEVLE 混合	D6R0.5	6000	1000	0.2	0.1	0.05	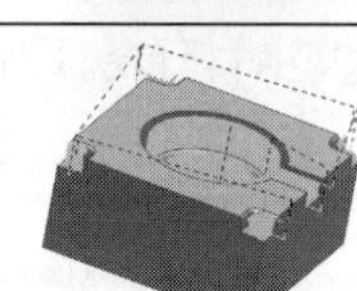
4	侧面精光	ZLEVLE 顺铣	D6R0.5	8000	600	0.08	0	0	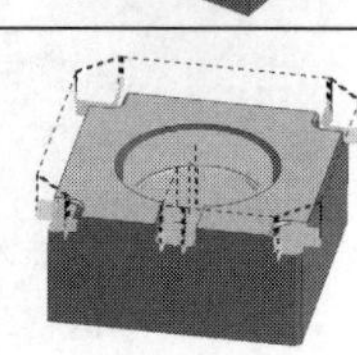

3. 工作条件

灯罩盖凹模的型腔铣加工刀具如表 1-0-2 所示。

表 1-0-2　灯罩盖凹模的型腔铣加工刀具

零件名称		灯罩盖凹模	零件编号		20170926-01	备注
序号	刀具号	刀具			加工内容	
		规格名称	数量	刀长/mm		
1	T01	D12R1-2 立铣刀	1	75	零件整体开粗	2 刃
2	T02	D6R0.5-2 立铣刀	1	55	拐角补开粗 型面凹腔侧壁半精	2 刃
3	T03	D6R0.5-4 立铣刀	1	55	所有成型面精光	4 刃

1.1　知识准备：基于灯罩盖凹模的型腔铣加工

1.1.1　型腔铣操作子类型及应用

型腔铣主要用于创建零件的粗加工刀具路径，以及直壁或者斜度不大的侧壁精加工。它根据型腔或型芯区域的形状，将要切除的部位分成多个切削层进行切削，每一切削层可以指定不同的深度，可以加工复杂的零件表面。型腔铣可以加工任意形状的零件，因此其应用非常广泛。

NX 10.0 版本的型腔铣操作主要包含三大类型：第一是用于开粗加工，有四种子类型；第二是用于半精或者精光加工，以深度加工为主，有两种子类型；第三是固定轴铣削，主要针对曲面加工，有 12 种子类型。也就是说，NX 10.0 版本的型腔铣可以创建 18 种不同的操作工序，其全部子类型如图 1-1-1 所示。

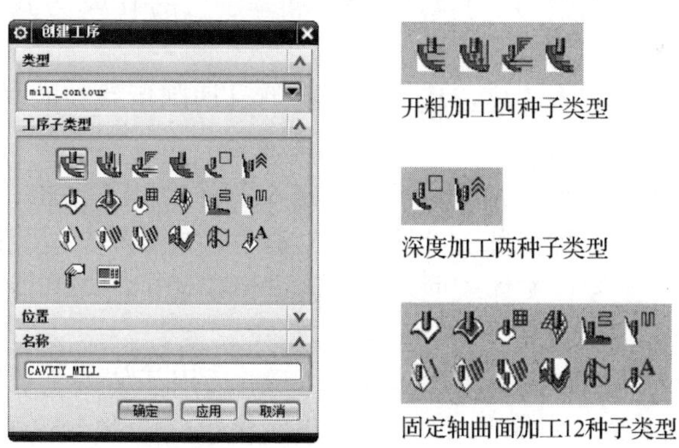

图 1-1-1　型腔铣操作全部子类型

典型的型腔铣操作的创建过程：设置工作环境→创建型腔铣操作→设置父节点组→创建加工几何体→设置型腔铣工序相关参数→生成刀具路径→刀轨仿真→后置处理。

开粗的四种子类型分别为基本型腔铣、插铣、拐角粗加工和剩余铣，还有用于半精或者精加工的以等高方式针对轮廓加工的深度轮廓加工、深度加工拐角和固定轮廓铣。七种子类型的含义和说明如表 1-1-1 所示。

表 1-1-1 型腔铣常用的七种类型及含义

序号	子类型图标	英文名称	中文含义	说明
1		CAVITY_MILL	基本型腔铣	该铣削类型为腔体类零件加工的基本操作，可使用所有切削模式来切除由毛坯几何体、IPW 和部件几何体所构成的材料量
2		PLUNGE_MILLING	插铣	该切削类型适用于使用插铣模式机械粗加工
3		CORNER_ROUGH	拐角粗加工	清除以前刀具在拐角或圆角过渡处无法加工的余留材料
4		REST_MILLING	剩余铣	适用于加工以前刀具切削后残留的材料
5		ZLEVEL_PROFILE	深度轮廓加工	适用于使用轮廓加工模式精加工工件的外形
6		ZLEVEL_CORNER	深度加工拐角	适用于使用轮廓加工模式精加工或过渡圆角部位无法加工的区域
7		FIXED_CONTOUR	固定轮廓铣	用于各种驱动方法、空间范围和切削模式对部件和切削区域进行轮廓铣。刀轴是+*ZM*

基本型腔铣：应用于大部分零件的粗加工，以及直壁或者斜度不大的侧壁的精加工。通过限定高度值，基本型腔铣可用于平面的精加工及清角加工等。

插铣：一种特殊的铣削加工类型，刀具连续做上下运动，快速大量地去除材料。对于具有较深的立壁腔体零件，插铣加工比基本型腔铣更加有效。插铣对机床的刚性要求非常高，一般模具加工不采用这种类型。

拐角粗加工：可使用参考刀具加工前一操作中因刀具尺寸太大而在拐角处留下的余量。在切削参数空间范围栏还可以选用 3D 和基于层的 IPW 方式来指定拐角的余量范围。

剩余铣：适用于加工本工序出现以前所有刀具切削后残留的材料。NX 10.0 提供了三种残料的范围定义方式。

深度加工的两种子类型分别为深度轮廓加工和深度加工拐角。

深度轮廓加工：是一种特殊的“型腔铣”工序，类似基本型腔铣中的轮廓铣削模式，通过层切方式加工零件实体表面轮廓。通过指定切削区域和陡峭设置，可以方便地实现对零件表面分区域按角度进行分层加工。

深度加工拐角：功能和拐角粗加工基本一致，适用于使用轮廓加工模式时陡峭拐角部位无法加工的区域。

固定轮廓铣：适用于加工平坦的曲面操作，常用于复杂曲面的半精加工和精加工。

1.1.2 型腔铣切削模式

单击“创建型腔铣工序”按钮后，系统弹出图 1-1-2 所示的“型腔铣”对话框。在“型腔铣”对话框中，系统提供了多种切削模式，不同的切削模式生成的刀轨各有特点，产生的加工效果也不一样。切削模式的选择对于后续加工有着较为重要的作用，可以说切削模式的选择直接决定零件的加工质量和加工效率。NX 10.0 提供的型腔铣切削模式有跟随部件、跟随周边、轮廓、摆线、单向、往复、单向轮廓七种，如图 1-1-3 所示。

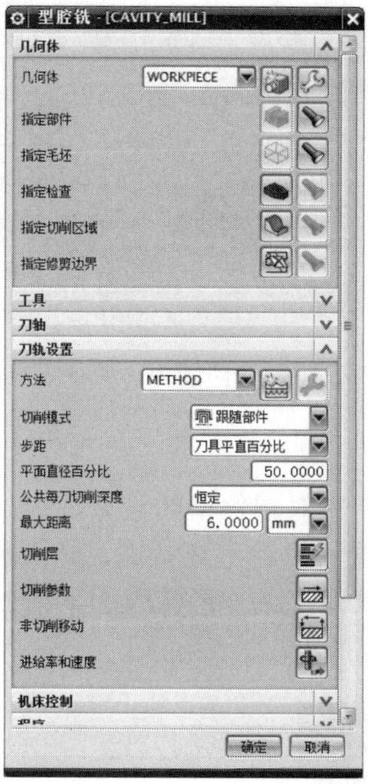

图 1-1-2 “型腔铣”对话框

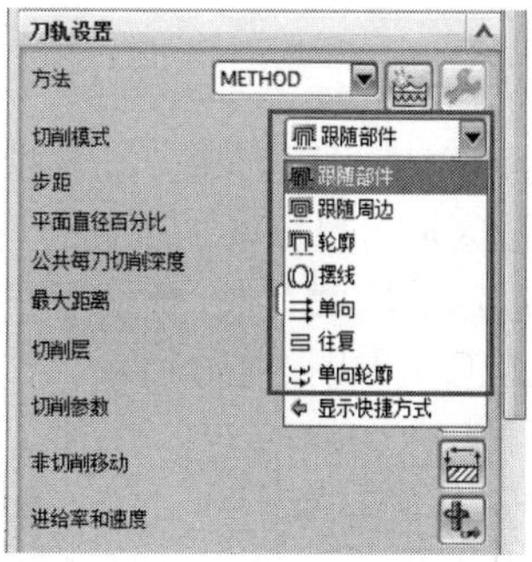

图 1-1-3 切削模式

1. 跟随部件

“跟随部件”模式生成的刀具路径是由零件几何体的形状偏置得到的，一般用于型芯类零件的开粗。跟随部件走刀从部件几何体所定义的所有的外围环（包括岛屿和内腔）进行偏置来创建刀轨，即当存在部件几何体时，毛坯边界不会影响刀具路径的形状，而当前的切削层中只有毛坯几何体时，系统将会按照切削的零件几何体来决定腔体的切削方向。腔体的步进方向是向外的，岛屿的切削方向是向内的。刀具路径由毛坯几何体偏置产生。“跟随部件”模式抬刀较多，但是该切削方式特别适合加工那些有凸台和岛屿的零件，可以较好地保证凸台和岛屿加工的精度。“跟随部件”模式刀轨如图 11-1-4 所示。

2. 跟随周边

跟随周边走刀创建的刀具路径是沿着型腔顺序的、同心的轨迹，是由切削区域的型腔的偏置得到的。跟随周边走刀时，刀具在步距间横向进给时连续地切削，以产生最大化的切削。使用“跟随周边”模式时，可能无法切削到一些较窄的区域，从而会将一些多余的材料留给下一切削层。鉴于此，应在切削参数中打开清壁和岛清理功能，这可保证刀具能够切削到每个部件和岛壁，从而不会留下多余的材料。“跟随周边”模式多用于粗铣加工，用来大量地去除材料，通常用于型腔类零件的加工。“跟随周边”模式刀轨如图 1-1-5 所示。

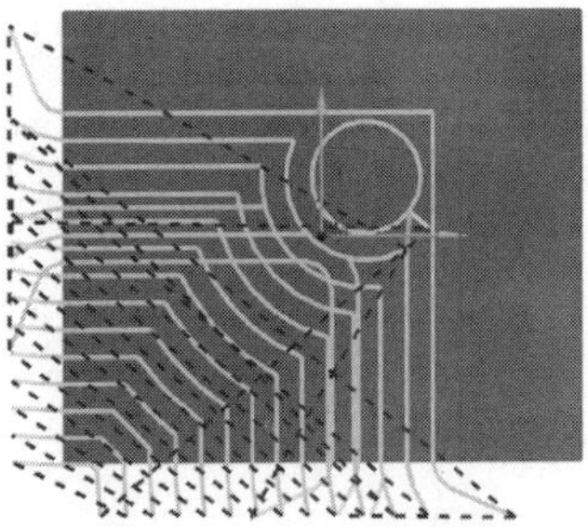

图 1-1-4 “跟随部件”模式刀轨

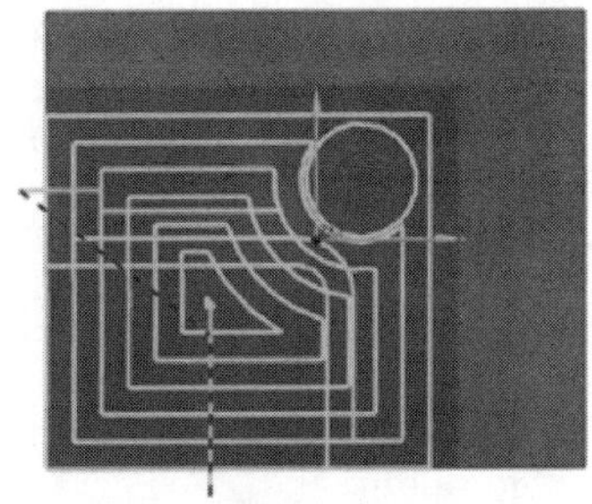

图 1-1-5 “跟随周边”模式刀轨

3. 轮廓

“轮廓”模式指创建一条或指定数量的切削刀路来对部件壁面进行加工。它可以加工开放区域，也可以加工闭合区域。轮廓走刀完全不考虑毛坯状态，其切削的路径和切削区域的轮廓有关。该切削模式通常用于零件的侧壁或外形轮廓的半精加工。“轮廓”模式刀轨如图 1-1-6 所示。

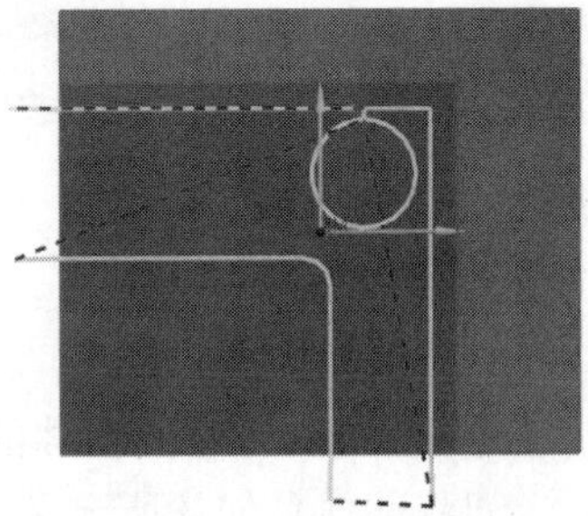

图 1-1-6 “轮廓”模式刀轨

4. 摆线

“摆线”模式生成的刀具路径近似于螺旋线的形状。使用该切削方式时步进较小，适用于高速铣。在选择摆线走刀方式时，步进的距离不能过大，如果太大系统将会提示操作参数错误，一般摆线走刀方式的步进距离不要超过刀具直径的 10%。“摆线”模式刀轨如图 1-1-7 所示。

5. 单向

“单向”模式所生成的刀具路径都统一从一个方向向另一方向切削，可适用于单一顺铣或逆铣，其加工的平面表面粗糙度较小，相对浪费时间。“单向”模式刀轨如图 1-1-8 所示。

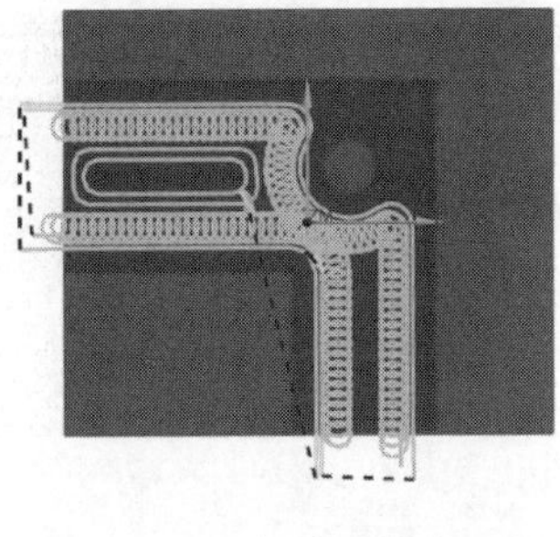

图 1-1-7 “摆线”模式刀轨

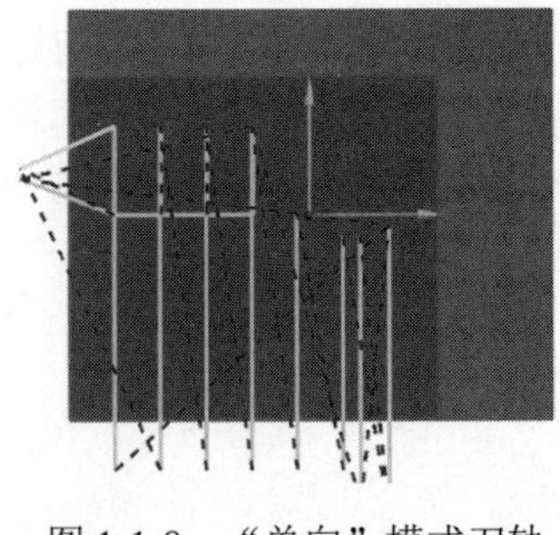

图 1-1-8 “单向”模式刀轨

6. 往复

往复走刀的刀具路径是顺铣和逆铣交替形成的，刀具的切削效率高，可以大量地去除材料，常用于粗加工。往复走刀时刀具在步距宽度内，刀具路径可以沿切削区域的轮廓进行切削运动，相对于“单向”模式更节省时间。“往复”模式刀轨如图 1-1-9 所示。

7. 单向轮廓

单向轮廓走刀用于创建平行的、单向的、沿轮廓的轨迹，其与单向走刀方式类似，只是在横向进给时刀具沿区域的轮廓进行切削。该切削方式对轮廓周边进行切削，不留残余的材料，通常用于粗加工后要求余量均匀的零件加工，如侧壁要求高的零件或薄壁零件。该方法在加工时切削比较平稳，对刀具冲击力小。“单向轮廓”模式刀轨如图 1-1-10 所示。

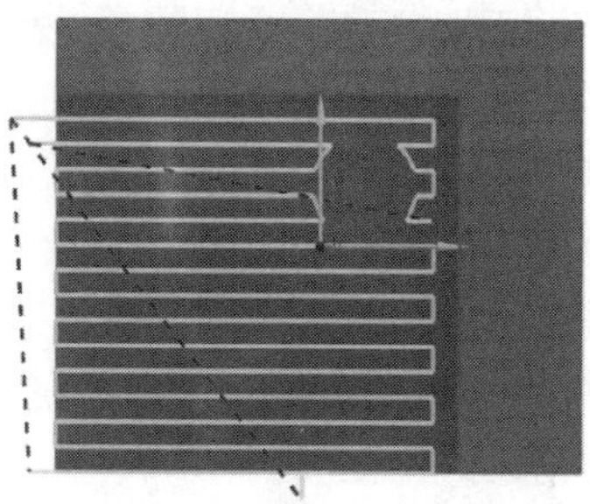

图 1-1-9　“往复”模式刀轨

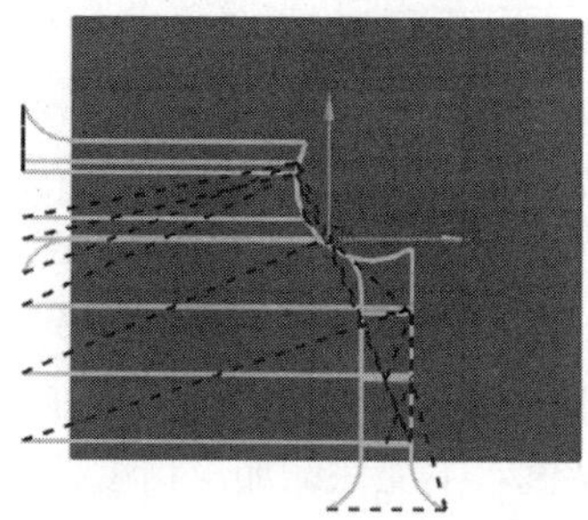

图 1-1-10　“单向轮廓”模式刀轨

1.1.3　切削步距设置

步距设定的参数直接决定了零件的加工速度和加工质量。UG NX 10.0 提供的步距设置方式有恒定、残余高度、刀具平直百分比和多个四种，如图 1-1-11 所示，现分别介绍如下。

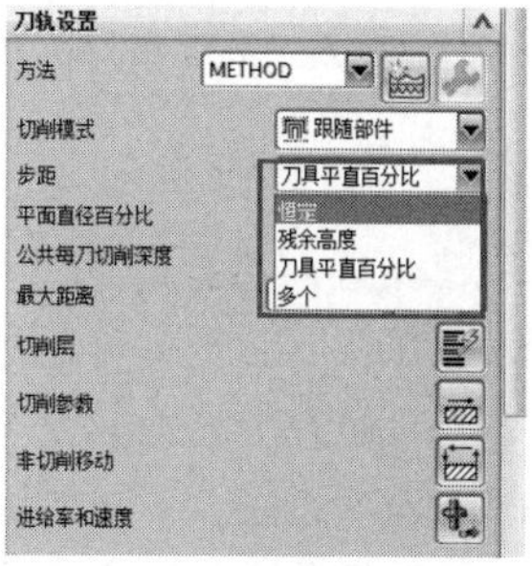

图 1-1-11　步距设置的四种方式

1. 恒定

恒定步距是指连续切削刀路间的固定距离数值，即相邻两刀轨之间的距离不变。如果设置的刀路间距不能平均分割所在的区域，系统将减小步进距离，但仍然保持恒定的步进距离。当切削模式为配置文件和标准驱动方式时，设置的步进距离是指轮廓切削和附加道路之间的步进距离。恒定步距设置如图 1-1-12 所示。

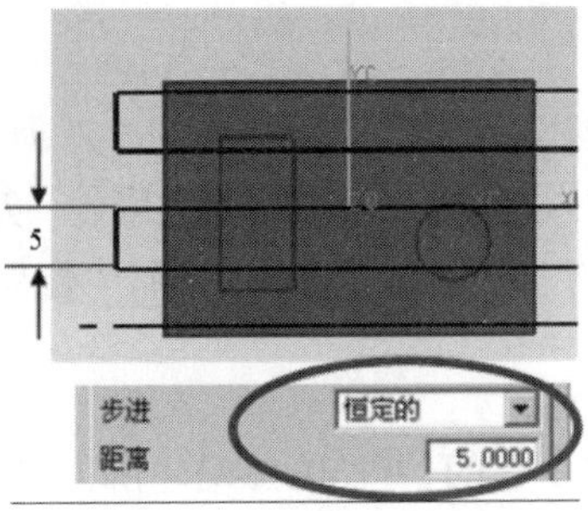

图 1-1-12 恒定步距设置

2. 残余高度

残余高度步进方式用来设置相邻两刀路间残留材料的最大高度，即相邻刀痕之间的残余波峰高度 H。系统会利用残余高度在连续切削刀路间建立合理的步进距离。由于切削对象外形变化不同，因此系统自动计算出的每次切削步进距离也不同。为了保护刀具在切削材料时负载不至于太大，最大步进距离将被限制在刀具直径长度的 2/3 范围内。使用“残余波峰高度”设置方式可以较好地控制工件的表面粗糙度，一般在曲面加工时设置使用。残余波峰高度 H 是相对垂直于刀轴的平面测量的。如果加工的表面不平整或为非水平面，则加工后不平整表面的残余波峰高度 H 可能会超过指定的 H 值，不能保证加工精度。残余高度和刀轨效果如图 1-1-13 所示。

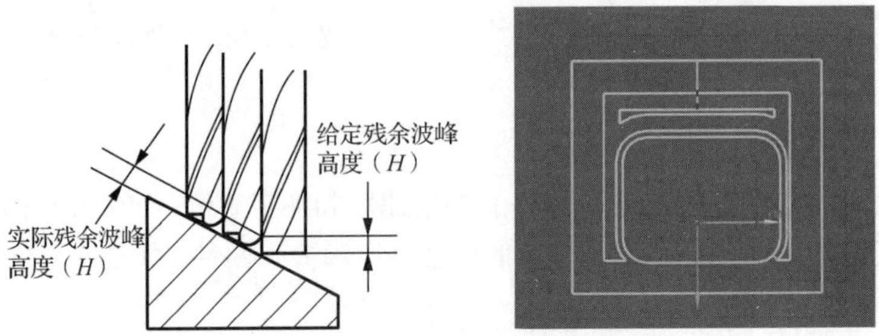

图 1-1-13 残余高度和刀轨效果

3. 刀具平直百分比

刀具平直百分比步距方式通过设置刀具直径的百分比值，从而在连续切削刀路之间建立固定距离。同样，如果步进距离不能平均分割所在区域，系统将减小刀具步进距离，但步进距离保持恒定。设置步进大小为刀具平直百分比，它是系统默认的设置步进大小的方式。当设置方式指定为“直径”时，“步距”选项的下方变为“百分比”选项。在“百分比”选项右侧的文本框内输入数值，即可指定步进大小为刀具有效直径的百分比，一般不超过刀具直径的 75%。系统在计算步距时与刀具类型有关，在相同直径不同类型的刀具中，步距的计算方式分别是：平底立铣刀按照刀具直接计算，圆角立铣刀按照刀底面的有效直径计算，球头立铣刀按照直径计算，由此得到的不同步距的刀轨效果如图 1-1-14 所示。

图 1-1-14　相同直径不同类型刀具的不同步距的刀轨效果

4. 多个

当切削模式为跟随周边、跟随部件、轮廓、标准驱动时，可以在步距下拉列表中选择“多个”选项。多个步距方式通过指定多个步距大小，以及每个步进距离所对应的刀路数来定义切削间距。根据切削模式不同，可变的步进距离的定义方式也不尽相同。图 1-1-15 所示是在跟随周边和跟随部件下的多个步距刀轨效果对比。

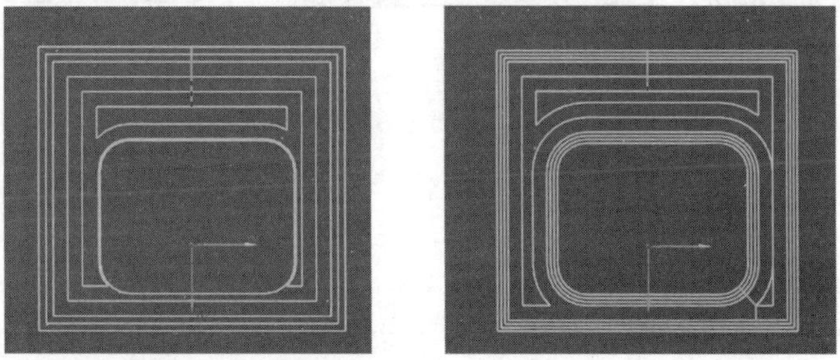

图 1-1-15　在跟随周边和跟随部件下的多个步距刀轨效果对比

比较常用的模具零件的开粗步距设置方式是“刀具平直百分比”，开粗步距一般限定为刀具直径的 50%～75%，尤其对于圆角刀具的步距设置必须按刀具底面的有效直径来计算步距。例如，D16R1 的立铣刀，其有效切削直径是 16−1×2=14（mm），此时刀具步距的设定一般不超过该刀具的有效切削直径 14mm。

1.1.4　公共每刀切削深度及切削层设置

1. 每刀切削深度

在“型腔铣”对话框“刀轨设置”中的“最大距离”文本框中输入的数值就是切削深度的最大值，如图 1-1-16 所示。

2. 切削层设置

切削层用于划分等高线，进行分层。等高线平面确定了刀具在移除材料时的切削深度。切削操作在一个恒定的深度完成后才会移至下一深度。使用“切削层”选项可以将一个零件划分为若干个范围，在每个范围内使用相同的切削深度，而各个不同范围可以采用不同的每刀深度。切削范围类型分为自动、用户定义和单个三种，如

图 1-1-17 所示。切削层分为恒定和仅在范围底部两种类型，如图 1-1-18 所示。公共每刀切削深度又分为恒定和残余高度两种类型，如图 1-1-19 所示。

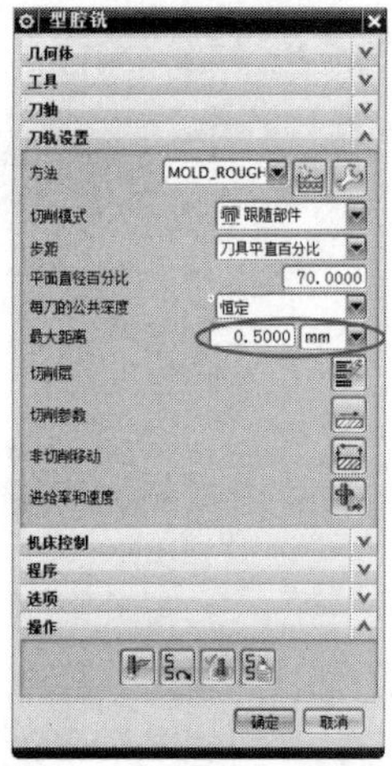

图 1-1-16　每刀最大切削深度

图 1-1-17　切削范围类型

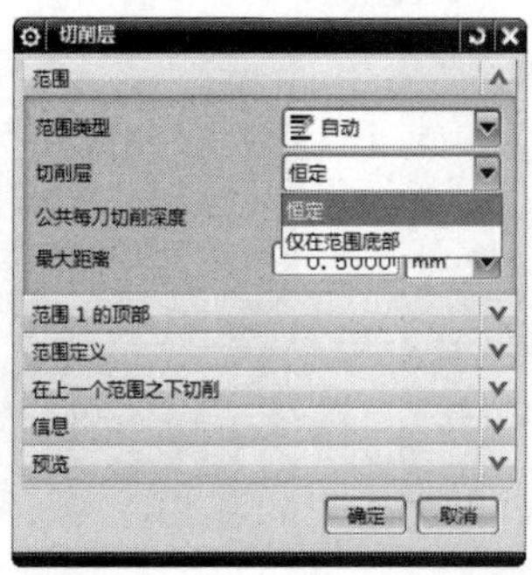

图 1-1-18　切削层类型

图 1-1-19　公共每刀切削深度类型

范围类型——用户定义：对范围进行手工分割，可以对范围进行编辑和修改，并对每一范围的切削深度进行重新设置，如图 1-1-20 所示。

范围类型——单个：单个范围类型将切削层设置为一个切削范围，底部余量不均匀。可以选中“临界深度顶面切削”复选框，如图 1-1-21 所示。

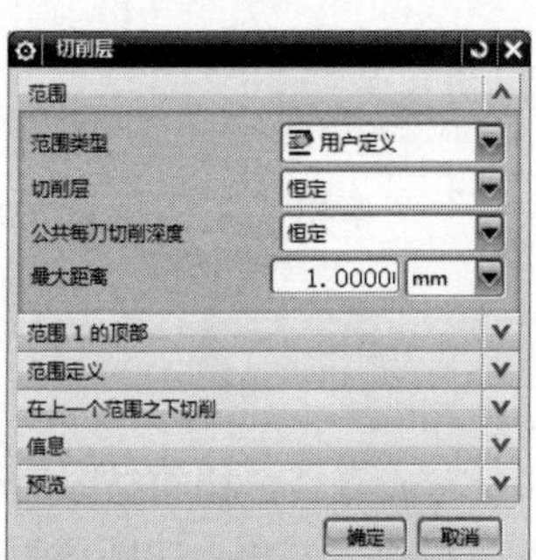

图 1-1-20　范围类型——用户定义

图 1-1-21　范围类型——单个

1.1.5　型腔铣切削参数设置

切削参数用于设置刀具在切削工件时的一些处理方式。它是每种工序共有的选项，但某些选项随着工序类型的不同和切削模式或驱动方式的不同而变化。如图 1-1-22 所示，“切削参数”对话框中共有六个选项卡，分别为策略、余量、连接、空间范围、拐角和更多。

1. “策略”选项卡

（1）切削方向：用于指定刀具在切削时的运动方向。型腔铣操作中，切削方向有顺铣、逆铣（图 1-1-23）和混合三种（混合将在深度加工轮廓中讲解）。顺铣是指刀具旋转时产生的切线方向与工件的进给方向相同。顺铣方式切削力平稳，精加工用顺铣可保证表面质量。逆铣是指刀具旋转时的切线方向与工件的进给方向相反，逆铣方式切削阻力大，一般不用。

图 1-1-22　“切削参数”对话框

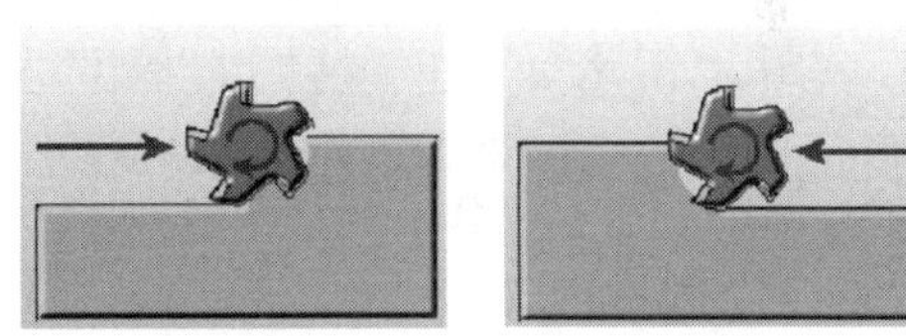

（a）顺铣　　（b）逆铣

图 1-1-23　切削方向示意图

（2）切削顺序：用于指定如何经过多个区域的刀具路径。当在一个切削层中有多个要加工的区域时，可以使用两种方式（层优先和深度优先）来定义区域的切削顺序。

① 层优先。选择该选项，指定刀具在切削零件时，切削完工件上所有区域的同一高度的切削层之后再进入下一层的切削，如图 1-1-24 所示。

② 深度优先。选择该选项，指定刀具在切削零件时，将一个切削区域的所有层切削完毕后再进入下一个切削区域进行切削，如图 1-1-25 所示。

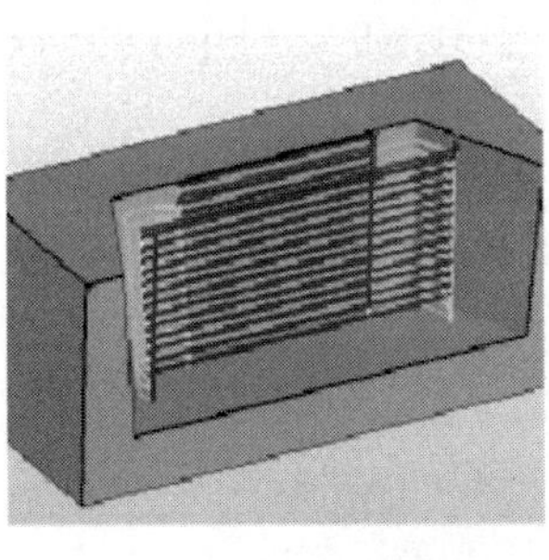

图 1-1-24　层优先

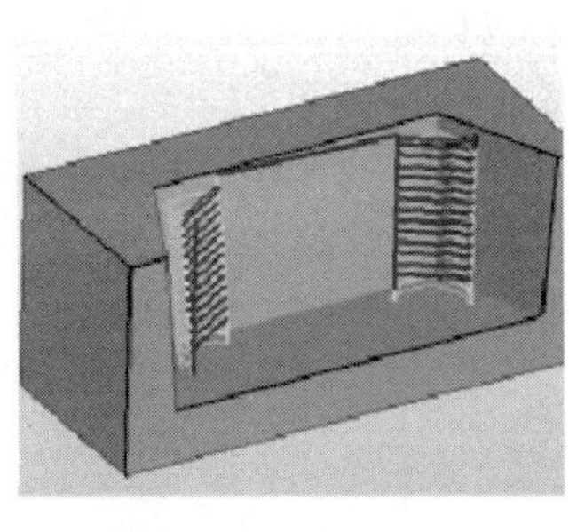

图 1-1-25　深度优先

（3）刀路方向：分为向内、向外和自动三种。自动计算的刀路方向是系统按照 NX 的内核算法来确定的，不受工艺安排的控制。一般根据工艺来安排：当铣削型芯类零件时，选择向内的刀路方向，有利于减少进刀冲击，保护刀具，延长使用寿命；当铣削型腔类凹面的零件时，选择向外的刀路方向，可以防止进刀时切削力太大造成过切。

当设置“跟随周边”模式时，切削“策略”的刀路方向选择了“向内”或者“向外”后，系统弹出“壁”选项区域，如图 1-1-26 所示。此时应选中“岛清根”复选框，并且“壁清理”选择自动方式。因为“跟随周边”模式限定了一些狭窄的部位不能清理，开启了“岛清根”功能后，能高效完成部件开粗，防止发生“踩刀”。开启自动“岛清根”功能时的刀轨效果如图 1-1-27 所示。

图 1-1-26 刀路方向设置

图 1-1-27 开启自动“岛清根”功能时的刀轨效果

（4）精加工刀路：刀具完成主要切削刀路后所做的最后一次切削刀路。在该刀路中，刀具将沿边界和所有岛做一次轮廓铣削。系统只在“底平面”的切削层上生成此刀路，它由“刀路数”和“精加工步距”两个参数决定，如图 1-1-28 所示。

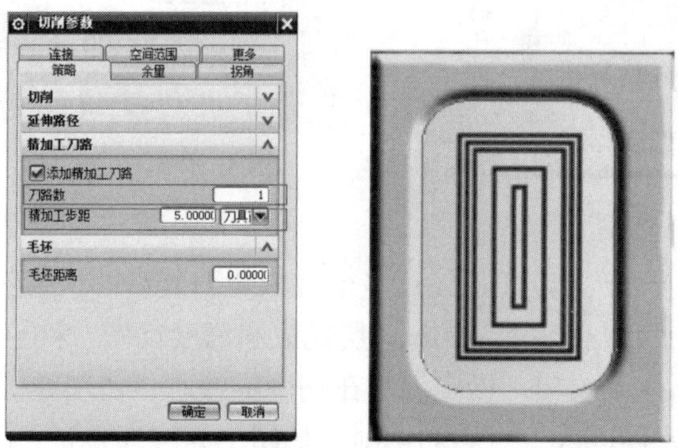

图 1-1-28 “精加工刀路”参数及示意图

（5）毛坯距离：用于指定毛坯距离，它是根据零件边界或零件几何体形成毛坯几何体时的偏置距离。在处理铸件或工件时，该参数是很有用的，可用于刀轨延伸的补充，如图 1-1-29 所示。

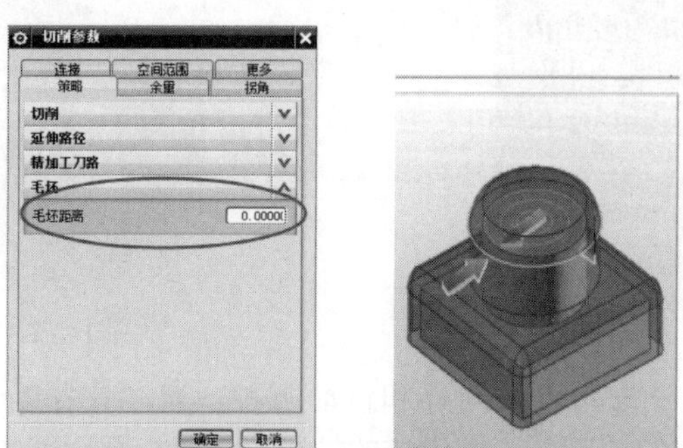

图 1-1-29 毛坯距离设置及示意图

2. “余量”选项卡

余量指切削加工后工件上保留的材料量。该选项卡中包括“余量”和“公差”两个选项区域，如图 1-1-30 所示。“余量”选项区域主要控制部件侧面余量、部件底面余量、毛坯余量、检查余量和修剪余量。

“部件侧面余量”和“部件底面余量”是设定工件加工后，侧壁和底部各自保留的余量数值，如图 1-1-31 所示。若选中“使底面余量与侧面余量一致”复选框，则底面余量和侧面余量的设置将会相同。如果选择的加工区域为开放区域，四周不存在侧壁的模型，则部件余量设置与否都没关系，在侧壁存在的情况下部件侧面余量才有效，这时部件余量设置无效。

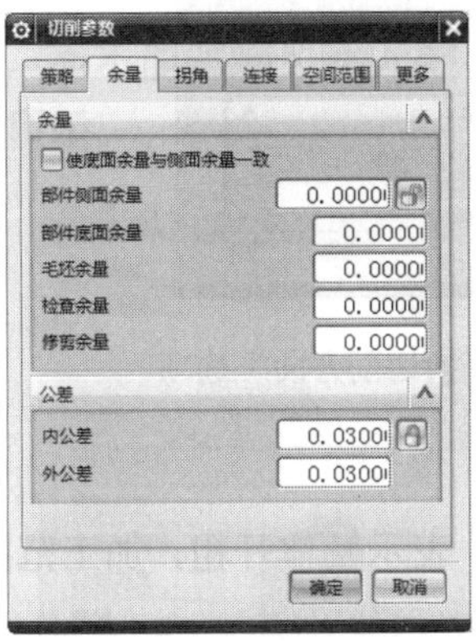

图 1-1-30　“余量”选项卡

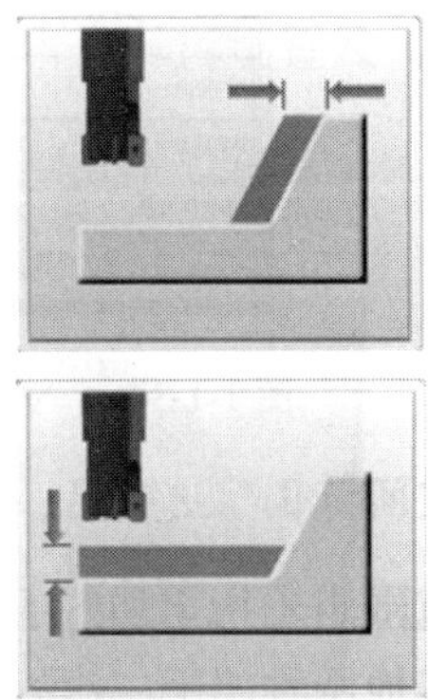

图 1-1-31　部件侧面和底面余量

“毛坯余量”的设置相当于通过将毛坯放大（或缩小）来限定切削范围；“检查余量”用来指定刀具与检查几何体之间的偏置距离；“修剪余量”用来指定刀具与裁剪几何体之间的偏置距离，如图 1-1-32 所示。

“内公差”用来设置刀具切入工件内的最大允许误差，“外公差”用来设置刀具偏离出工件外的最大允许误差，如图 1-1-33 所示。内公差与外公差不能同时为 0，在开粗刀轨中一般保持默认；在精加工刀轨设置中一般增加一级精度，即在文本框小数点后多输入一个“0”。公差精度越高，生成的刀轨插补精度就越高，但是程序段也就越多，加工的效率将会受到一定的影响。

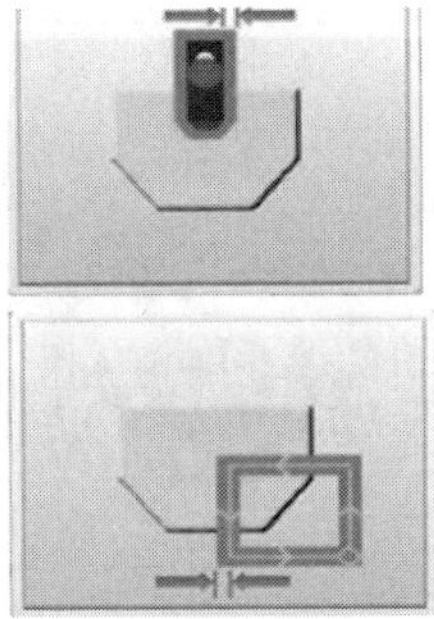

图 1-1-32　检查余量、修剪余量

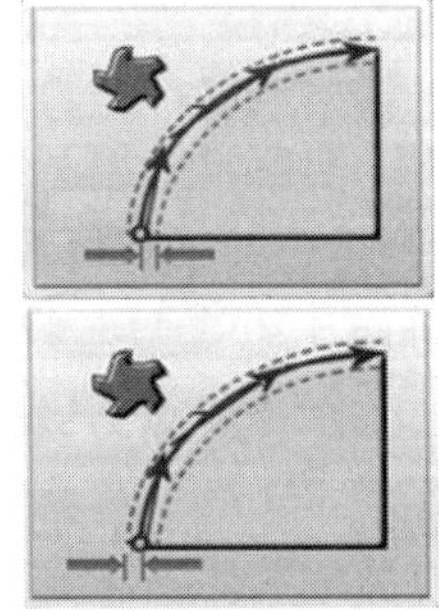

图 1-1-33　内公差和外公差

3. “连接”选项卡

在“连接”选项卡中，“区域排序”一般选择“优化”，如果是指定顺序的孔位加

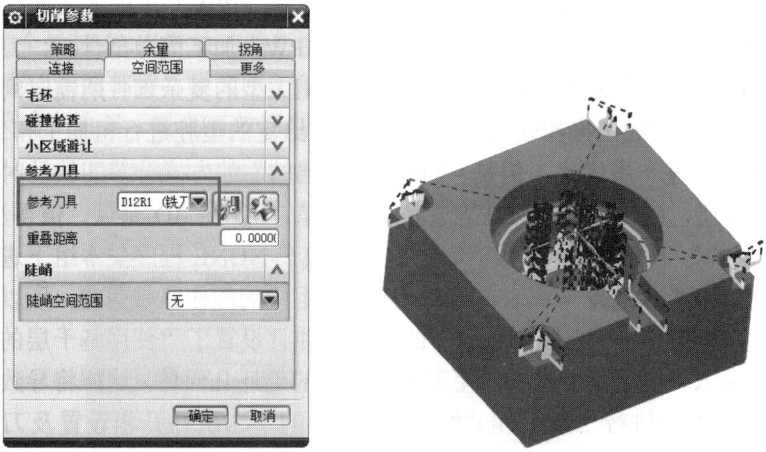

图 1-1-38 “参考刀具”的二次补开粗刀轨

使用“参考刀具”的二次开粗，仅限于对剩余材料的拐角区域进行切削加工，计算速度快，二次开粗加工效率高。而“使用基于层的”和“使用 3D”的二次开粗，是把粗加工剩余材料当作毛坯进行二次开粗，开粗后的余量均匀，但计算时间长，加工效率相比“参考刀具”要低。具体操作时要根据零件的复杂程度、精加工要求的高低灵活使用二次开粗方式。“使用基于层的”方式可以高效地切削先前操作中留下的弯角和阶梯面，它在加工简单部件时，刀轨处理时间较 3D 工序模型显著减少，加工大型的复杂部件所需时间更是大大减少，可以在粗加工中使用较大的刀具完成较深的切削，然后在后续操作中用同一刀具完成深度很浅的切削以清除阶梯面。

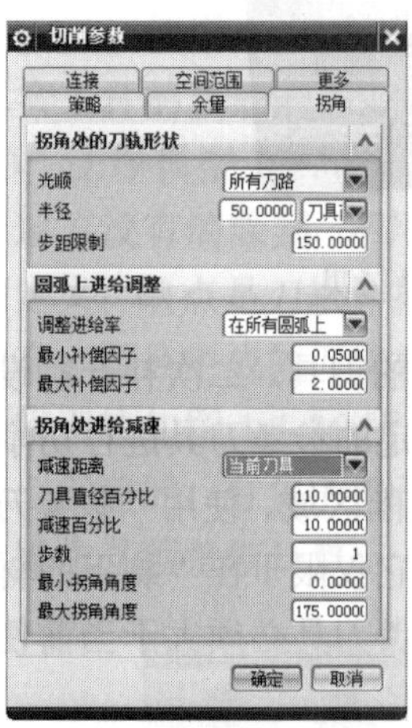

图 1-1-39 “拐角”选项卡

5. “拐角”选项卡

“拐角”选项卡（图 1-1-39）用于产生在拐角处平滑过渡的刀轨，有助于预防刀具在进入拐角时产生偏离或过切。特别是对于高速铣加工，拐角控制可以保证加工的切削负荷均匀。拐角的设置请参考平面铣拐角设置。

1.1.6 非切削移动参数设置

非切削移动是刀具在没有切削材料时的移动轨迹，包括移刀、逼近、进刀、退刀动作路径。它的作用是将多个切削刀轨段连接为一个完整刀轨。它可以简单到单个的进刀和退刀，也可以复杂到一系列定制的进刀、退刀和移刀（离开、移刀、逼近）运动。

非切削移动有六个选项卡：进刀、退刀、起钻点、转移/快速、避让及更多。本节主要讲解进刀、退刀、起钻点和转移/快速四个选项卡。

1. “进刀”选项卡

“进刀”选项卡分为封闭区域、开放区域、初始封闭区域和初始开放区域。本节将讲解封闭区域及开放区域的区域选项。

（1）封闭区域：一般是封闭的模型，大多数是凹型零件。封闭区域进刀类型主要讲解螺旋、沿部件斜进刀和插铣三种。

① 螺旋：螺旋进刀指按圆周运动的斜线下刀，通常设置斜坡角度为 3°～5°，可使刀具切入更加平稳。螺旋进刀类型刀轨如图1-1-40所示。

② 沿部件斜进刀：运动轨迹与零件轮廓形状一致的斜线下刀，其斜坡角度也为 3°～5°，可使刀具切入更加平稳。沿部件斜进刀类型刀轨如图1-1-41所示。

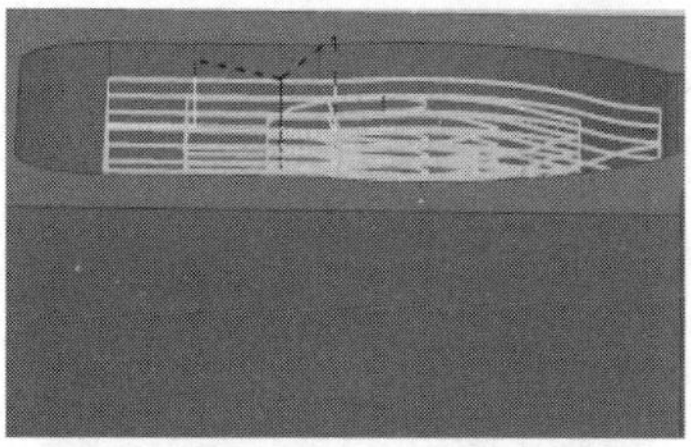

图1-1-40　螺旋进刀类型刀轨

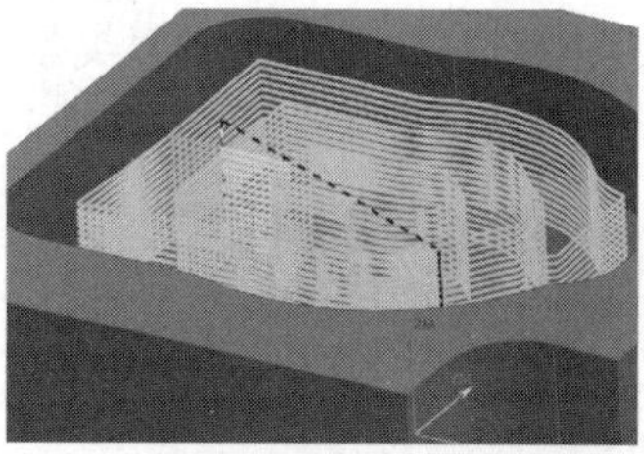

图1-1-41　沿部件斜进刀类型刀轨

③ 插铣：G01方式直接下刀，插削冲击力大，实际中建议用于精加工。插铣进刀类型刀轨如图1-1-42所示。

（2）开放区域：一般是敞开的形状，刀具可以从外部直接切入零件，大多数是凸型零件。开放区域进刀类型主要讲解线性及圆弧两种。

① 线性：沿加工路径相切方向的直线切入，切入有一定的冲击力，实际中建议用于开放区域开粗或者半精进刀。线性进刀类型刀轨如图1-1-43所示。

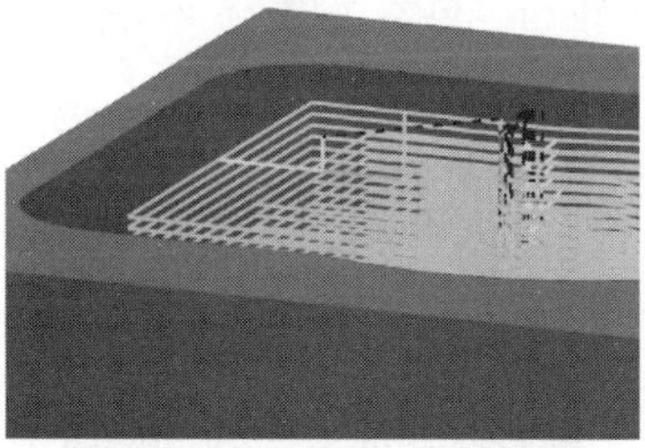

图1-1-42　插铣进刀类型刀轨

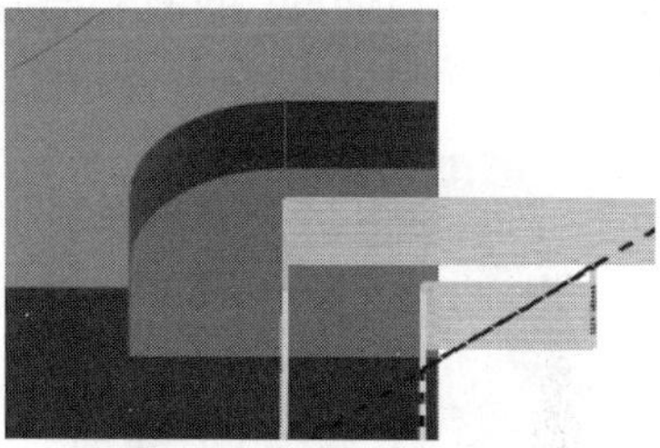

图1-1-43　线性进刀类型刀轨

② 圆弧：以一个相切的圆弧作为切入段，切入冲击力相对于直线要小，实际中建议用于开放区域精加工进刀。圆弧进刀类型刀轨如图1-1-44所示。

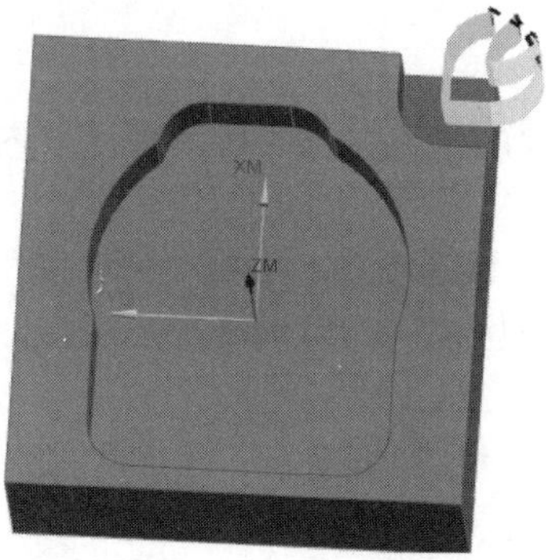

图1-1-44　圆弧进刀类型刀轨

2. “退刀”选项卡

“退刀”选项卡用于设置刀轨在完成一刀切削后的远离工件的过程。这里主要讲解与进刀相同和抬刀两种退刀类型。

（1）与进刀相同：选择该类型时，退刀类型与进刀类型相同。当进刀类型为线性时，选择该退刀类型得到的刀轨如图 1-1-45 所示。

（2）抬刀：当选择该退刀类型时，刀具在完成每刀切削后将直接抬刀使刀具远离工件。抬刀的退刀类型刀轨如图 1-1-46 所示。

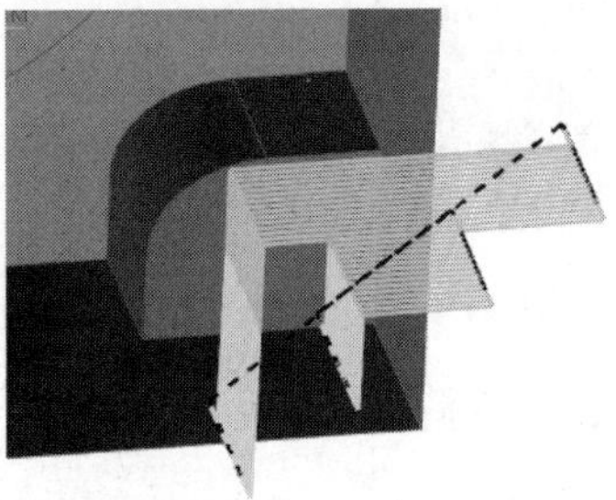

图 1-1-45　与进刀相同的退刀类型刀轨

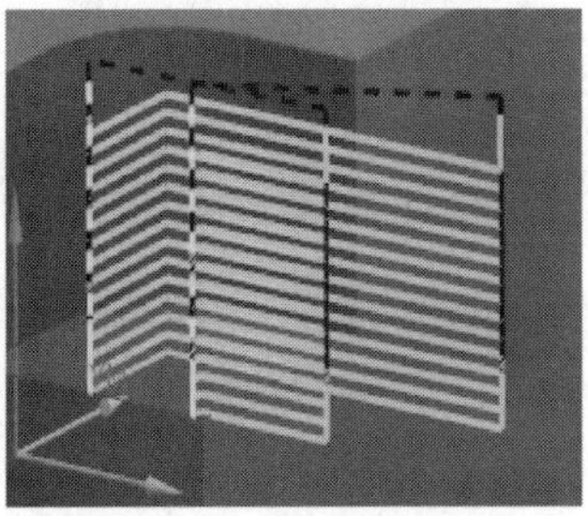

图 1-1-46　抬刀的退刀类型刀轨

3. “起钻点”选项卡

这里主要讲解“起钻点”选项卡中的区域起点选项。该选项主要通过中点和拐角来确定刀轨生成时的进刀位置。当选择中点或拐角时，刀轨会生成于选择的点上，刀轨如图 1-1-47 和图 1-1-48 所示。

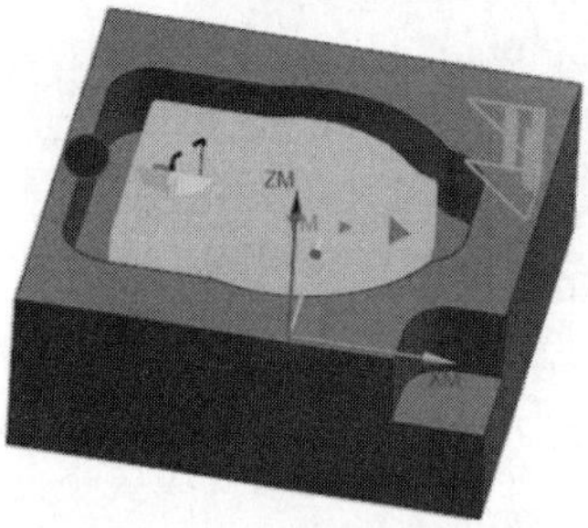

图 1-1-47　指定中点刀轨效果

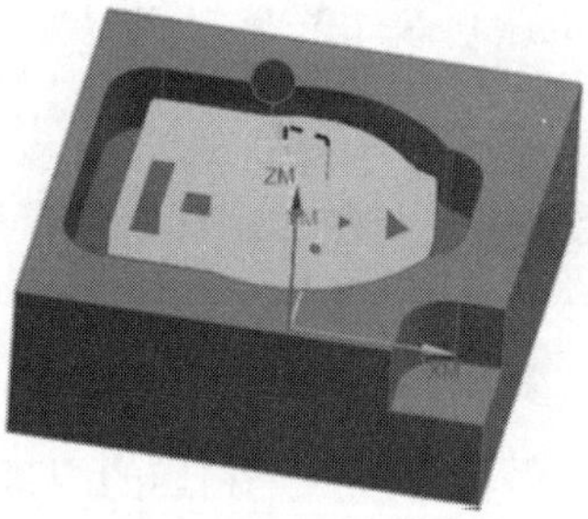

图 1-1-48　指定拐角刀轨效果

4. “转移/快速”选项卡

“转移/快速”选项卡主要用于设置安全距离及区域内外的转移方式。

（1）安全设置：默认为“使用继承的”，继承的平面距离为坐标系几何体 MCS 中设置的“安全设置”距离。该选项通常设置为“自动”“平面”。

（2）区域之间：用于设置区域间刀轨间传递的类型。该选项通常设置为“毛坯平面”，“安全距离”一般设置为 3mm。

（3）区域内：用于设置区域内刀轨间传递的类型。该选项通常设置为“毛坯平面”，“安全距离”一般设置为 3mm。

“安全设置”为“自动平面”，“安全距离”为 30mm，“区域之间”设置为“毛坯平面”，“安全距离”为 3mm，“区域内设置”也为“毛坯平面”，“安全距离”为 3mm 的刀轨效果如图 1-1-49 所示。

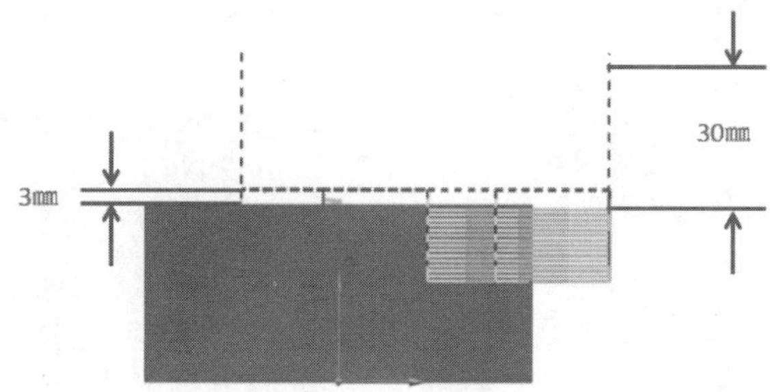

图 1-1-49　自动平面 30mm、毛坯平面 3mm 的刀轨效果

1.1.7　切削区域及修剪边界设置

1. 切削区域

通过指定切削区域来限定刀轨生成的范围。不指定切削区域刀轨与指定切削区域刀轨如图 1-1-50 和图 1-1-51 所示。

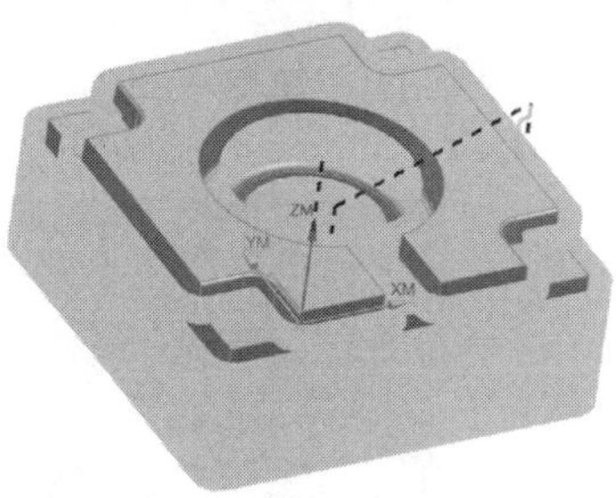

图 1-1-50 不指定切削区域刀轨

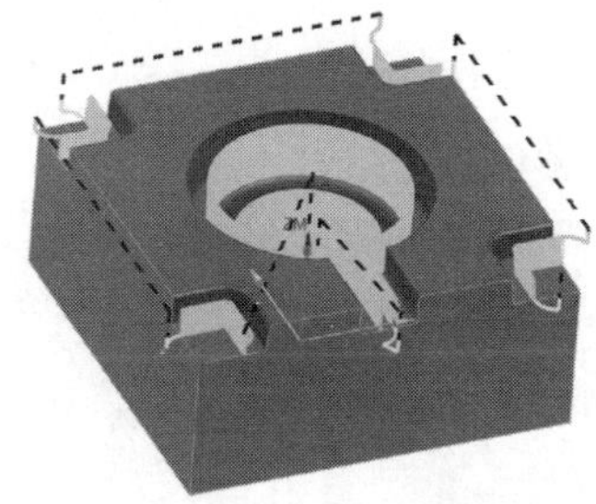

图 1-1-51　指定切削区域刀轨

2. 修剪边界

通过指定修剪边界来选定对象并修剪内外侧的边界刀轨。边界的“选择方法”共有三种：面、曲线、点，如图 1-1-52 所示。

（1）面：通过选定面来选择修剪内外侧的边界刀轨。面方法修剪及刀轨效果如图 1-1-53 所示。

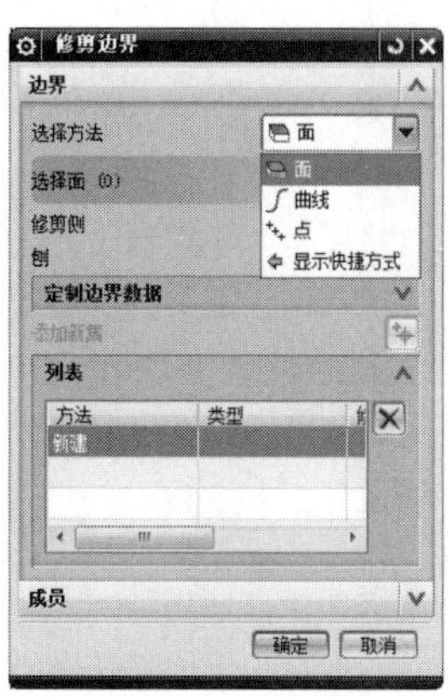

图 1-1-52　选择方法

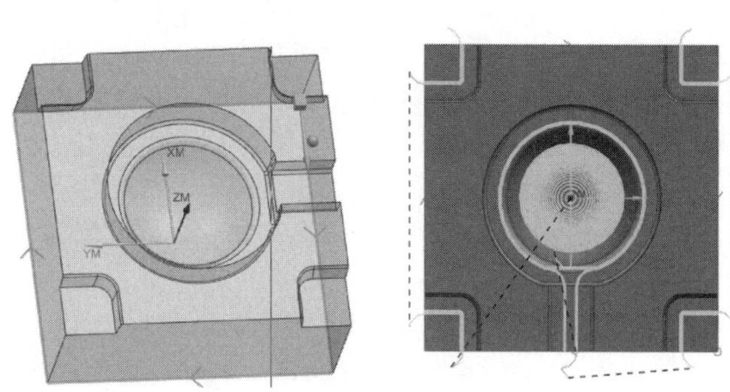

图 1-1-53　面方法修剪及刀轨效果

（2）曲线：通过选定曲线边界来选择修剪内外侧的边界刀轨，如图 1-1-54 所示。

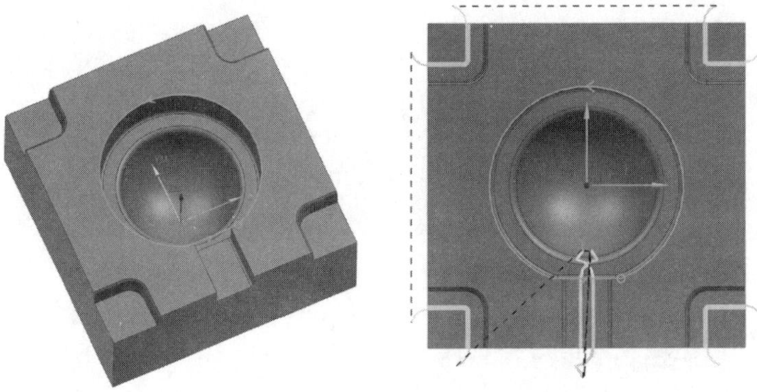

图 1-1-54　曲线方法修剪及刀轨效果

（3）点：通过选定点来选择一个封闭的边界修剪内外侧的边界刀轨，如图 1-1-55 所示。

（4）修剪边界-余量参数设置：通过该选项可对选定的边界进行偏置，用于修剪边界外一些多余刀轨。图 1-1-56 所示为修剪边界余量为 5 的刀轨效果。

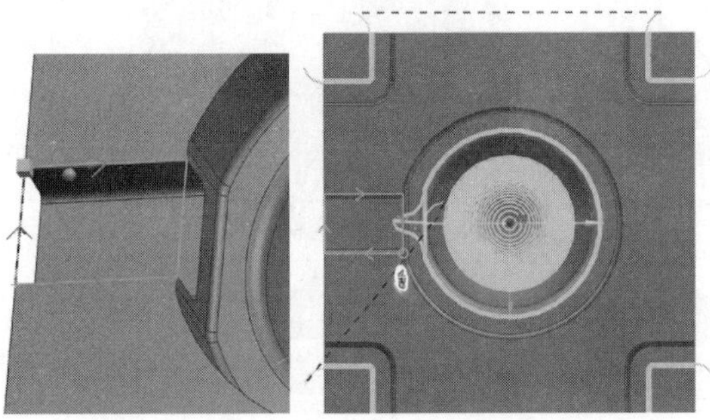

图 1-1-55　点方法修剪及刀轨效果

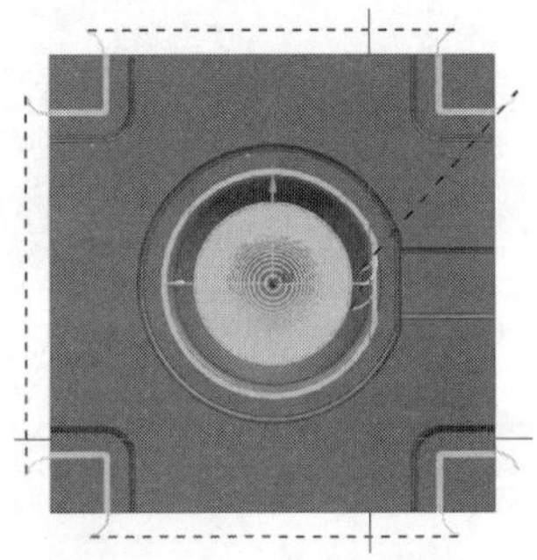

图 1-1-56　修剪边界余量为 5 的刀轨效果

（5）修剪边界-“修剪侧”选项：如图 1-1-57 所示，该选项用于选择修剪侧，分为内部和外部两种。该选项的判定方式是要保留的材料侧在边界的哪一侧，那么修剪侧就在哪一侧。图 1-1-58 所示为修剪侧为内部时的刀轨效果，图 1-1-59 所示为修剪侧为外部时的刀轨效果。

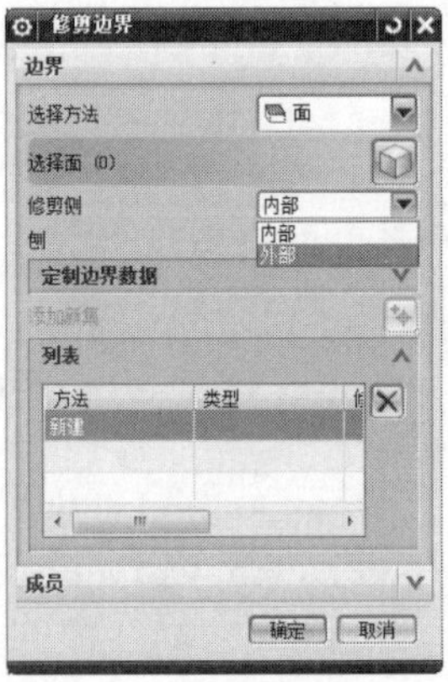

图 1-1-57　“修剪侧”选项

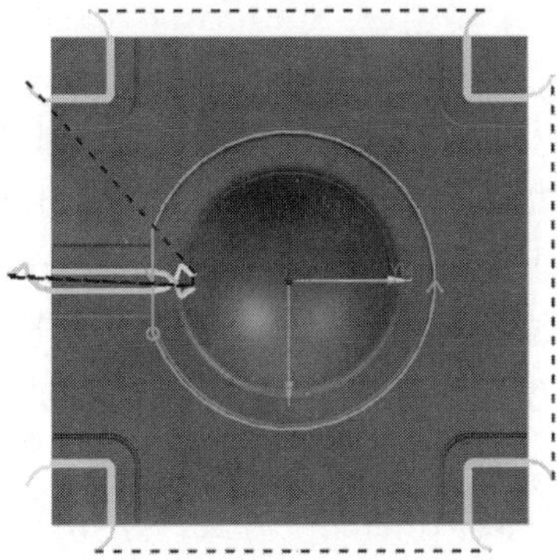

图 1-1-58　修剪侧为内部的刀轨效果

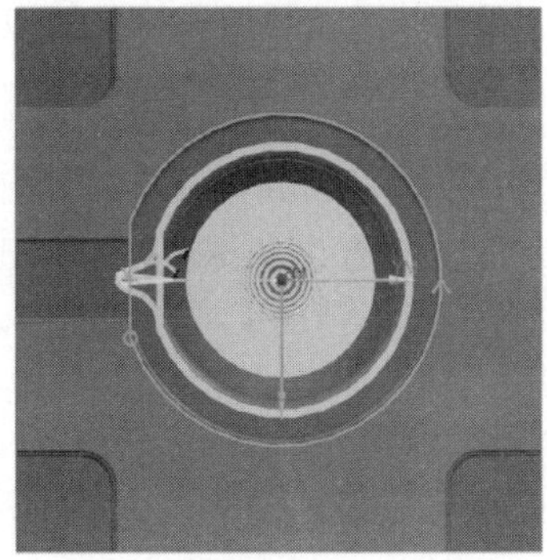

图 1-1-59　修剪侧为外部的刀轨效果

1.1.8　进给率和速度参数设置

进给率和速度反映刀具按照设定好的切削速度切削工件的快慢，该参数的修改将影响生产效率、产品表面粗糙度、刀具磨损及加工误差等，是非常重要的参数，一般根据不同加工要求和经验数据进行设置。

1. 主轴速度

主轴速度用于设置机床的主轴转速，在 NX 中通过该参数与刀具计算切削时的表面速度与每齿进给量，如图 1-1-60 所示。

2. 进给率

进给率用于控制机床在加工时的切削进给率，它可以控制切削时的多个切削参数，如 G01 或 G0 快速的输出模式，进刀、退刀等的进给率切削百分比。进给率设置如图 1-1-61 所示。

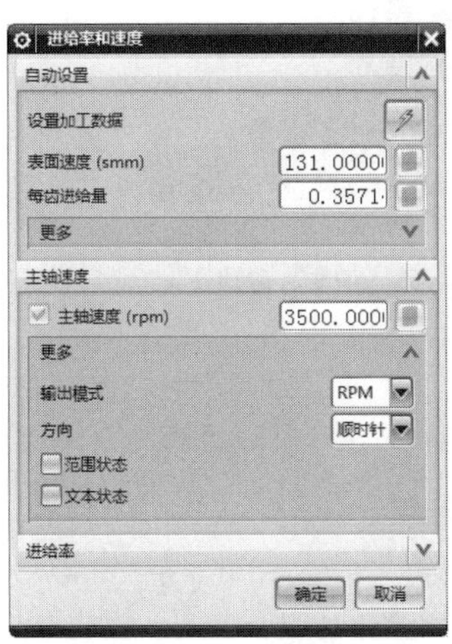

图 1-1-60　主轴速度设置

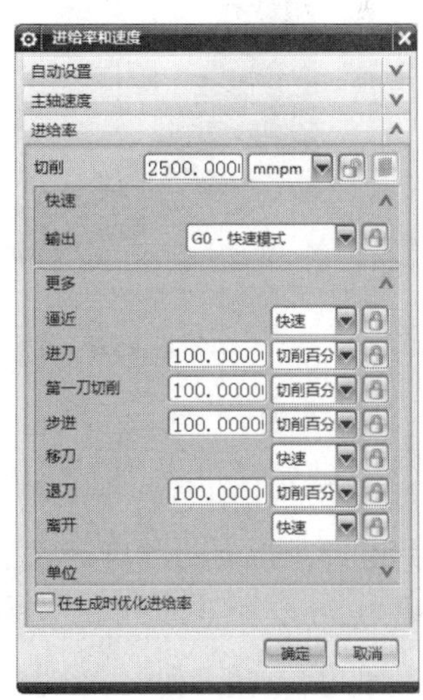

图 1-1-61　进给率设置

1.1.9 深度轮廓加工特有参数设置

深度轮廓加工是UG NX在模具零件加工的应用需要刀具在受力均匀的加工条件下进行。应用深度轮廓加工可以完成数控加工中大量的工作量。例如，粗加工时，一般刀具受力极大，因此深度轮廓加工能以控制切深的方式将刀具受力限制在一个范围内。此外，在半精加工或精加工时，如果加工部位太陡、太深，需要延长加长刀刃，由于刀具太长，加工时偏摆太大，往往也需要用深度轮廓加工的方式来减少刀具受力。目前流行的高速切削机床，也是深度轮廓加工的应用。

UG NX 10.0的深度轮廓加工功能不仅提供了多样化的加工方式，还允许刀具在整个加工过程中能在均匀的受力状态下实现最快、最好的切削。UG NX 10.0深度轮廓加工的特点如下：

（1）刀具总是贴着零件表面加工，无法去除多余的余量，主要用于铣削侧壁或平面余量。

（2）较平曲面加工效果不理想。

（3）可以通过陡峭区域指定加工范围。

（4）通过优化切削和层之间的参数来完善曲面的加工刀路。

深度轮廓加工特有参数设置如下。

1. 陡峭空间范围

陡峭空间范围可以设置陡峭角度，通过区分陡峭与非陡峭区域来限定加工区域，从而对刀轨进行修剪，陡峭空间范围为10°和45°的效果对比如图1-1-62所示。当开启仅陡峭的功能时，“角度”选项才会出现；只有陡峭度大于指定角度的区域，才会执行深度轮廓铣。

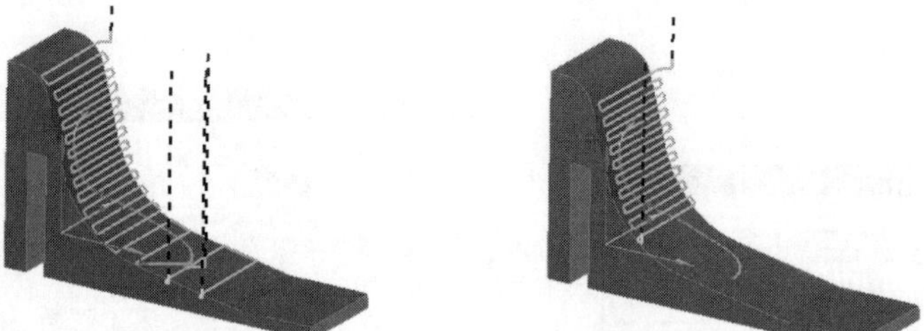

图1-1-62 陡峭空间范围为10°和45°的效果对比

2. 合并距离

合并距离的作用是将小于指定分隔距离的切削移动结束点连接起来以消除不必要的刀具退刀。指定的距离是模型的空间距离，主要是连接同一切削层的两段刀轨。合并距离为5mm和0.5mm的效果对比如图1-1-63所示。

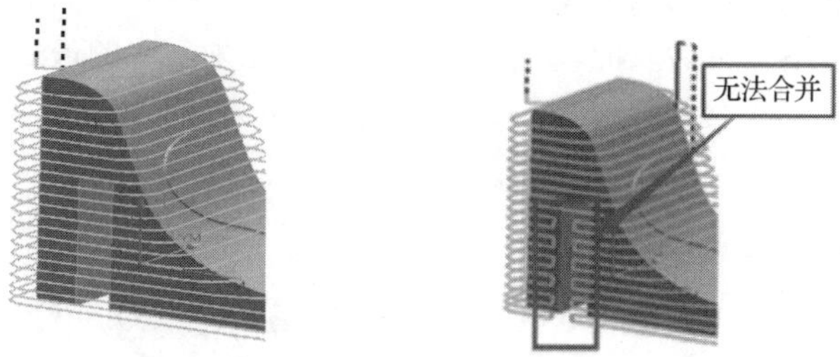

图 1-1-63　合并距离为 5mm 和 0.5mm 的效果对比

3. 最小切削长度

最小切削长度的作用是抑制小于设定最小切削长度的刀轨生成。最小切削长度为 3mm 和 1mm 的效果对比如图 1-1-64 所示。

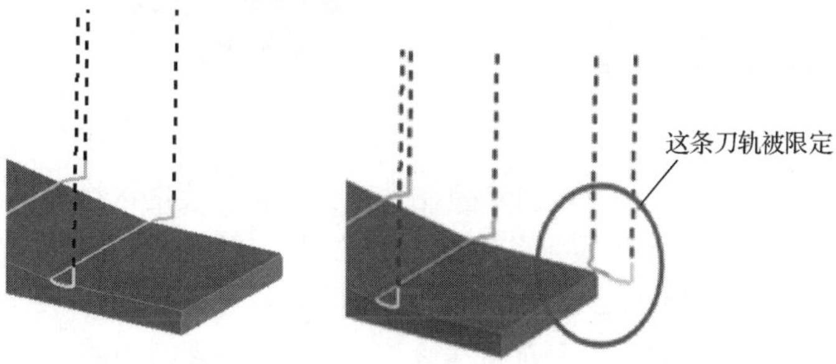

图 1-1-64　最小切削长度为 3mm 和 1mm 的效果对比

4. 混合切削方向

在深度加工轮廓工序的参数设置中，切削方向增加了“混合”重要功能选项。使用混合切削方向，可在各切削层中交替改变切削方向。在加工开放区域面时，做往复式加工从而不用抬刀，可大大减少加工中的抬刀时间。混合切削方向明显抬刀少效率高，尤其适用于侧壁的半精加工中。混合切削方向刀轨效果如图 1-1-65 所示。

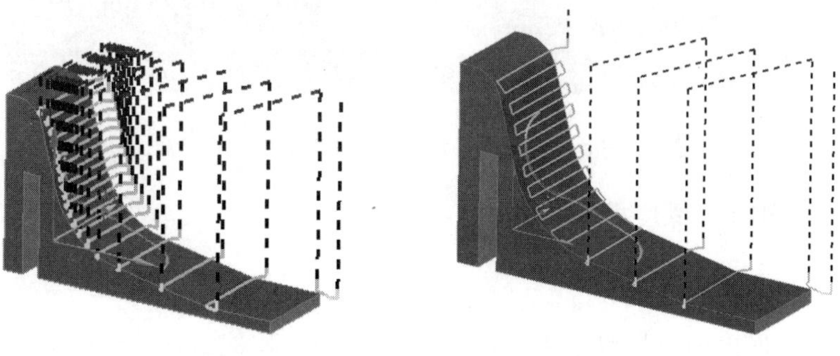

图 1-1-65　混合切削方向刀轨效果

5. 连接层到层

“层到层”是一个专用于深度轮廓加工铣的切削参数，其包括四种类型，如图 1-1-66 所示。当选择“直接对部件进刀”类型时，从上一层到下一层加工无须抬刀至安全平面。层到层不同进刀类型对比如图 1-1-67 所示。当加工区域是开放区域并将切削方向设置为“混合”时，则“层到层”下拉列表中的最后两个选项（“沿部件斜进刀”和“沿部件交叉斜进刀”）都将变灰。当选择“沿部件斜进刀”和“沿部件交叉斜进刀”后，为了保证层间平滑过渡，层到层的斜坡角度一般设置为 3°～5°。

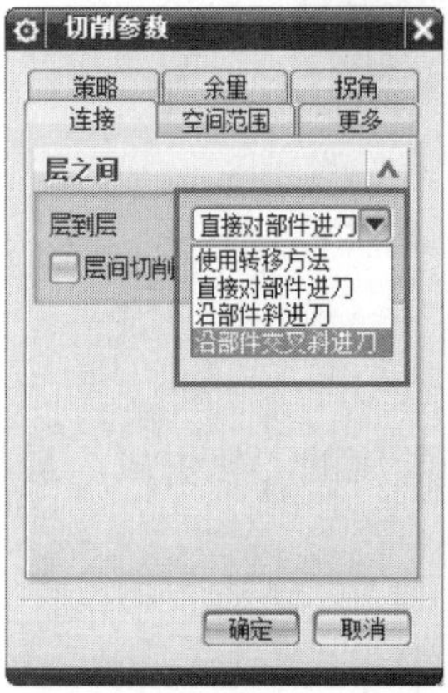

图 1-1-66 “层到层”类型

图 1-1-67 层到层不同进刀类型对比

选中“层间切削”复选框，可消除因在含有大残余高度的区域中快速加载和卸载刀具而产生的刀具磨损甚至破裂，其中这些大的残余高度是从先前的操作中留下的。启用该功能后，当进行半精加工时，该操作可生成更多的均匀余量；当进行精加工时，退刀和进刀次数更少，并且表面精加工更连贯。层间切削功能开启与关闭刀轨效果对比如图 1-1-68 所示。层间步距的设置与切削参数步距的设置方法一致，这里不再赘述。

图 1-1-68 层间切削功能开启与关闭刀轨效果对比

1.1.10 剩余及深度拐角加工

1. 剩余铣

剩余铣工序的创建与型腔铣工序的创建流程相同，但是它将自动继承前面工序残余的部分材料作为毛坯进行加工，具有父子继承关系。因此，当前面任一工序编辑之后，剩余铣工序的刀轨就需要重新生成。

剩余铣具有开粗功能，其参数设置与二次开粗时的参数设置相同，在图 1-1-69 的“空间范围”选项卡中完成。实际生产中，常选择“使用基于层的”方式来完成剩余材料的加工，刀轨效果如图 1-1-70 所示。

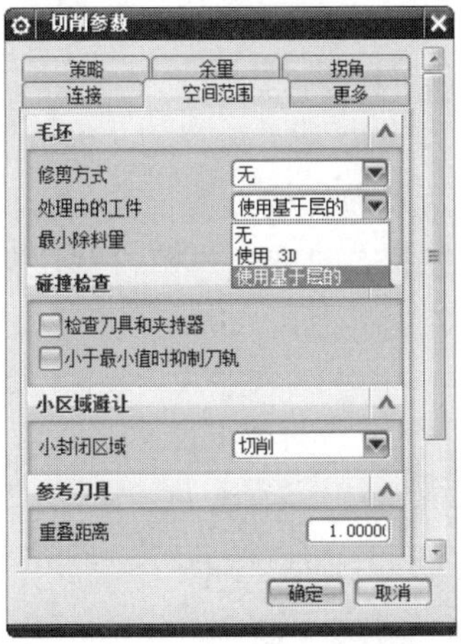

图 1-1-69　“空间范围”选项卡

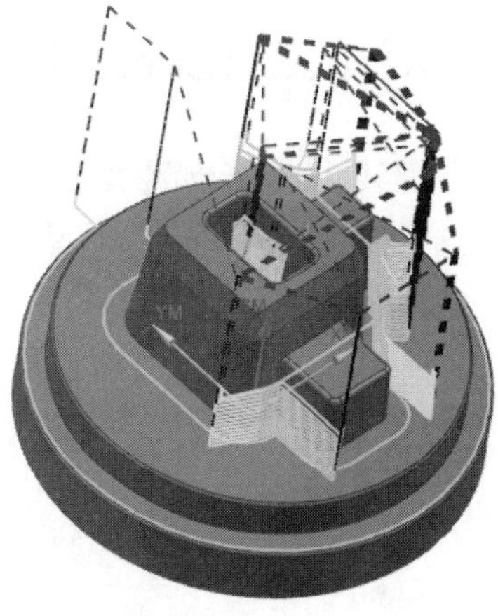

图 1-1-70　“使用基于层的”方式剩余铣刀轨效果

当选择“使用 3D”和“使用基于层的”方式时，它们继承的是前一道工序生产的 IPW 几何体，与之前的刀轨具有父子继承关系。当之前的刀轨参数发生变化后，需进行重新生成才可进行后处理。当选择参考刀具时，可以按需要的大小自行定义参考刀具，决定残余毛坯的大小及加工的切削区域。所以，切削区域范围不继承之前的 IPW 几何体，与之前的刀轨没有父子继承关系。

2. 深度拐角加工

深度拐角加工工序的切削模式是限定的，相当于基本型腔铣工序中的轮廓切削模式。切削空间范围由参考刀具限定，与前面的工序无父子继承关系。

深度拐角加工的功能和型腔铣中拐角粗加工基本一致，由参考刀具限定加工空间范围。针对角陡峭部分的残料落进行轮廓模式铣削，因此它不具有开粗功能。其需要设置的参数为切削参数中的“空间范围”选项卡，如图 1-1-71 所示。使用参考刀具的深度拐角加工工序中，一般需要设置一定的重叠距离，即将当前工序的刀轨延伸至定义的距离，使其与另一工序的切削区域重叠，有利于消除残余高度，有利于保证接刀平滑。其刀轨效果如图 1-1-72 所示。

图 1-1-71　“空间范围”选项卡

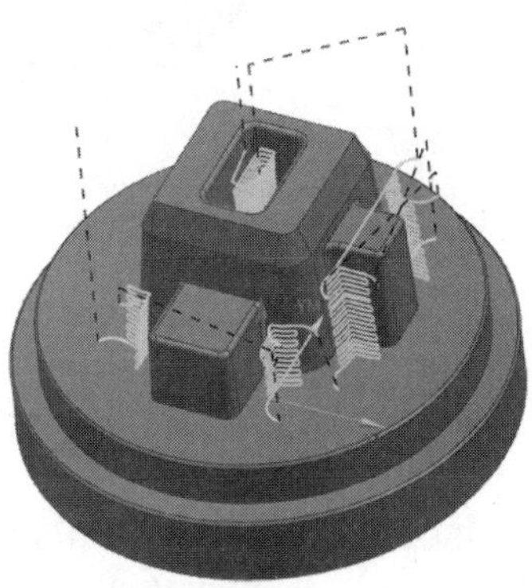

图 1-1-72　“使用基于层的”方式剩余铣刀轨效果

1.2 工艺规划：灯罩盖模具加工工艺规划

灯罩盖模具3D结构如图1-2-1所示，模具采用两板模结构一模一腔布局，主要模具结构及名称如图1-2-1所示，结构及成型动画请扫描二维码。本节讲解灯罩盖成型零件的凹模CAM设置，凹模零件及产品如图1-2-2所示。

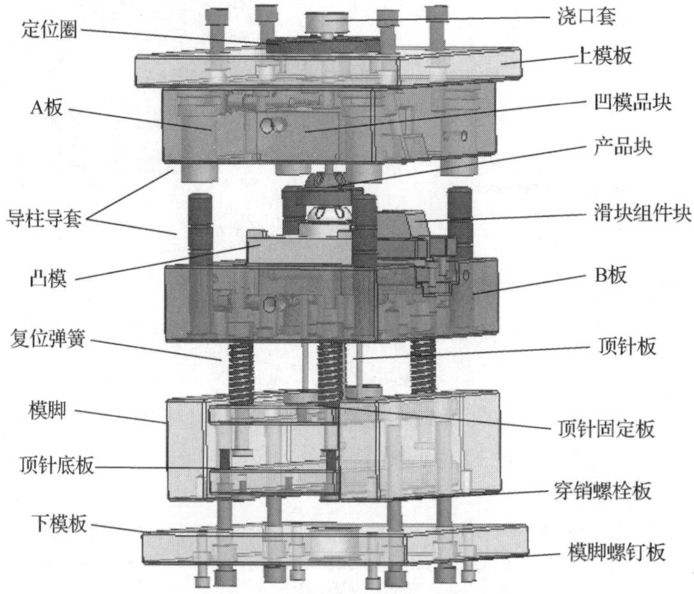

图1-2-1　灯罩盖模具3D结构

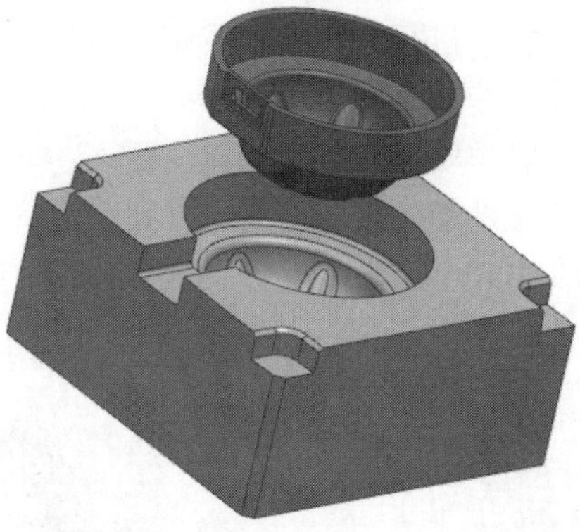

图1-2-2　灯罩盖凹模零件及产品

由于采用标准模架和标准件，因此该模具除了成型零件部分外已经全部加工完毕。凹模零件属于成型零件，成型的是灯罩盖的外表面部分，对其表面粗糙度要求高（*Ra*0.4），因此机加工后还要进行抛光处理。灯罩盖凹模零件成型面结构特征简单，最小圆角半径为1mm，侧壁有滑槽与滑块配合，四角有四个虎口位用于成型零件定位，分型面为一张大平面，一般安排磨削加工。因此，制定灯罩盖的数控铣削加工工艺路线如图1-0-2所示。

灯罩盖凹模铣削加工工序卡如表1-0-1所示。

1.3 实践操作：灯罩盖凹模 CAM 设置

1.3.1　灯罩盖凹模 CAM 准备

1. 导入模型

选择“启动”→“加工”命令，进入加工环境，如图 1-3-1 所示。

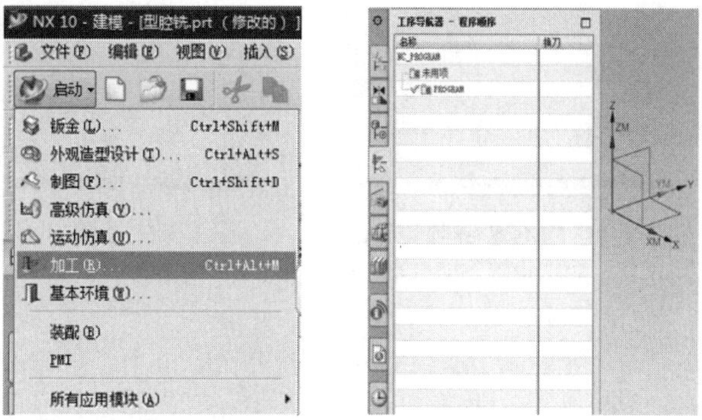

微课：任务 1　灯罩盖凹模 CAM 准备

图 1-3-1　进入加工环境

单击“打开”按钮，弹出“打开”对话框，根据文件存放路径选择“项目三型腔铣　灯罩盖凹模 CAM 数字模型”，单击“OK”按钮，导入灯罩盖数字化模型，如图 1-3-2 所示。

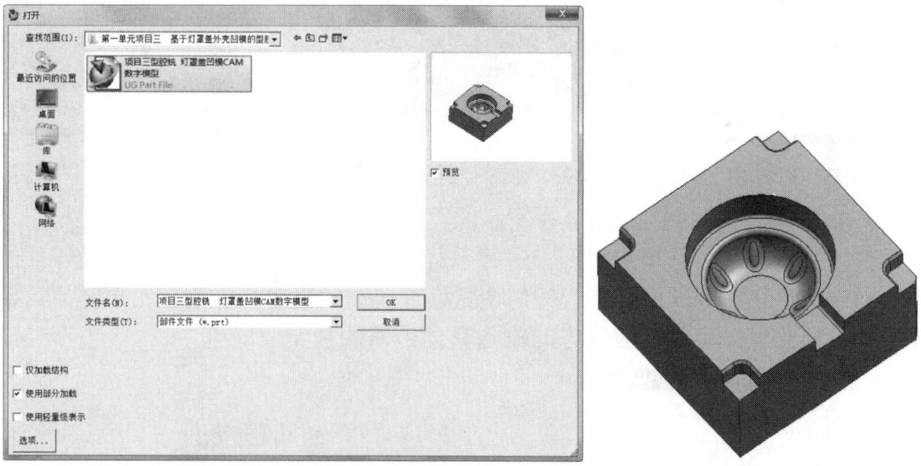

图 1-3-2　“打开”对话框及导入的灯罩盖凹模数字化模型

2. 创建灯罩盖凹模 CAM 几何体

（1）在“工序导航器”工具条中单击按钮，导航器切换到图 1-3-3 所示界面。

（2）双击“工序导航器”中的 MCS_MILL 按钮，弹出图 1-3-4 所示的“MCS 铣削”对话框。

（3）单击按钮，弹出图 1-3-5 所示的 CSYS 对话框，单击“指定方位”中的按钮，在“类型”下拉列表中选择“两点之间”选项，构建 MCS 坐标原点，如图 1-3-6 所示。

（4）双击 WORKPIECE 按钮，弹出图 1-3-7 所示的“工件”对话框，单击按钮，弹出“部件几何”对话框，选择导入的模型后单击“确定”按钮，完成部件几何的设置。

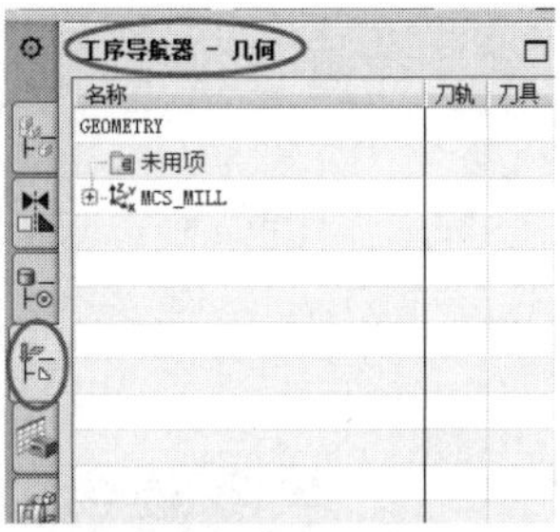

图 1-3-3 “几何视图”界面

图 1-3-4 “MCS 铣削”对话框

图 1-3-5 CSYS 对话框

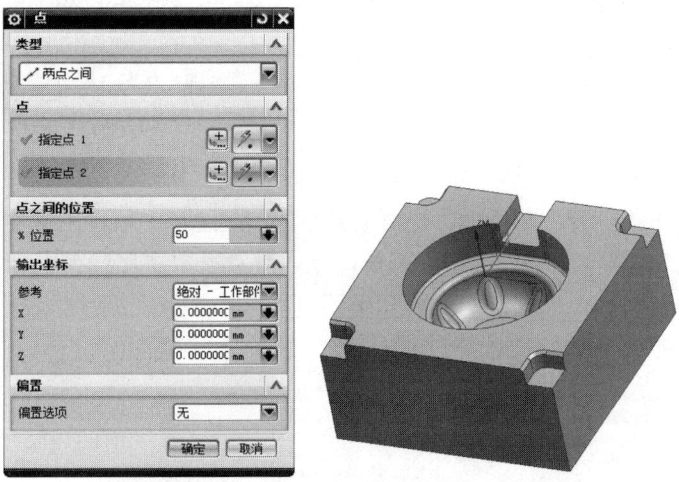

图 1-3-6 用“两点之间”构建 MCS 坐标原点

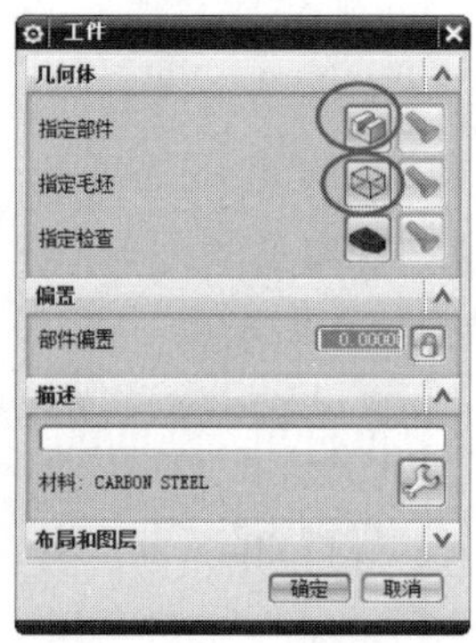

图 1-3-7 “工件”对话框

（5）单击按钮，弹出图 1-3-8 所示的“毛坯几何体”对话框，在“类型”下拉列表中选择“包容块”选项。对凹模进行毛坯设置，如图 1-3-9 所示。模具零件的毛坯为六面精磨毛坯，所以可以不放任何余量，直接对凹模进行铣削。如果产品需要对毛坯进行设定余量，可在对应的方向输入具体所需的余量值即可。

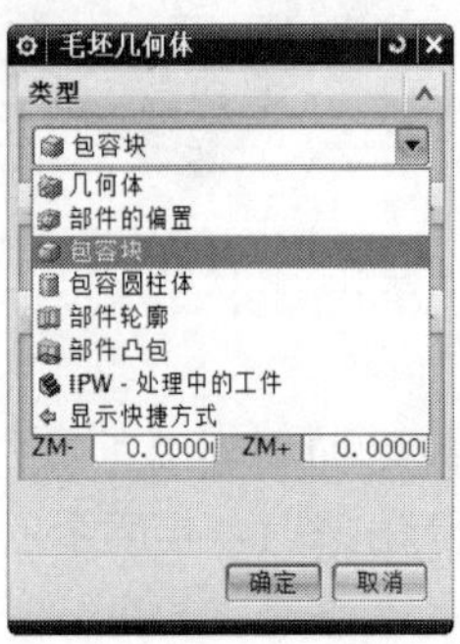

图 1-3-8 “毛坯几何体”对话框

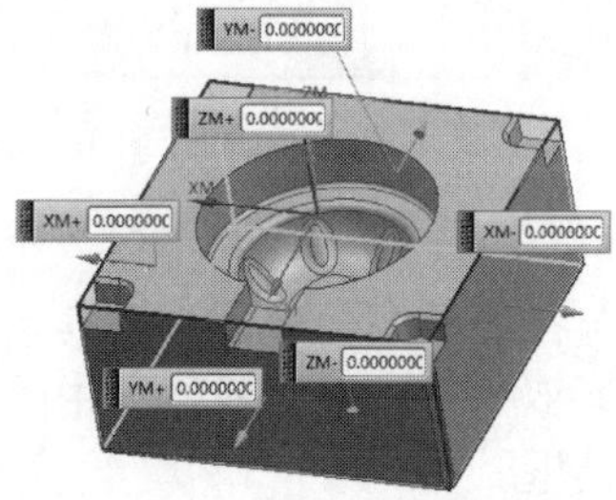

图 1-3-9 包容块几何体设置

到此，就完成了加工用 MCS 坐标系的设置和 WORKPIECE 几何体的创建。

3. 创建灯罩盖凹模 CAM 刀具

（1）在“工序导航器”工具条中单击按钮，导航器切换到图 1-3-10 所示界面。

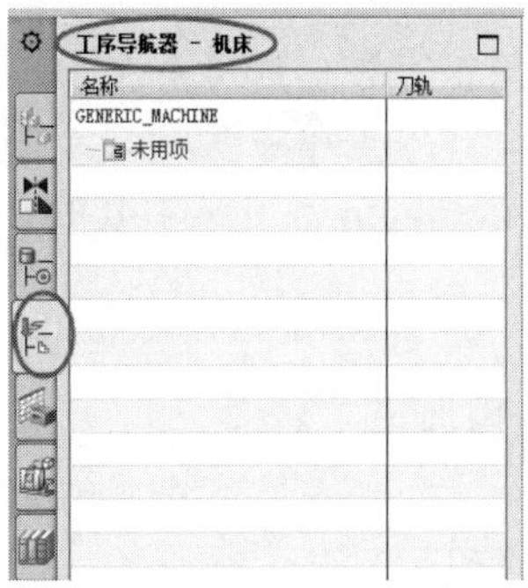

图 1-3-10　“机床视图”界面

（2）单击工具条中的按钮，弹出图 1-3-11 所示的“创建刀具”对话框。根据铣削工艺方案创建一支 D12R1 的立铣刀，参数设置如图 1-3-12 所示。

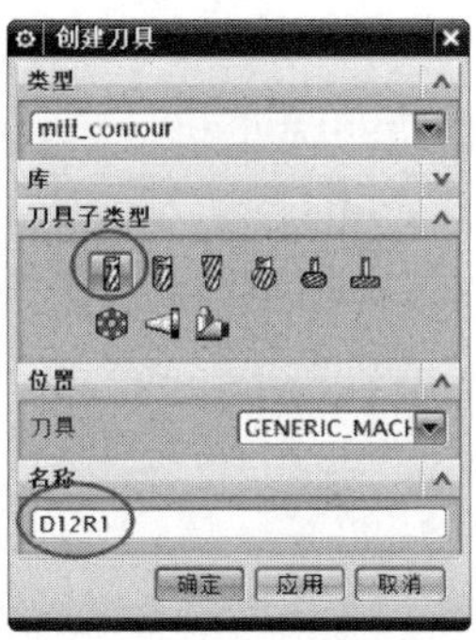

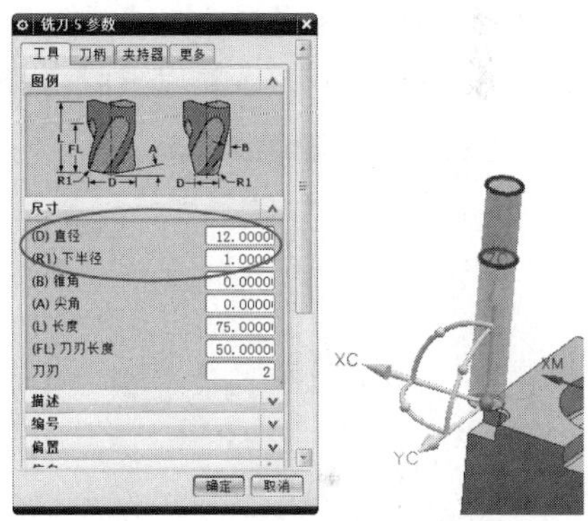

图 1-3-11　“创建刀具”对话框　　　　图 1-3-12　创建 D12R1 立铣刀

（3）用同样的方法，创建一支 D6R0.5 立铣刀，具体设置如图 1-3-13 所示。

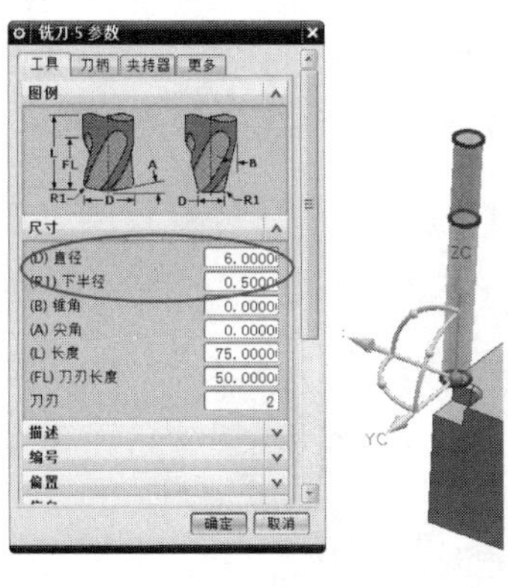

图 1-3-13　创建 D6R0.5 立铣刀

行家指点

创建好的刀具可以进行重新编辑，如修改刀具名称，选中需要修改的刀具，右击，在弹出的快捷菜单中选择“重命名”命令，即可修改刀具名称；双击刀具名称，弹出“铣削-参数”对话框，进行刀具参数的修改。刀具的修改同样具有父子关联效应。

1.3.2 灯罩盖凹模一次开粗加工

1. 创建工序

单击工具条中的按钮，弹出“创建工序”对话框，如图 1-3-14 所示。在“类型”下拉列表中选择 mill_contour 选项，单击按钮，“程序”选择默认设置，“刀具”选择 D12R1（用于开粗），“几何体”选择 WORKPIECE，“方法”保持常规不变。单击“确定”按钮，弹出“型腔铣”对话框，如图 1-3-15 所示，“指定切削区域”设置为图 1-3-16 所示的橘黄色的型腔和虎口位区域；在“刀轨设置”中，“切削模式”选择“跟随周边”，“最大距离”设置为 0.5mm，界面中其他参数保持不变。

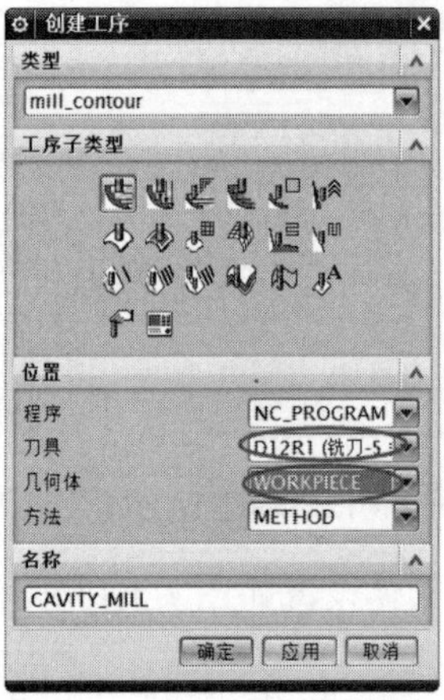

图 1-3-14 “创建工序”对话框 1

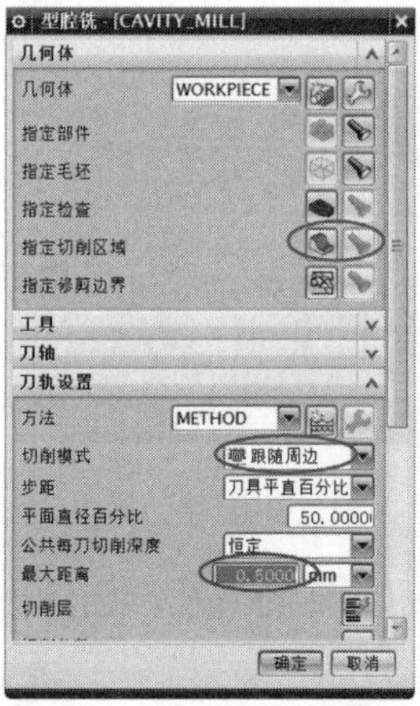

图 1-3-15 “型腔铣”对话框

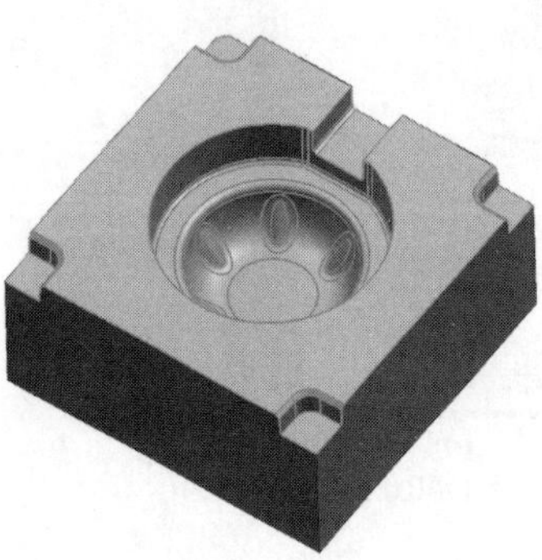

图 1-3-16 选择“指定切削区域”

微课：任务 2 灯罩盖凹模一次开粗加工

2. 设置工序切削参数

（1）设置切削参数：单击“型腔铣”对话框中 “刀轨设置”选项区域的按钮，弹出“切削参数”对话框，该对话框中共有六个选项卡，分别为策略、余量、拐角、连接、空间范围和更多。在“切削参数”对话框中进行图 1-3-17 所示的设置。

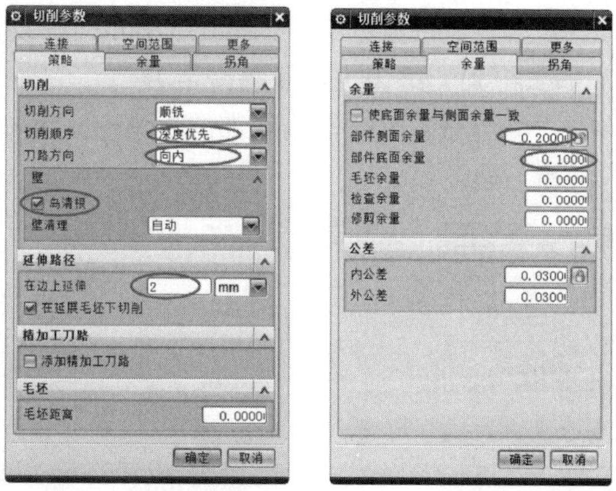

图 1-3-17　设置“切削参数”对话框中各参数

（2）设置非切削移动：

① 单击“型腔铣”对话框“刀轨设置”选项区域的按钮，弹出“非切削移动”对话框，进行图 1-3-18 所示的参数设置。

② 选择“进刀”选项卡，其分为封闭区域和开放区域。

封闭区域：刀具只能从里面下刀进来进行加工的区域，一般为封闭的图形，大多数是凹型零件。

开放区域：刀具可以从外面下刀进来进行加工的区域，一般为敞开的图形，大多数是凸型零件。

由于本项目加工的是凹模腔体，为封闭区域，因此选择封闭区域修改刀具进刀类型。在“进刀”选项卡“封闭区域”选项区域中的“斜坡角”文本框中输入 3°，高度为 1mm，最小斜面长度为 1mm。

③ “退刀”选项卡中的“退刀类型”一般选择“与进刀相同”方式，也是螺旋退刀方式；也可选择“抬刀”方式，如图 1-3-19 所示。

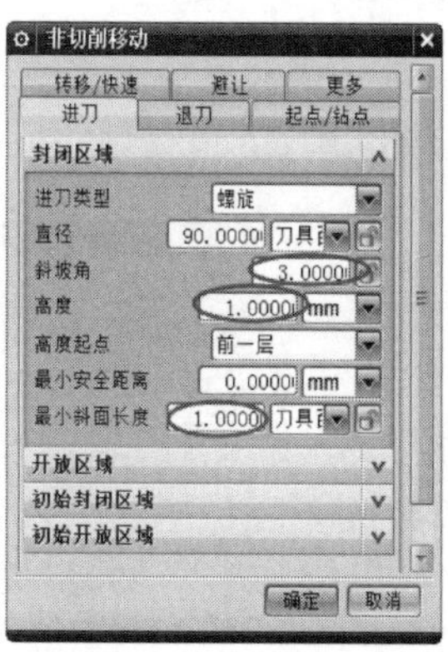

图 1-3-18　设置“非切削移动”进刀

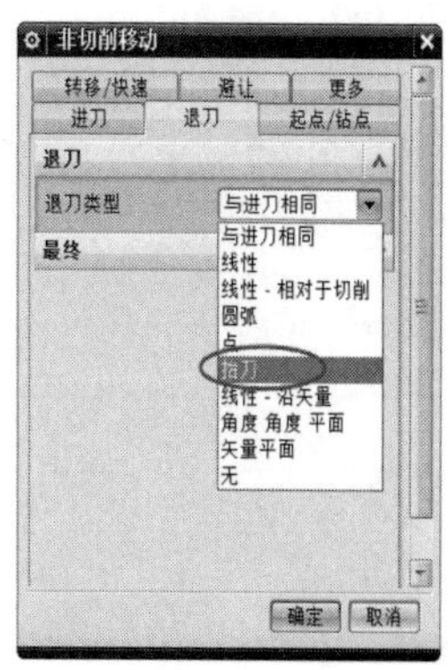

图 1-3-19　设置“退刀”方式

（3）设置进给率和速度：

① 单击“型腔铣”对话框“刀轨设置”选项区域中的按钮，弹出“进给率和速度”对话框，进行图 1-3-20 所示的设置。

② 在“进给率和速度”对话框选中“主轴速度”复选框，输入 3500（单位为 r/min），在“切削”文本框中输入 2500（单位是 mm/min），自动计算出该刀具（D12R1）的切削表面速度为 131mm/s，得到每齿进给量为 0.0357mm（在设置刀具时，刀刃数量是 2，如果修改为 4，那么得到的每齿进给量将减半）。

③ 生成刀轨。单击“型腔铣”对话框最底部的按钮，系统自动完成刀轨计算，得到图 1-3-21 所示的开粗刀轨。

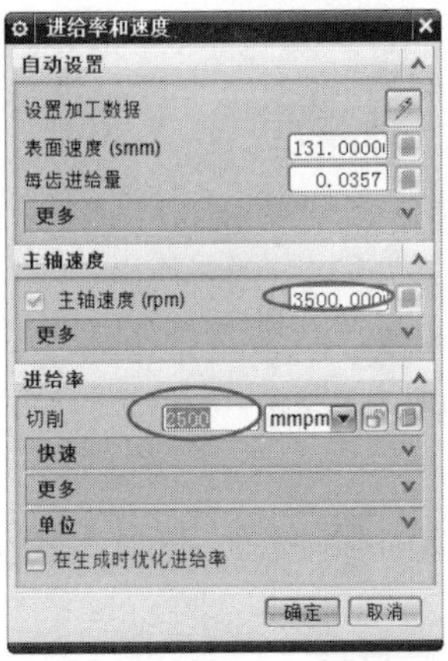

图 1-3-20 “进给率和速度”对话框 1

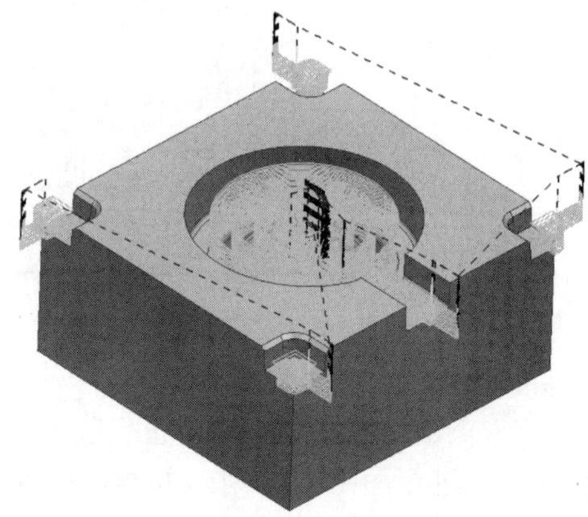

图 1-3-21 开粗刀轨

3. 灯罩盖凹模开粗刀轨确认与仿真加工

（1）在“型腔铣”对话框“操作”选项区域中单击按钮，如图 1-3-22（a）所示，弹出“刀轨可视化”对话框，如图 1-3-22（b）所示，在“2D 动态”下进行刀轨模拟。

（2）单击“碰撞设置”按钮，弹出“碰撞设置”对话框，选中“碰撞时暂停”和“在操作间检查”复选框，如图 1-3-22（c）所示。单击“确定”按钮，完成设置。

（a）“刀轨确认”按钮 （b）“刀轨可视化”对话框 （c）“碰撞设置”对话框

图 1-3-22 刀轨确认操作

（3）单击▶按钮，将播放模拟切削过程动画，如图 1-3-23 所示。动画速度可以通过拖动按钮来调节。

图 1-3-23　模拟开粗切削过程动画

（4）剩余加工余量检查是在切削模拟前“生成 IPW”（过程工件毛坯）栏，选择 IPW 的显示精细程度，一般选择“中等”（对显卡要求不高），如图 1-3-24 所示。单击“创建”按钮，将创建一个“三角片体集中”的 IPW，如图 1-3-25 所示。单击“按颜色显示厚度”按钮，弹出“厚度-按颜色”对话框，可以通过指定点的方式来侦测余量厚度，如图 1-3-26 所示。

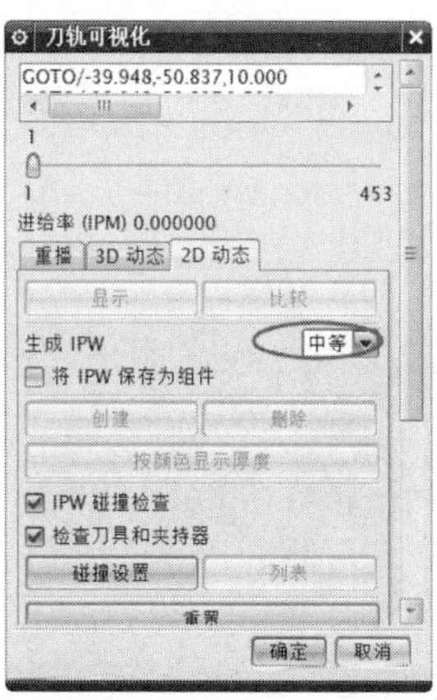

图 1-3-24　设置“生成 IPW”

图 1-3-25　开粗 IPW

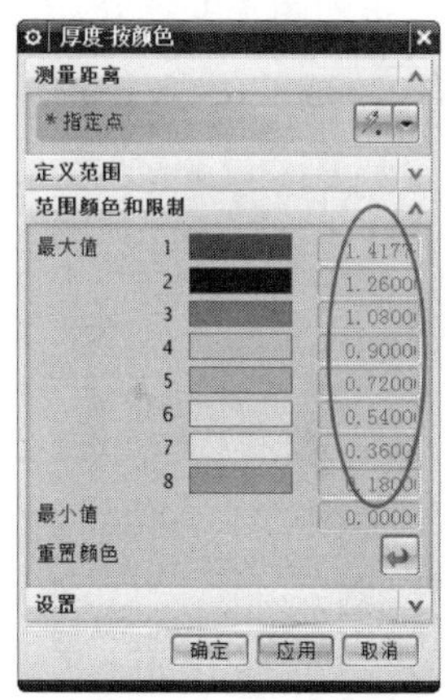

图 1-3-26　“厚度-按颜色”对话框

由于本项目工艺上安排的是 D12R1 的圆角立铣刀开粗，刀具直径太大，对于模型最小圆角 R3 的型面无法完成开粗，通过侦测发现最厚余量达到 1.417mm。我们可以通过下一道工序来完成补开粗（二次开粗）。

微课：任务 3　灯罩盖凹模二次开粗加工

1.3.3　灯罩盖凹模二次开粗加工

（1）在“工序导航器”中右击，通过“复制”命令复制开粗刀轨，用于创建二次补开粗刀轨，如图 1-3-27 所示。

（2）在“型腔铣”对话框“工具”选项区域中选择二次开粗刀具为 D6R0.5 的圆角立铣刀，如图 1-3-28 所示。单击“确定”按钮，弹出“型腔铣”对话框。

（3）单击“型腔铣”对话框“刀轨设置”选项区域中的按钮，弹出“进给率和速度”对话框，完成图 1-3-29 所示设置。

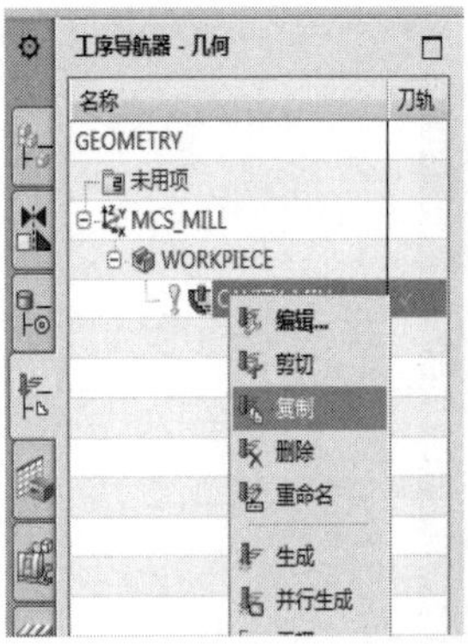

图 1-3-27　复制开粗刀轨

图 1-3-28　选择刀具

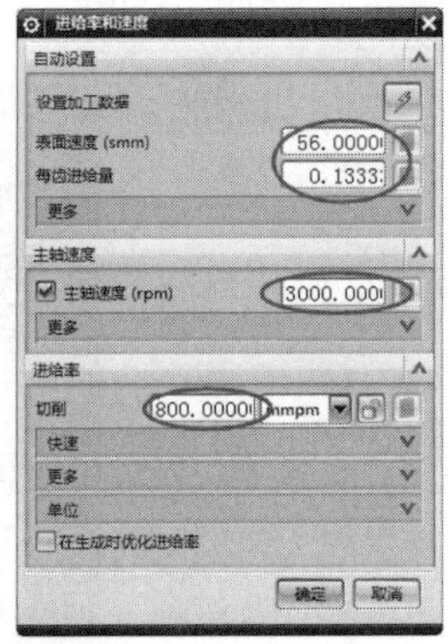

图 1-3-29　“进给率和速度”对话框 2

（4）灯罩盖模型腔体结构简单，没有特殊的岛屿结构，因此选择使用“参考刀具”方式进行灯罩盖凹模的二次补开。由于刀具直径减小，因此在“刀轨设置”选项区域中将每刀最大距离设置为 0.3mm，如图 1-3-30 所示；“空间范围”选项卡如图 1-3-31 所示，参考刀具选用开粗使用的 D12R1 的圆角立铣刀，重叠距离设置为 1mm，其他所有参数保持不变。完成设置后返回“型腔铣”对话框，单击“确定”按钮，刀轨效果如图 1-3-32 所示。

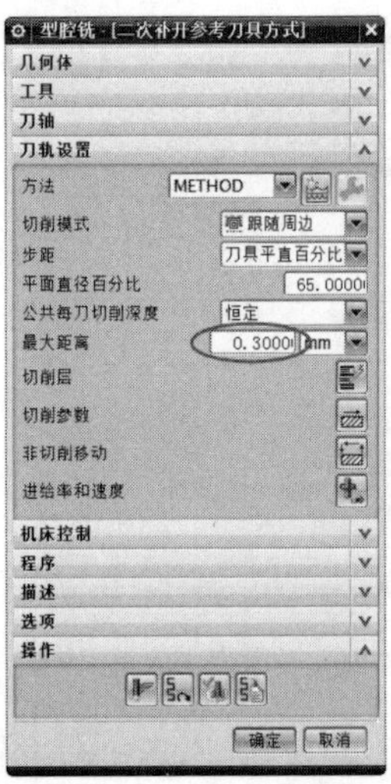

图 1-3-30　设置二次补开刀轨

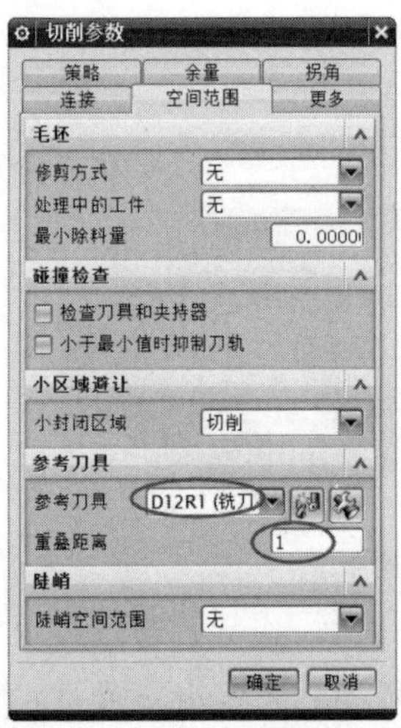

图 1-3-31　设置空间范围参数

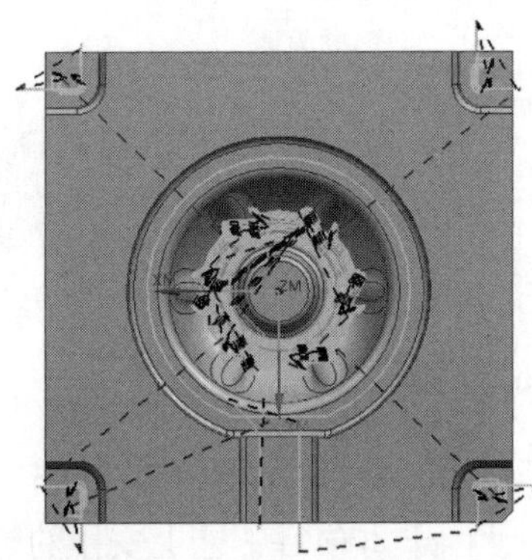

图 1-3-32　“参考刀具”二次补开刀效果

（5）灯罩盖凹模二次开粗刀轨确认/仿真加工步骤与开粗刀轨操作一致，这里不再赘述。模拟二次开粗切削过程动画如图 1-3-33 所示。

仿真结束后，通过指定点的方式侦测余量厚度，其基本没有变化；但是在 R3 的圆弧面上余量大大减少，最大只有 0.27mm 余量，如图 1-3-34 所示，为半精加工创造了良好的条件。

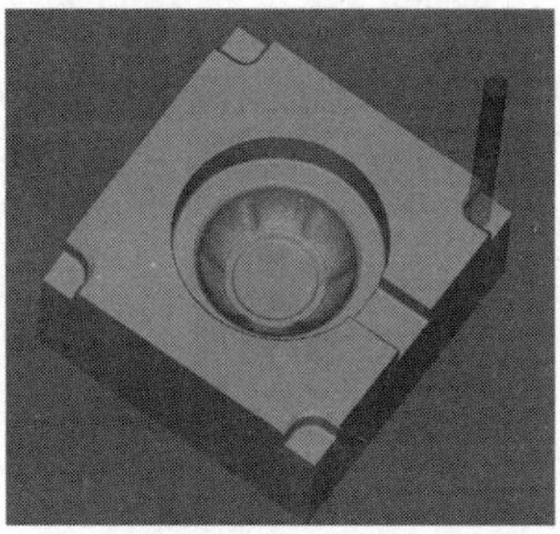

图 1-3-33　模拟二次开粗切削过程动画

图 1-3-34　二次补开 IPW

1.3.4　灯罩盖凹模侧壁半精加工

1. 创建工序

单击工具条中的按钮，弹出“创建工序”对话框，如图 1-3-35 所示。在“类型”下拉列表中选择 ZLEVELI_PROFILE 选项；单击按钮，“刀具”选择 D6R0.5（用于侧壁），“几何体”选择 WORKPIECE，程序名称默认不变（目的是在以后的程序检查中能通过程序名称判断出铣削工序的子类型）。单击“确定”按钮，弹出“深度轮廓加工”对话框，如图 1-3-36 所示。“指定切削区域”设置为所有型腔面，“最大距离”设置为 0.2mm。

微课：任务4　灯罩盖凹模半精加工

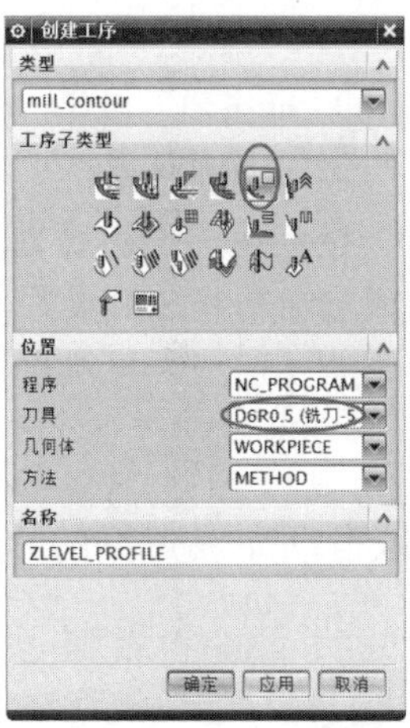

图 1-3-35　“创建工序”对话框 2

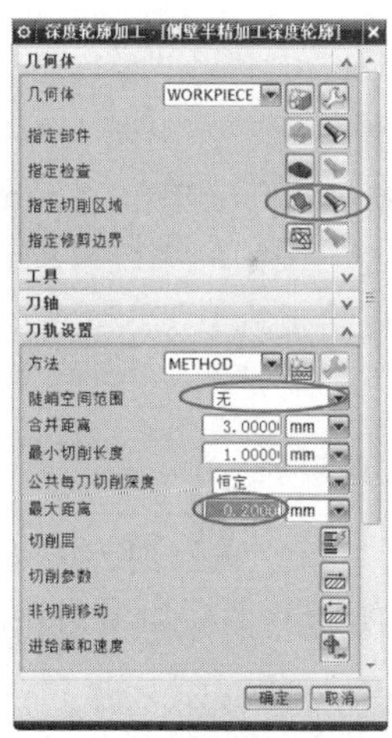

图 1-3-36　“深度轮廓加工”对话框

2. 设置工序切削参数

（1）单击“深度轮廓加工”对话框“刀轨设置”选项区域中的按钮，弹出“切削参数”对话框。在“策略”选项卡中设置“切削方向”为“混合”，“切削顺序”选择“始终深度优先”，如图 1-3-37 所示。

（2）选择“余量”选项卡，设置侧面余量为 0.1mm，底面余量为 0.05mm，内外公差保持默认，如图 1-3-38 所示。

（3）选择“连接”选项卡，设置层之间刀轨连接方式为“直接对部件进刀”，如图 1-3-39 所示。选中“层间切削”复选框，使用残余高度方式指定步距为 0.01，其他参数不变。单击“确定”按钮，完成切削参数设置，返回“深度轮廓加工”对话框。

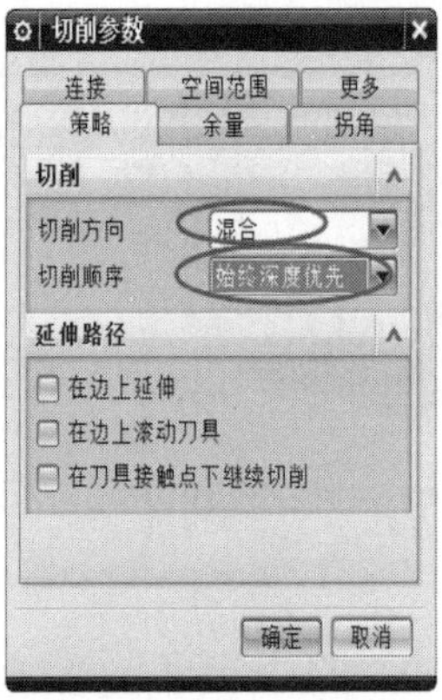

图 1-3-37　“策略”选项卡 1

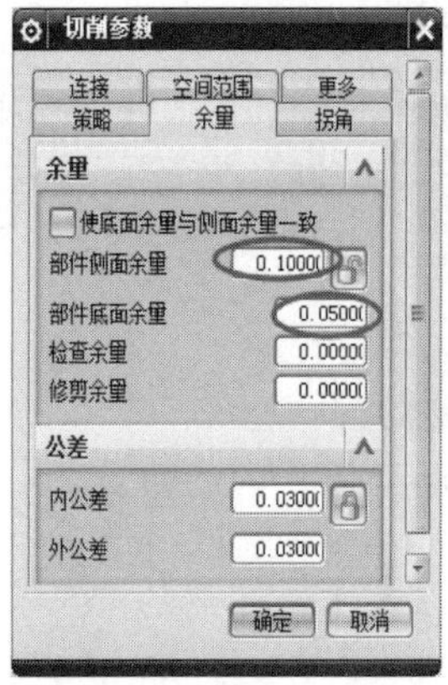

图 1-3-38　“余量”选项卡 1

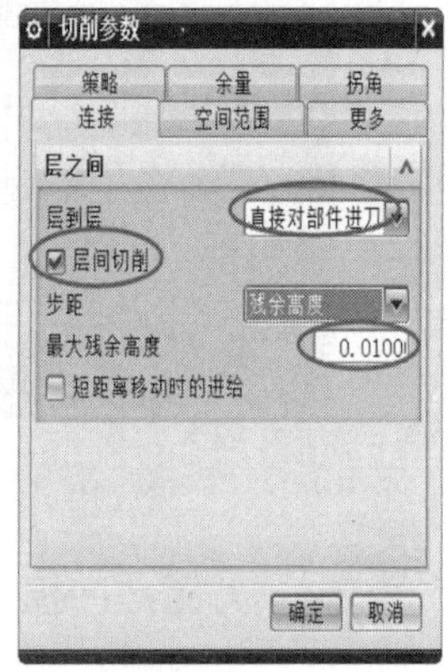

图 1-3-39　“连接”选项卡 1

3. 设置非切削移动

单击“深度轮廓加工”对话框“刀轨设置”选项区域中的按钮，弹出“非切削移动”对话框，按图 1-3-40 所示参数进行进刀设置，退刀设置与进刀一致。由于加工的凹模腔体有开口，系统将判断其为开放区域，所以选择开放区域修改刀具进刀类型。在“进刀”选项卡“开放区域”的“进刀类型”下拉列表中选择“线性-相对于切削”选项。

4. 设置进给率和速度

单击按钮，弹出图 1-3-41 所示的“进给率和速度”对话框。选中“主轴速度”复选框，输入 6000（单位为 r/min），在“切削”文本框中输入 1000（单位为 mm/min），单击“确定”按钮，系统自动计算出该刀具（D6R0.5）的切削表面速度为 113mm/s，得到每齿进给量为 0.0208mm。单击“确定”按钮，完成进给率和速度设置，返回“深度轮廓加工”对话框。

5. 生成刀轨

单击“型腔铣”对话框最底部的按钮，系统自动完成刀轨的计算，得到图 1-3-42 所示的半精加工刀轨。

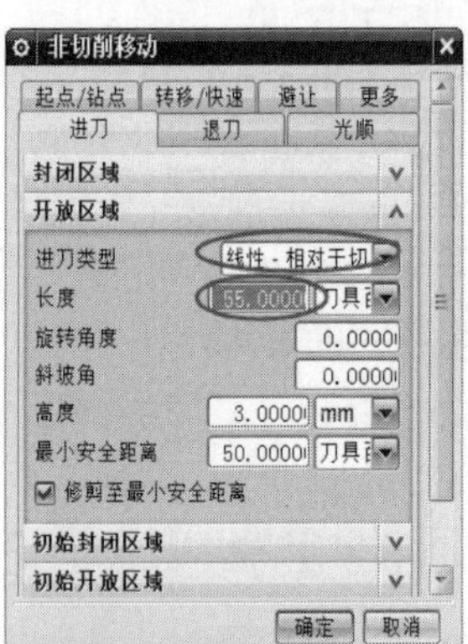

图 1-3-40　“非切削移动”对话框

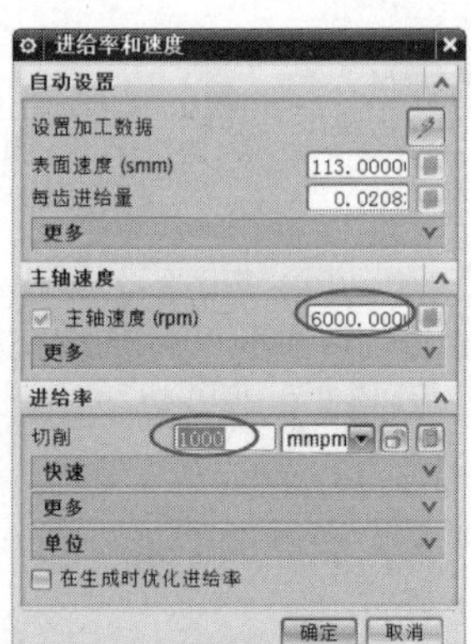

图 1-3-41　“进给率和速度”对话框 3

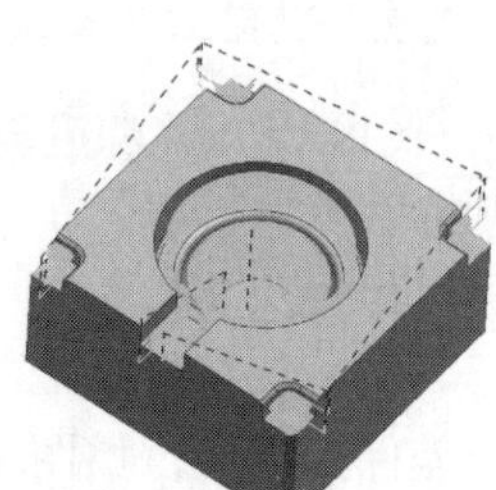

图 1-3-42　半精加工刀轨

6. 灯罩盖凹模半精加工刀轨确认与仿真

灯罩盖凹模半精加工刀轨确认与仿真步骤这里不再赘述。模拟半精加工切削过程动画如图 1-3-43 所示。

仿真结束后，通过指定点的方式进行余量侦测：所有型面变化较大，余量基本控制在 0.1mm，如图 1-3-44 所示，已经具备精加工的条件。

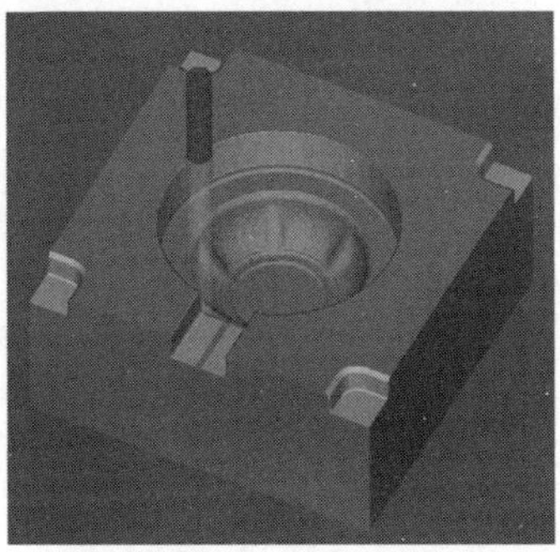

图 1-3-43　模拟半精加工切削过程动画

图 1-3-44　半精加工 IPW

1.3.5　灯罩盖凹模侧壁精加工

在“工序导航器”中选择半精工序，右击，使用“复制”命令创建精加工工序。几何体和刀具保持不变，但是在实际加工中为了保证尺寸精度，应更换相同规格的新刀具。设置每刀速度为 0.08mm。

微课：任务 5　灯罩盖凹模精加工

（1）单击“深度轮廓加工”对话框“刀轨设置”选项区域中的按钮，弹出“切削层”对话框，如图 1-3-45 所示，将“切削层”设置为“最优化”。

（2）单击“深度型腔加工”对话框“刀轨设置”选项区域中的按钮，弹出“切削参数”对话框，分别按图 1-3-46～图 1-3-48 所示对“策略”“余量”“连接”选项卡进行设置。

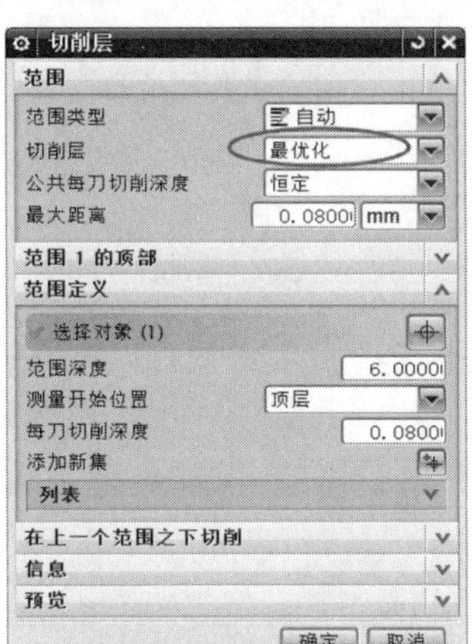

图 1-3-45　“切削层”对话框

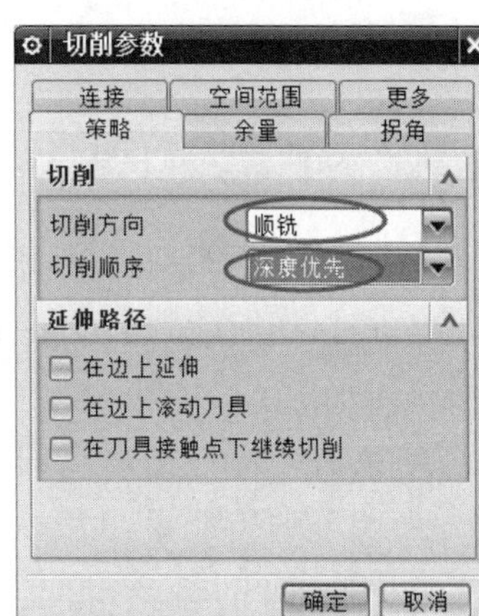

图 1-3-46　“策略”选项卡 2

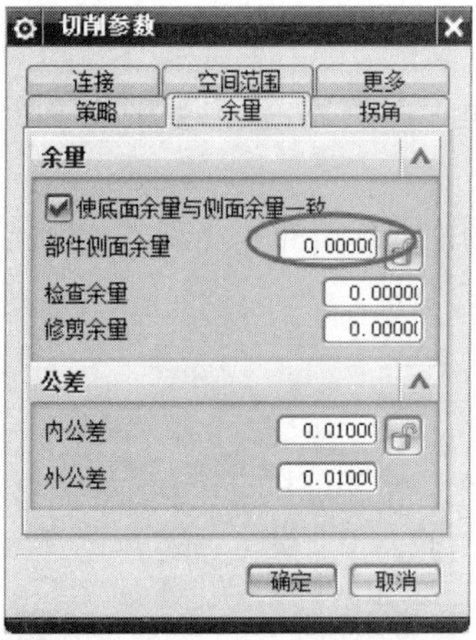

图 1-3-47 “余量”选项卡 2

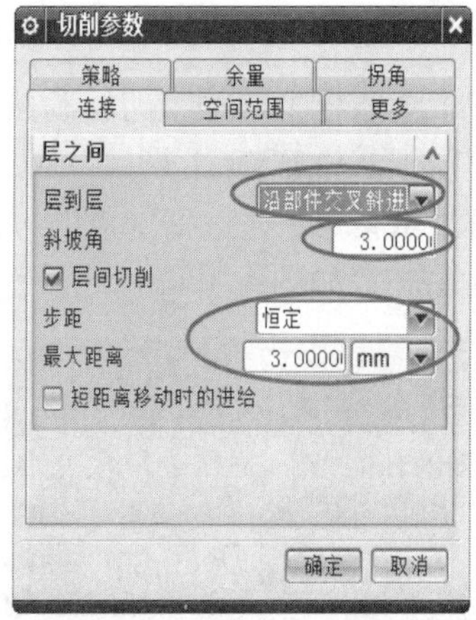

图 1-3-48 “连接”选项卡 2

由于是最后的精加工工序，因此对于所有型面一般采用顺铣方式进行铣削；层到层选择“沿部件斜进刀”，目的是消除层间接刀痕迹；在层之间铣削设置了 3mm 的步距，保证小平面铣削到位。

（3）适当调整进给率和速度。参考图 1-3-49 所示进行设置，一般铣削精加工时进给速度都控制在 8000mm/min 以内。

（4）单击“型腔铣”对话框最底部的按钮，系统自动完成刀轨的计算，得到图 1-3-50 所示的精加工刀轨。

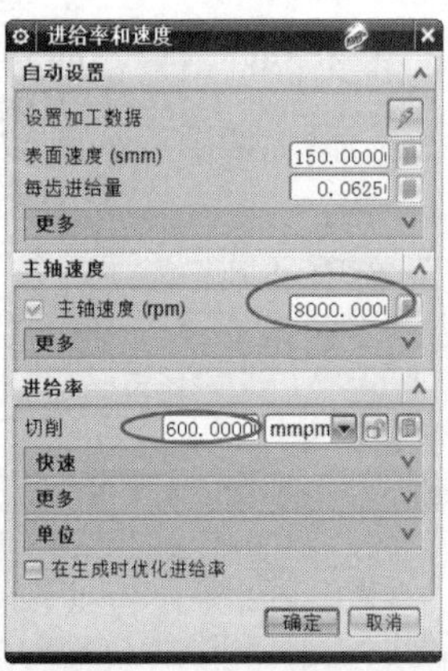

图 1-3-49 “进给率和速度”对话框 4

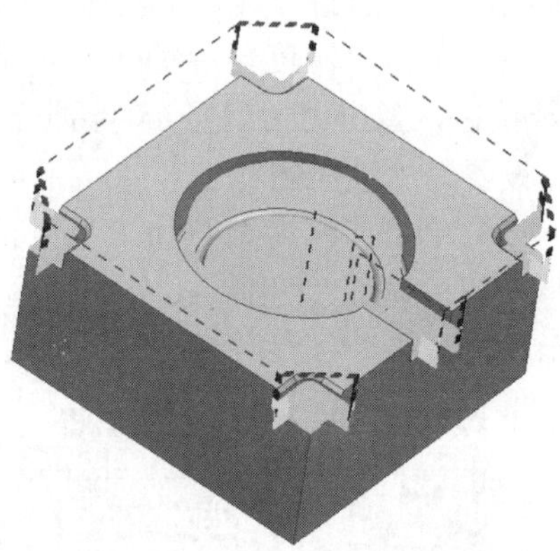

图 1-3-50 精加工刀轨

（5）灯罩盖凹模型腔铣精刀轨确认与仿真加工步骤这里不再赘述。模拟半精加工切削过程动画如图 1-3-51 所示。

仿真结束后，通过指定点的方式进行余量侦测：所有型面余量基本控制在 0.03mm，如图 1-3-52 所示，已经具备抛光试配条件。

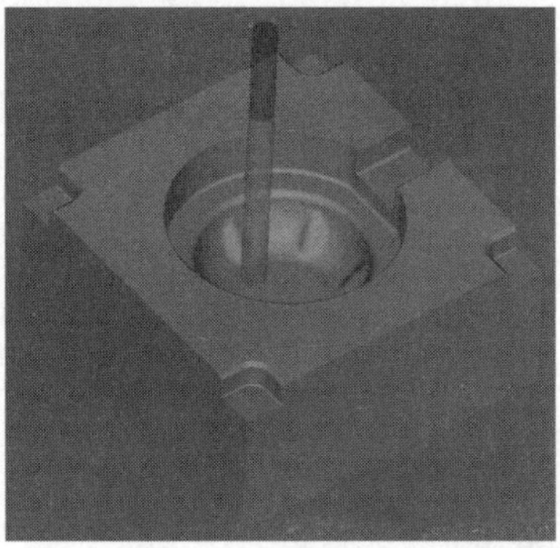

图 1-3-51　模拟半精加工切削过程动画截图

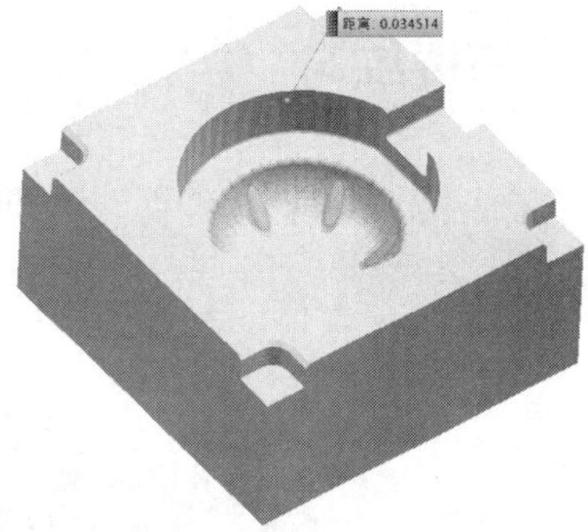

图 1-3-52　精加工 IPW

到此，我们就完成了灯罩盖凹模 CAM 的所有工序设置。

1.4　考核评价：灯罩盖凹模 CAM 项目任务实施评价

根据灯罩盖凹模的 CAM 项目任务实施完成情况进行评价（表 1-4-1）。

表 1-4-1　灯罩盖凹模 CAM 项目任务实施评价

班级：　　姓名：　　年　月　日

核心能力	评价指标	自我评价（掌握程度）		
		合格	良好	优秀
掌握灯罩盖凹模的 CAM 技术	了解型腔铣削的特点与应用场合			
	掌握型腔铣削的切削模式及步距的设置方法			
	掌握型腔铣的切削参数和切削层设置方法			
灯罩盖凹模CAM设置	能正确创建型腔铣典型工序			
	能规划型腔类零件铣削加工工艺方案			
	能进行型腔铣切削参数设置、非切削移动参数设置、切削区域与修剪边界设置、进给率和速度参数设置			
	能进行深度轮廓加工特有参数设置、剩余铣与深度拐角加工			
	能对灯罩盖凹模的型腔进行铣削加工			
其他				
学习体会				
教师评价 年　月　日				

拓展练习

请完成“灯罩盖凸模零件”从开粗到精加工的所有铣削工序创建设置。

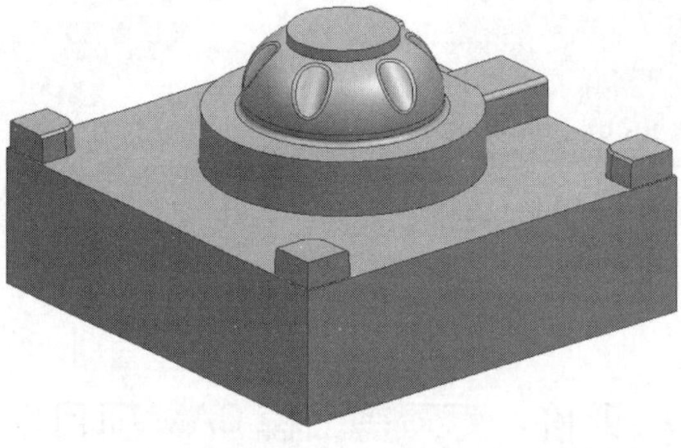

拓展练习图 1 灯罩盖凸模零件 3D 效果

项目 2　充电器座型芯零件 CAM

项目任务

知识目标

1. 熟悉典型的模具型芯零件的铣削工艺规划；
2. 掌握各个工序之间的余量设置关系；
3. 掌握各个工序的切削参数设置方法。

能力目标

1. 能进行充电器座型芯零件制造工艺规划；
2. 能进行充电器座型芯零件的 CAM 参数设置；
3. 能进行充电器座型芯零件 CAM 准备；
4. 能进行充电器座型芯零件 CAM 开粗与补开粗；
5. 能进行充电器座型芯零件 CAM 半精加工和精光加工；
6. 能进行充电器座型芯零件 CAM 仿真与后处理。

思政目标

1. 培养专注、细致、严谨、负责的工作态度；
2. 树立规则意识、效率意识，规范操作，讲求实效；
3. 传承和发扬吃苦耐劳的传统美德。

工作任务描述

1. 工作任务

应用计算机辅助设计与制造技术对充电器座型芯零件进行铣削加工，通过制定加工工序，运用充电器座型芯零件铣削典型操作，完成充电器座型芯模型零件铣削刀轨设置及仿真加工。项目任务工作流程如图 2-0-1 所示。

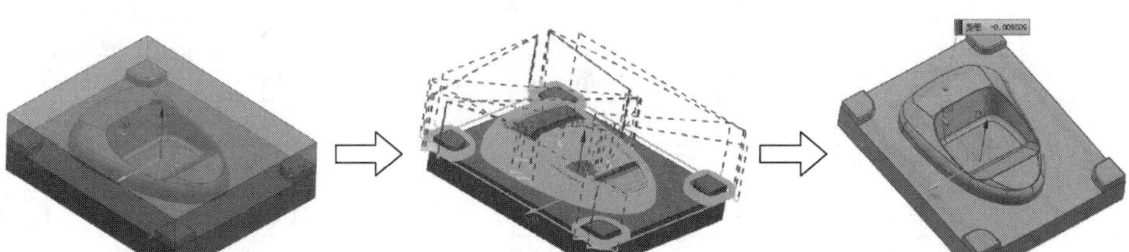

（a）导入零件模型　　（b）设置刀轨　　（c）仿真加工

图 2-0-1　项目任务工作流程

2. 工艺要求

充电器座型芯零件制造工艺过程卡如表 2-0-1 所示，充电器座型芯零件铣削加工工艺卡如表 2-0-2 所示。

表 2-0-1 充电器座型芯零件制造工艺过程卡

工序号	工序名称	尺寸	工艺要求	检验	备注
1	下料	133mm×163mm×45mm	带锯条	钢直尺检验自由公差度要求	3mm 余量 手工去飞边
2	铣平面	130.2mm×160.2mm×44.0mm	铣床铣削	游标卡尺检验，正公差 0.2mm	六面角尺
3	磨平面	130mm×160mm×44mm	平面磨	千分尺	高度留余量，其他留正公差 0.02～0.05mm
4	型芯开粗	按零件图要求尺寸	铣床铣削	千分尺	腔体预留 0.3mm
5	型芯半精	按零件图要求尺寸	铣床铣削	千分尺	腔体预留 0.1mm
6	钻/铰孔	按零件图要求尺寸	台钻	内径千分尺等、配合长度	
7	攻螺纹	攻螺纹、水堵管螺纹尺寸	丝攻	螺杆顺畅旋转配合	手工
8	热处理	调质	热处理炉	游标卡尺，变形量在 0.2mm 以内	HRC 58～62
9	磨平面	130mm×160mm×44mm	铣床铣削	游标卡尺、角尺平行度、垂直度检验	加工、检验基准统一为底面
10	型芯精光	达到零件图要求尺寸	精雕机床	所有型面	采点比对
11	割孔	按图要求	线切割机床	千分尺检验	
12	电火花	所有火花位	电火花机床	火花位过渡光顺	粗精组合使用
13	抛光	符合零件图粗糙度要求	抛光工具	与标准样板对比检验	严禁抛光分型面
14	检验	按零件图标注和技术要求	三坐标测量机		以安装基准为检验基准

表 2-0-2 充电器座型芯零件铣削加工工艺卡

单位名称	模具制造车间	产品名称或代号		零件名称		零件图号	
		充电器座型芯		充电器座型芯		20170926-01	
		夹具名称		使用设备		车间	
		精密平口钳		加工中心		机加 01	
工序号	工序内容	刀具号	规格	主轴转速/（r/min）	进给速度/（mm/min）	背吃刀量/mm	余量/mm
1	型芯整体开粗	T01	D16R0.8	3500	3500	0.5	0.2
2	二次粗加工	T02	D6R0.5	6000	2000	0.3	0.2
3	平坦曲面半精	T03	D10R0.5	6000	2000	0.2	0.1
4	侧壁半精	T03	D10R0.5	6000	2000	0.3	0.1
5	内拐角半精补刀	T02	D6R0.5	8000	2000	0.3	0.1
6	分型面精光	T05	D6	12000	600	0.1	0
7	虎口侧壁精光	T04	D6R0.5	12000	1000	0.1	0
8	成型面侧壁精光	T04	D6R0.5	12000	1000	0.1	0
9	平坦曲面精光	T04	D6R0.5	12000	1000	0.1	0
10	圆角清根	T06	B6R3	12000	1000	0.1	0
11	尖根清根	T05	D6	10000	1000	0.1	0

3. 工作条件 2

充电器座型芯零件数控铣削加工刀具如表 2-0-3 所示。

表 2-0-3　充电器座型芯零件数控铣削加工刀具

零件名称		充电器座型芯	零件编号		20170926-01	备注
序号	刀具号	刀具			加工内容	
		规格名称	数量	刀长/mm		
1	T01	D16R0.8-2 立铣刀	1	75	零件整体开粗	2 刃
2	T02	D6R0.5-2 立铣刀	1	55	拐角补开粗 型面凹腔侧壁半精	2 刃
3	T03	D10R0.5-2 立铣刀	1	75	顶面曲面区域 侧壁及分型面半精	2 刃
4	T04	D6R0.5-4 立铣刀	1	55	所有成型面精光	4 刃
5	T05	D6-4 平底铣刀	1	55	分型面精光，清尖根	4 刃
6	T06	B6R3-4 球头铣刀	1	55	清圆角根	4 刃

2.1　知识准备：NC 助理分析及模型处理

2.1.1　NC 助理分析

通常在进行 CAM 规划加工之前，需要对加工模型的结构进行分析：零件深度是多少？哪些是平面？哪些是曲面？拔模角度多大？拐角或者圆角半径是多少？只有通过一定的分析并结合实际硬件条件，我们才能制定更好、更有针对性的加工方案。例如，对于最常见的拐角，我们只有在分析后才能确定使用多大直径的刀加工效率更高，如果是倒圆角半径，那么应确认倒圆角半径值后才能确定用多大的刀才能把圆角清出来。

NX 10.0 在加工环境下的 NC 助理分析提供了图 2-1-1 所示的四种分析类型，辅助完成对模型的层、拐角、圆角、拔模的分析。NC 助理是一个特定的分析工具（特定 CAM 环境内），它位于“分析”菜单下的最后一项，分析的对象为选定的面，分析结果可显示为图形和文本，这些数据为选择刀具提供了一些必要的支持。

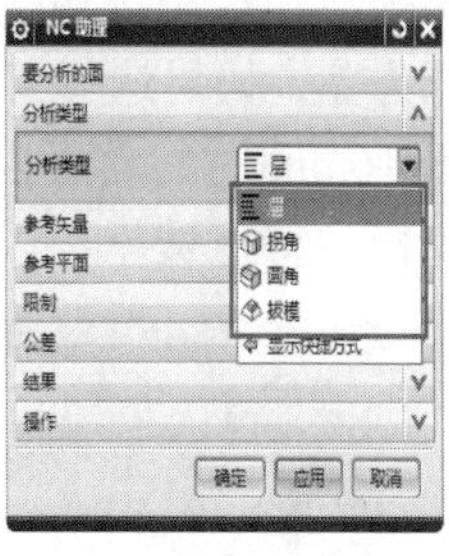

图 2-1-1　“NC 助理”对话框

1. *层分析*

通过层分析，可以得到加工几何体相对基准平面的高度或者深度数据，为选择刀具长度提供参考信息。对话框中参考矢量的设置一般选择刀轴或者+*ZC* 轴，在分析前需要定义一个参考的基准平面，分析结果是相对这个基准的距离。如果没有定义参考面，则默认工作坐标系的 *XY* 平面为参考基准面。本项目中选择所有的面进行层分析，参考矢量为+*ZC* 轴。在设置参考平面时，考虑到加工深度基本加工到分型面位置，因此把分型面高度设置为参考的零位面，方便得到最长刀长值。单击按钮，得到虎口位高度为 6mm，凹腔深度为-1.8mm，说明凹腔处更深。由于底面没有平面，无法分析出来，可以通过测量获得底面到分型面的投影距离，为 22.6mm，因此可以初步选择刀具的刀刃长度最少在 23mm 以上。层分析流程如图 2-1-2 所示。

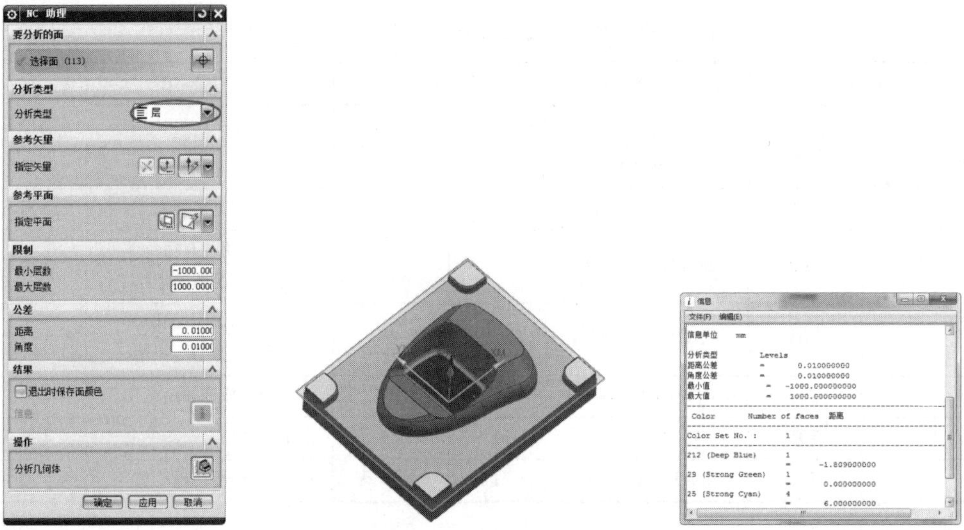

图 2-1-2　层分析流程

2. 拐角分析

拐角分析指对圆心在垂直于参考基准平面上的圆角进行的半径分析，为刀具半径的选择提供依据。选择所有的面进行分析，设置模型底面作为参考面，分析数据限定在±50mm（图 2-1-3），即限定了刀具的最大半径。在模具加工中，直径大于 100mm 的刀具很少用到，假如车间刀具最大只有直径 63mm 的铣刀，分析时保持默认数据即可。由于该充电器座型芯在常规选定的参考面上没有拐角，因此无法分析。我们可以通过“局部半径”的方法来测量一些特征拐角的半径数据（为 11mm），再通过测量距离大概测量出虎口侧壁到型芯侧壁的距离（为 16.8mm）。这样就可以确定开粗刀具选择方案：如果选择直径大于 16mm 的刀具开粗，在虎口位肯定要二次补开；而直径小于 16mm 的刀具可以一次开通，但是在凹腔处不一定能开到位。因此，还需要继续提供模型特征数据，以支持选刀，如图 2-1-4 所示。

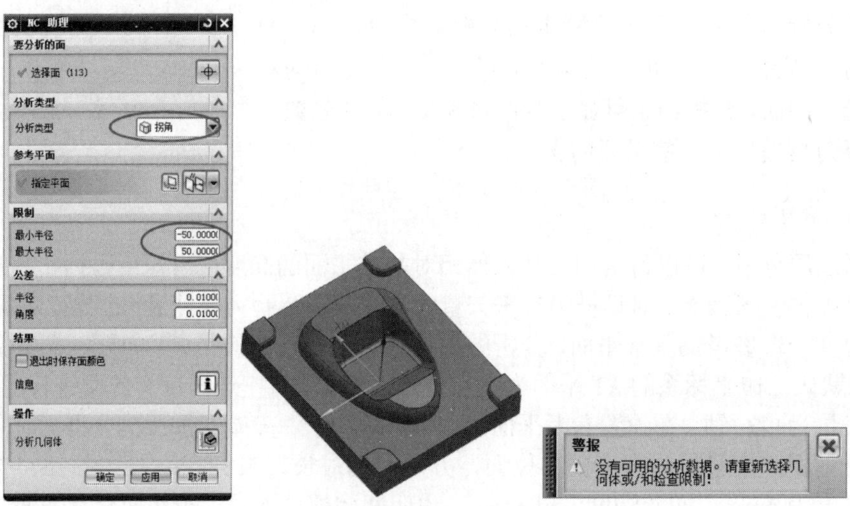

图 2-1-3　拐角分析流程

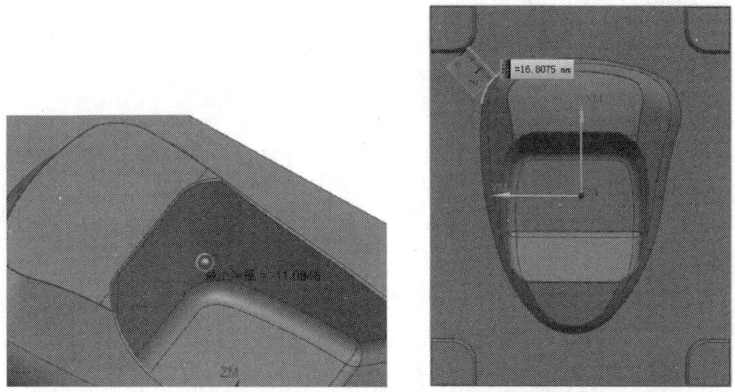

图 2-1-4　其他数据分析

3. 圆角分析

分析加工几何体的底部圆角半径，为选择刀具端角半径（Corner Radius）时提供参考信息。圆角是指圆心在平行于参考基准平面上的圆角。在图 2-1-5 所示的模型中，能分析出来的圆角数据非常多，分别用不同的颜色表示出来。通过信息查看并结合铣削工艺特点，可以确定有限制性的圆角是洋红色的小圆角，半径为 2mm，因此开粗刀具圆角不能大于 2mm，即在清根工序中选用的刀具圆角要小于该数据。拐角和圆角是相对于参考矢量来说的，当参考矢量变化时，拐角和圆角可能相互转换，但是数据仍保持不变。

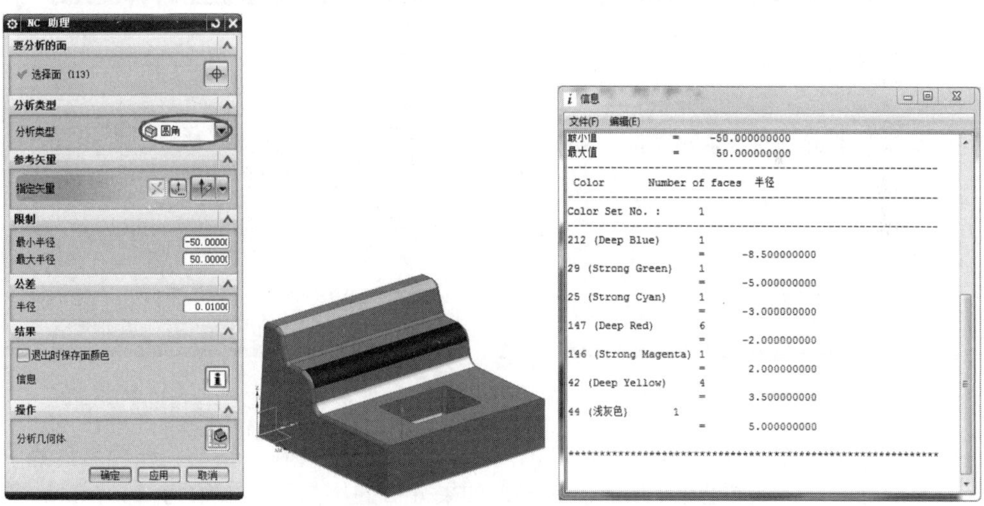

图 2-1-5　圆角分析流程

4. 拔模分析

首先需要确定参考方向，即确定拔模方向，一般设置为刀轴方向（+*ZC* 轴）。用于分析部件壁面相对于脱模方向的拔模角，如果拔模角度较小，则精光侧壁时每刀深度就可以适当加大，提高加工效率。拔模分析流程如图 2-1-6 所示。

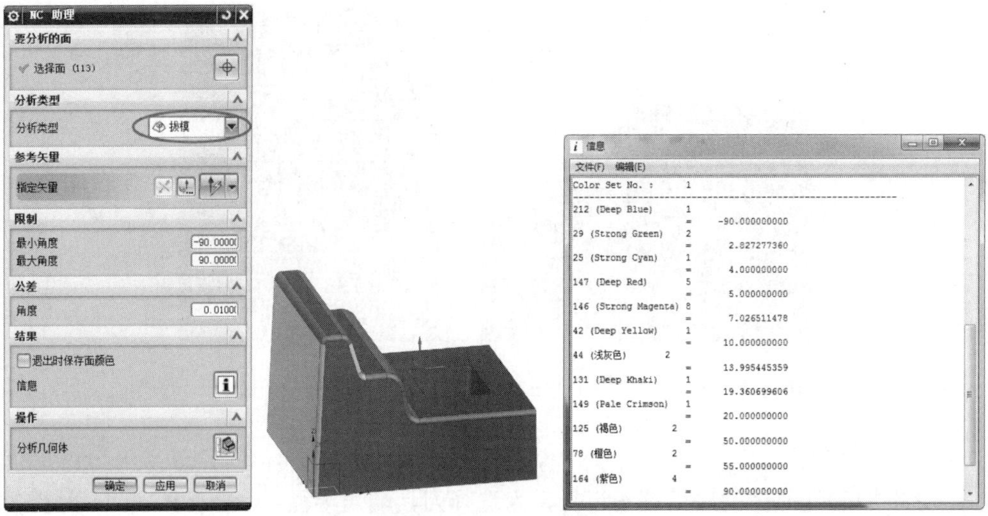

图 2-1-6 拔模分析流程

（1）指定矢量：设置的矢量方向确定系统在分析和分类工件的层、圆角半径和拔模角时的参考方向，如图 2-1-7 所示。

（2）指定平面：允许指定数据为零的用来参考的基础平面，如图 2-1-8 所示。分析部件的层和拐角半径时，系统从该平面测量公差和限制。

图 2-1-7 NC 助理指定矢量

图 2-1-8 NC 助理指定平面

（3）最小层数/最大层数：设置该范围的最小值和最大值，层、半径和角在该范围内分析和显示，如图 2-1-9 所示。例如，如果分析的层的最小层数为-1000mm，最大层数为 1000mm，则系统仅分析并显示位于该范围内的面。

（4）距离/角度/半径：为选择的分析类型定义公差范围，如图 2-1-10 所示。例如，选择层，然后在距离文本框中输入 0.01，在角度文本框中输入 0.01。系统把相互之间距离在 0.01 之内，且相对指定参考平面/矢量的夹角在 0.01° 以内的所有面识别为一个单独分类，用相同的颜色显示。距离测量值采用与部件相同的单位，角度测量值以（°）为单位。

选择层时，“公差”选项区域中只会出现距离与角度公差；选择拐角时，“公差”选项区域中只会出现半径和角度公差；而选择圆角时，“公差”选项区域中只会出现半径公差；选择拔模时，“公差”选项区域中只会出现角度公差。

图 2-1-9　NC 助理限制

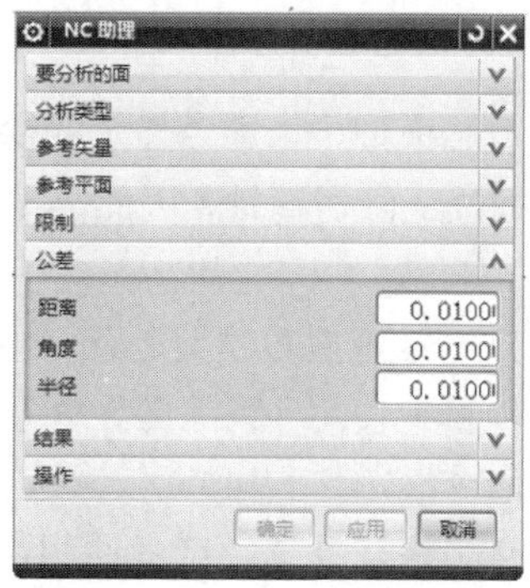

图 2-1-10　NC 助理公差

（5）退出时保存面颜色：如图 2-1-11 所示，关闭对话框前，将每个面的显示颜色更改为分析中显示的颜色。信息在信息窗口中显示出分析结果。

提示：为确保获得最新信息，单击信息之前请先单击分析几何体。

（6）分析几何体：单击按钮，系统开始分析并显示着色的分析结果，如图 2-1-12 所示。

图 2-1-11　NC 助理结果

图 2-1-12　NC 助理操作

2.1.2　充电器座型芯零件模型处理

1. 导入充电器座型芯数字模型

单击“打开”按钮，弹出“打开”对话框，根据文件存放路径选择“充电器座型芯加工案例”文件，单击 OK 按钮，导入数字模型，如图 2-1-13 所示。

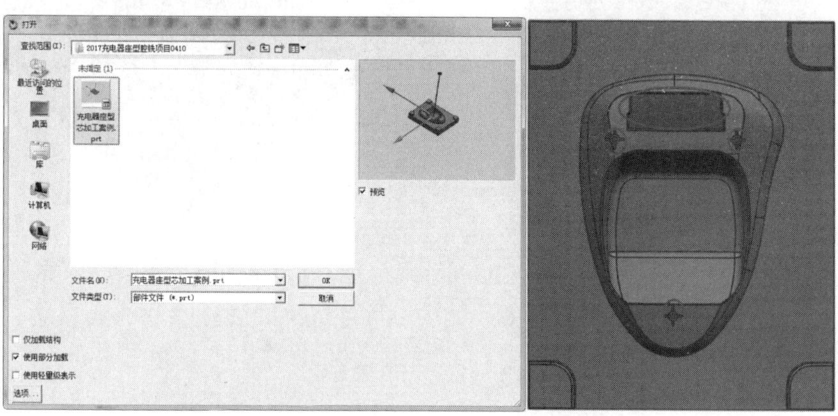

图 2-1-13　导入充电器座型芯数字模型

2. 处理充电器座型芯模型

在型芯模型中，紫色显示的深腔面结构需要进行放电加工，洋红色的三处“火箭腿”结构位上做司筒针，因此需要线割和放电。这几处结构的加工安排在铣削精加工之后。

对充电器座型芯模型进行必要的模型处理。

本项目中使用“删除面”命令进行模型处理。选择“插入”→“同步建模”→“删除面”命令（图 2-1-14），依次选择这些特征结构面（图 2-1-15）。注意，如果有多选的，则必须进行反选，或者四组结构面进行四次删除操作。

至此，就完成了对充电器座型芯的模型处理，如图 2-1-16 所示。后续的 CAM 铣削将按此模型进行。

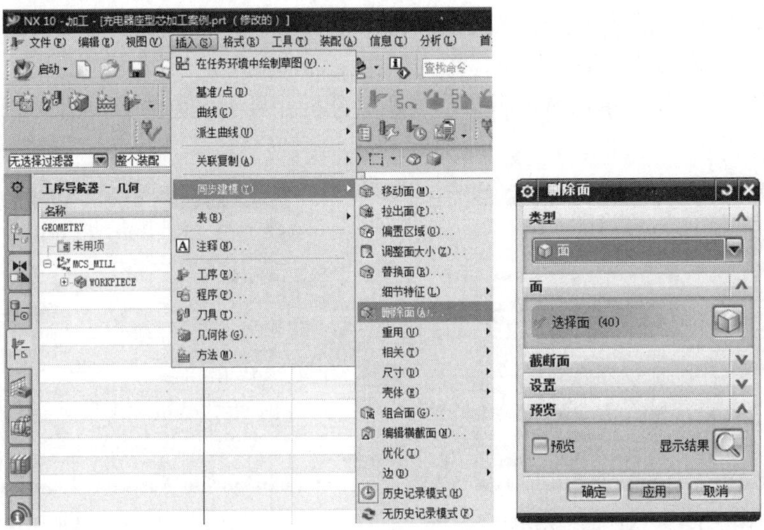

图 2-1-14 选择“删除面”命令

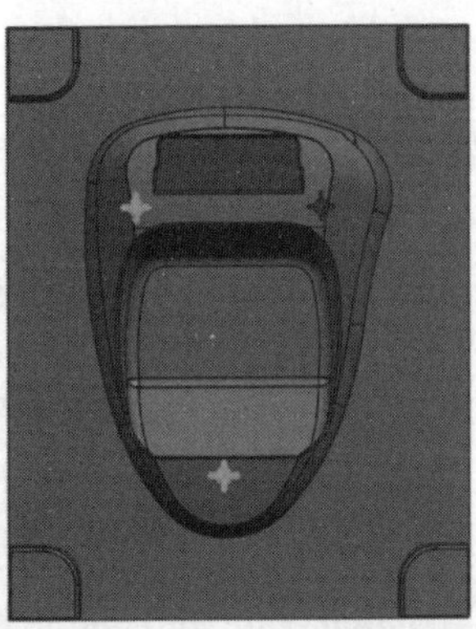

图 2-1-15 选择特征结构面

图 2-1-16 模型处理结果

2.2 工艺规划：充电器座型芯零件制造工艺规划

2.2.1 充电器座型芯模型分析及工艺过程规划

模具的成型零件一般比较复杂，而且有较高的加工精度要求，其加工质量直接影响产品的质量与模具的使用寿命。在进行充电器座型芯零件型芯加工之前，需要对加工零件的特征进行分析。该型芯是成型盒盖的内表面部分，因此模具型芯尺寸精度要求高，在加工工艺的规划时应当以保证零件的尺寸精度为首要目标，窄槽位置需要单独进行放电加工，对于表面只需要进行简单抛光达到一定的表面粗糙度即可。

在充电器座型芯零件的制造过程中，直接改变毛坯材料的形状、尺寸、物理性质和装配等操作称为工艺过程。制定型芯零件加工工艺过程规划的基本原则就是要保证以最低的市场成本和最高的生产效率，可靠地加工出符合设计图样所要求的模具产品。典型的模具成型零件的工艺过程规划主要包含以下几点：

（1）工艺人员做好零件的结构工艺性分析。与设计人员协同，在保证质量、满足使用的前提下，尽量减少昂贵且费时的特种加工，用镶拼、组合等方法简化加工。材料费通常只占模具费用的 10%～15%，在对材料费影响很小的情况下，应使模具零件更具可修复性。

（2）毛坯类型的确定和加工方法。模具零件所用毛坯料种类很多，选择时应同后面的工序、整个模具的周期联系起来，全面考虑。例如，电极加工，大块纯铜料下成小块电极费时；购买标准块电极料方便快捷，但价格稍高；而石墨电极在深腔、窄槽加工中优势明显，价格最贵。如果赶工期或影响其他模具生产，那么应选最高效的方法，忽略稍长的成本。

（3）模具零件的热处理工序安排。在工艺规划中，热处理前后的工序安排对零件制造成本、生产效率的影响很大。淬火热处理前粗、半精加工到位，需考虑热处理变形量，以留余量。淬火后可以硬切削精加工，这样可增加刀具成本；也可电加工，这样可增加电极数量，延长加工周期。合理调配加工设备是十分重要的任务。

（4）定位基准的选择。同普通机械加工一样，合理地选择定位基准，能方便生产，减小误差，保证精度。另外，模具零件有自身单件生产、多工序的鲜明特征，定、动模镶件总是要经过铣、线切割、电加工等工序。尤其是电极在电火花机床上的校正最为费时，因为前期的基准已变化。如今，很多高效的模具厂开始使用 3R、EROWA 等定位系统装置。这样从数控铣、线切割机上加工的电极取下后带定位片直接装夹在电火花机的主轴头上，不用再校正 X、Y 向，只需定好 Z 方向即可，快捷精确，大幅度提高了生产效率。

对于充电器座型芯零件，应根据以上原则进行工艺规划：下料—铣平面—磨平面—型芯开粗—型芯半精—钻/铰孔—攻螺纹—热处理—磨平面—型芯精光—割孔—电火花—抛光—检验。

2.2.2 充电器座型芯零件铣削工艺规划

采用铣削加工的方法，直接改变毛坯的形状、尺寸和表面质量等，使其成为零件的过程称为铣削工艺过程。为了方便生产加工，通常会在加工前对产品零件进行铣削工艺规划，制作铣削工艺卡。

1. 零件工艺分析

该零件材质为 Cr12，单件生产，本工艺是其制造工艺规划环节中的铣削工序编制。零件结构已经进行处理，对放电加工的位置面进行了删除，铣削加工相对简单，具有良好的可切削性。热处理要求：HRC 58～62，表面处理安排在精加工前进行；铣削前完成毛坯精磨加工，尺寸为 130mm×160mm×44mm；由于坯料上表面有余量设置，铣削基准设计为安装基准，坯料底面；*XY* 平面基准设计为底面中心，为后续热处理留 0.03～0.05mm 的变形量。

2. 确定装夹方案

选择定位基准时，应注意减少装夹次数，尽量做到在一次安装中能把零件上所有要加工的表面都加工出来。选择充电器座型芯精坯料底面作为定位基准。该定位基准装配基准重合，大大减少了因定位误差对尺寸精度的影响。该零件外形规则，加工面大多数在上表面，因此选用精密平口钳夹紧，以底面和底面中心定位，用等高块垫起。注意，工件高出虎口钳钳口的高度要足够，一般预留 3～5mm 的余量。

3. 确定加工顺序规划

按照先粗后精的原则确定加工顺序：

（1）用ϕ16mm 的立铣刀对零件型芯表面、虎口及分型面进行粗加工，加工余量设置为侧壁 0.2～0.3mm，底部 0.1～0.2mm。

（2）用ϕ6mm 的立铣刀对型芯零件拐角凹腔处进行二次粗加工，补开余量与开粗余量一致。

（3）用 D10R0.5 和 R3 的球头立铣刀对分区域进行半精加工，期间视工序的特点可以灵活安排平坦曲面的半精爬面加工。

（4）热处理后上磨床进行磨削加工。注意，优先磨平底面，再视四个侧面的变形量，优先磨出相邻的两个侧面作为精光铣削时的 *XY* 基准，使用半精时相同型号的刀具（刀具必须是全新的或者保证其尺寸精度的旧刀具）进行精光。

（5）清根加工分两步进行：尖根和圆根清理。

4. 选择刀具

根据零件的材料和结构特点来选择刀具：

（1）粗加工时根据工艺需要选择 D16R0.8 的铣刀，对各个区域的加工综合效率较高；二次补开粗的加工范围小，根据模型特点可选用半径不大于 3.8mm 的球头刀具或者圆角立铣刀，考虑到是补开粗，切削有一定量的负载，因此确定用 D6R0.5 圆角立铣刀较好。

（2）半精加工时，型芯外侧凸起的表面基本不受刀具半径的影响。考虑刀具成本，选择 10mm 以下的刀具，刀具圆角大于半径每刀背吃刀量。设置半径侧壁每刀 0.3mm，所以刀具圆角选择 0.5mm，从而确定半精侧壁刀具为 D10R0.5 的立铣刀。铣削内侧凹腔型面，为提高加工效率，采用补开粗的同一把刀具，在工序设置上连同底面一起铣削。上表面的型面呈凸起状，可以采用 D6R0.5 的圆角刀半精爬面，这样加工的效率更高。

（3）型面精光的刀具型号尽量与半精一致，但是必须优先选用新刀具以保证控制尺寸精度；又考虑到内拐角处为 $R3.8$mm，使用直径为 10mm 的刀具必然要补刀，导致效率低下，因此直接选用 D6R0.5 的圆角刀精光侧壁和顶面的平坦曲面，并保证了过渡拐角面的平滑。

（4）根部清理。选用平底尖刀清理尖根，并将上一工序余留在侧壁的 0.5mm 的圆角清理干净；选用球刀清理圆根过渡面。

充电器座型芯零件数控铣削加工刀具卡片如表 2-0-3 所示。

5. 选择切削用量

切削用量根据零件材料特点、刀具性能及加工精度要求确定。本零件加工时主轴速度取 3500～12000r/min，粗铣时取低一些，精铣时取高一些；进给速度取 600～3500mm/min。铣削分 11 道次工序完成，每次铣削的背吃刀量不同。

2.3 实践操作：充电器座型芯整体 CAM 设置

2.3.1 充电器座型芯零件 CAM 准备

充电器座型芯零件的 CAM 准备主要完成三个小任务：创建几何体、创建刀具和创建程序组。

微课：第 1 步　充电器座型芯零件模型导入与处理

1. 创建充电器座型芯 CAM 几何体

（1）在“工序导航器”工具条中单击按钮，导航器切换到图 2-3-1 所示界面。

（2）双击“工序导航器”中的 MCS_MILL 按钮，弹出图 2-3-2 所示的“MCS 铣削”对话框。

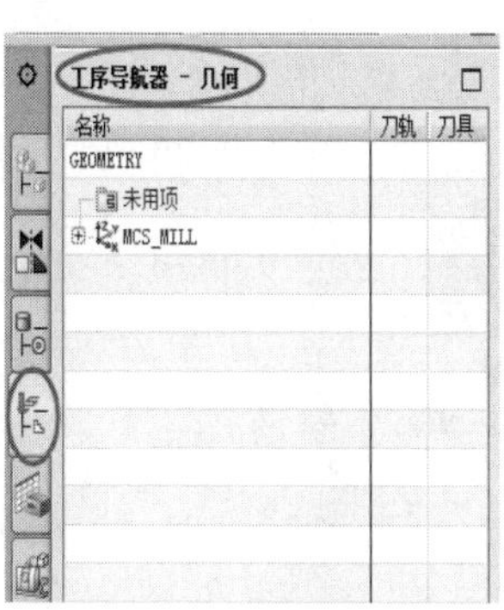

图 2-3-1　“工序导航器-几何”界面

图 2-3-2　“MCS 铣削”对话框

微课：第 2 步　充电器座型芯零件 CAM 准备

（3）在“指定 MCS”中单击按钮，弹出图 2-3-3 所示的 CSYS 对话框；在“指定方位”中单击按钮，在“类型”下拉列表中选择“两点之间”选项，进行 MCS 坐标原点的构建。选择模型底面两个对角点，系统自动捕捉中点位置，单击“确定”按钮，得到图 2-3-4 所示的 MCS 坐标系。

图 2-3-3　CSYS 对话框

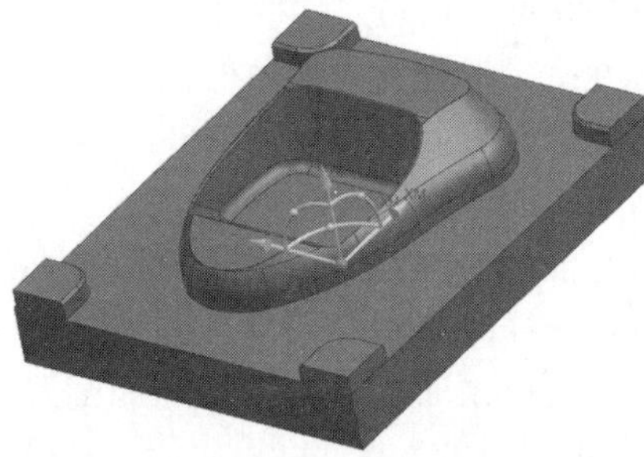

图 2-3-4　充电器座型芯模型 MCS 坐标系

（4）双击 WORKPIECE 按钮，弹出图 2-3-5 所示的“工件”对话框。单击按钮，弹出图 2-3-6 所示的“部件几何体”对话框，选择导入的充电器座型芯模型，单击“确定”按钮，完成部件几何体的设置。

（5）单击按钮，弹出图 2-3-7 所示的“毛坯几何体”对话框，在“ZM+”文本框中输入 1，表示坯料上表面高出部件模型 1mm。单击“确定”按钮，得到的毛坯体如图 2-3-8 所示。

图 2-3-5　“工件”对话框

图 2-3-6　“部件几何体”对话框

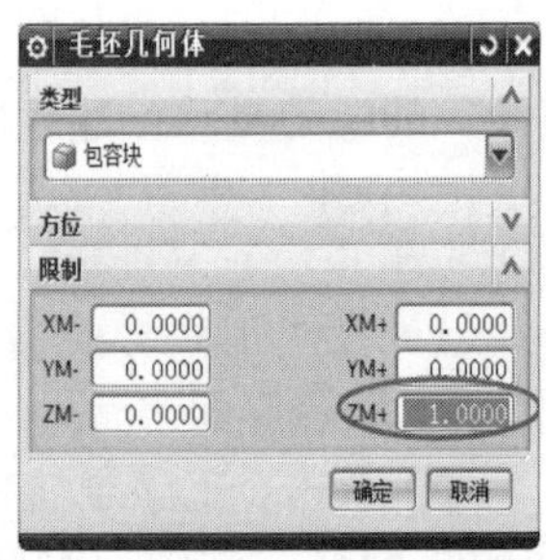

图 2-3-7　“毛坯几何体”对话框

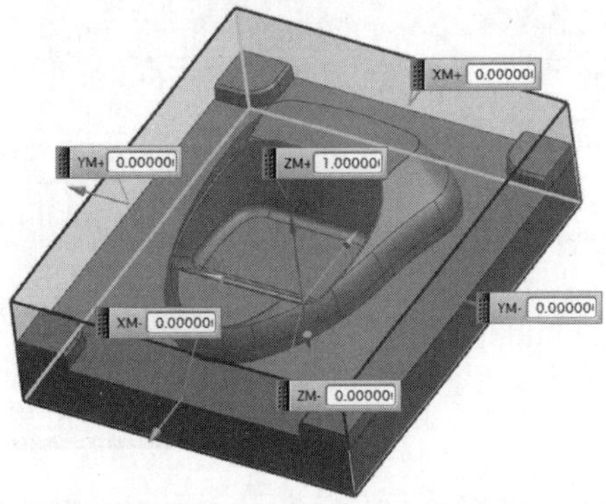

图 2-3-8　充电器座型芯毛坯体

2. 创建充电器座型芯 CAM 刀具

根据工艺要求，一共需要创建六把不同型号的刀具，这里只创建其中的一把刀具，其他刀具请参考此方法创建。

（1）在“工序导航器”工具条中单击按钮，导航器切换到图 2-3-9 所示界面。

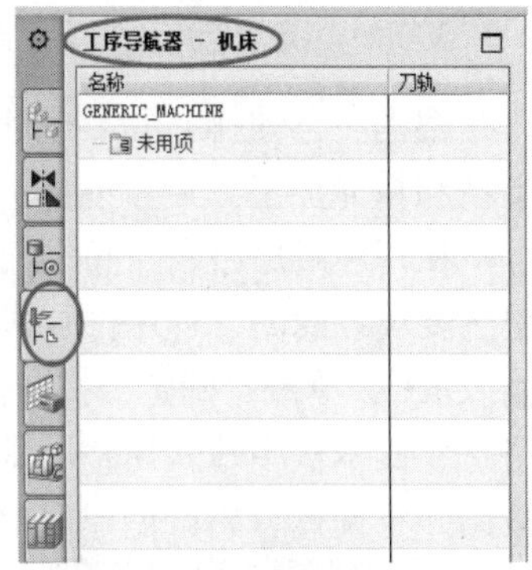

图 2-3-9　“工序导航器-机床”界面

（2）单击工具条中的按钮，弹出图 2-3-10 所示的“创建刀具”对话框。设置直径为 16，下半径为 0.8，不同的刀具刀长和刃长请根据实际数据输入，设置刀具号为 1，如图 2-3-11 所示。单击“确定”按钮，完成 D16R0.8 圆角立铣刀的创建。

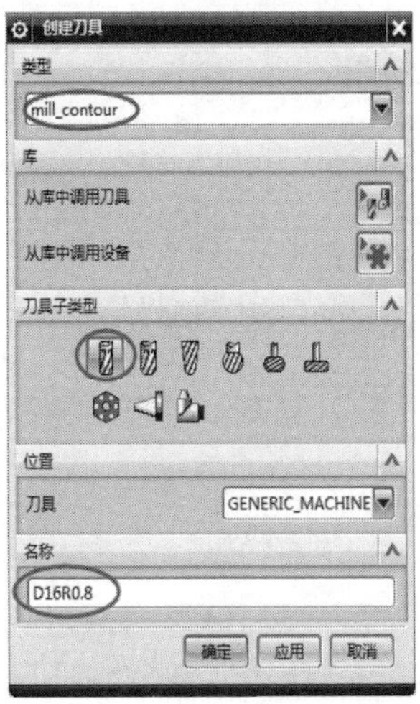

图 2-3-10　“创建刀具”对话框

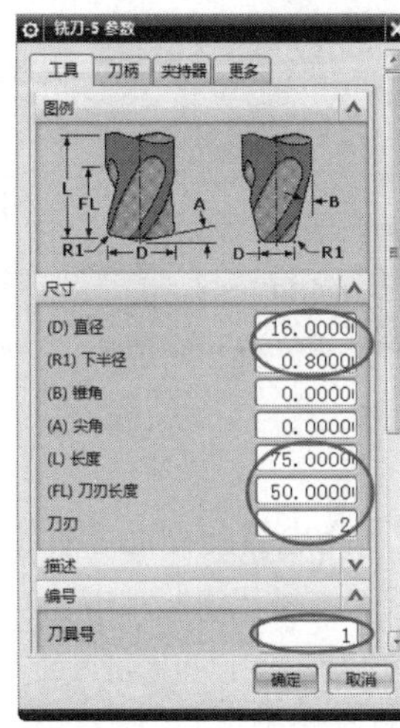

图 2-3-11　设置 D16R0.8 圆角立铣刀参数

（3）用同样的方法依次创建 D6R0.5-2、D6R0.5-4、D10R0.5、D6、B6R3 的立铣刀和球头刀各一支，如图 2-3-12 所示。

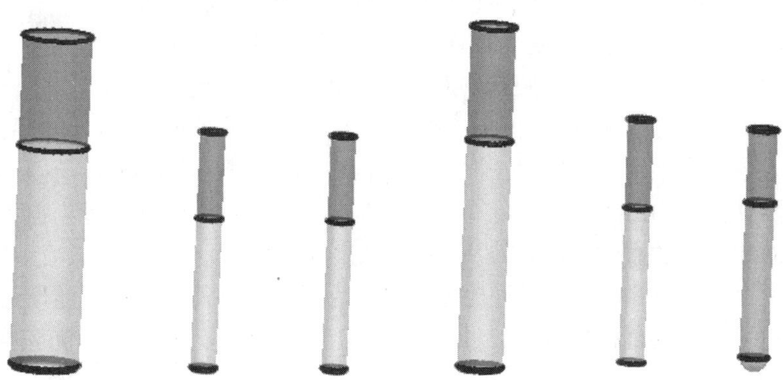

（a）D16R0.8　（b）D6R0.5-2　（c）D6R0.5-4　（d）D10R0.5　（e）D6　（f）B6R3

图 2-3-12　充电器座型芯 CAM 用刀具模型

3. 创建充电器座型芯 CAM 程序组

根据工艺安排，需要创建三个程序大组，分别是 KC、BJ、JG，分别代表开粗、半精和精光加工。后续创建的各个工序分别归属于各个组别。

在程序顺序视图下单击按钮，弹出图 2-3-13 所示的“创建程序”对话框，类型选择可以忽略，程序位置根据需要进行选择，这里保持默认，在“名称”文本框中输入 KC。单击“确定”按钮，弹出图 2-3-14 所示的“程序”对话框，可在“操作员消息”文本框中输入所需的信息（如操作员工号、时间等）。这里直接单击“确定”按钮，将设置忽略。创建好的三个程序组如图 2-3-15 所示。

图 2-3-13 “创建程序”对话框

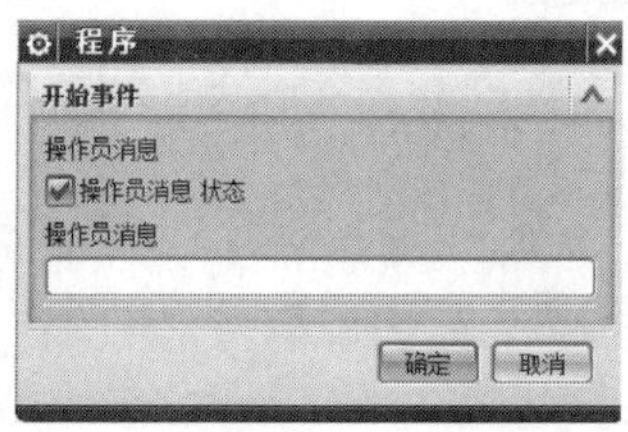

图 2-3-14 “程序”对话框

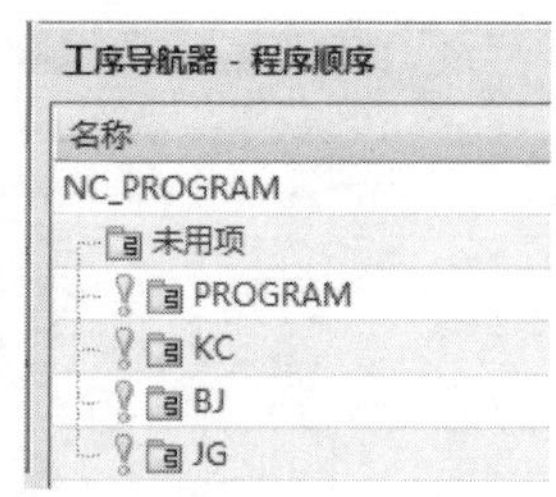

图 2-3-15 创建好的三个程序组

2.3.2 充电器座型芯零件 CAM——开粗与补开粗

1. 充电器座型芯零件整体开粗加工

（1）创建基本型腔铣工序。单击工具条中的按钮，弹出“创建工序”对话框，如图 2-3-16 所示。在“类型”下拉列表中选择 mill_contour 选项，单击按钮，“程序”选择 KC，“刀具”选择 D16R0.8 圆角立铣刀，“几何体”选择 WORKPIECE，程序名称保持默认不变（目的是在以后的程序检查中能通过程序名称判断出铣削工序的子类型）。单击“确定”按钮，弹出“型腔铣”对话框。

微课：第 3 步 整体开粗

（2）设置几何体。在“型腔铣”对话框的“几何体”选项区域中，可以对几何体进行编辑：单击按钮，弹出“工件”对话框，即可对部件和毛坯等进行设置。本项目在“创建工序”对话框中已经选择了 WORKPIECE 为几何体，所以这里默认为 WORKPIECE；当有多个几何体供选择时，必须选择当前工序需要的几何体。对于常规的整体开粗，没有必要指定切削区域。

（3）设置切削模式。由于模型比较规则，为了减少跳刀，选择跟随周边的切削模式。步距设置为刀具直径的 70%，每刀最大深度设置为 0.5mm。刀轨基本参数设置如图 2-3-17 所示。

（4）设置切削层。单击按钮，弹出图 2-3-18 所示的“切削层”对话框。选择模型凹腔底面为切削层最底层，如图 2-3-19 所示。

图 2-3-16　“创建工序”对话框 1

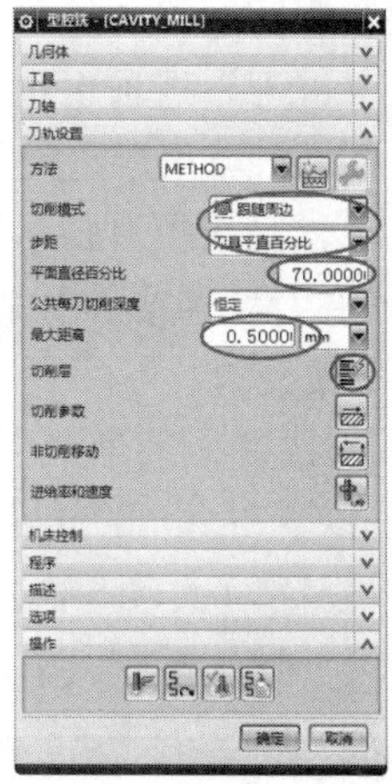

图 2-3-17　刀轨基本参数设置

图 2-3-18　“切削层”对话框 1

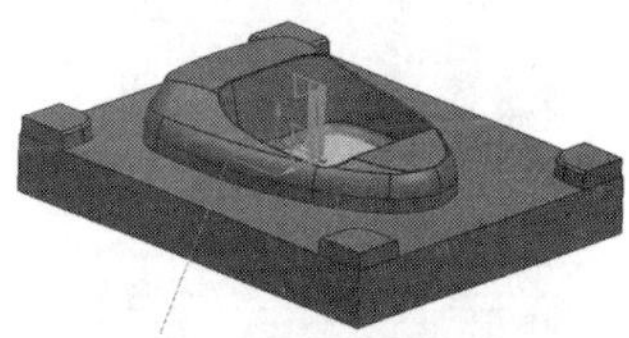

图 2-3-19　选择切削层最底面

（5）设置切削参数。单击按钮，弹出“切削参数”对话框，如图 2-3-20 所示。在“策略”选项卡中设置“切削方向”为“顺铣”，“切削顺序”为“深度优先”，“刀路方向”为“向内”；选中“岛清根”复选框，清根方式为自动；选中“在延伸毛坯下切削”复选框，完成策略设置。

在图 2-3-21 所示的“余量”选项卡中，设置侧面余量为 0.3mm，底面余量为 0.2mm，完成余量设置。其他参数默认不变，单击“确定”按钮，完成切削参数设置，返回上一级对话框。

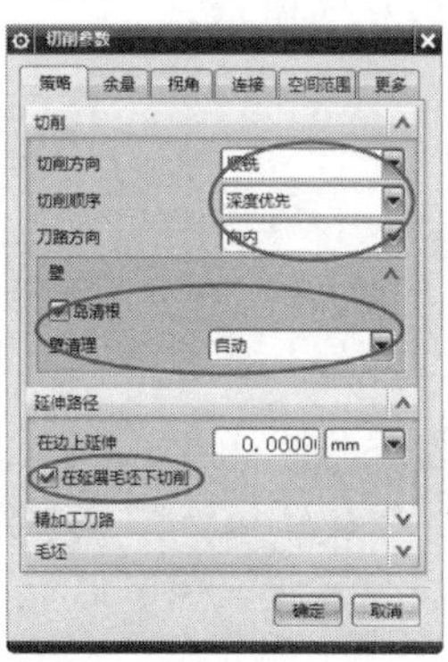

图 2-3-20　“策略”选项卡 1

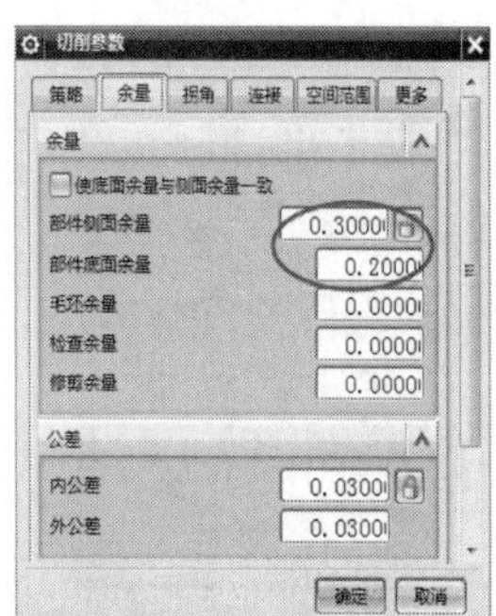

图 2-3-21　“余量”选项卡 1

（6）设置非切削移动参数。单击按钮，弹出图 2-3-22 所示的“非切削移动”对话框。在“进刀”选项卡中修改进刀方式：首先设置封闭区域进刀，“进刀类型”选择“螺旋”，“斜坡角”设置为 3°，“高度”设置为 1mm，“最小斜面长度”设置为 1%刀具直径；然后设置开放区域进刀，“进刀类型”选择“圆弧”，“半径”设置为 55%刀具直径。“退刀”选项卡中保持默认的“与进刀类型相同”的设置，其余参数不变，完成进退刀参数设置。

在“转移/快速”选项卡中修改“安全设置选项”为“自动平面”，“安全距离”设置为 30mm；区域之间“转移类型”设置为“毛坯平面”，“安全距离”设置为 20mm；“转移类型”设置为“毛坯平面”，“安全距离”设置为 3mm，如图 2-3-23 所示。

其他选项卡默认不变。单击“确定”按钮，完成非切削移动设置。

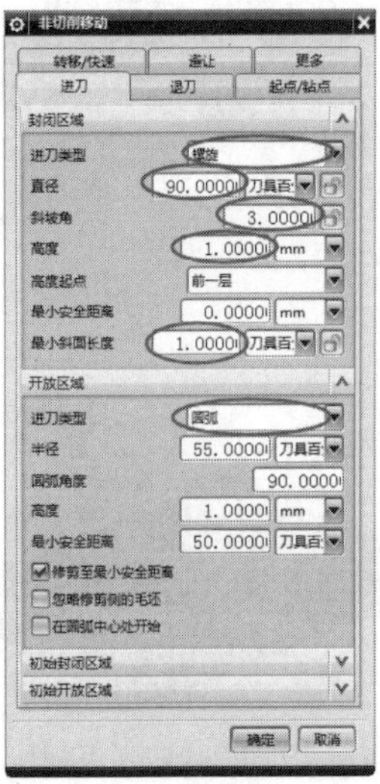

图 2-3-22 “进刀”选项卡 1

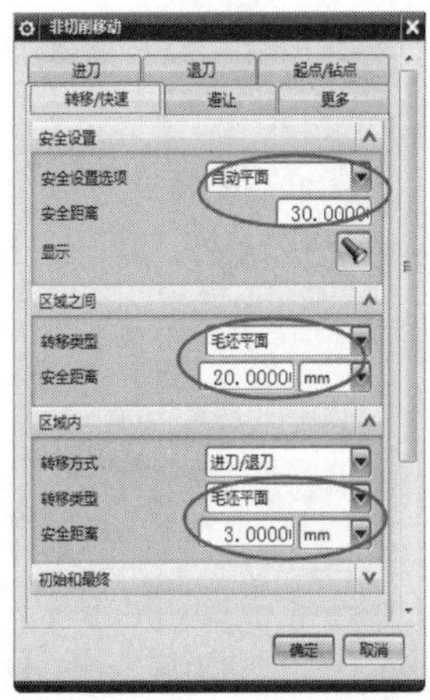

图 2-3-23 “转移/快速”选项卡 1

（7）设置进给率和速度参数。单击按钮，弹出“进给率和速度”对话框，如图 2-3-24 所示。选中“主轴速度”复选框，设置转速为 3500（单位为 r/min）；单击按钮，系统自动计算表面速度与每齿进给量；设置进给率为 3500mm/min。单击“确定”按钮，完成进给率和速度设置。

（8）生成整体开粗刀轨。单击“型腔铣”对话框最底部的按钮，系统自动完成充电器座型芯整体开粗刀轨的计算，刀轨效果如图 2-3-25 所示。

图 2-3-24 “进给率和速度”对话框

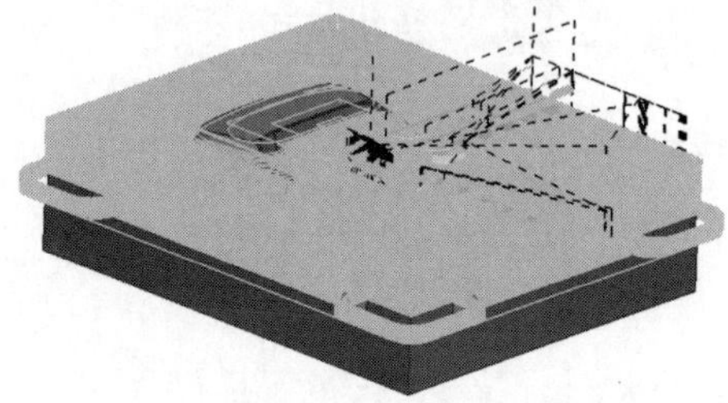

图 2-3-25 充电器座型芯整体开粗刀轨效果

2. 充电器座型芯二次开粗

充电器座型芯二次开粗主要针对凹腔拐角残料进行加工。

（1）创建二次开粗工序。在“工序导航器-程序顺序”中选中并复制开粗刀轨CAVITY_MILL，得到图2-3-26所示的工序。二次补开工序就在该工序基础上进行设置。

图2-3-26　复制开粗刀轨

微课：第4步　二次补开

（2）设置二次补开刀具。双击CAVITY_MILL_COPY，弹出“型腔铣”对话框。在“工具”选项区域中选择D6R0.5-2刀具，如图2-3-27所示。

（3）设置刀轨基本参数。由于二次补开粗选用刀具为D6R0.5-2，刀具直径减小，刚性降低，因此在图2-3-27所示对话框中选择“切削模式”为“跟随部件”，每刀最大深度设置为0.3mm。

（4）设置切削参数。单击按钮，弹出“切削参数”对话框。在图2-3-28所示的“空间范围”选项卡中，参考刀具选择开粗的D16R0.8，设置“重叠距离”为1mm，设置“最小除料量”为0.3mm。因为开粗和补开的刀具圆角半径相差0.3mm，为了避免在虎口根部生成多余的刀轨，设置0.3mm的最小除料量即可避免这些刀轨生成。由于是二次补开，“余量”选项卡的余量设置保持不变，因此只对残料部分进行开粗。其余参数保持默认，单击“确定”按钮，完成切削参数设置。

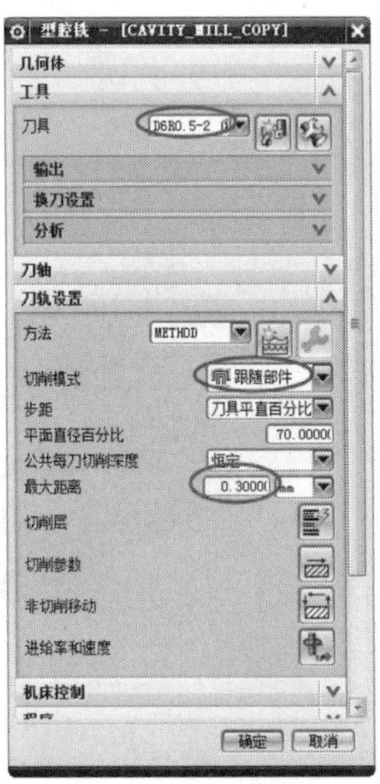

图2-3-27　设置刀轨基本参数

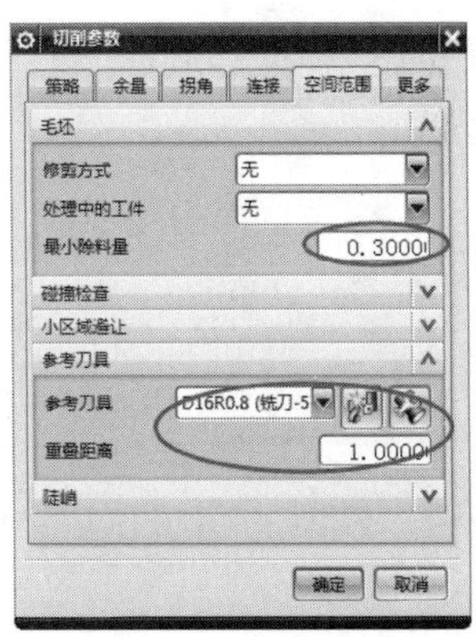

图2-3-28　“空间范围”选项卡1

（5）设置进给率和速度参数。单击按钮，弹出“进给率和速度”对话框，如图2-3-29所示，选中“主轴速度”复选框，设置转速为6000（单位为r/min）；单击按钮，系统自动计算表面速度与每齿进给量；设置进给率为2000mm/min。单击“确定”按钮，完成进给率和速度设置。

（6）生成二次补开粗刀轨。单击按钮，系统自动完成充电器座型芯二次补开粗刀轨的计算，刀轨效果如图2-3-30所示。

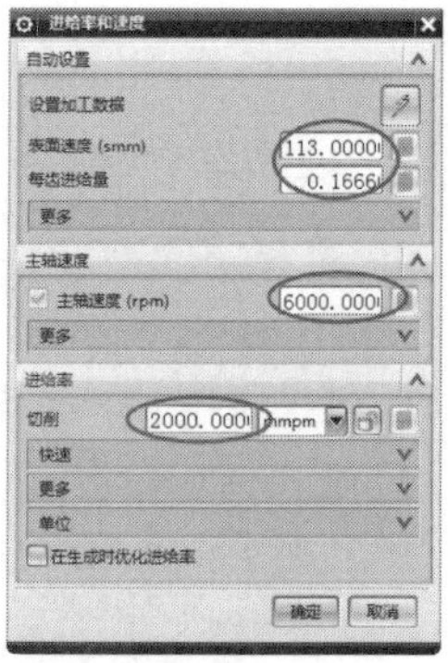

图 2-3-29 “进给率和速度”对话框 2

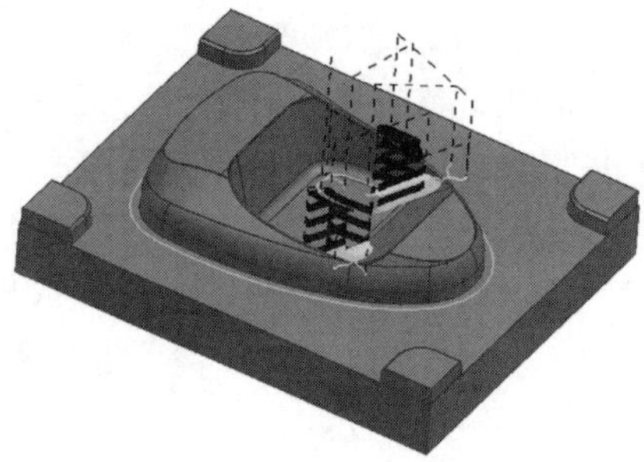

图 2-3-30 充电器座型芯二次补开粗刀轨效果

2.3.3 充电器座型芯零件 CAM——半精加工

1. 充电器座型芯平坦曲面半精加工

(1) 创建区域轮廓铣工序。单击工具条中的按钮，弹出“创建工序”对话框，如图 2-3-31 所示。在“类型”下拉列表中选择 mill_contour 选项；单击按钮；“程序”选择 BJ，“刀具”选择 D10R0.5（用于半精平坦曲面加工），“几何体”选择 WORKPIECE。

微课：第 5 步 平坦曲面半精加工

(2) 几何体设置——指定切削区域。如图 2-3-32 所示，在“区域轮廓铣”对话框“几何体”选项区域中单击按钮，选择图 2-3-33 所示曲面为加工区域。

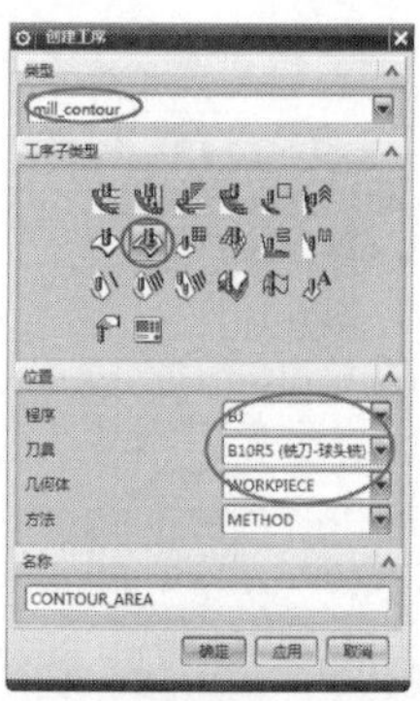

图 2-3-31 “创建工序”对话框 2

图 2-3-32 “区域轮廓铣”对话框

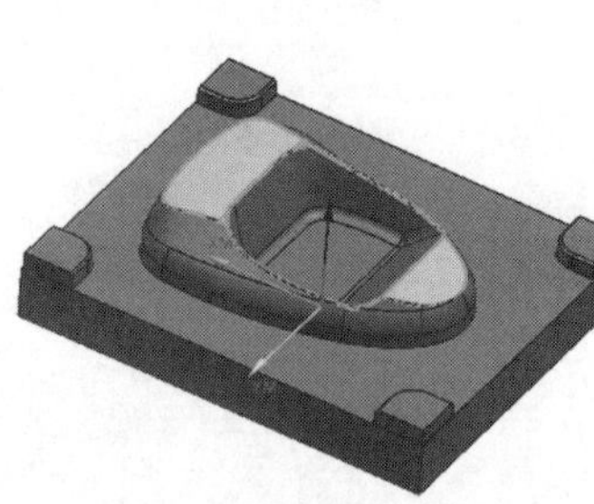

图 2-3-33 指定切削区域

(3) 设置驱动方法。单击按钮，弹出图 2-3-34 所示的“区域铣削驱动方法”对话框，设置非陡峭切削模式为“往复”，步距选择“恒定”方式，最大距离设置为 0.5mm，指定剖切角，“与 XC 的夹角”为 45°。单击“确定”按钮，完成驱动方法设置。

(4) 设置切削参数。在“切削参数”对话框中只对“余量”选项卡进行设置，设置“部件余量”为 0.1mm，如图 2-3-35 所示。其他参数保持不变，单击“确定”按钮，完成切削参数设置。

(5) 设置进给率和速度参数。单击按钮，弹出“进给率和速度”对话框，如

图 2-3-36 所示。选中“主轴速度”复选框，设置转速为 6000（单位为 r/min）；单击按钮，系统自动计算表面速度与每齿进给量；设置进给率为 2000mm/min。单击“确定”按钮，完成进给率和速度设置。

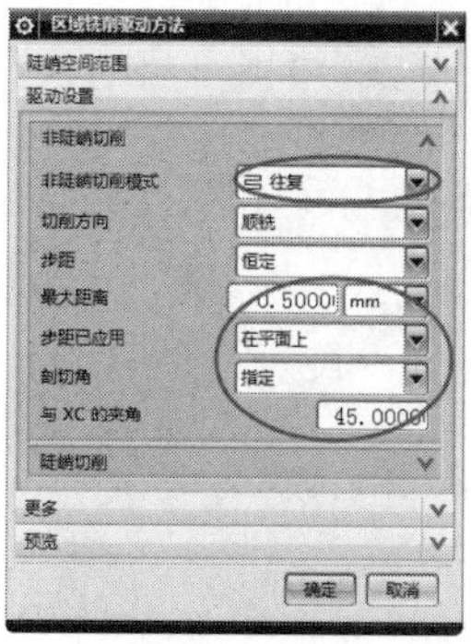

图 2-3-34　“区域铣削驱动方法”对话框

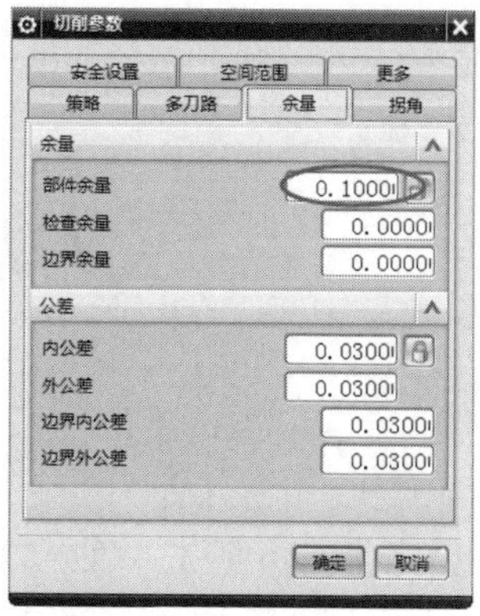

图 2-3-35　“余量”选项卡 2

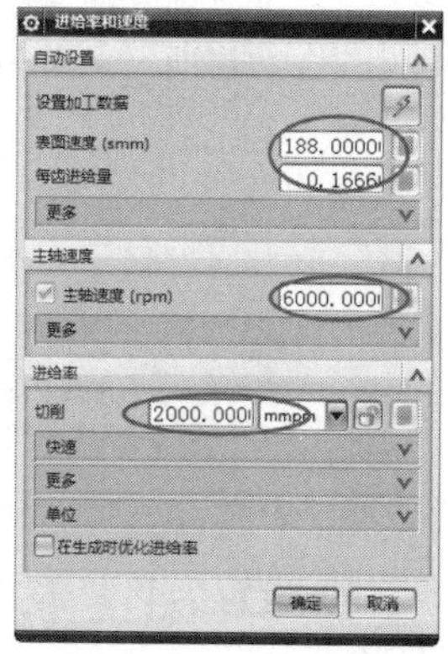

图 2-3-36　“进给率和速度”对话框 3

（6）生成曲面半精加工刀轨。单击按钮，系统自动完成充电器座型芯平坦曲面半精加工刀轨的计算，刀轨效果如图 2-3-37 所示。

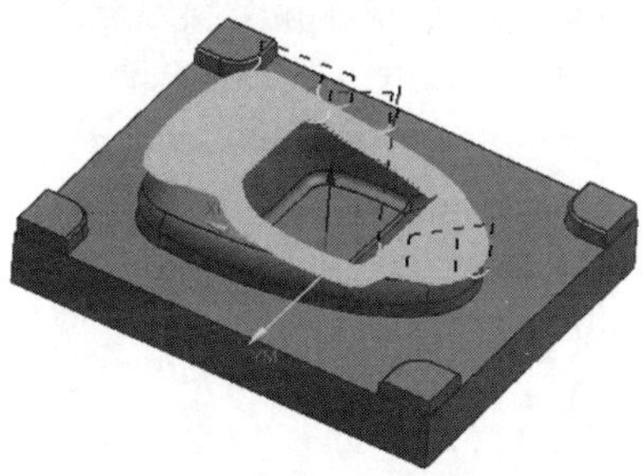

图 2-3-37　充电器座型芯平坦曲面半精加工刀轨效果

2. 充电器座型芯侧壁及分型面半精加工

（1）创建深度轮廓铣工序。单击按钮，弹出“创建工序”对话框，如图 2-3-38 所示。在“类型”下拉列表中选择 mill_contour；单击（“深度加工轮廓”）按钮；“程序”选择 BJ，“刀具”选择 D10R0.5，“几何体”选择 WORKPIECE；程序名称默认不变。单击“确定”按钮，弹出“深度轮廓加工”对话框。

微课：第 6 步　侧壁及分型面半精加工

（2）几何体设置——指定切削区域。在“深度轮廓加工”对话框“几何体”选项区域中单击按钮，选择图 2-3-39 所示的充电器座型芯侧壁和分型面作为切削区域。

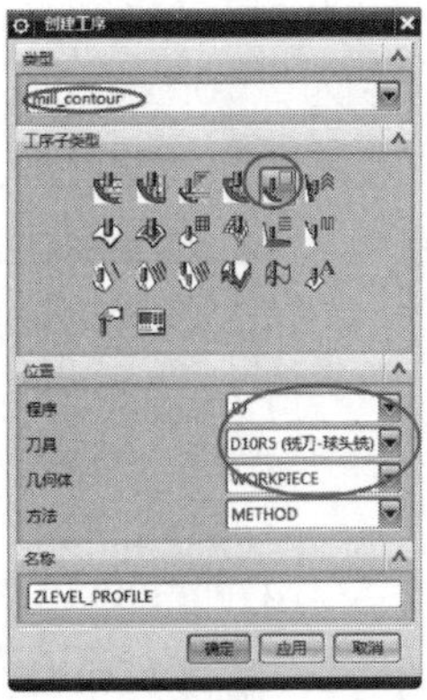

图 2-3-38 “创建工序”对话框 3

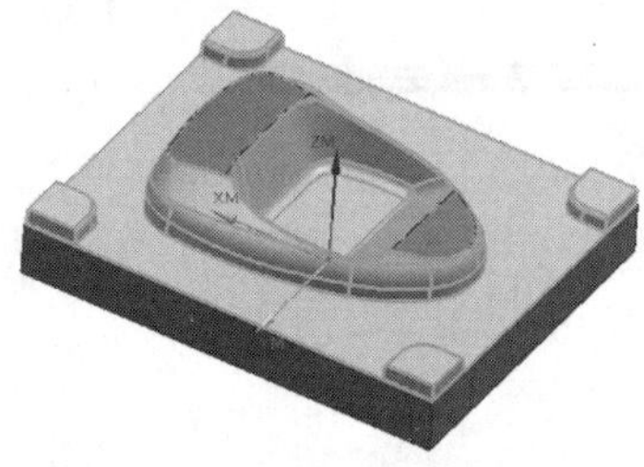

图 2-3-39 指定切削区域

（3）设置刀轨基本参数。如图 2-3-40 所示，在“刀轨设置”选项区域中设置“最小切削长度”为 0mm，保证所选区域全部切削；设置每刀“最大距离”为 0.3mm。

（4）设置切削参数。在“切削参数”对话框中主要对“策略”“余量”“连接”选项卡进行设置。单击按钮，在图 2-3-41 所示的“策略”选项卡中设置“切削方向”为“混合”；如图 2-3-42 所示，在“余量”选项卡中选中“使底面余量与侧面余量一致”复选框，将部件侧面余量设置为 0.1mm。

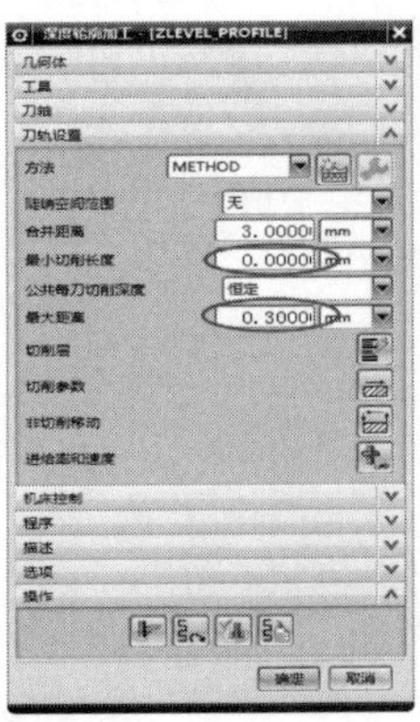

图 2-3-40 设置刀轨基本参数

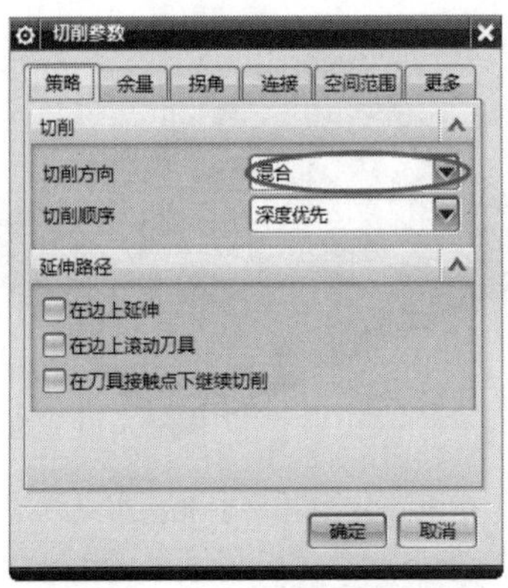

图 2-3-41 “策略”选项卡 2

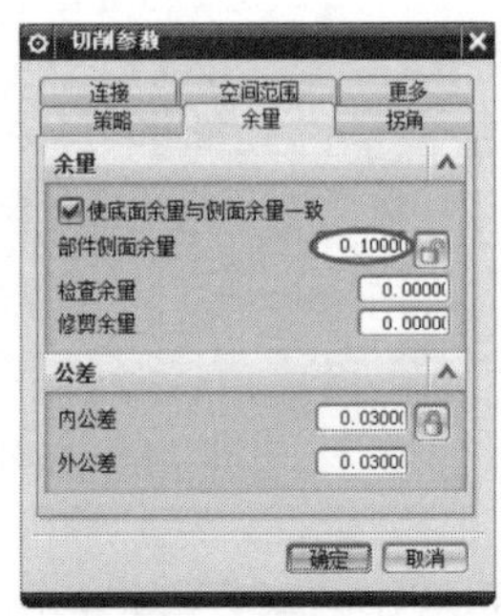

图 2-3-42 “余量”选项卡 3

如图 2-3-43 所示，在“连接”选项卡中设置“层到层”转移方式为“直接对部件进刀”，选中“层间切削”复选框，选择“步距”类型为“恒定”，“最大距离”设置为 5mm。其他参数保持不变，单击“确定”按钮，完成切削参数设置。

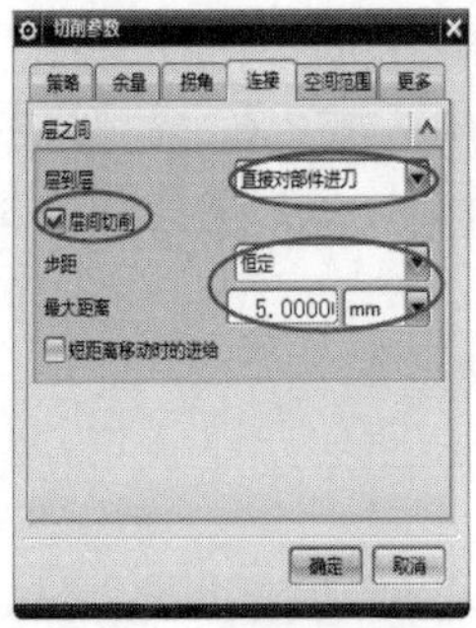

图 2-3-43 “连接”选项卡 1

（5）设置进给率和速度参数。单击按钮，弹出“进给率和速度”对话框，如图 2-3-44 所示。选中“主轴速度”复选框，设置转速为 6000（单位为 r/min）；单击按钮，系统自动计算表面速度与每齿进给量；设置进给率为 2000mm/min。单击“确定”按钮，完成进给率和速度设置。

（6）生成侧壁及分型面半精加工刀轨。单击按钮，系统自动完成充电器座型芯侧壁及分型面半精加工刀轨的计算，刀轨效果如图 2-3-45 所示。

图 2-3-44　“进给率和速度”对话框 4

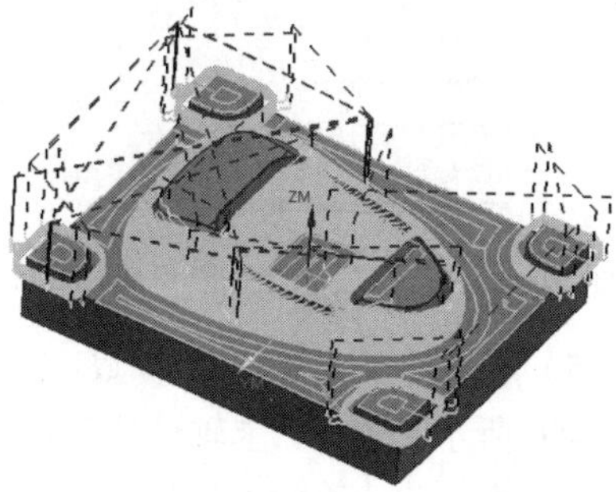

图 2-3-45　侧壁及分型面半精加工刀轨效果

3. 充电器座型芯凹腔拐角半精补加工

（1）创建工序。在“工序导航器-几何”中选中并复制 ZLEVEL_PROFILE，得到图 2-3-46 所示的工序。凹腔拐角半精补加工工序就在该工序基础上进行设置。

（2）几何体设置——指定切削区域。在“深度轮廓加工”对话框“几何体”选项区域中单击按钮，选择图 2-3-47 所示的充电器座型芯凹腔拐角面作为切削区域。

图 2-3-46　复制工序

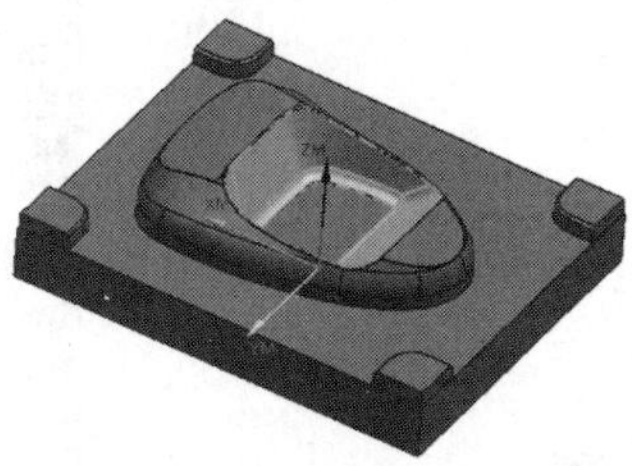

图 2-3-47　指定切削区域

微课：第 7 步　拐角半精补刀

（3）设置刀轨基本参数。在图 2-3-48 所示的“深度轮廓加工”对话框中，刀具按照工艺规划的要求，选择 D6R0.5-2 的两刃圆角立铣刀。

（4）设置切削参数。单击按钮，弹出“切削参数”对话框。首先对“空间范围”选项卡进行设置：选择开粗用的 D10R0.5 圆角立铣刀为参考刀具，设置“重叠距离”为 1mm，如图 2-3-49 所示；在“连接”选项卡中，“层到层”仍然保持直接进刀，将“层间切削”功能关闭，因为本工序只需要加工拐角侧壁。其余参数保持不变，单击“确定”按钮，完成切削参数设置。

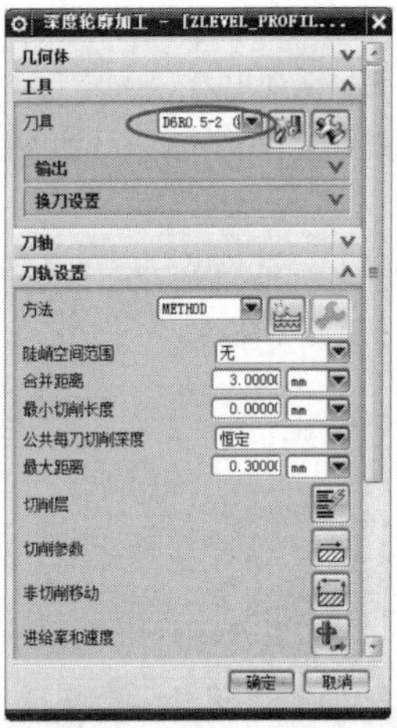

图 2-3-48 “深度轮廓加工”对话框 1

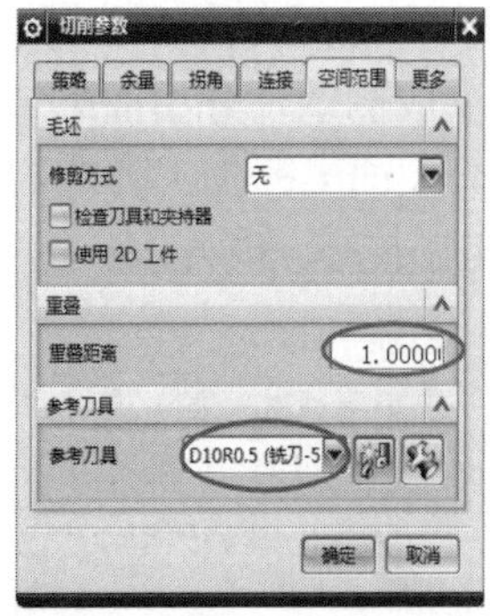

图 2-3-49 “空间范围”选项卡 2

（5）设置进给率和速度参数。单击按钮，弹出“进给率和速度”对话框，如图 2-3-50 所示。选中“主轴速度”复选框，设置转速为 8000（单位为 r/min）；单击按钮，系统自动计算表面速度与每齿进给量；设置进给率为 2000mm/min。单击“确定”按钮，完成进给率和速度设置。

（6）生成曲面半精加工刀轨。单击按钮，系统自动完成充电器座型芯凹腔拐角半精补加工刀轨的计算，刀轨效果如图 2-3-51 所示。

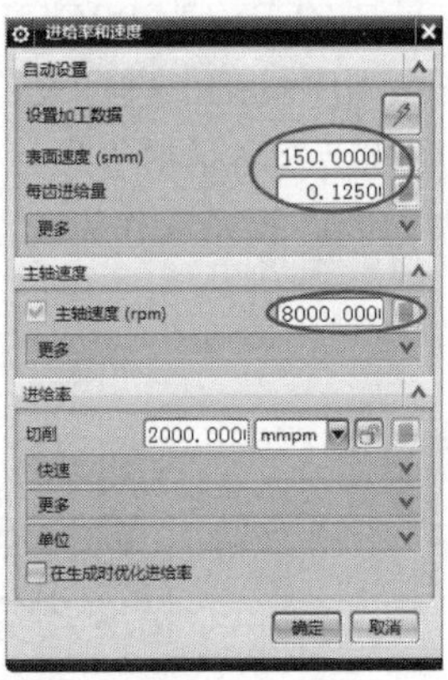

图 2-3-50 “进给率和速度”对话框 5

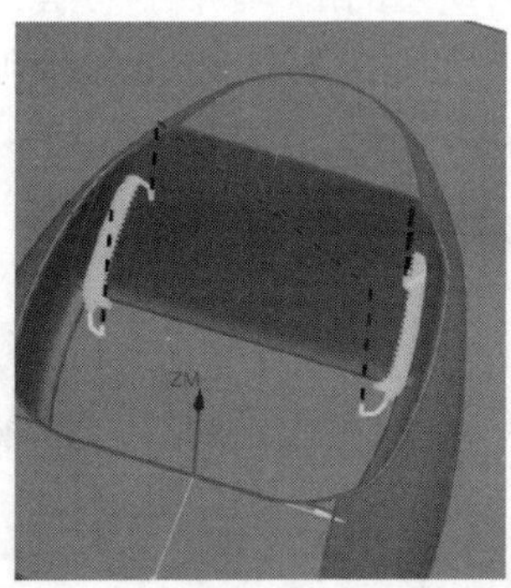

图 2-3-51 凹腔拐角半精补刀刀轨

2.3.4 充电器座型芯零件 CAM——精光加工

1. 充电器座型芯分型面及其他平面精光加工

微课：第 8 步 分型面及其他平面精光加工

（1）创建平面铣工序。单击工具条中的按钮，弹出“创建工序”对话框，如图 2-3-52 所示。在“类型”下拉列表中选择 mill_planar 选项，单击按钮；“程序”选择 JG，“刀具”选择 D6 平底铣刀，“几何体”选择 WORKPIECE；程序名称默认不变。单击“确定”按钮，弹出“底壁加工”对话框，如图 2-3-53 所示。

（2）几何体设置——指定切削底面。单击按钮，选择分型面和虎口顶面作为精加区域，如图 2-3-54 所示。

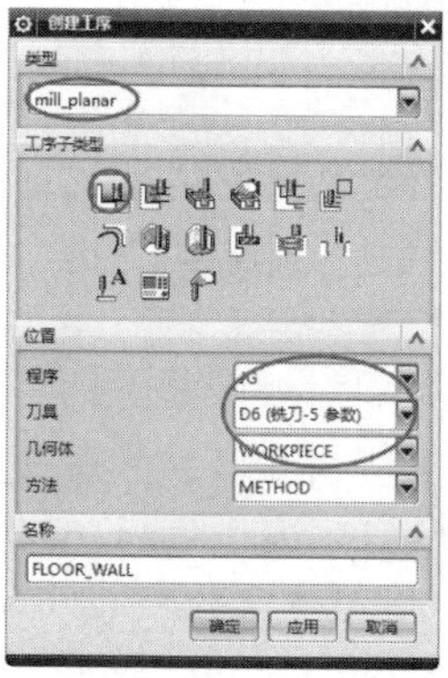

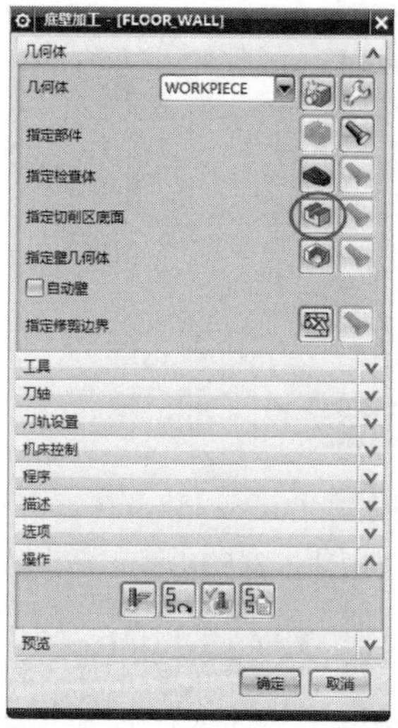

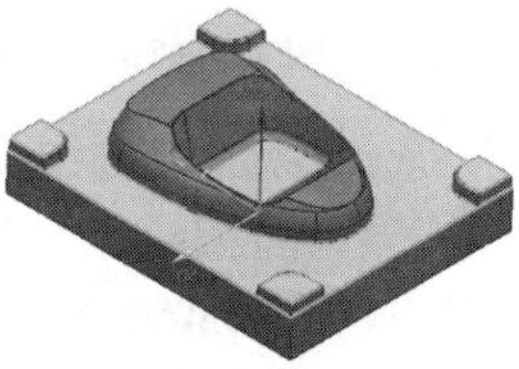

图 2-3-52　“创建工序”对话框 4　图 2-3-53　“底壁加工”对话框　图 2-3-54　指定切削区域

（3）设置刀轨基本参数。在“底壁加工”对话框“刀轨设置”选项区域中设置切削区域空间范围为“底面”，切削模式选择“往复”，步距为 50%刀具直径。设置“每刀切削深度”为 3mm，实际上只有 0.1mm，设置 3 是为了和“底面毛坯余量 3mm”相除，正好是一刀切；也可以不设置保持默认的 0，这样也是一刀切除。刀轨基本参数设置如图 2-3-55 所示。

（4）设置切削参数。在“切削参数”对话框中主要对“策略”“余量”“空间范围”等选项卡进行设置。

在图 2-3-56 所示的“策略”选项卡中，选中“添加精加工刀路”复选框，保证侧壁根部轮廓铣削完整；在图 2-3-57 所示的“余量”选项卡中，将内外公差提高等级设置为 0.01；在图 2-3-58 所示的“空间范围”选项卡中，设置第一刀路延展量为 6mm（或者是 100%刀具直径）。

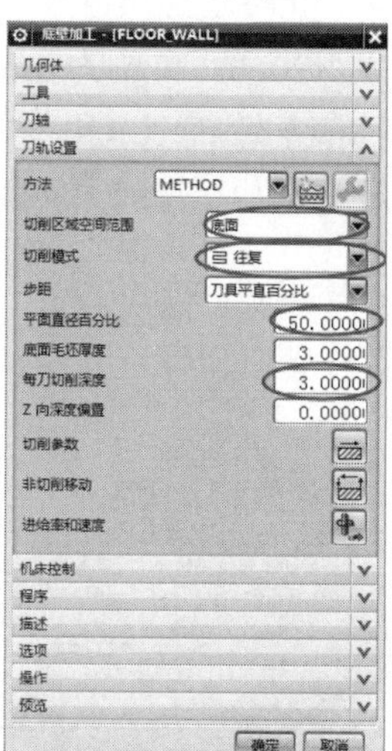

图 2-3-55　设置刀轨基本参数

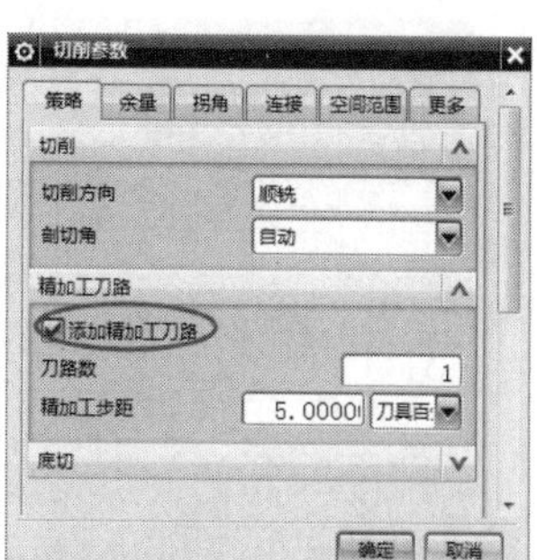

图 2-3-56　“策略”选项卡 3

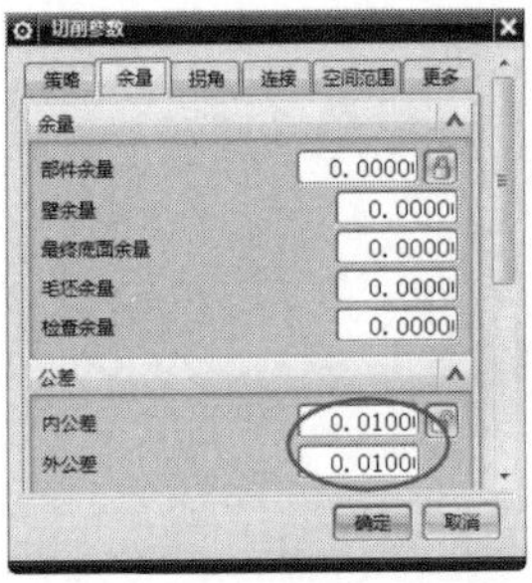

图 2-3-57 “余量”选项卡 4

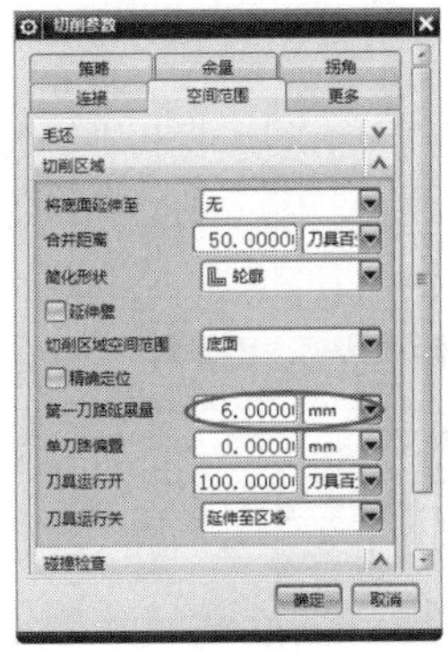

图 2-3-58 “空间范围”选项卡 3

（5）设置非切削移动。如图 2-3-59 所示，“进刀”选项卡“封闭区域”选项区域中设置“进刀类型”为“插削”，“开放区域”设置“进刀类型”为“与封闭区域相同”；在图 2-3-60 所示的“转移/快速”选项卡中，设置区域之间的“转移类型”为“毛坯平面”，同时区域间传递高度上“安全距离”为毛坯 3mm，区域内的转移类型与区域之间相同。其余参数保持不变，单击“确定”按钮，完成非切削移动参数设置。

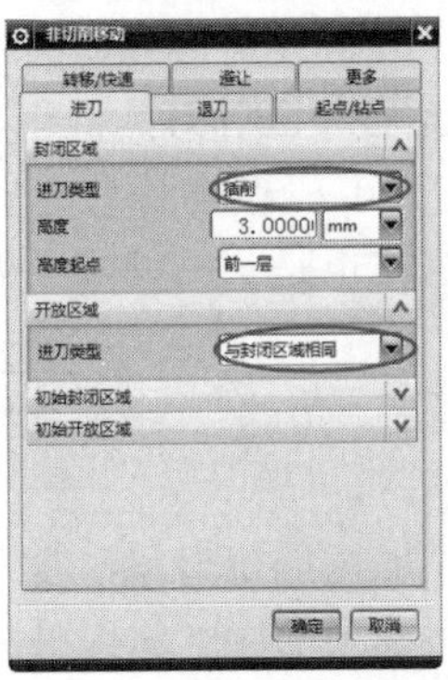

图 2-3-59 “进刀”选项卡 2

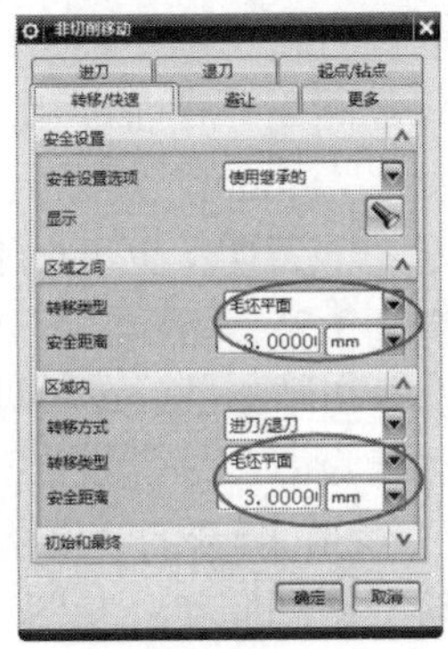

图 2-3-60 “转移/快速”选项卡 2

（6）设置进给率和速度参数。单击按钮，弹出“进给率和速度”对话框，如图 2-3-61 所示。选中“主轴速度”复选框，设置转速为 12000（单位为 r/min）；单击按钮，系统自动计算表面速度与每齿进给量；由于是精光加工，因此进给率适当降低，设置为 600mm/min。单击“确定”按钮，完成进给率和速度设置。分型面及其他平面精光刀轨效果如图 2-3-62 所示。

图 2-3-61 进给率和速度设置

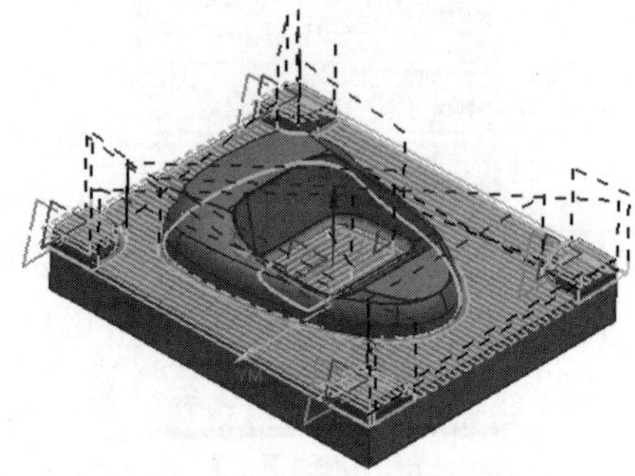

图 2-3-62 分型面及其他平面精光刀轨效果

2. 充电器座型芯虎口侧壁精加工

微课：第 9 步　虎口侧壁精光加工

（1）创建深度轮廓加工工序。单击工具条中的按钮，弹出“创建工序”对话框，如图 2-3-63 所示。在“类型”下拉列表中选择 mill_contour；单击（“深度轮廓加工”）按钮；“程序”选择 JG，“刀具”选择 D6R0.5-4（用于虎口侧壁精加工），“几何体”选择 WORKPIECE。单击“确定”按钮，弹出“深度轮廓加工”对话框，如图 2-3-64 所示。

图 2-3-63　“创建工序”对话框 5

图 2-3-64　“深度轮廓加工”对话框 2

（2）几何体设置——指定切削区域。在“深度轮廓加工”对话框“几何体”选项区域中单击按钮，选择图 2-3-65 所示的虎口位为加工区域。

（3）设置刀轨基本参数。如图 2-3-66 所示，在“刀轨设置”选项区域中设置“最小切削长度”为 0mm，设置每刀“最大距离”为 0.12mm。

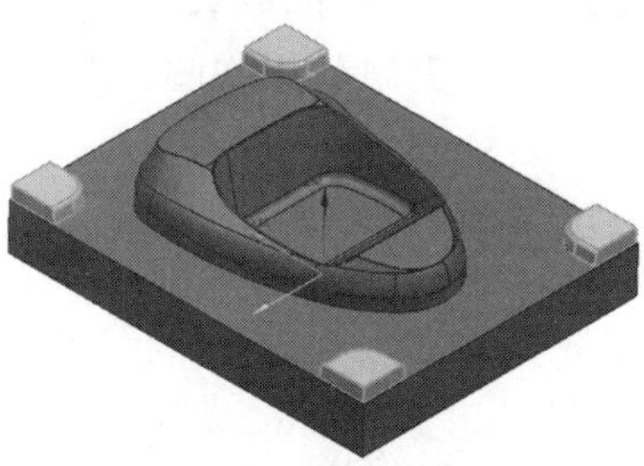

图 2-3-65　指定切削区域

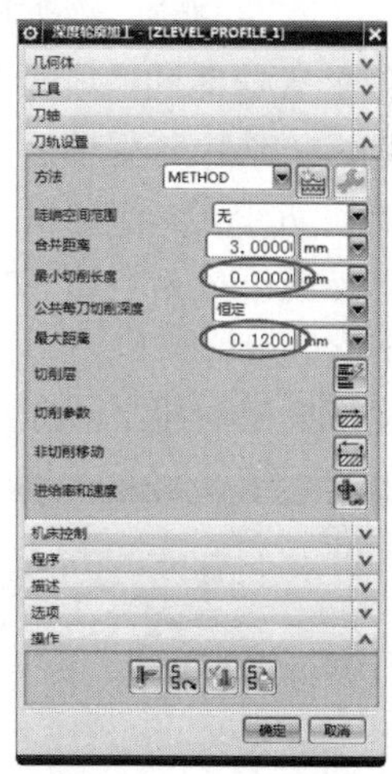

图 2-3-66　设置刀轨基本参数

（4）设置切削参数。单击按钮，弹出“切削参数”对话框。在“策略”选项卡中设置“切削方向”为“顺铣”，如图 2-3-67 所示；在“余量”选项卡中，将内外公差设置为 0.01mm，如图 2-3-68 所示；在“连接”选项卡中，设置“层到层”转移方式为“沿部件斜进刀”，斜坡角设置为 1°，如图 2-3-69 所示。其他参数保持不变，单击“确定”按钮，完成切削参数设置。

（5）设置非切削移动参数。单击按钮，弹出图 2-3-70 所示的“非切削移动”对话框。在“进刀”选项卡中修改进刀方式，设置开放区域“进刀类型”为“圆弧”，“半径”为 50%刀具直径，“高度”为 1mm，其余参数不变，完成进退刀参数设置。

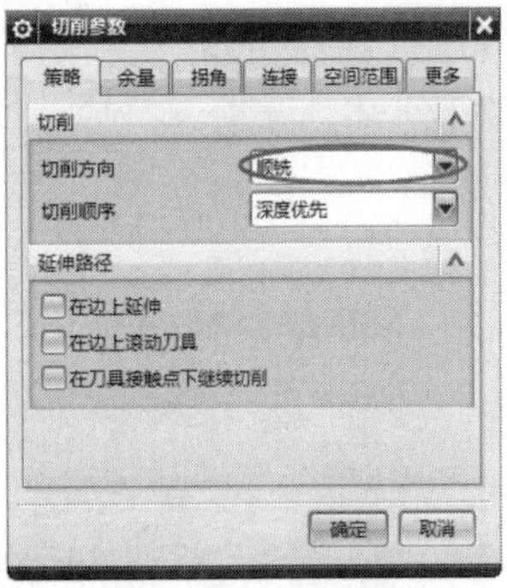

图 2-3-67 “策略”选项卡 4

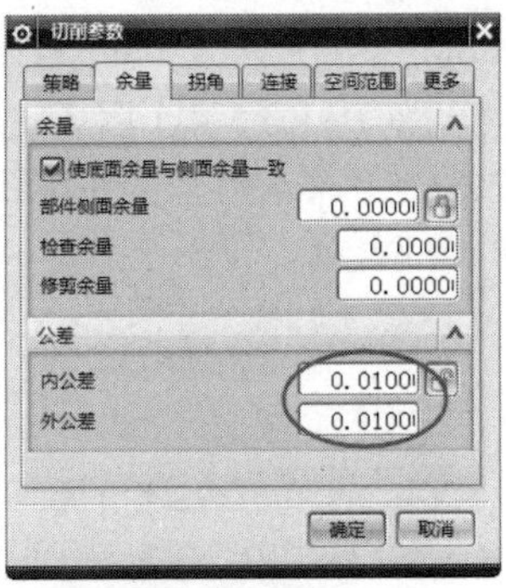

图 2-3-68 “余量”选项卡 5

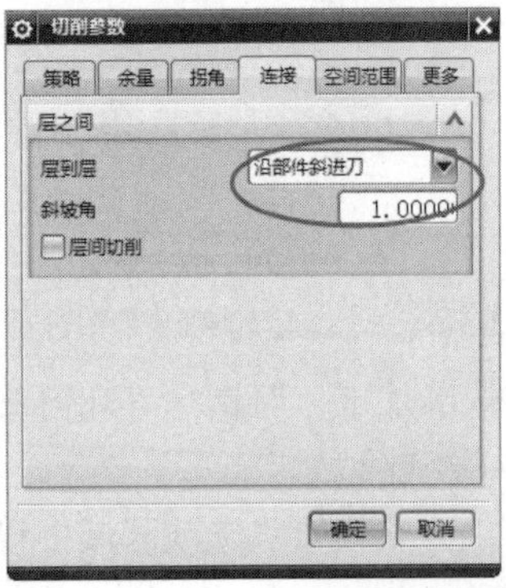

图 2-3-69 “连接”选项卡 2

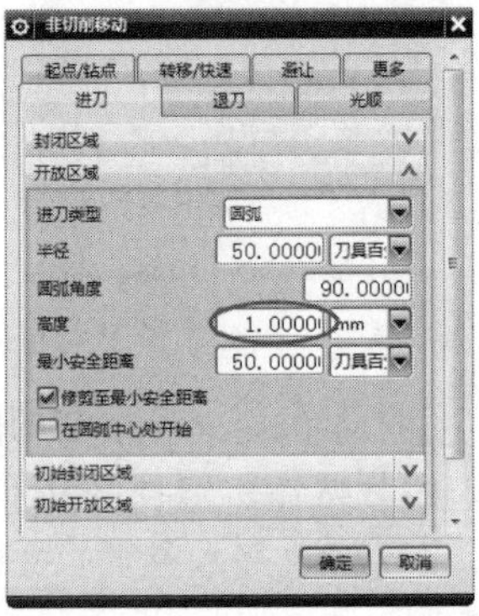

图 2-3-70 “非切削移动”对话框

（6）设置进给率和速度参数。单击按钮，弹出“进给率和速度”对话框，如图 2-3-71 所示。选中“主轴速度”复选框设置转速为 12000（单位为 r/min）；单击按钮，系统自动计算表面速度与每齿进给量；设置进给率为 1000mm/min。单击“确定”按钮，完成进给率和速度设置。

（7）生成虎口侧壁精加工刀轨。单击“深度轮廓加工”对话框最底部的按钮，系统自动完成充电器座型芯虎口侧壁精加工刀轨的计算，刀轨效果如图 2-3-72 所示。

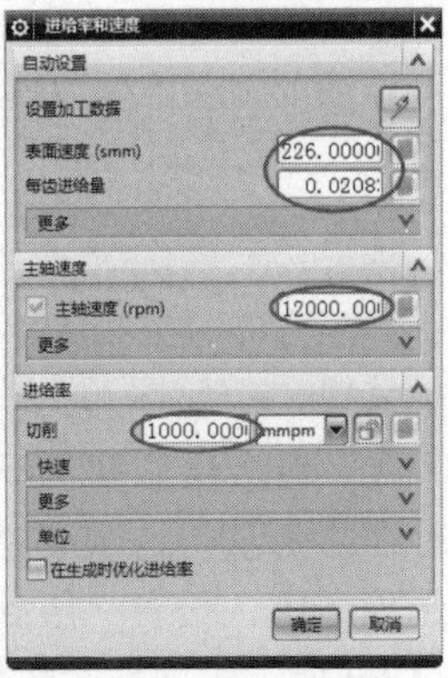

图 2-3-71 “进给率和速度”对话框 6

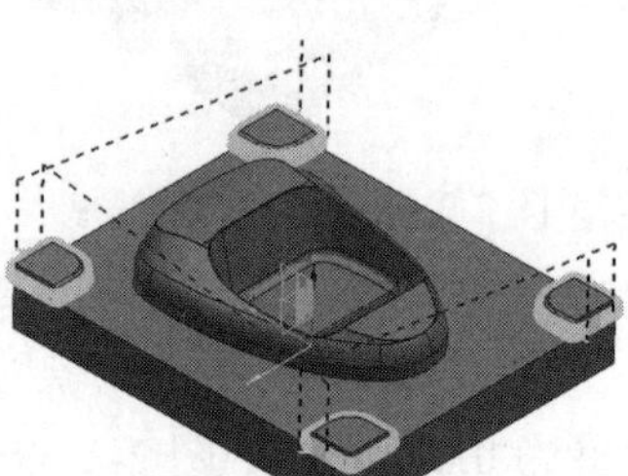

图 2-3-72 虎口侧壁精加工刀轨效果

3. 充电器座型芯成型面侧壁精光加工

微课：第 10 步　成型面侧壁精光加工

（1）创建成型面侧壁精光工序。在“工序导航器-程序顺序”中选中并复制 ZLEVEL_PROFILE_1，粘贴后得到图 2-3-73 所示的刀轨。充电器型芯侧壁精光工序就在该工序基础上进行设置。

（2）几何体设置——指定切削区域。单击按钮，选择图 2-3-74 所示的成型面侧壁为加工区域。

图 2-3-73　复制虎口侧壁精加工刀轨

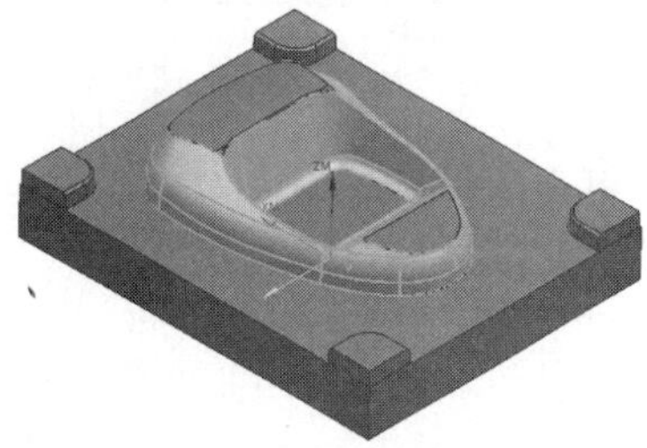

图 2-3-74　指定切削区域

（3）设置切削层。单击按钮，弹出“切削层”对话框，如图 2-3-75 所示。重新指定模型的最高面为切削层顶面，如图 2-3-76 所示，得到顶部为 22.9mm，手动将其设置为 23mm。其他层设置保持不变，单击“确定”按钮完成切削层顶面设置。

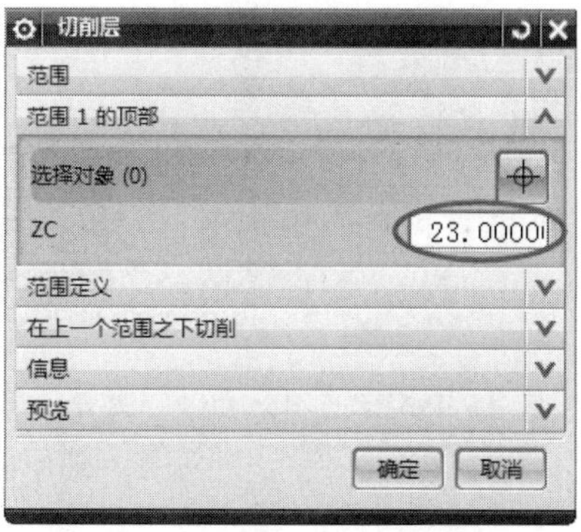

图 2-3-75　“切削层”对话框 2

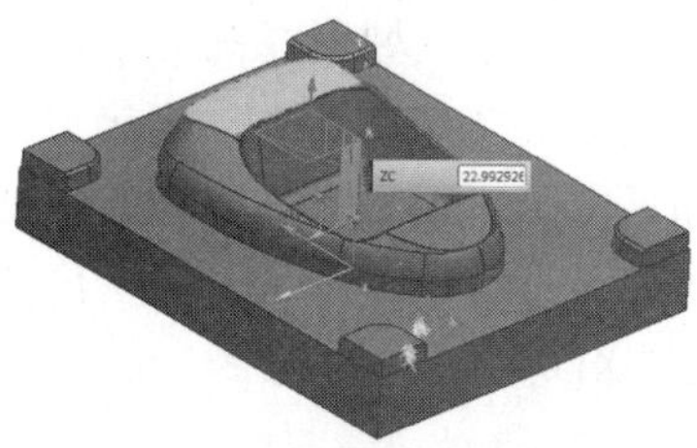

图 2-3-76　设置切削层顶部

（4）设置切削参数。在“切削参数”对话框中只对“策略”选项卡进行设置：选中“在边上延伸”复选框，设置延伸距离为 2mm。其余参数继承虎口侧壁精光参数，单击“确定”按钮，完成切削参数设置，如图 2-3-77 所示。

（5）设置进给率和速度参数。单击按钮，弹出“进给率和速度”对话框，如图 2-3-78 所示。选中“主轴速度”复选框，设置转速为 12000（单位为 r/min）；单击按钮，系统自动计算表面速度与每齿进给量；设置进给率为 1000mm/min。单击“确定”按钮，完成进给率和速度设置。

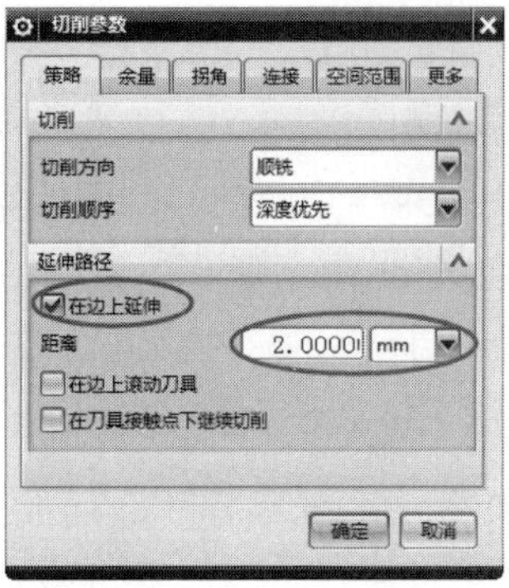

图 2-3-77 “策略”选项卡 5

图 2-3-78 “进给率和速度”对话框 7

（6）生成侧壁精光刀轨。单击按钮，系统自动完成充电器座型芯成型面侧壁加工刀轨的计算，刀轨效果如图 2-3-79 所示。

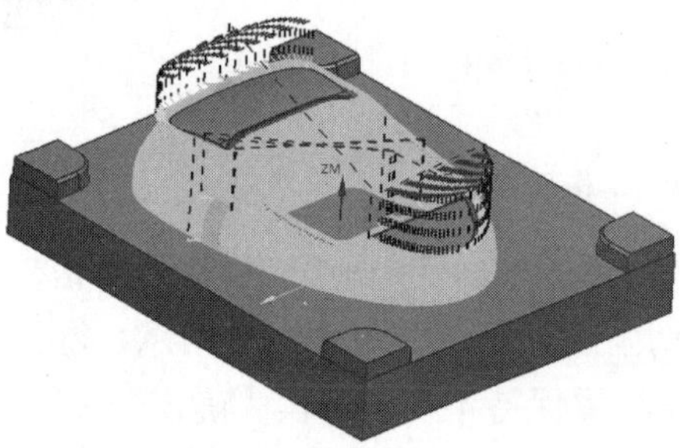

图 2-3-79 成型面侧壁精光刀轨效果

4. 充电器座型芯平坦曲面精光加工

（1）创建区域轮廓铣工序。在“工序导航器-程序顺序”中选中并复制 CONTOUR_AREA，得到图 2-3-80 所示的工序。平坦曲面精光加工就在该工序的基础上进行设置。

（2）设置平坦曲面精加工刀具。设置刀具为 D6R0.5-4，如图 2-3-81 所示。

微课：第 11 步 平坦曲面精光加工

图 2-3-80 复制平坦曲面半精加工工序

图 2-3-81 设置刀具

（3）设置驱动方法。单击按钮，弹出图 2-3-82 所示的“区域铣削驱动方法”对话框，设置“最大距离”为 0.2mm，指定剖切角，“与 XC 的夹角”为 135°。单击“确定”按钮，完成驱动方法设置。

（4）设置切削参数。单击按钮，弹出“切削参数”对话框，如图 2-3-83 所示。在“策略”选项卡中进行设置，选中“在边上延伸”复选框，设置距离为 1mm，将铣削范围延展 1mm。

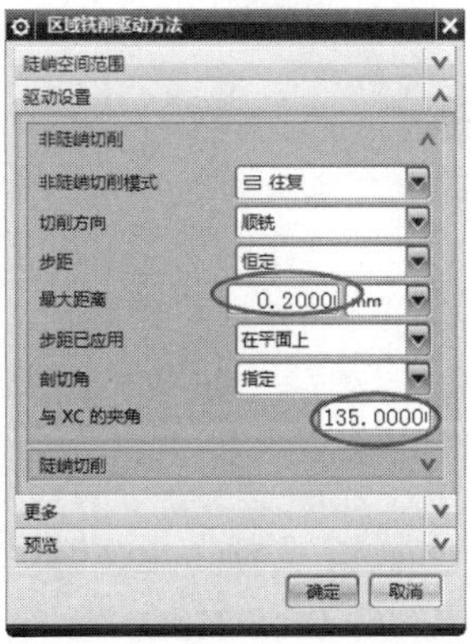

图 2-3-82 设置驱动方法

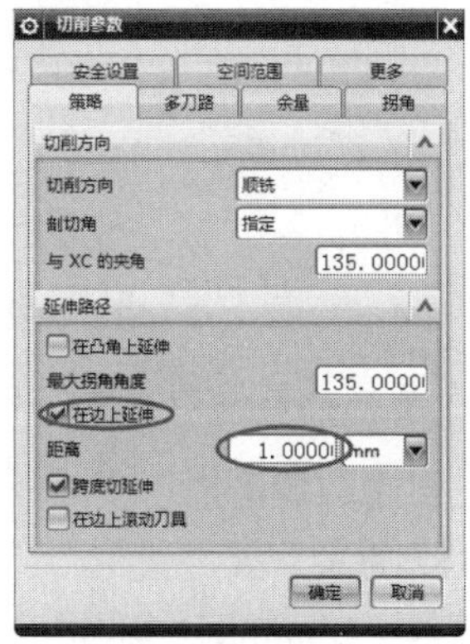

图 2-3-83 “策略”选项卡 6

在图 2-3-84 所示的“余量”选项卡中进行设置，设置“部件余量”为 0，修改内外公差及边界内外公差为 0.01mm。其他参数保持不变，单击“确定”按钮，完成切削参数设置。

（5）设置进给率和速度参数。单击按钮，弹出“进给率和速度”对话框，如图 2-3-85 所示。选中“主轴速度”复选框，设置转速为 12000（单位为 r/min）；单击按钮，系统自动计算表面速度与每齿进给量；设置进给率为 1000mm/min。单击“确定”按钮，完成进给率和速度设置。

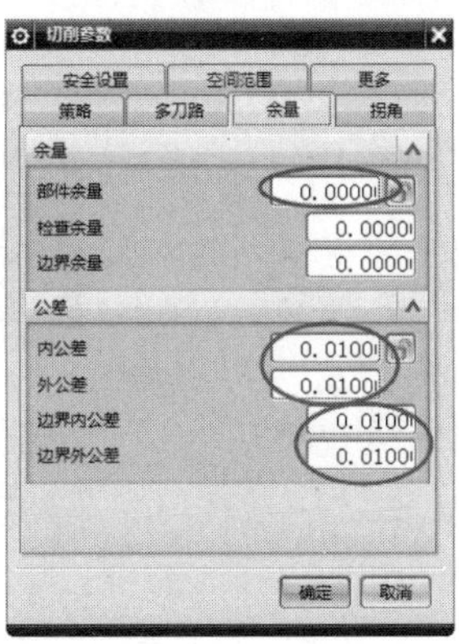

图 2-3-84 “余量”选项卡 6

图 2-3-85 “进给率和速度”对话框 8

（6）生成平坦曲面精加工刀轨。单击“区域轮廓铣”对话框最底部的按钮，系统自动完成充电器座型芯平坦曲面精加工刀轨的计算，刀轨效果如图 2-3-86 所示。

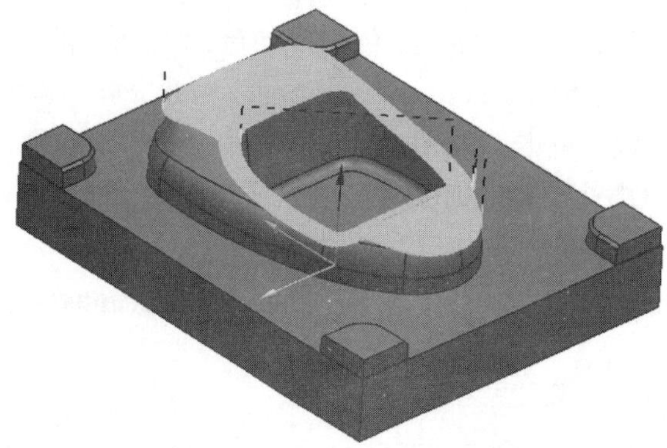

图 2-3-86　平坦曲面精光加工刀轨效果

5. 充电器座型芯圆角清根加工

（1）创建圆角清根工序。单击工具条中的按钮，弹出“创建工序”对话框，如图 2-3-87 所示。在“类型”下拉列表中选择 mill_contour 选项，单击按钮；“程序”选择 JG，刀具选择 B6R3 的球头立铣刀，几何体选择 WORKPIECE。

（2）几何体设置——指定切削区域。如图 2-3-88 所示，在“清根参考刀具”对话框“几何体”选项区域中单击按钮，选择图 2-3-89 所示的内腔为加工区域。

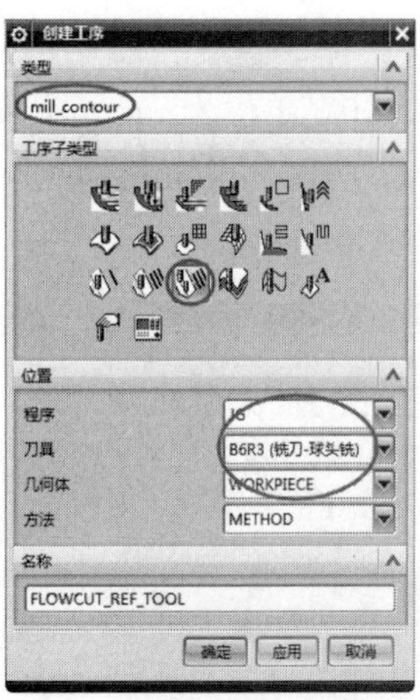

图 2-3-87　“创建工序”对话框 6

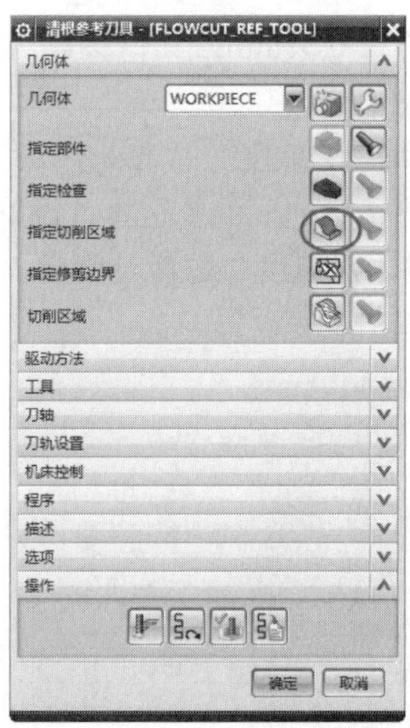

图 2-3-88　“清根参考刀具”对话框

微课：第 12 步
圆角清根

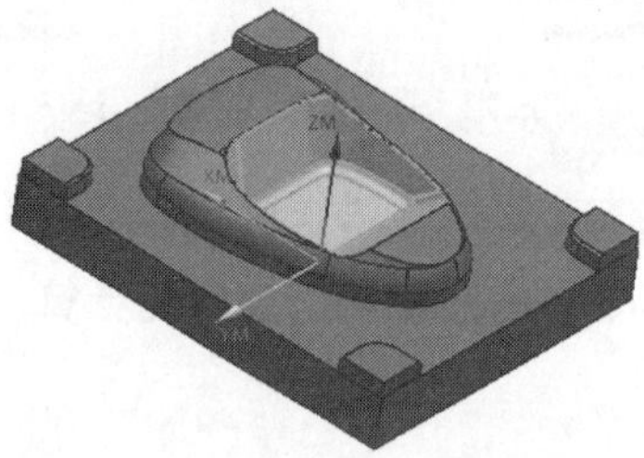

图 2-3-89　指定切削区域

（3）设置驱动方法。单击按钮，弹出图 2-3-90 所示的“清根驱动方法”对话框。在“非陡峭切削”选项区域中设置“非陡峭切削模式”为“往复”，“步距”为 0.1mm，“顺序”为“由外向内”；在“陡峭切削”选项区域中设置“陡峭切削模式”为“往复横切”，“陡峭切削方向”为“低到高”，“步距”为 0.1mm；在“参考刀具”选项区域中单击按钮，创建一把虚拟的 B10R5 球头立铣刀做参考刀具来确定清根铣削的空间范围，并设置重叠距离为 0.5mm，保证接刀平滑过渡。

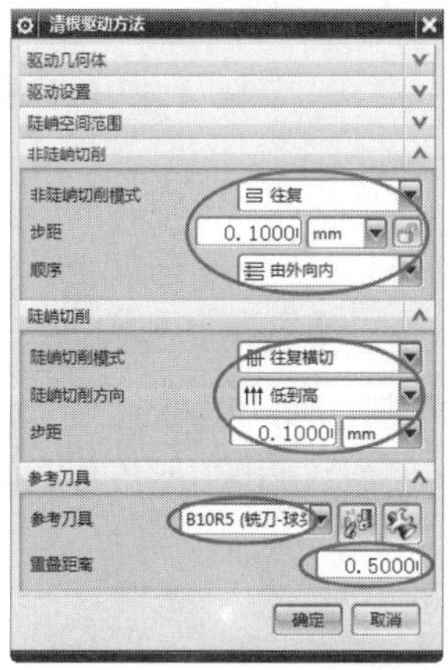

图 2-3-90　“清根驱动方法”对话框

（4）设置切削参数。在“切削参数”对话框中只对“余量”选项卡进行设置，余量保持默认的 0，设置内外公差及边界内外公差为 0.01mm，如图 2-3-91 所示。其他参数保持不变，单击“确定”按钮完成切削参数设置。

（5）设置进给率和速度参数。单击按钮，弹出“进给率和速度”对话框，如图 2-3-92 所示。选中“主轴速度”复选框，设置转速为 12000（单位为 r/min）；单击按钮，系统自动计算表面速度与每齿进给量；设置进给率为 1000mm/min。单击“确定”按钮，完成进给率和速度设置。

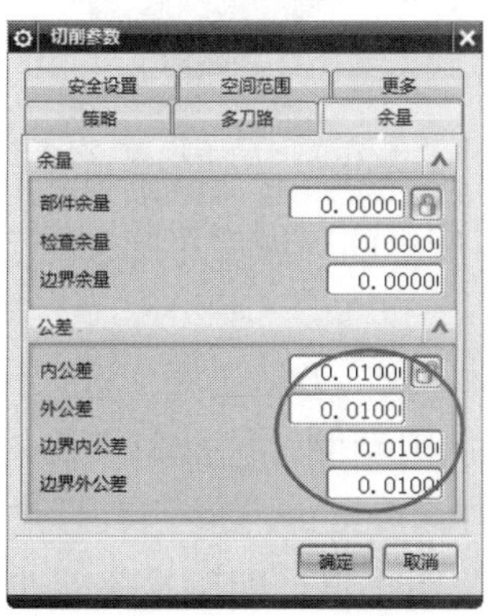

图 2-3-91　“余量”选项卡 7

图 2-3-92　“进给率和速度”对话框 9

（6）生成圆角清根刀轨。单击按钮，系统自动完成充电器座型芯圆角清根刀轨的计算，刀轨效果如图 2-3-93 所示。

图 2-3-93 圆角清根刀轨效果

6. 充电器座型芯尖根残料清理加工

（1）创建尖根残料清理工序。在“工序导航器-程序顺序”中选中并复制 ZLEVEL_PROFILE_1，得到图 2-3-94 所示的工序。尖根残料清理工序就在该工序的基础上进行设置。

（2）几何体设置——指定切削区域。单击按钮，选择图 2-3-95 所示区域为加工区域。

微课：第 13 步 尖根残料清理加工

图 2-3-94 复制工序

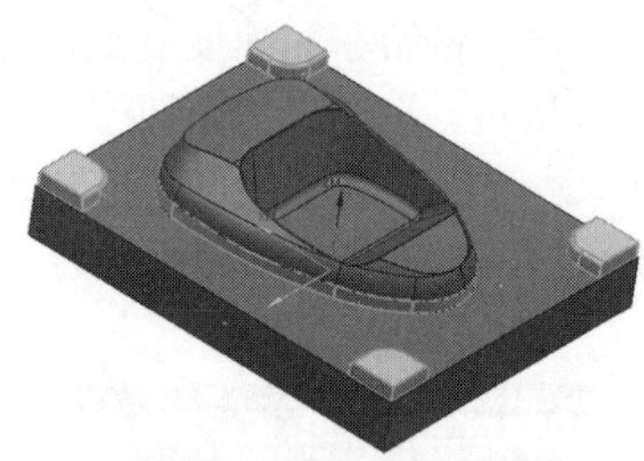

图 2-3-95 指定切削区域

（3）设置尖根残料清理加工刀具。在图 2-3-96 所示的“深度轮廓加工”对话框中，选择 D6 平底铣刀作为清根加工刀具。

（4）设置刀轨基本参数。在“深度轮廓加工”对话框“刀轨设置”选项区域中设置每刀“最大距离”为 0.08mm。由于是平底铣刀加工侧壁，因此每刀深度应适当降低一些。

（5）设置切削层。单击按钮，弹出“切削层”对话框，如图 2-3-97 所示。选择切削层顶面为分型面向上进行偏置，将其设置为 0.7mm，目的是清除圆角刀精光侧壁后的残料。单击“确定”按钮完成切削层设置。

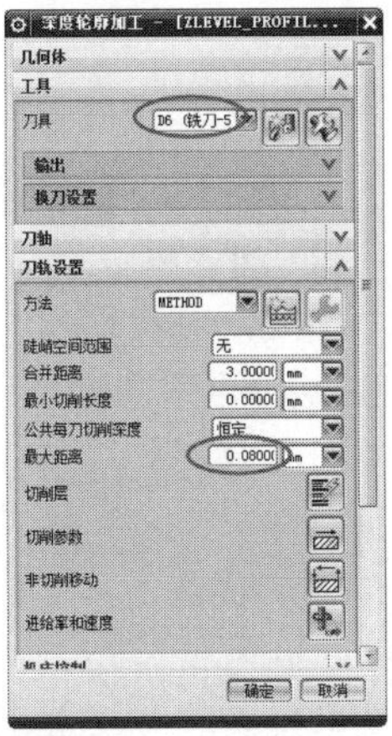

图 2-3-96　“深度轮廓加工”对话框 3

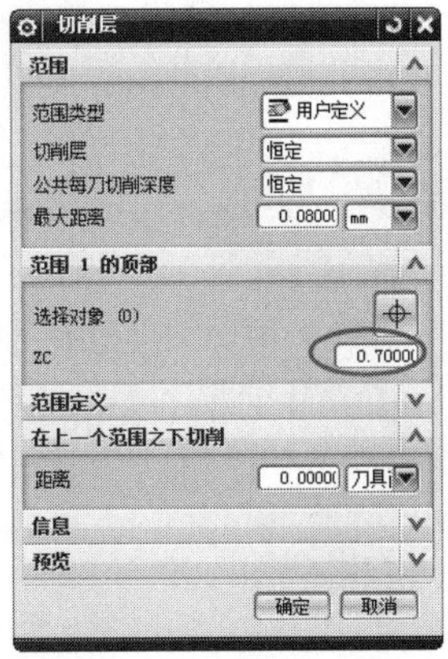

图 2-3-97　“切削层”对话框 3

（6）生成尖根残料清理刀轨。单击按钮，系统自动完成充电器座型芯尖根残料清理刀轨的计算，刀轨效果如图 2-3-98 所示。

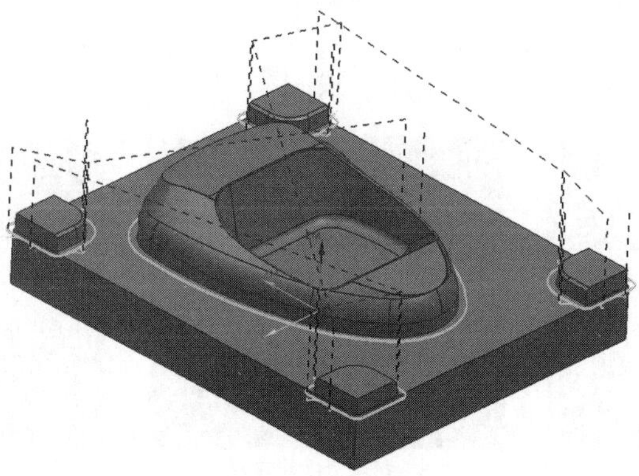

图 2-3-98　尖根残料清理加工刀轨效果

2.3.5　充电器座型芯零件 CAM——仿真与后处理

1. 充电器座型芯刀轨仿真

微课：第 14 步　仿真与后处理

通过 NX 10.0 对刀轨进行仿真，确认刀轨的正确性。

（1）在“工序导航器-几何”中选择所有加工工序，如图 2-3-99 所示。右击，在弹出的快捷菜单中选择“刀轨”→“确认”命令，弹出图 2-3-100 所示的“刀轨可视化”对话框。

（2）单击“碰撞设置”按钮，弹出图 2-3-101 所示的“碰撞设置”对话框，选中“碰撞时暂停”复选框，单击“确定”按钮，完成设置。

（3）在“刀轨可视化”对话框中可以选择生成 IPW。在“生成 IPW”（过程工件毛坯）下拉列表中选择“中等”选项（对显卡要求不高）。模拟完成后，如果单击“创建”按钮，系统将创建一个“三角片体集”的 IPW。

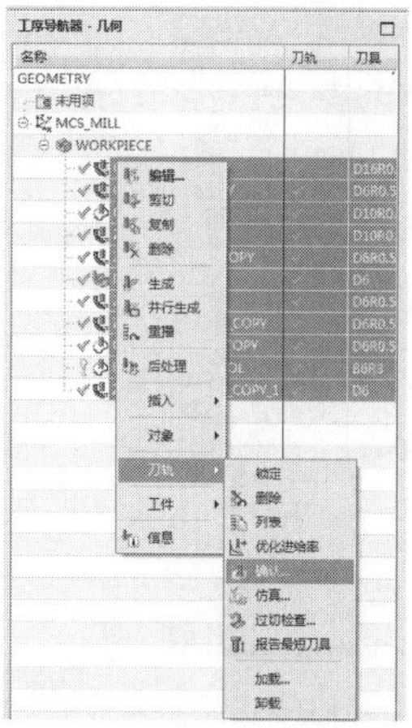

图 2-3-99 选择所有工序

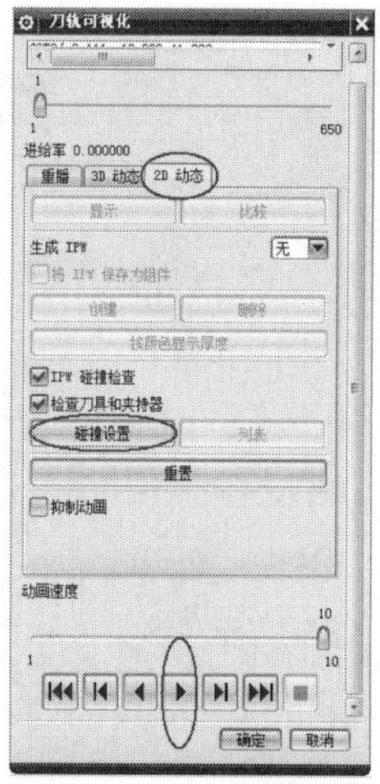

图 2-3-100 “刀轨可视化”对话框

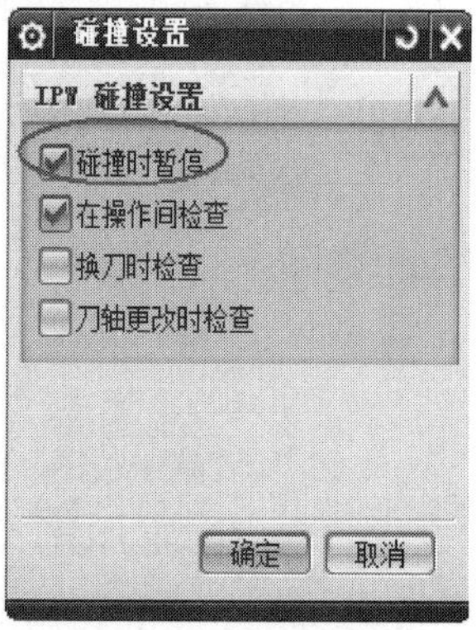

图 2-3-101 “碰撞设置”对话框

（4）单击按钮，系统播放所有模拟切削过程动画，如图 2-3-102 所示。动画速度可以通过拖动按钮来调节。完成仿真后，单击“按颜色显示厚度”按钮，弹出图 2-3-103 所示的“厚度-按颜色”对话框。可以通过指定点的方式来侦测余量厚度，发现铣削加工全部到位，如图 2-3-104 所示。

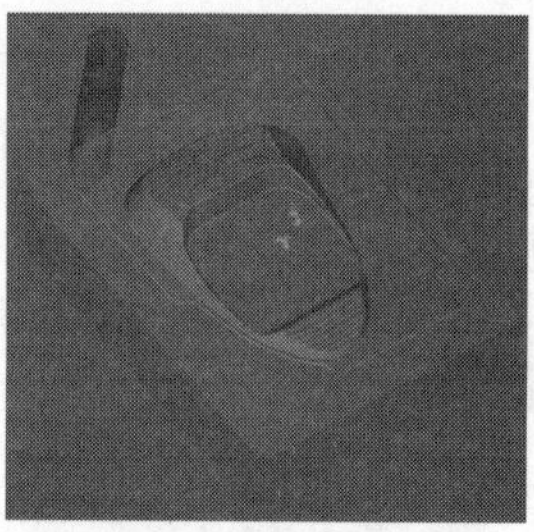

（a）整体开粗

（b）拐角二次补开

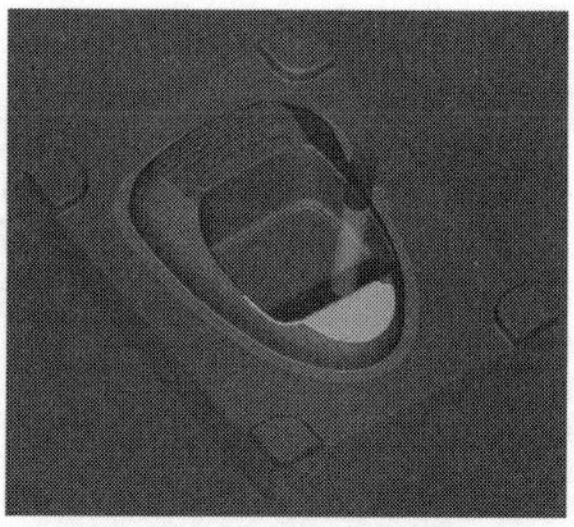

（c）平坦曲面半精加工

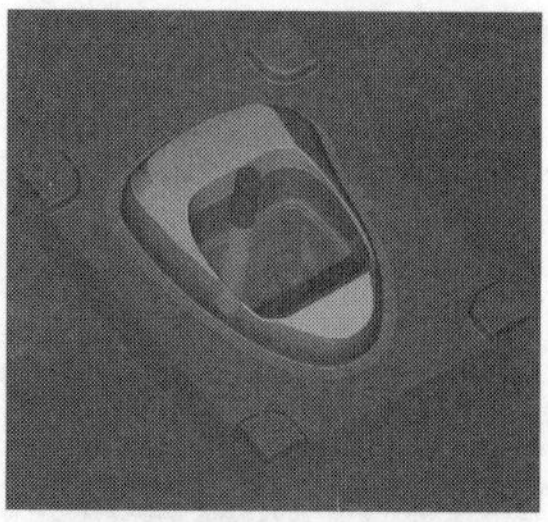

（d）侧壁及分型面半精加工

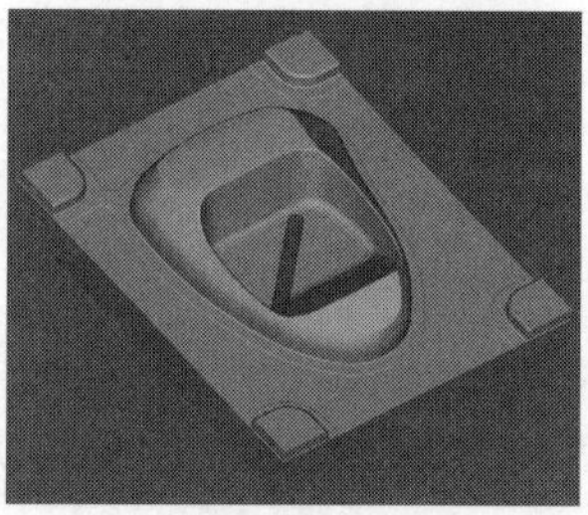

（e）拐角半精补刀

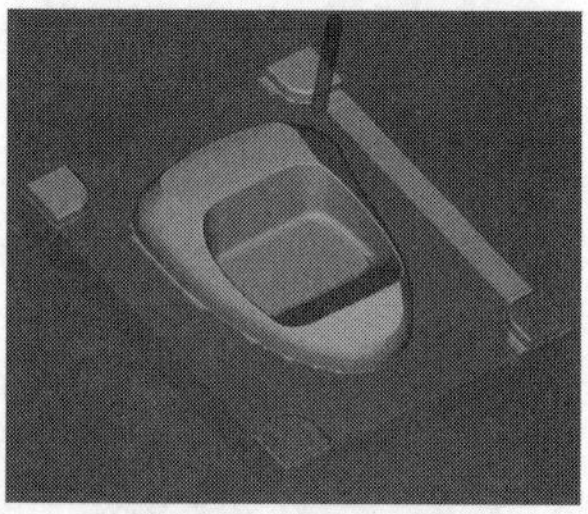

（f）分型面及其他平面精光加工

（g）虎口侧壁精光加工

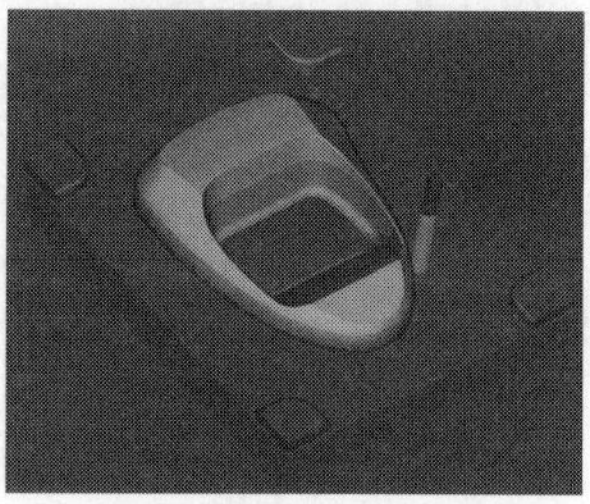

（h）成型面侧壁精光加工

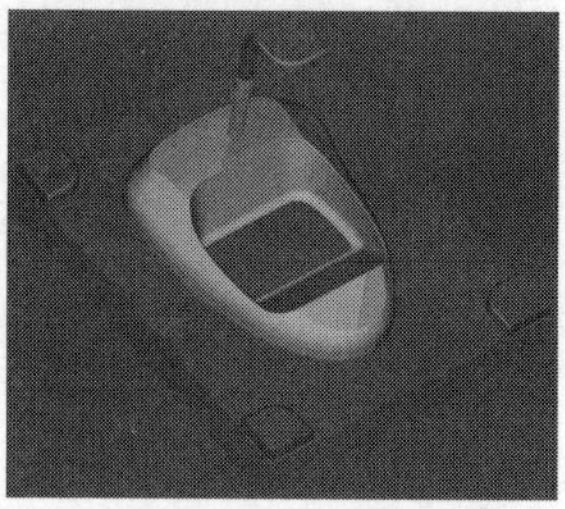

（i）平坦曲面精光加工

图 2-3-102 充电器座型芯加工刀轨仿真过程

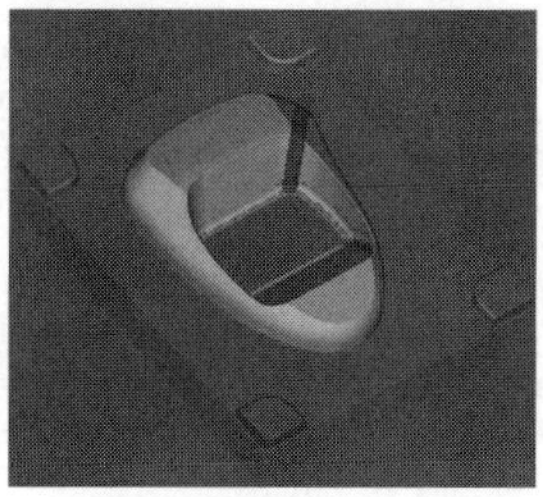

（j）圆角清根

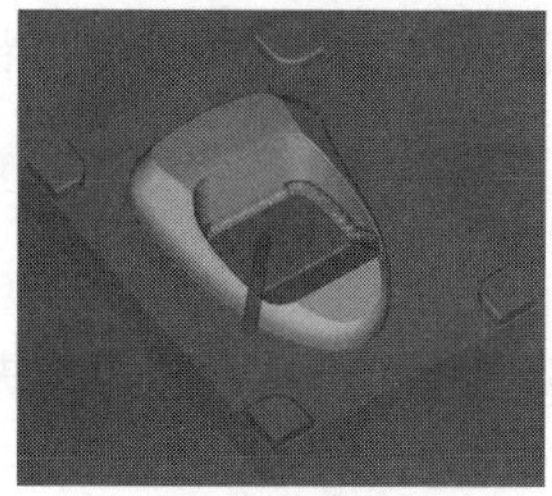

（k）尖根残料清理加工

图 2-3-102　（续）

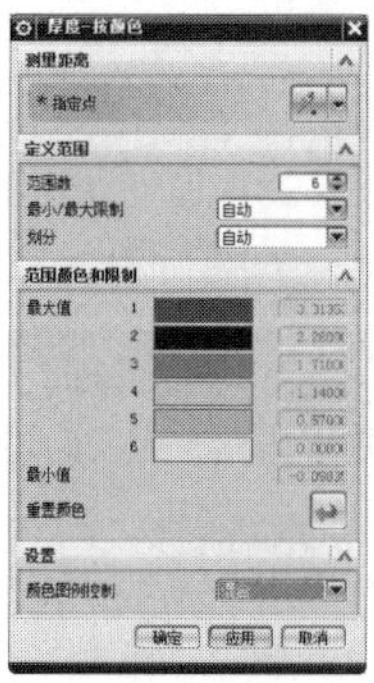

图 2-3-103　“厚度-按颜色”对话框

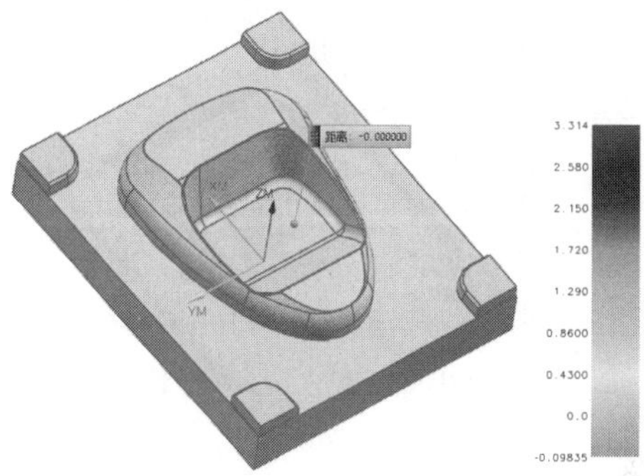

图 2-3-104　充电器座型芯 IPW 余量侦测

2. 充电器座型芯刀轨后处理

通过 NX 10.0 自带的后处理器对刀轨进行后处理生成，得到生产加工用的程序代码，为机床进行加工做好准备。刀轨后处理可以单个工序处理，也可以通过 Shift 键选择多个刀轨同时处理。一般情况下，先处理开粗工序，机床在开粗加工的同时进行后续工序的设置。

（1）如图 2-3-105 所示，在“工序导航器-几何”中选择所需处理的工序，右击，在弹出的快捷菜单中选择“后处理”命令，弹出图 2-3-106 的“后处理”对话框。

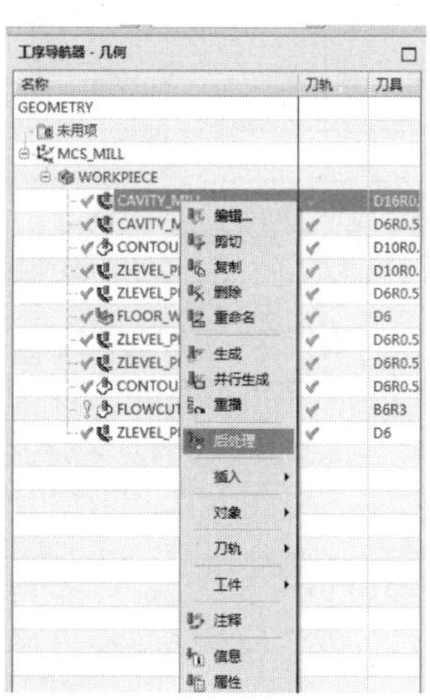

图 2-3-105　选择后处理工序

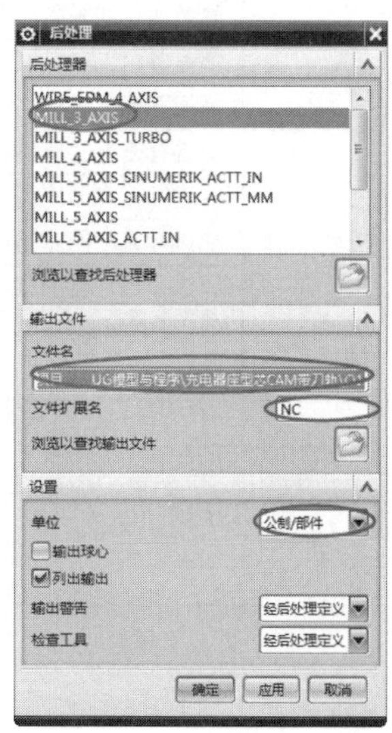

图 2-3-106　“后处理”对话框

（2）在“后处理器”中选择系统自带后处理文件为 MILL_3_AXIS，在“输出文件”选项区域中设置保存路径，修改后处理文件名为“O1”，文件扩展名为“nc”；在“设置”选项区域中修改“单位”为“公制/部件”。单击“确定”按钮，完成后处理设置，系统自动处理得到图 2-3-107 所示的开粗工序程序代码。

（3）以相同的操作对后续各个工序进行后处理，得到充电器座型芯零件铣削加工的全部 11 个程序，如图 2-3-108 所示。

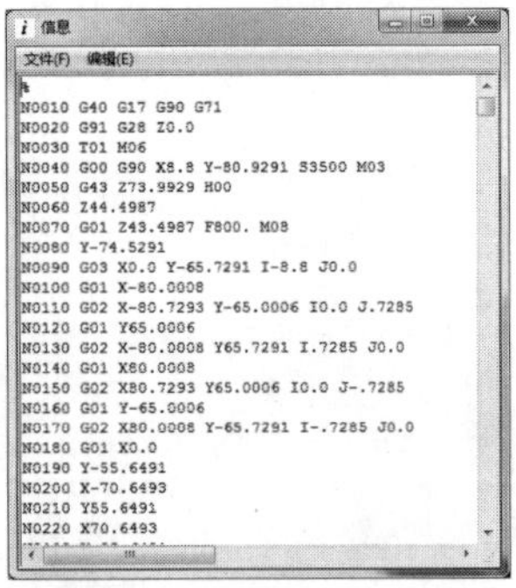

图 2-3-107　开粗工序程序代码

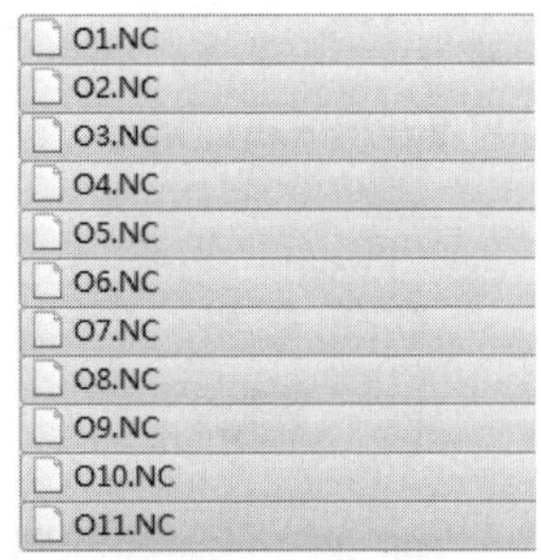

图 2-3-108　充电器座型芯 CAM 所有程序

2.4 考核评价：充电器座型芯零件 CAM 项目任务实施评价

根据充电器座型芯零件 CAM 项目任务实施完成情况进行评价（表 2-4-1）。

表 2-4-1　充电器座型芯零件 CAM 项目任务实施评价

班级：　　　　　　姓名：　　　　　　年　月　日

核心能力	评价指标	自我评价（掌握程度）		
		合格	良好	优秀
掌握充电器座型芯零件 CAM 技术	熟悉典型的模具型芯零件的铣削工艺规划			
	掌握各个工序之间的余量设置关系			
	掌握各个工序的切削参数设置方法			
充电器座型芯零件 CAM 设置	能进行充电器座型芯零件制造工艺规划			
	能进行充电器座型芯零件的 CAM 参数设置			
	能进行充电器座型芯零件 CAM 准备			
	能进行充电器座型芯零件 CAM 开粗与补开粗			
	能进行充电器座型芯零件 CAM 半精加工和精光加工			
	能进行充电器座型芯零件 CAM 仿真与后处理			
其他				
学习体会				
教师评价 年　月　日				

项目 3　放大镜型芯零件 CAM

项目任务

知识目标

1. 了解刀轨可视化设置；
2. 了解刀轨后处理；
3. 掌握后处理文件创建；
4. 掌握后处理定制要求、制作过程、处理结果检验。

能力目标

1. 能进行放大镜型芯零件制造工艺规划；
2. 能进行放大镜型芯零件的 CAM 参数设置；
3. 能进行放大镜型芯零件 CAM 准备；
4. 能进行放大镜型芯零件 CAM 开粗与补开粗；
5. 能进行放大镜型芯零件 CAM 半精加工和精光加工；
6. 能进行放大镜型芯零件 CAM 仿真与后处理。

思政目标

1. 培养认真细致的工作态度和严谨的工作作风；
2. 传承和发扬专注执着、追求卓越的工匠精神；
3. 树立质量意识、安全意识、环保意识。

工作任务描述

1. 工作任务

应用计算机辅助设计与制造技术对放大镜型芯零件进行铣削加工，通过制定加工工序，运用放大镜型芯零件铣削典型操作，完成放大镜型芯模型零件铣削刀轨设置及仿真加工。项目任务工作流程如图 3-0-1 所示。

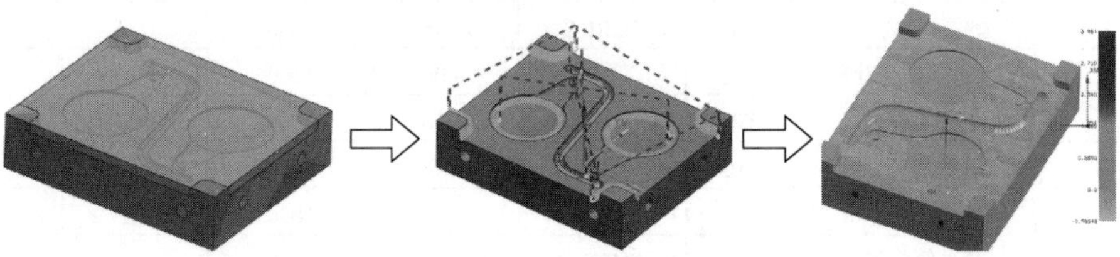

（a）导入零件模型　　（b）刀轨设置　　（c）仿真加工

图 3-0-1　项目任务工作流程

2. 工艺要求

放大镜型芯零件制造工艺过程卡如表 3-0-1 所示，放大镜型芯零件铣削加工工艺卡如表 3-0-2 所示。

表 3-0-1　放大镜型芯零件制造工艺过程卡

工序号	工序名称	尺寸	工艺要求	检验	备注
1	下料	103mm×128mm×33mm	带锯条	钢直尺检验自由公差要求	3mm 余量手工去飞边
2	铣平面	100.2mm×125.2mm×30.2mm	铣床铣削	游标卡尺检验，正公差 0.2mm	六面角尺
3	磨平面	100mm×125mm×30mm	平面磨	千分尺、角尺	高度留余量，其他留正公差 0.02～0.05mm
4	型芯开粗	按零件图要求尺寸	铣床铣削	千分尺	腔体预留 0.15mm
5	型芯补开	按零件图要求尺寸	精雕铣削	千分尺	腔体预留 0.1mm
6	钻/铰孔	按零件图要求尺寸	台钻	内径千分尺等、配合长度	
7	攻螺纹	攻螺纹、水堵管螺纹尺寸	丝攻	螺杆顺畅、旋转配合	手工
8	热处理	调质	热处理炉	游标卡尺、变形量在 0.3mm 以内	HRC 58～62
9	磨平面	100mm×125mm×30mm	铣床铣削	千分尺、角尺平行度、垂直度检验	基准统一为底面 长宽负公差 0.02mm
10	型芯精光	达到零件图要求尺寸	精雕铣削	所有型面	采点比对
11	割孔	按图要求	线切割机床	千分尺检验	顶针试配
12	抛光	符合零件图粗糙度要求	抛光工具	与标准样板对比检验	严禁抛光分型面
13	检验	按零件图标注和技术要求	三坐标测量机		以安装基准为检验基准

表 3-0-2　放大镜型芯零件铣削加工工艺卡

单位名称	模具制造车间	产品名称或代号		零件名称		零件图号	
		放大镜型芯		放大镜型芯		20171005-01	
		夹具名称		使用设备		车间	
		精密平口钳		加工中心		机加 01	
工序号	工序内容	刀具号	规格	主轴转速 /（r/min）	进给速度 /（mm/min）	背吃刀量 /mm	余留/mm
1	型芯整体开粗	T01	D10R0.2	3500	2500	0.4	0.2
2	镜柄二次粗加工	T02	D4R0.2	8000	2000	0.2	0.2
3	镜柄三次粗加工	T04	D2R0.2	12000	1000	0.15	0.2
4	镜面曲面补开粗	T03	R3	6000	1500	0.15	0.1
5	流道加工	T03	R3	8000	1000	0.15	0
6	镜柄平面半精	T05	D2	15000	1000	0.1	0.05
7	镜面曲面半精	T03	R3	8000	2000	0.1	0.05
8	镜面侧壁半精	T02	D4R0.2	12000	2000	0.12	0.1
9	虎口侧壁半精	T02	D4R0.2	12000	2000	0.1	0.1
10	镜柄侧壁半精	T04	D2R0.2	15000	1000	0.1	0.08
11	浇口半精	T04	D2R0.2	15000	1000	0.1	0.08
12	分型面精光	T06	D10	8000	600	0.1	0
13	镜柄平面精光	T05	D2	20000	800	0.05	0

续表

工序号	工序内容	刀具号	规格	主轴转速 /（r/min）	进给速度 /（mm/min）	背吃刀量 /mm	余留/mm
14	浇口精光	T05	D2	20000	600	0.05	0
15	镜面曲面精光	T03	R3	12000	1000	0.1	0
16	镜面侧壁精光	T02	D4R0.2	15000	1000	0.1	0
17	虎口侧壁精光	T02	D4R0.2	15000	1000	0.1	0
18	镜柄侧壁精光	T04	D2R0.2	20000	800	0.05	0

3. 工作条件

放大镜座型芯零件数控铣削加工刀具如表 3-0-3 所示。

表 3-0-3 放大镜座型芯零件数控铣削加工刀具

零件名称		放大镜型芯	零件编号		20171005-01	备注
序号	刀具号	刀具			加工内容	
		规格名称	数量	刀长/mm		
1	T01	D10R0.2 立铣刀	1	70	零件整体开粗	2 刃
2	T02	D4R0.2 立铣刀	1	55	镜柄补开粗 镜面侧壁加工	4 刃
3	T03	R3 球头立铣刀	1	55	流道加工 镜面曲面精光	4 刃
4	T04	D2R0.2 立铣刀	1	35	镜柄补开粗 镜柄侧壁加工	全新
5	T05	D2 平底立铣刀	1	35	镜柄平面精光 浇口精光	新刀具
6	T06	D10 立铣刀	1	75	分型面精光 尖角清根	4 刃

3.1 知识准备：刀轨可视化设置、刀轨后处理及文件创建和结果检验

3.1.1 刀轨可视化设置

NX 10.0 提供的刀轨仿真功能用于模拟刀轨铣削的全过程，方便检查是否过切或切削不足。通过刀轨仿真，便于调整修改刀轨，得到理想的刀具路径。切削仿真不能脱离 NX 的 CAM 加工环境运行。

刀轨可视化操作及刀轨仿真对话框包含重播、3D 动态、2D 动态三个选项卡，如图 3-1-1～图 3-1-3 所示。

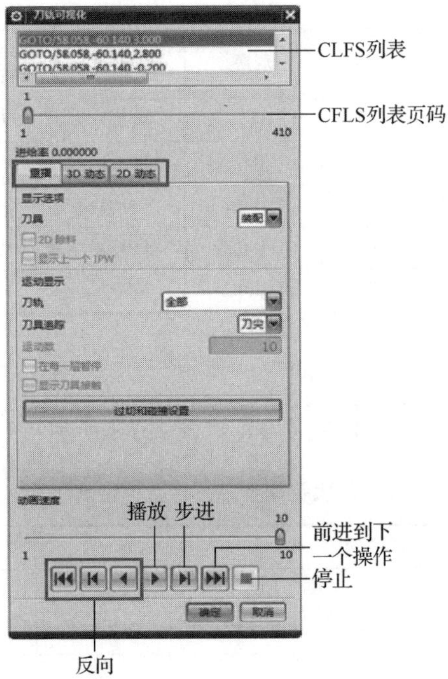

图 3-1-1　“重播”选项卡

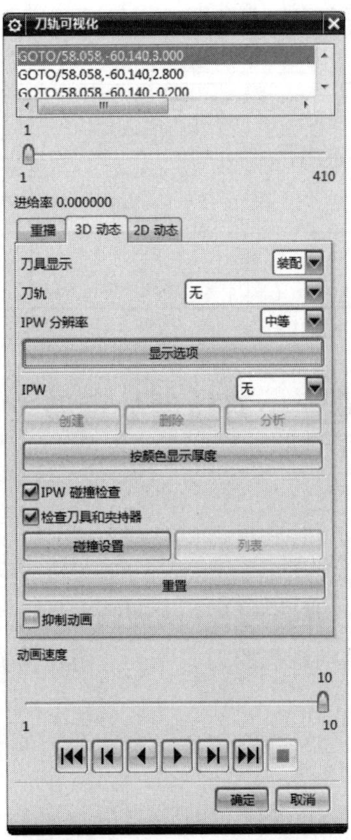

图 3-1-2　“3D 动态”选项卡

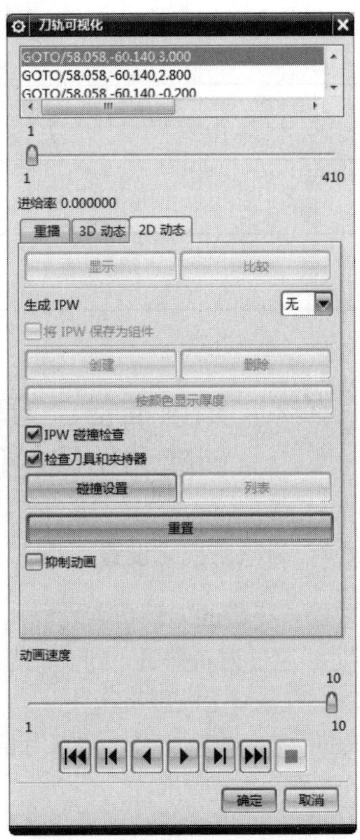

图 3-1-3　“2D 动态”选项卡

（1）重播：如图 3-1-1 所示，重播刀具轨迹是在轨迹已经生成的前提下进行重播刀具轨迹。它还可以利用分析工具对轨迹与边界之间的距离进行分析。

在重播刀具轨迹状态下可以检查过切和干涉情况，但是仅限于检查零件与刀具夹具的干涉和过切，不能对机床干涉进行检查。

（2）3D 动态：如图 3-1-2 所示，3D 动态是模拟刀具对毛坯的切削运动的过程，并可以形成 IPW 残料，不再是单纯的刀具运动。3D 动态方便观察与分析，模拟仿真显得更加真实。在“3D 动态”选项卡中，用户可以根据需要设置参数，如刀具显示、IPW 的精度等，使 3D 动态模拟内容更丰富，可满足不同情况下的需要。

（3）2D 动态：2D 动态和 3D 动态都是模拟刀具切削毛坯的过程，2D 动态如图 3-1-3 所示。不同的是，2D 动态只能在一个静止的画面内仿真模拟，不能像 3D 动态可以在模拟的同时在任意方位观看模拟过程。由于 2D 动态只能在单一静止画面中模拟，其模拟速度会大大加快，是编程人员常用的一种模拟方法。

在 3D 动态与 2D 动态中，由于可以设置 IPW 精度，因此在完成模拟后可以通过颜色显示来侦测切削余量是否均匀、工件是否达到理想的状态。根据颜色显示判断残料量，利于对零件进行下一步的铣削工艺规划。

3.1.2　刀轨后处理

当完成刀轨仿真并确认刀轨无误后，即可对刀轨进行后处理，生成加工用程序代码并传输至机床进行加工。刀轨的后处理需选用后处理器，NX 10.0 自带各种类型的后处理器供用户选择，同时还提供后处理构造器，方便用户在使用时根据机床控制系统特性和特色要求对后处理文件进行编辑，从而制作一个属于自己的后处理。

在 CAM 加工环境下，在工序导航器中选取程序后右击，在弹出的快捷菜单中选择“后处理”命令，弹出图 3-1-4 所示的“后处理”对话框。

“后处理器”列表框中的文件为 NX 自带的后处理文件，根据加工机床类型和控制系统选择不同的后处理器，也可通过浏览以查找后处理器从外部导入制作好的后处理文件。

选择后处理文件后，在“输出文件”选项区域中设置输出程序文件的保存路径，也可修改输出文件的扩展名，通常程序扩展名为 NC，也可以是后处理文件设置的扩展名。

在“设置”选项区域中可以设置文件输出后刀轨的单位，分为英寸和公制/部件两种，公制/部件指的是 mm。

图 3-1-4 中的 MILL_3_AXIS 为系统自带的 FANUC 系统的三轴后处理文件，选择它后处理出来的程序代码就是专门针对 FANUC 三轴系统的机床使用的。当然，也可以通过 NX 自带的后处理器构造器进行后处理文件的编辑创建。

图 3-1-4　“后处理”对话框

3.1.3　后处理文件创建

选择“开始”→“Siemens NX 10.0”→“后处理构造器”命令，如图 3-1-5 所示，弹出图 3-1-6 所示的“NX/后处理构造器”对话框。

图 3-1-5　Siemens NX 10.0 文件夹

图 3-1-6　“NX/后处理构造器”对话框

单击按钮，弹出图 3-1-7 所示的“新建后处理器”对话框。修改后处理输出单位为 mm，机床设置为铣，轴数为三轴，单击“确定”按钮，弹出图 3-1-8 所示的后处理编辑对话框。

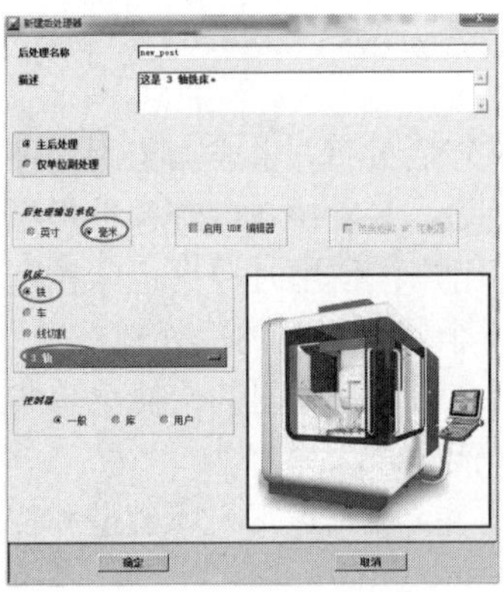

图 3-1-7　“新建后处理器”对话框

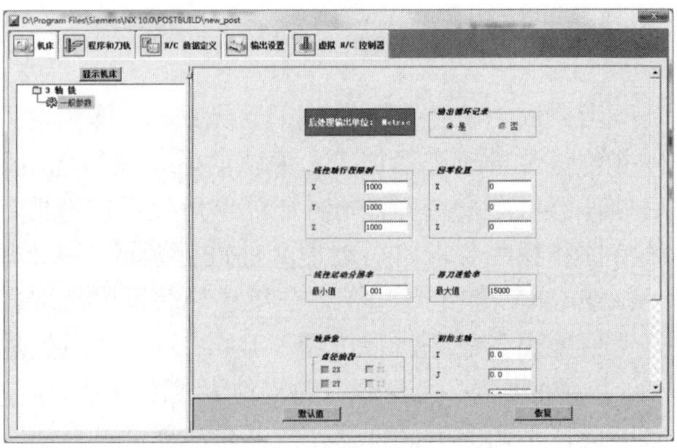

图 3-1-8　后处理编辑对话框

根据加工需求，可以对后处理器进行设置。在图 3-1-9 所示的选项卡中，可以根据需求对后处理生成的刀轨中的各个区域中的 G 代码、M 代码进行编辑修改，得到需要的刀轨。完成后处理器设置后，单击图 3-1-10 所示的“NX/后处理构造器”对话框中的按钮，可以将后处理器保存到所需位置。

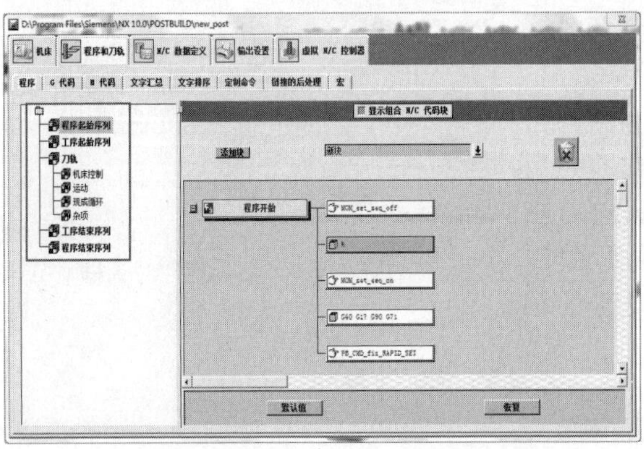

图 3-1-9　G 代码、M 代码设置选项卡

图 3-1-10　“NX/后处理构造器”对话框

完成保存后，得到的后处理文件如图 3-1-11 所示，一共有三个文件。在后处理时，只需选择其中一个即可，但是三个文件必须同时存在才能进行后处理。刀轨确认后，在 NX 软件的“后处理”对话框中选择即可使用该后处理文件（扩展名为.pui）进行刀轨后处理生成加工程序代码。

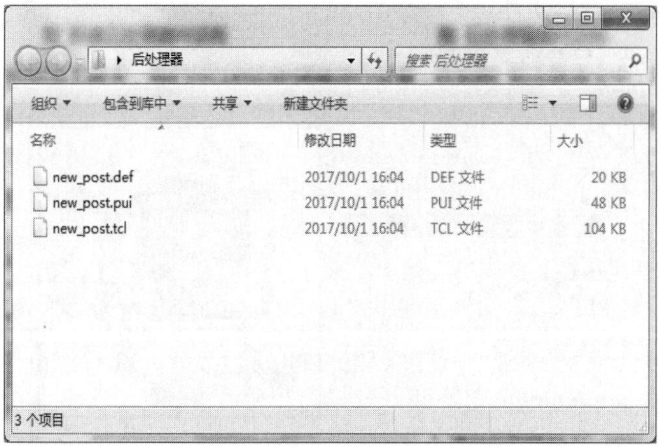

图 3-1-11　后处理文件

3.1.4　后处理方案制定

现在以制作一个典型的 FANUC 0i M 系统使用的常规的后处理文件为例讲解 NX 10.0 的后处理定制过程。

3.1.5　后处理定制要求

后处理制定要求包括以下几点：

（1）构建一个具有三轴联动的后处理器。

（2）程序头输出 G80 和 *X*、*Y*、*Z* 三轴回零指令。

（3）输出加工用坐标系 G54～G59。

（4）输出单位为 mm。

（5）输出程序扩展名为 NC。

（6）程序结束时 *Z* 轴自动返回零点，并自动跳转程序头。

3.1.6　制作过程

刀轨后处理制作过程如下：

（1）启动后处理构造器后，一般显示的是英文，为了便于操作，在“选项”下拉列表中将语言修改为“简体中文”。单击按钮，弹出“新建后处理器”对话框，如图 3-1-12 所示。输入后处理的名称 wxstc_post，构建一个新的三轴联动后处理器。“后处理输出单位”选择“毫米”，其他参数默认不变。单击“确定”按钮，弹出该后处理器的编辑对话框。

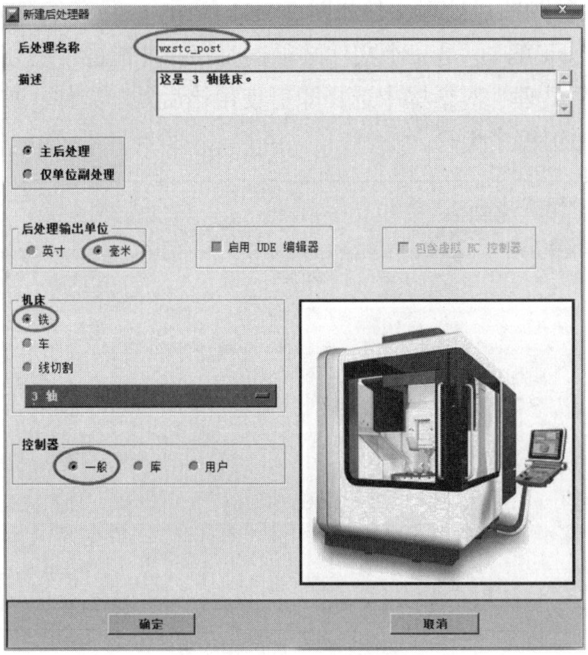

图 3-1-12 “新建后处理器”对话框

（2）编辑对话框中有机床、程序和刀轨等五个选项卡，每个选项卡下又包含许多子选项卡。这里将根据后处理的定制要求进行习惯设置。在“机床”选项卡中设置机床的常规参数，如图 3-1-13 所示，根据实际机床的行程范围输入 *X*、*Y*、*Z* 三个轴的行程限制数据。后处理输出单位已经继承了上一步的操作，设置为公制及 mm 输出，输出数据的精度为 0.001mm，即线性运动分辨率设置的数据。如果是高速机，则移刀进给率应参考机床参数进行调整。

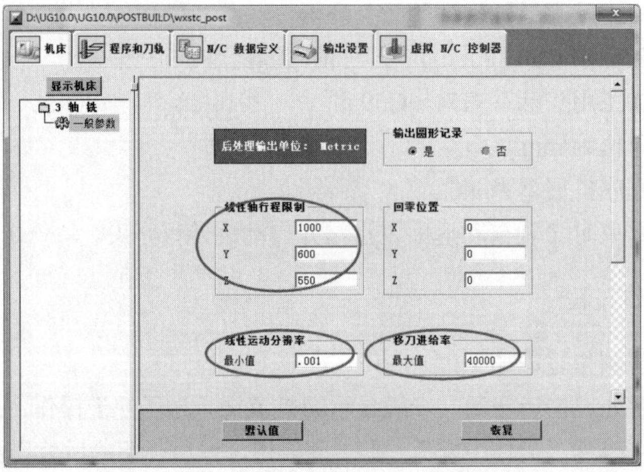

图 3-1-13 设置三轴联动机床常规参数

（3）选择“程序和刀轨”选项卡，这是后处理器定制的关键。该选项卡包含的子选项卡很多，首先在“G 代码”子选项卡中进行设置：将“英制模式”的 G 代码由原来的 G70 修改为 G20，将公制模式的 G 代码由原来的 G71 修改为 G21，如图 3-1-14 所示。在 FANUC 系统中，G20/G21 分别表示英制和公制模式的数据单位。

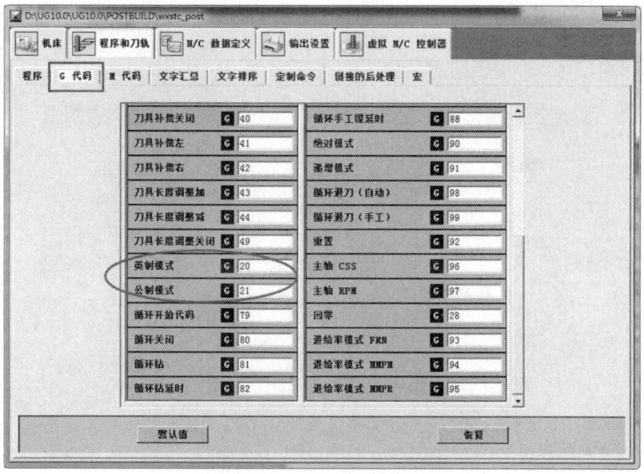

图 3-1-14 设置 G 代码

（4）选择“程序”子选项卡，设置 G80，“程序”子选项卡程序头设置界面如图 3-1-15 所示。单击 G40 G17 G90 G21，设置程序头指令段格式，如图 3-1-16 所示，添加 G80（取消循环指令）。该操作的目的是防止上一工序循环指令执行影响当前工序的刀具定位，单击“驱动”按钮，完成设置。

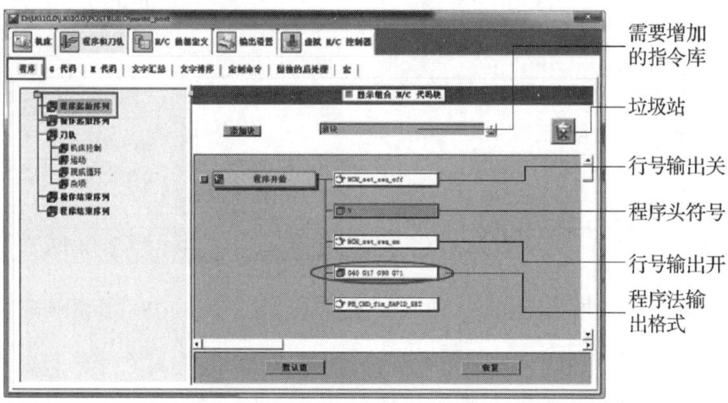

图 3-1-15 “程序”子选项卡

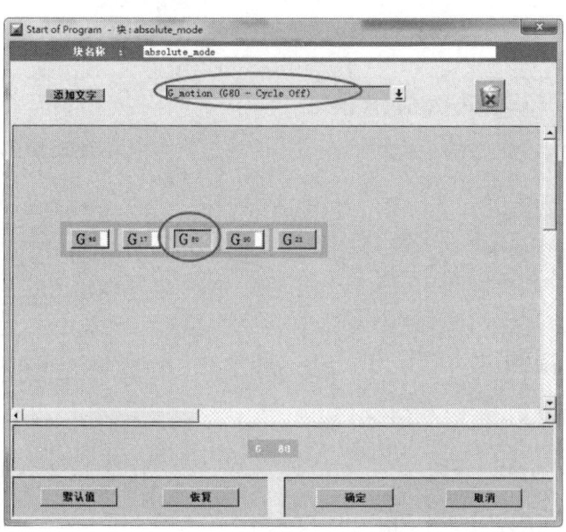

图 3-1-16 添加 G80 代码对话框

（5）添加三轴回零指令。在“程序和刀轨”选项卡中选择 G91 G28 Z0 指令，添加在“程序开始”的最末位置，如图 3-1-17 所示。

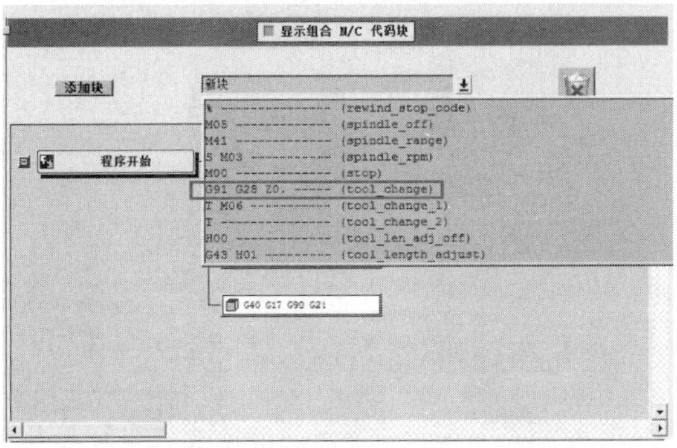

图 3-1-17　添加 G91 G28 Z0 指令

继续添加 G91 G28 X0 Y0 指令，修改 X、Y 值为 0，如图 3-1-18 所示，设置为强制输出模式，如图 3-1-19 所示。

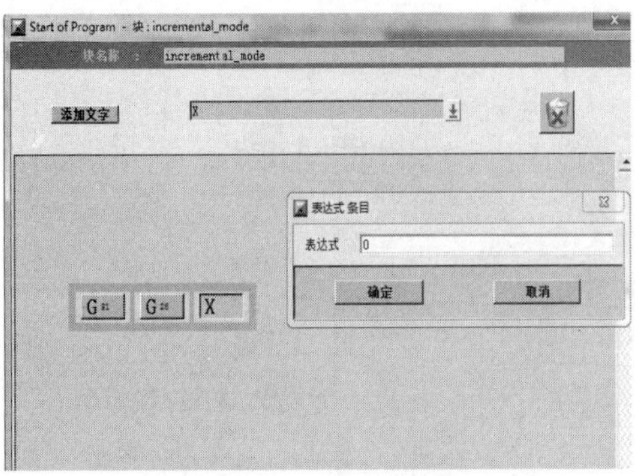

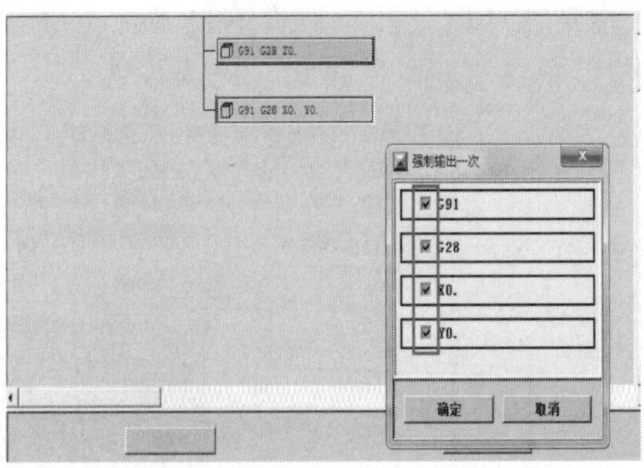

图 3-1-18　修改指令表达式　　　　图 3-1-19　设置强制输出

（6）添加 G54 坐标系。在“程序和刀轨”选项卡中进入“操作起始序列”界面，将自动换刀和手动换刀下的所有指令拖进垃圾箱删除，如图 3-1-20 所示。因为在加工模具零件时，基本不用自动换刀功能，所以在“初始移动”下添加 S M03 指令，如图 3-1-21 所示。

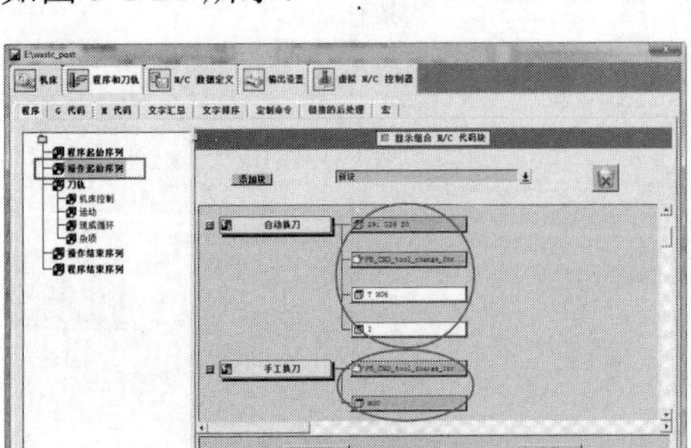

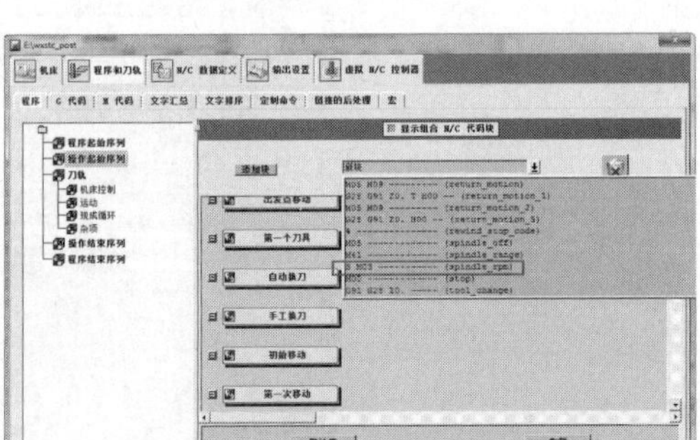

图 3-1-20　删除多余指令操作　　　　图 3-1-21　添加 S M03 指令

添加 G54 指令，如图 3-1-22 所示；修改 G54 表达式的值，如图 3-1-23 所示；单击“确定”按钮，完成 G90 G54 S M03 的指令设置，如图 3-1-24 所示。

图 3-1-22　添加 G54 指令

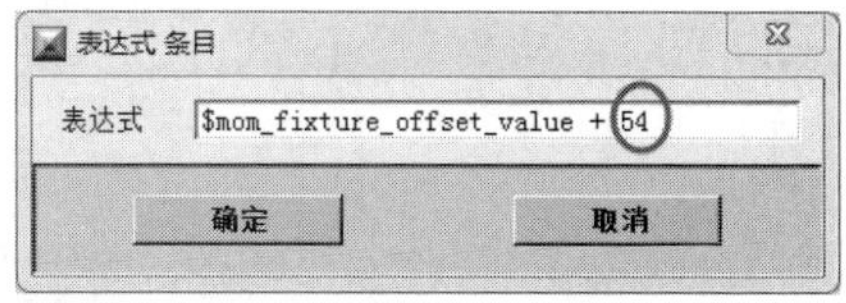

图 3-1-23　修改 G54 表达式的值

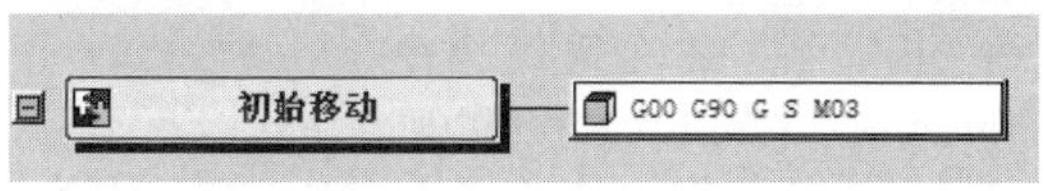

图 3-1-24　添加 G54 指令位置

（7）加工结束后，*Z* 轴自动返回零点，添加 M30 指令。

加工结束后，刀具一般停留在零件上表面，如果需要退出工作台检查零件，可能会带来安全隐患。因此，需要将刀轴返回机床零点，添加指令为 G91 G28 Z0，其添加方法与程序头相同。指令放置在“操作结束序列”的“刀轨结束”下，如图 3-1-25 所示。

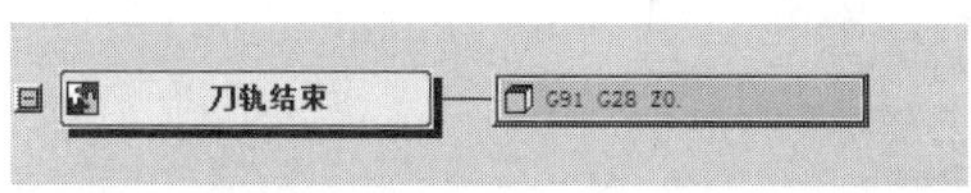

图 3-1-25　添加 *Z* 轴回零指令位置

在“程序结束序列”的“程序结束”下，单击 M02 指令，将 M02 指令删除后添加 M30 指令，如图 3-1-26 所示。

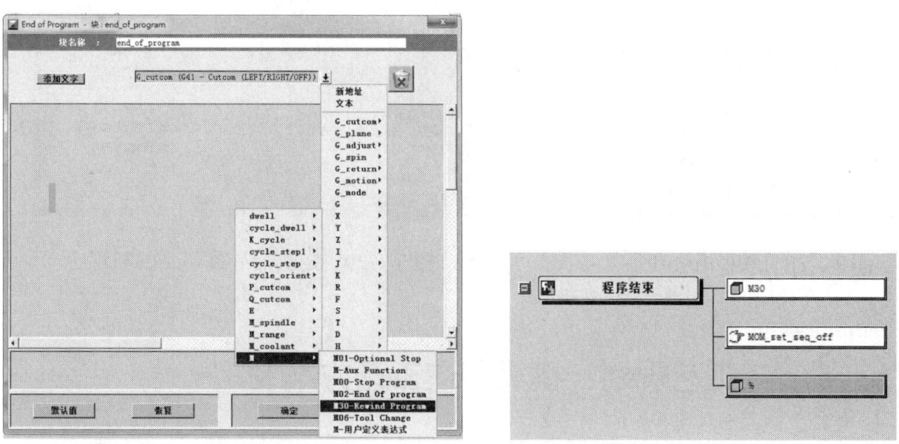

图 3-1-26　添加 M30 指令

（8）选择“输出设置”选项卡中的“其他选项”子选项卡，将 N/C 输出文件扩展名由默认的 ptp 修改为 NC，如图 3-1-27 所示。单击“确定”按钮，完成设置。

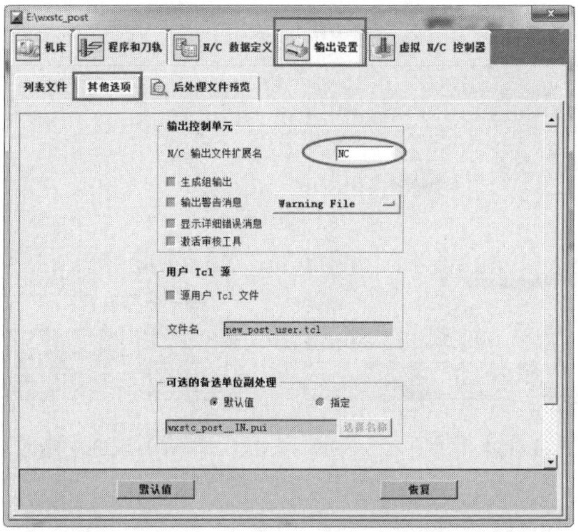

图 3-1-27　修改扩展名

3.1.7　处理结果检验

用创建好的后处理文件对本项目中的任意刀轨进行后处理，如图 3-1-28 所示，得到的程序如图 3-1-29 所示。

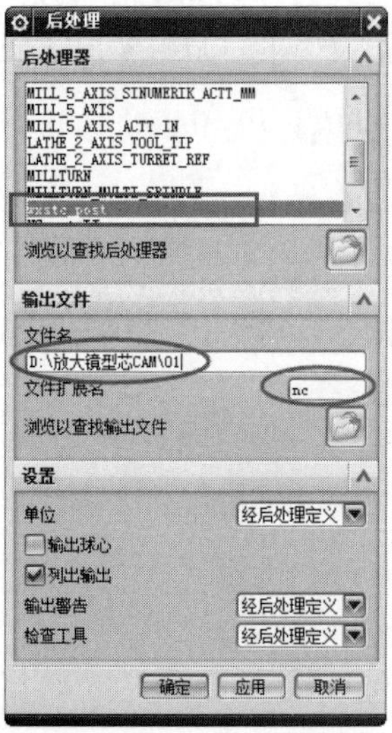

图 3-1-28　选择后处理

图 3-1-29　定制后处理得到的新程序

3.2 工艺规划：模具制造工艺方案制定

3.2.1　放大镜型芯零件制造工艺过程规划

放大镜型芯零件结构比较简单，但是有很高的加工精度要求，其型芯表面也是产品的外观面，因此它的加工质量直接影响产品的质量与模具的使用寿命。在进行放大镜型芯零件加工之前，需要对加工零件的结构特征进行分析；在进行加工工艺的规划时，应当以保证零件的尺寸精度为首要目标，窄槽位置也需要铣削加工出来，保证各个成型面之间光滑过渡；对后续的表面抛光达到 *Ra*0.4。

在放大镜型芯零件的制造工艺过程中，绝大部分余量是采用铣削加工完成的，以保证最高的生产效率。为了可靠地加工出符合设计图样要求的模具产品，制定该成型零件的制造工艺路线如下：下料—铣平面—磨平面—型芯开粗—型芯补开—钻/铰孔—攻螺纹—热处理—磨平面—型芯精光—割孔—抛光—检验。其制造工艺过程如表 3-0-1 所示。

3.2.2　放大镜型芯零件铣削工艺规划

采用铣削加工的方法，直接改变毛坯的形状、尺寸和表面质量等，使其成为零件的过程称为铣削工艺过程。为了方便生产加工，通常会在加工前对产品零件进行铣削工艺规划，制作铣削工艺卡。

1. 分析零件工艺

该零件材质为 P20，单件生产，本工艺是其制造工艺规划环节中的铣削工序编制。零件结构上有窄槽，铣削加工需要用小刀具，加工条件相对困难。热处理要求为 HRC 58～62，表面处理安排在精加工前进行，并留足够余量；精铣前完成各个面的精磨加工，以消除热处理的变形量。毛坯为 100mm×125mm×30mm 的精坯料，坯料上表面有一定的余量设置，因此铣削基准设计为安装基准，即为坯料底面；*XY* 平面基准设计为底面中心，为后续热处理留 0.03～0.05mm 的变形量。

2. 确定装夹方案

选择定位基准时，应注意减少装夹次数，尽量做到在一次安装中能把零件上所有要加工的表面都加工出来。选择精坯料底面作为定位基准，侧面相邻两侧壁作 *X*、*Y* 向定位基准，开粗对刀时采用四面分中对刀，精加工时以相邻两侧壁为基准对刀，保证设计、制造、装配基准统一，大大减少定位误差对尺寸精度的影响。该零件外形规则，加工面在上表面，因此选用精密平口钳夹紧，以底面定位，用等高块垫起。注意，工件高出虎口钳钳口的高度要足够，一般预留 3～5mm 的裕量。

3. 确定铣削加工顺序

按照先粗后精的原则确定加工顺序：

（1）用 ϕ10mm 的立铣刀对零件型芯成型面、虎口及分型面从外向内进行粗加工，加工余量设置为侧壁 0.15mm、底部 0.1mm。

（2）用 ϕ4mm、ϕ2mm 和 *R*3mm 的铣刀分区域对型芯零件窄槽位和镜面凹面位进行补开粗加工，保证开粗余量均匀。

（3）用 R3 球头立铣刀对流道进行加工。由于流道的表面粗糙度要求不高，为提高加工效率，采用一次加工到位，不必进行精光加工；同时，建议采用顺铣的切削方向。

（4）所有成型面半精加工，余量控制在 0.1mm；浇口位置半精余量控制在 0.05mm，可以不安排精光，在试模时手工进行补偿修调。

（5）热处理后上磨床进行磨削加工，优先磨平底面，再视四个侧面的变形量优先磨出相邻的两个侧面作为精光铣削时的 *XY* 基准，使用 ϕ10mm、ϕ2mm 立铣刀（刀具必须是全新的或者保证其尺寸精度的旧刀具）进行所有平面的精光加工。

（6）使用 D2R0.2、D4R0.2 圆角立铣刀对侧壁和圆角位置进行精光。由于圆根最小 *R* 大于 0.3mm，精光刀具 *R* 为 0.2mm，圆根区域可以全部加工到位，因此不必进行清根加工。

（7）镜面曲面精光加工。设置加工区域与侧壁轮廓相互重叠，保证曲面光滑过渡。由于虎口的顶部平面是避空面，因此可不用精光。

4. 选择刀具

根据零件的材料和结构特点选择刀具：

（1）粗加工时根据工艺需要选择 D10R0.2 的铣刀，对各个区域的加工综合效率较高；二次补开粗的加工范围需要分区域，根据模型特点选用 R3 球头刀具补开镜面曲面和流道区域；选用 D4R0.2、D2R0.2 圆角立铣刀对手柄狭窄区域逐次补开。

（2）半精加工时，除窄槽位置用刀尖圆弧不大于 3mm 的圆角刀外，其他侧壁位置均用 D4R0.2 的圆角立铣刀，减少换刀次数，提高加工效率。镜面的半精采用 R3 球头立铣刀。

（3）型面精光的刀具型号尽量与半精加工一致，但是必须优先选用新刀具，以保证尺寸精度。

（4）浇口位置如果需要精光，选用 D2 平底立铣刀即可清理干净。

5. 选择切削用量

切削用量依据零件材料特点、刀具性能及加工精度要求确定。本零件加工时主轴速度取 3500～20000r/min，粗铣时取低一些，精铣时取高一些；进给速度取 600～2500mm/min。铣削分 18 道次工序完成，每次铣削的背吃刀量不同。

3.3 实践操作：放大镜型芯零件整体 CAM 设置

3.3.1 放大镜型芯零件 CAM——数字模型导入与处理

（1）选择“启动”→“加工”命令，进入加工环境，如图 3-3-1 所示。

图 3-3-1 进入加工环境

微课：第 1 步 放大镜型芯零件模型导入与处理

（2）单击“打开”按钮，弹出“打开”对话框，根据文件存放路径选择“放大镜型芯零件CAM带刀轨”文件，单击OK按钮，导入数字模型，如图3-3-2所示。

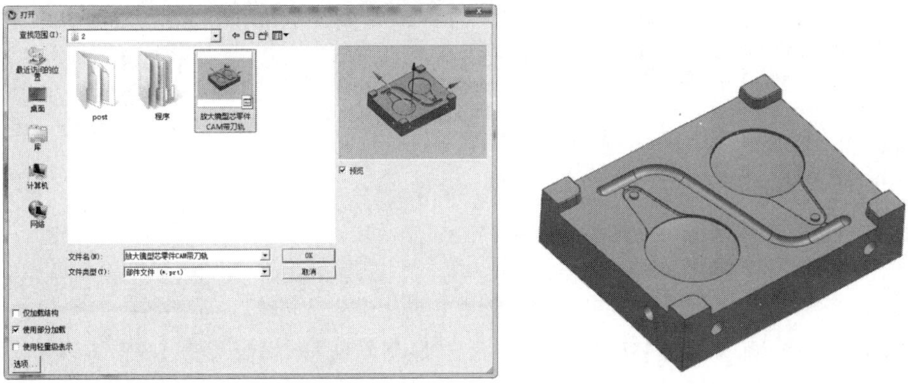

图3-3-2　导入放大镜型芯数字模型

（3）抽取流道中心线。在建模模块单击按钮，弹出图3-3-3所示的“偏置曲线”对话框，设置偏置距离为3mm，选择流道边缘线进行偏置。由于有浇口打断了流道边缘线，再以相同的操作偏置另一侧流道的边缘即可得到另外一段偏置线，这样就完成了流道中心线的抽取结果，如图3-3-4所示。

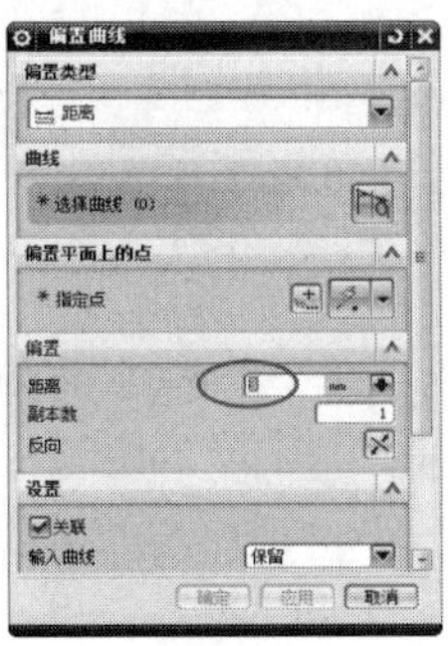

图3-3-3　“偏置曲线”对话框

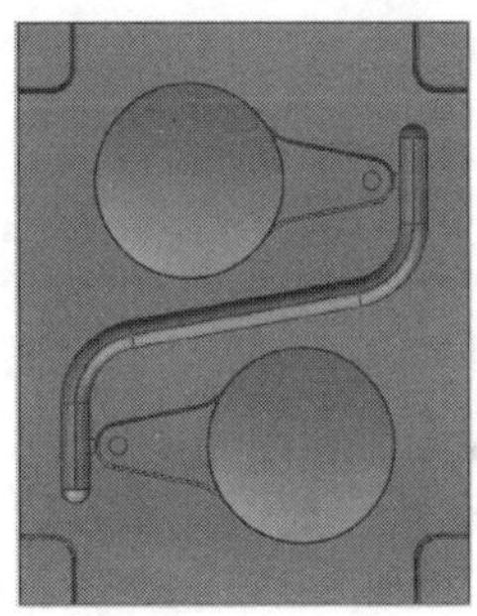

图3-3-4　流道中心线

3.3.2　放大镜型芯零件CAM——铣削准备

放大镜型芯零件的CAM准备主要完成三个小任务：创建几何体、创建刀具和创建程序组。

微课：第2步　放大镜型芯零件CAM前的准备工作

1. 创建几何体

（1）在“工序导航器”中单击按钮，导航器切换到图3-3-5所示界面。

（2）双击“工序导航器”中的MCS_MILL按钮，弹出图3-3-6所示的“MCS铣削”对话框。

（3）单击按钮，弹出图3-3-7所示的CSYS对话框。单击按钮，弹出“点”对话框，如图3-3-8所示。在“类型”下拉列表中选择“两点之间”选项，进行MCS坐标原点构建。选择模型底面两个对角点，系统自动捕捉中点位置。单击“确定”按钮，得到图3-3-9所示的MCS坐标系。

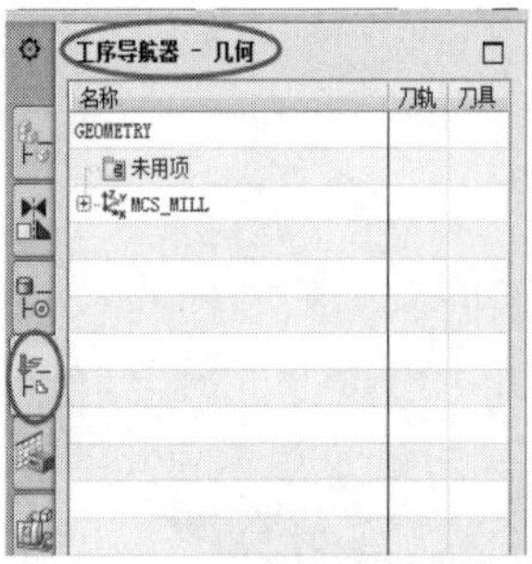

图 3-3-5 “工序导航器-几何”界面

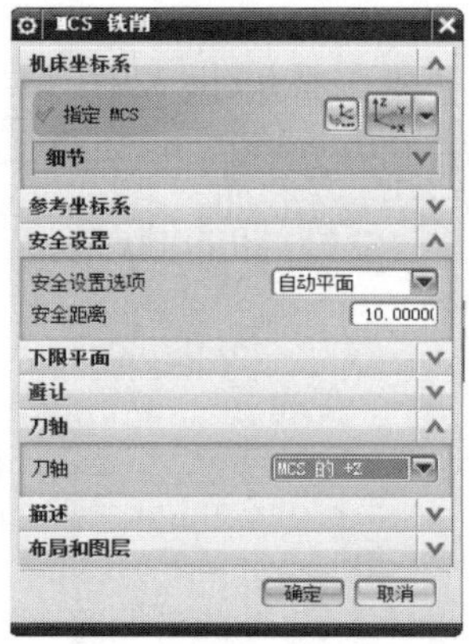

图 3-3-6 “MCS 铣削”对话框

图 3-3-7 CSYS 对话框

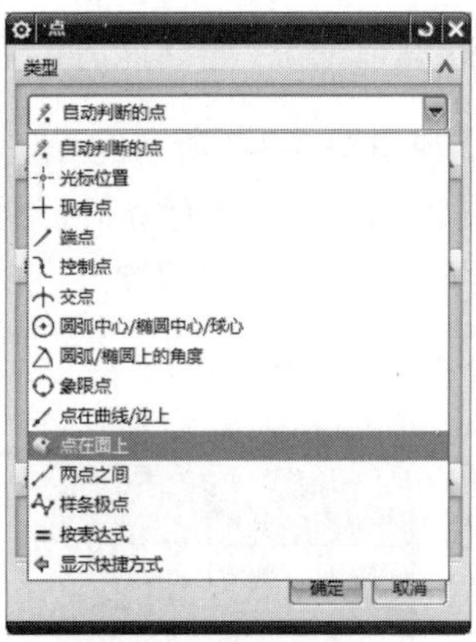

图 3-3-8 “点”对话框

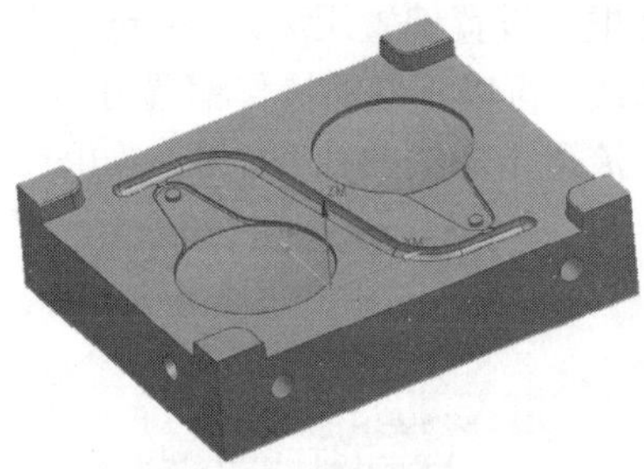

图 3-3-9 放大镜模型 MCS 坐标系

（4）双击 WORKPIECE 按钮，弹出图 3-3-10 所示的“工件”对话框。单击按钮，弹出图 3-3-11 所示的“部件几何体”对话框，选中导入的放大镜型芯模型后，单击“确定”按钮，完成部件几何体的设置。

图 3-3-10 “工件”对话框

图 3-3-11 “部件几何体”对话框

（5）单击按钮，弹出图 3-3-12 所示的“毛坯几何体”对话框，在“类型”下拉列表中选择“包容块”选项。根据工艺要求，对毛坯 Z 方向进行 1mm 偏置，获得图 3-3-13 所示的毛坯体。

图 3-3-12　“毛坯几何体”对话框

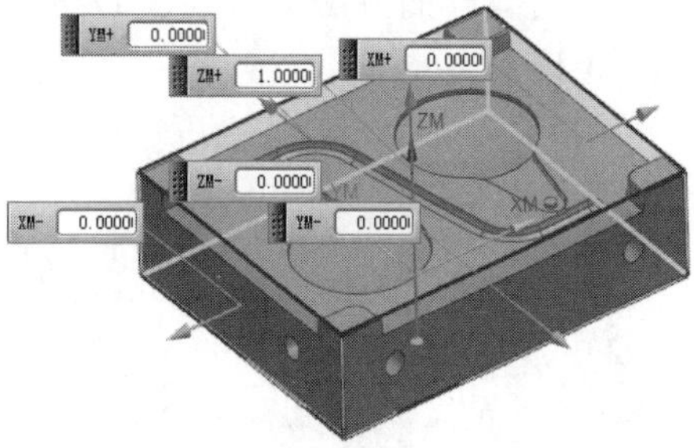

图 3-3-13　放大镜型芯毛坯体

2. 创建刀具

根据工艺要求，一共需要创建六把不同型号的刀具，这里创建其中的一把刀具，其他刀具请参考创建。

（1）在“工序导航器”中单击按钮，导航器切换到图 3-3-14 所示的界面。

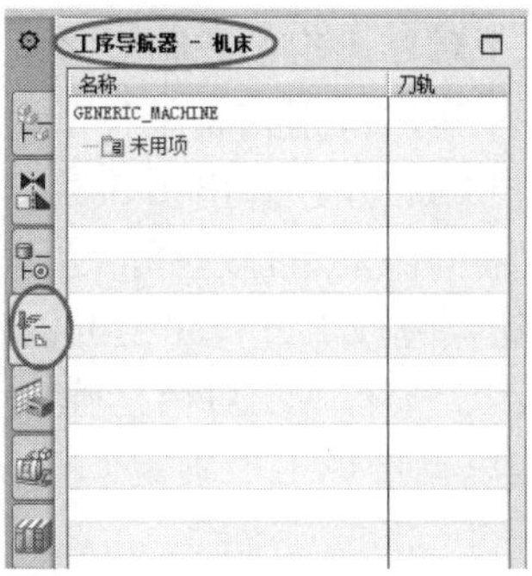

图 3-3-14　“工序导航器-机床”界面

（2）单击按钮，弹出图 3-3-15 所示的“创建刀具”对话框。在图 3-3-16 所示的铣刀参数对话框中创建一支 D10R0.2 的圆角立铣刀，输入直径 10，下半径 0.2，不同的刀具刀长和刃长应根据实际数据输入，输入刀具号为 1。单击“确定”按钮，完成 D10R0.2 圆角立铣刀的创建。

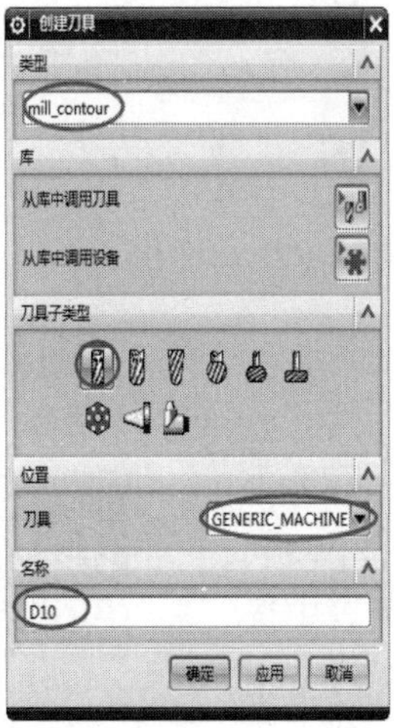

图 3-3-15　“创建刀具”对话框

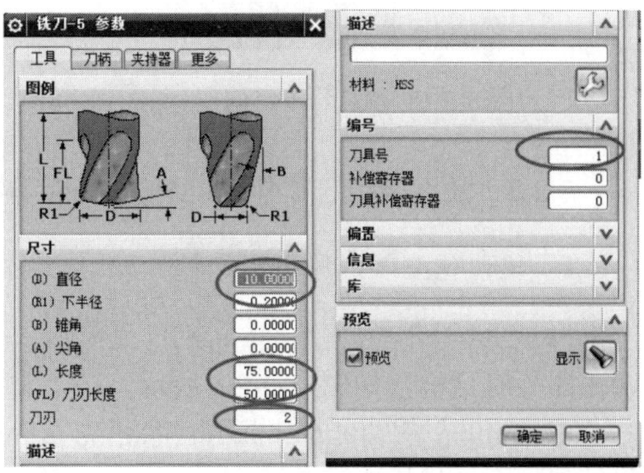

图 3-3-16　设置 D10R0.2 圆角立铣刀参数

（3）用同样的方法依次创建 D4R0.2、R3、D2R0.2、D2、D10 的立铣刀各一支，如图 3-3-17 所示。

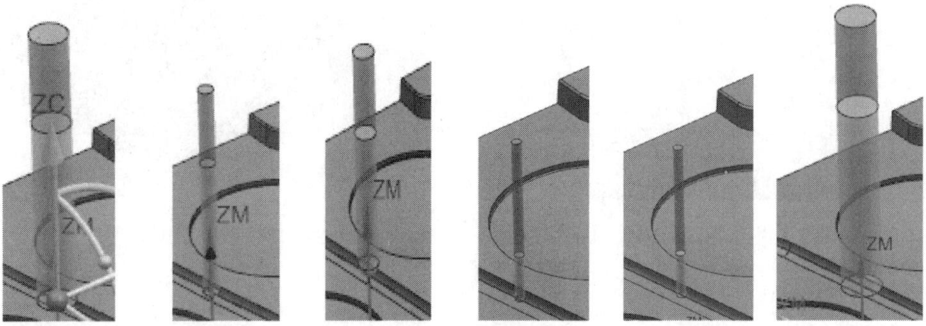

（a）D10R0.2　（b）D4R0.2　（c）R3　（d）D2R0.2　（e）D2　（f）D10

图 3-3-17　放大镜型芯 CAM 用刀具模型

3. 创建程序组

根据工艺安排需要创建三个程序大组，分别是 KC、BJ、JG，分别代表开粗、半精和精光加工。后续创建的各个工序分别归属于各个组别。

在“程序顺序”视图下单击按钮，弹出图 3-3-18 所示的“创建程序”对话框，类型选择可以忽略；程序位置根据需要进行选择，这里保持默认；在“名称”文本框中输入 KC。单击“确定”按钮，完成 KC 程序组的创建。另外两个程序组请大家参考 KC 的创建过程。创建程序组一个有两次对话框弹出，其中第二个对话框用来输入编程人员信息，如工号等，这里直接单击“确定”按钮，将设置忽略。创建好的三个程序组如图 3-3-19 所示。

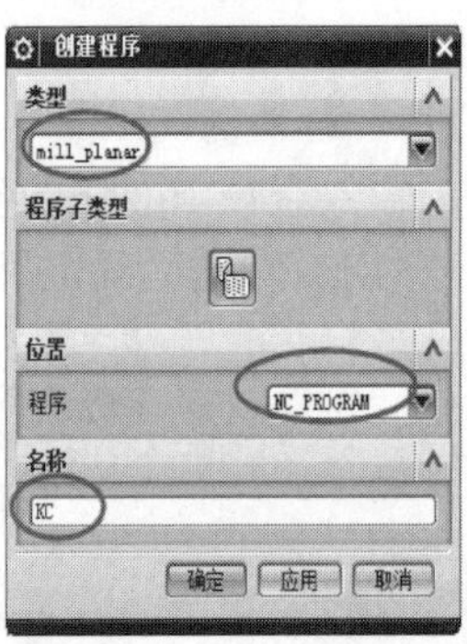

图 3-3-18　KC 程序组创建

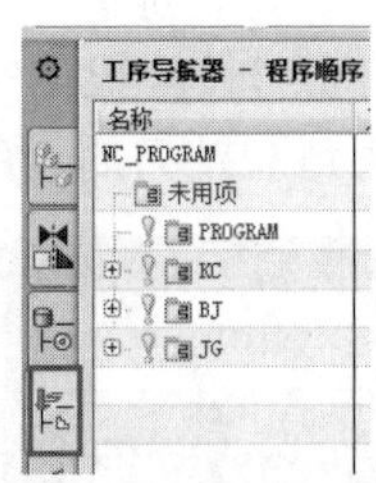

图 3-3-19　三个程序组

3.3.3　放大镜型芯零件 CAM——开粗与补开

1. 放大镜型芯零件整体开粗加工

（1）创建基本型腔铣工序。单击工具条中的按钮，弹出“创建工序”对话框，如图 3-3-20 所示。在“类型”下拉列表中选择 mill_contour 选项，单击按钮，“刀具”选择 D10R0.2（用于开粗），“几何体”选择 WORKPIECE。单击“确定”按钮，弹出“型腔铣”对话框，如图 3-3-21 所示。

微课：第 3 步　放大镜型芯零件开粗加工

（2）设置刀轨基本参数：在“刀轨设置”选项区域中，选择“切削模式”为“跟随周边”，设置“步距”为刀具直径 70%，设置“最大距离”为 0.4mm，完成刀轨基本参数设置。

图 3-3-20　“创建工序”对话框 1

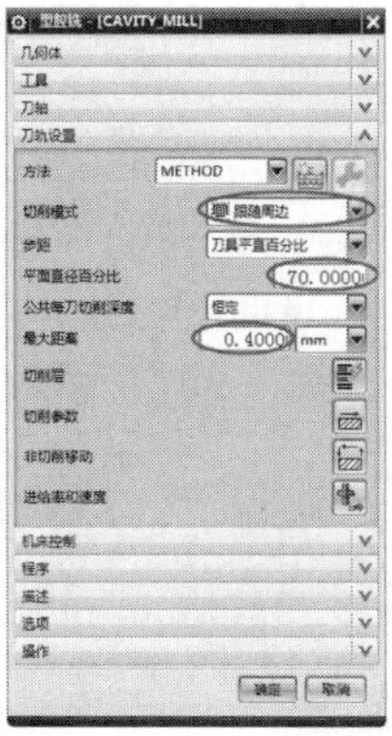

图 3-3-21　“型腔铣”对话框

（3）设置切削参数。单击按钮，弹出“切削参数”对话框，如图 3-3-22 所示。在“策略”选项卡中设置“切削方向”为“顺铣”，“切削顺序”为“深度优先”，“刀路方向”为“向内”；选中“岛清根”复选框，清根方式为自动。

在图 3-3-23 所示的“余量”选项卡中设置侧面余量为 0.2mm，底面余量为 0.1mm。其他参数保持不变，单击“确定”按钮，完成切削参数设置。

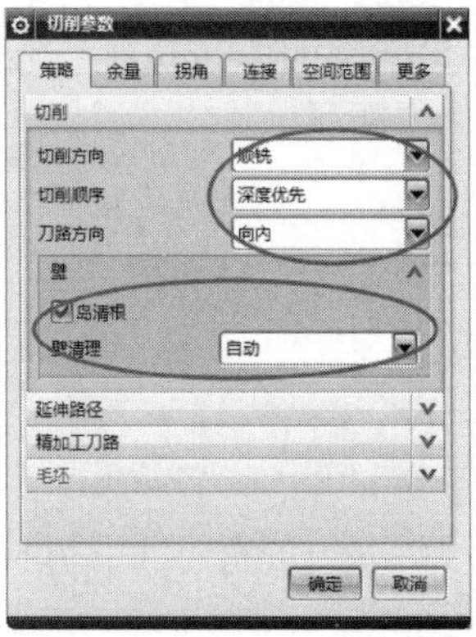

图 3-3-22　“策略”选项卡 1

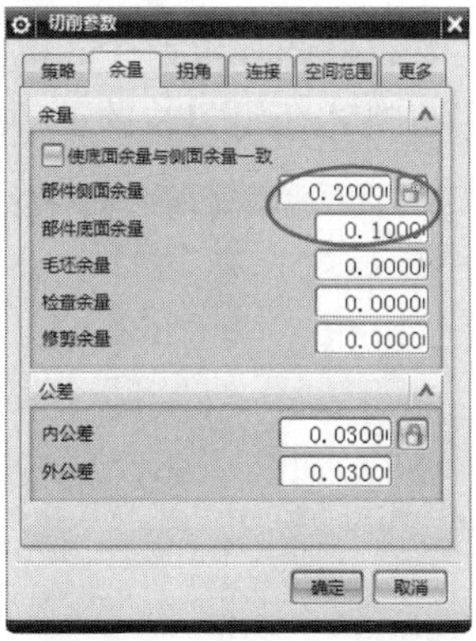

图 3-3-23　“余量”选项卡 1

（4）设置非切削移动参数。单击按钮，弹出图 3-3-24 所示的“非切削移动”对话框。在“进刀”选项卡中修改进刀方式，首先设置封闭区域进刀，“进刀类型”选择“螺旋”，“斜坡角”改为 3°，“高度”改为 1，“最小斜面长度”改为 1%刀具；然后修改开放区域进刀，“进刀类型”选择“圆弧”，“半径”设置为刀具直径 55%，“高度”设置为 1mm。在图 3-3-25 所示的“转移/快速”选项卡中修改参数，“区域之间”的“转移类型”为“毛坯平面”，“安全距离”改为 3mm；“区域内”的“转移类型”为“毛坯平面”，“安全距离”改为 3mm。设置其他选项卡默认不变，单击“确定”按钮，完成非切削移动设置。

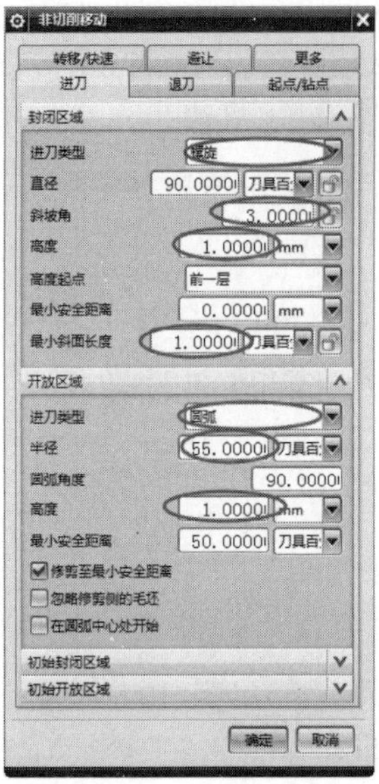

图 3-3-24 “进刀”选项卡 1

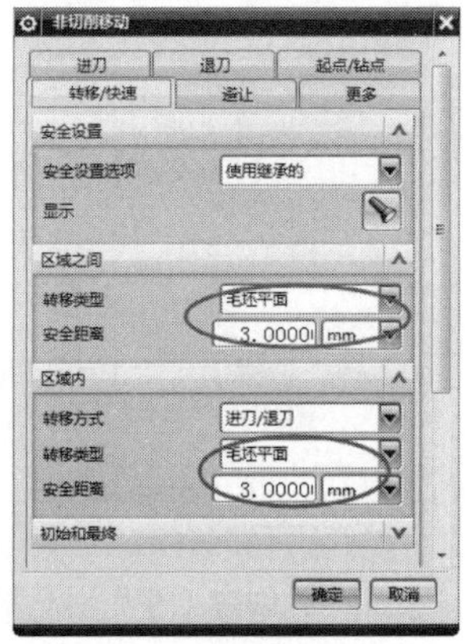

图 3-3-25 “转移/快速”选项卡 1

（5）设置进给率和速度参数。单击按钮，弹出“进给率和速度”对话框，如图 3-3-26 所示。选中“主轴速度”复选框，设置转速为 3500（单位为 r/min）；单击按钮，系统自动计算表面速度与每齿进给量；设置进给率为 2500mm/min。单击“确定”按钮完成进给率和速度设置。

（6）生成整体开粗刀轨。单击“型腔铣”对话框最底部的按钮，系统自动完成放大镜型芯整体开粗刀轨的计算，刀轨效果如图 3-3-27 所示。

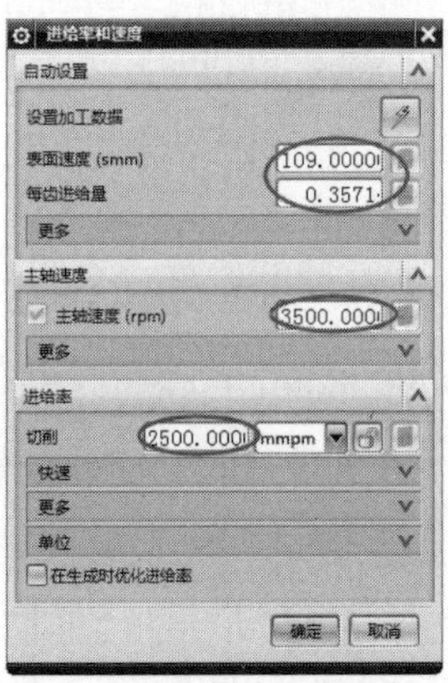

图 3-3-26 “进给率和速度”对话框 1

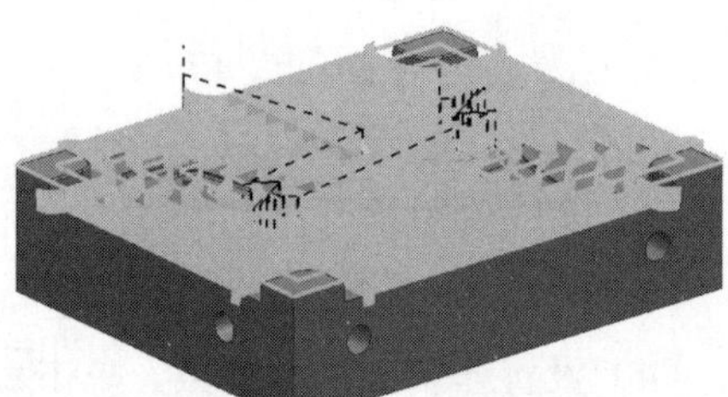

图 3-3-27 放大镜型芯整体开粗刀轨效果

2. 放大镜型芯零件镜柄二次补开

（1）创建二次开粗工序。在“工序导航器-程序顺序”中选中并复制 CAVITY_MILL，得到图 3-3-28 所示的工序。镜柄二次补开工序就在该刀轨基础上进行设置。

（2）设置切削区域。在“几何体”选项区域中单击按钮，可选择图 3-3-29 所示的镜柄作为切削区域。

图 3-3-28　复制开粗刀轨

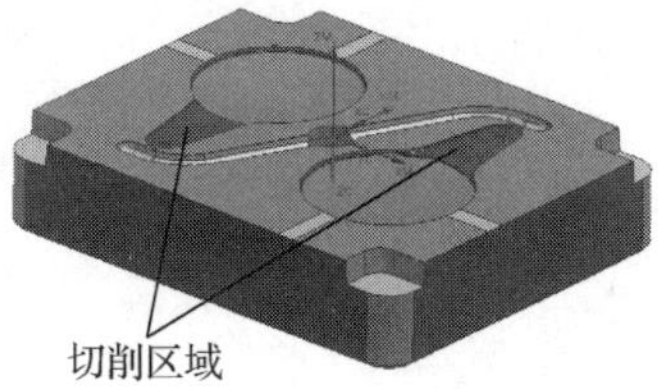

图 3-3-29　指定切削区域 1

微课：第 4 步　放大镜型芯零件的二次补开

（3）设置切削层。单击按钮，弹出“切削层”对话框，如图 3-3-30 所示。设置顶面为图 3-3-31 所示的分型面。

图 3-3-30　“切削层”对话框 1

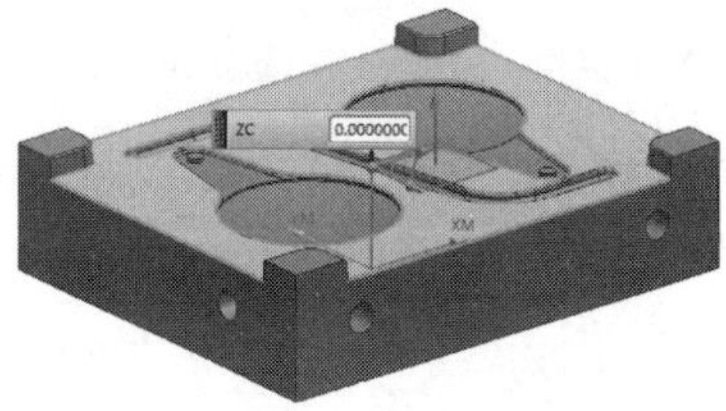

图 3-3-31　选择切削层顶面

（4）设置二次补开刀具。在“型腔铣”对话框中选择 D4R0.2，如图 3-3-32 所示。

（5）设置刀轨基本参数。由于镜柄二次补开粗选用刀具为 D4R0.2，刀具直径减小，刚性降低，因此在图 3-3-32 所示的“型腔铣”对话框中修改“切削模式”为“跟随部件”，“步距”为刀具 50%，“最大距离”为 0.2mm。

（6）设置切削参数。单击按钮，弹出“切削参数”对话框。在图 3-3-33 所示的“空间范围”选项卡中选择 D10R0.2 刀具作为镜柄二次补开参考刀具，“重叠距离”修改为 1mm；在图 3-3-34 所示的“连接”选项卡中选择“开放刀路”类型为“变换切削方向”。其余数据不修改，单击“确定”按钮完成切削参数设置。

图 3-3-32　设置刀轨基本参数

图 3-3-33　“空间范围”选项卡 1

（7）设置进给率和速度参数。单击按钮，弹出“进给率和速度”对话框，如图 3-3-35 所示。选中“主轴速度”复选框，设置转速为 8000（单位为 r/min）；单击按钮，系统自动计算表面速度与每齿进给量；设置进给率为 2000mm/min。单击“确定”按钮，完成进给率和速度设置。

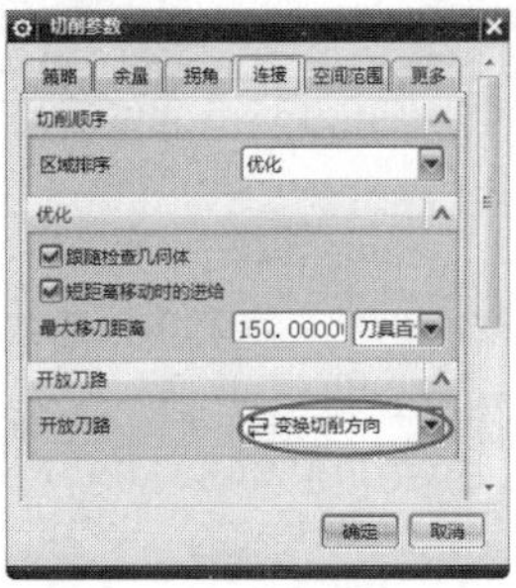

图 3-3-34 “连接”选项卡 1

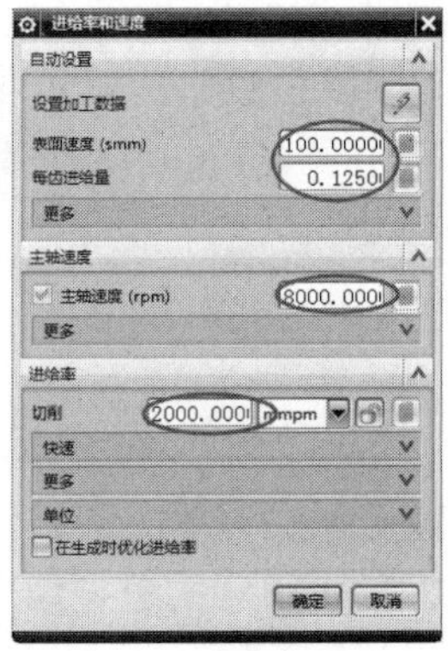

图 3-3-35 “进给率和速度”对话框 2

（8）单击“型腔铣”对话框最底部的按钮，系统自动进行二次补开粗刀轨计算，刀轨效果如图 3-3-36 所示。

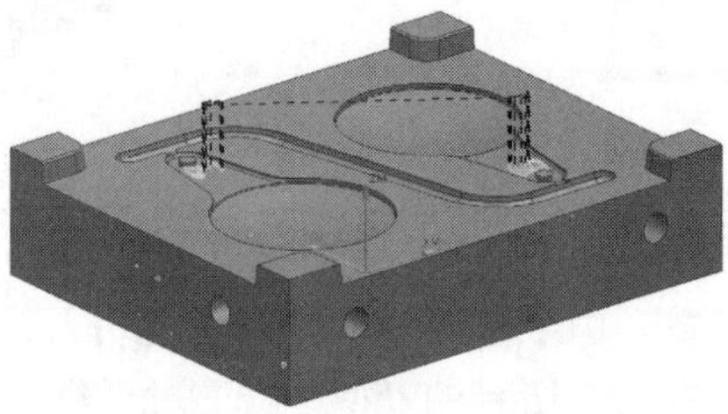

图 3-3-36 放大镜型芯镜柄二次补开粗刀轨效果

3. 放大镜型芯零件镜柄三次补开

（1）创建二次开粗工序。在“工序导航器-程序顺序”中选中并复制 CAVITY_MILL，得到图 3-3-37 所示的工序。三次补开工序就在该刀轨基础上进行设置。

（2）设置镜柄三次补开刀具。双击 CAVITY_MILL，弹出“型腔铣”对话框。在“工具”选项区域中选择 D2R0.2 刀具，如图 3-3-38 所示。

图 3-3-37 复制二次开粗刀轨

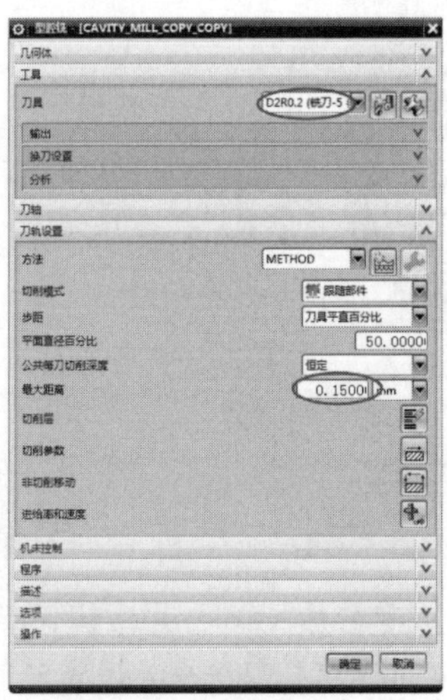

图 3-3-38 设置刀轨基本参数

微课：第 5 步 镜柄的三次补开

（3）设置刀轨基本参数。由于三次补开粗选用刀具为 D2R0.2，刀具直径减小，刚性降低，因此在图 3-3-38 所示对话框中每刀“最大距离”设置为 0.15mm。其他参数保持不变，单击“确定”按钮，完成刀轨基本参数设置。

（4）设置切削参数。单击按钮，弹出“切削参数”对话框，如图 3-3-39 所示。在“空间范围”选项卡中，参考刀具选择 D4R0.2。其余参数保持不变，单击“确定”按钮，完成切削参数设置。

（5）设置进给率和速度参数。单击按钮，弹出“进给率和速度”对话框，如图 3-3-40 所示。选中“主轴速度”复选框，设置转速为 12000（单位为 r/min）；单击按钮，系统自动计算表面速度与每齿进给量；设置进给率为 1000mm/min。单击“确定”按钮，完成进给率和速度设置。

图 3-3-39　选择参考刀具

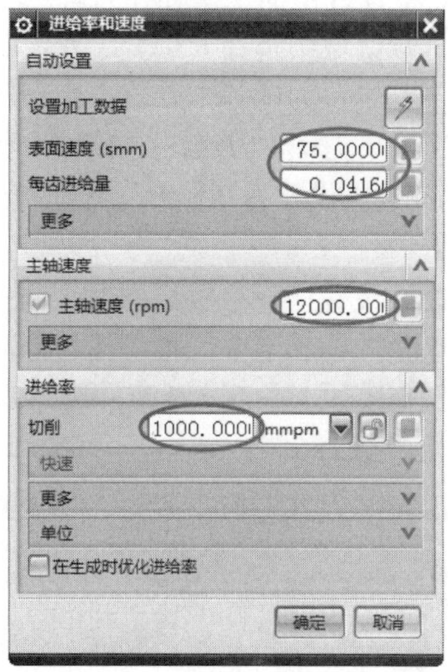

图 3-3-40　“进给率和速度”对话框 3

（6）单击“型腔铣”对话框中的按钮，系统自动进行镜柄三次补开粗刀轨计算，刀轨效果如图 3-3-41 所示。

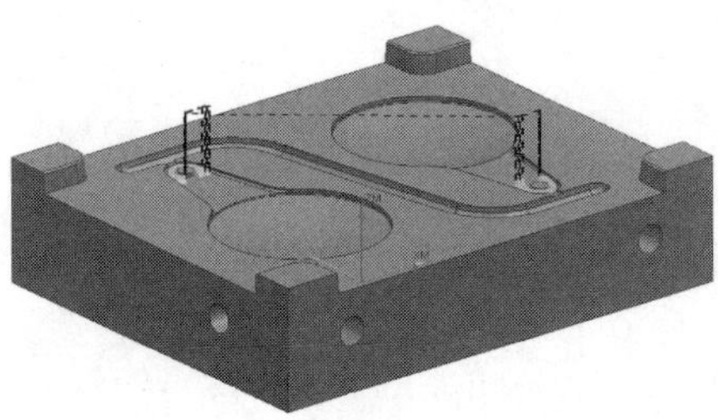

图 3-3-41　放大镜型芯镜柄三次补开粗刀轨效果

4. 放大镜型芯镜面二次补开

（1）创建镜面二次开粗工序。在“工序导航器-程序顺序”中选中并复制 CAVITY_MILL，得到图 3-3-42 所示的工序。镜面二次补开工序就在该刀轨基础上进行设置。

（2）设置切削区域。在“几何体”选项区域中单击按钮，选择图 3-3-43 所示的镜面作为切削区域。

图 3-3-42 创建镜面二次补开工序

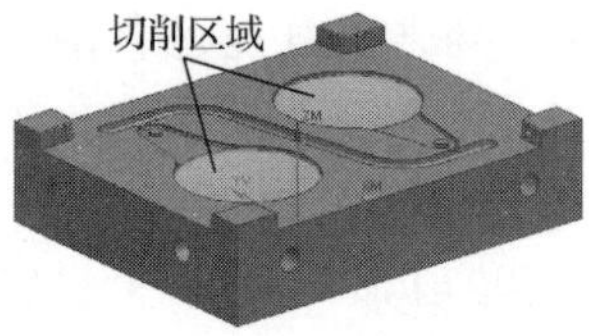

图 3-3-43 指定切削区域 2

微课：第 6 步 镜面曲面二次补开

（3）设置镜面二次补开刀具。双击 CAVITY_MI...，弹出“型腔铣”对话框。在“工具”选项区域中选择 R3 球头立铣刀，如图 3-3-44 所示。

（4）设置刀轨基本参数。由于镜面二次补开粗选用刀具为 R3，余量较小，为了使加工效果更好，因此在图 3-3-44 所示的对话框中修改“步距”类型为“恒定”，步距“最大距离”设置为 0.5mm。其他参数保持不变，单击“确定”按钮，完成刀轨基本参数设置。

（5）设置切削参数。单击按钮，弹出“切削参数”对话框。在图 3-3-45 所示的“余量”选项卡中，将“部件侧面余量”设置为 0.1mm；在图 3-3-46 所示的“空间范围”选项卡中，参考刀具选择 D10R0.2。其余参数保持不变，单击“确定”按钮，完成切削参数设置。

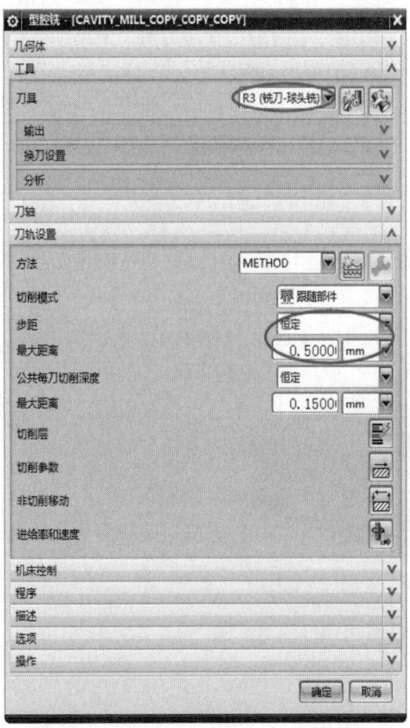

图 3-3-44 设置刀轨基本参数

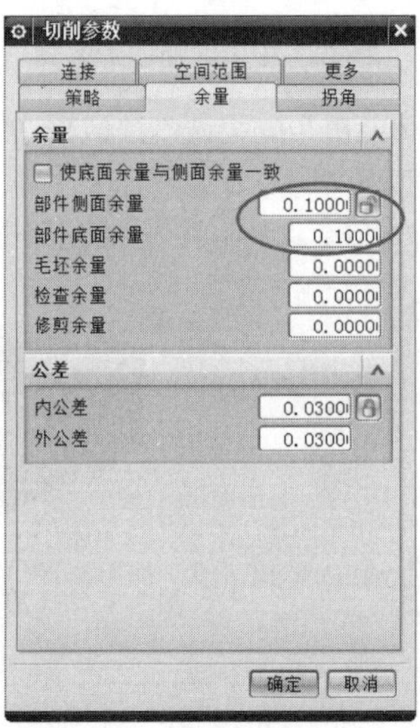

图 3-3-45 “余量”选项卡 2

（6）单击“型腔铣”对话框中的按钮，系统自动进行镜面二次补开粗刀轨计算，刀轨效果如图 3-3-47 所示。

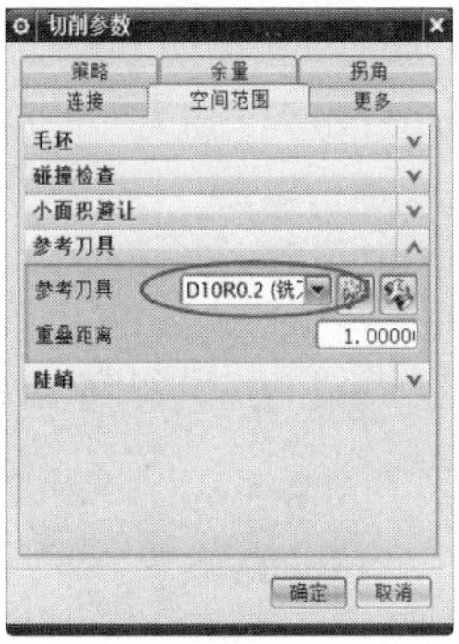

图 3-3-46 “空间范围”选项卡 2

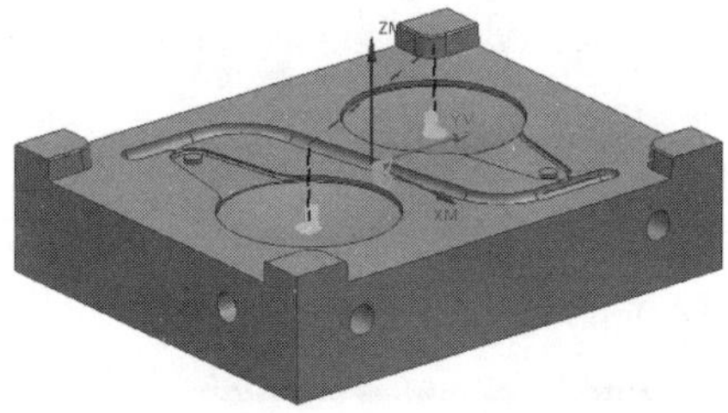

图 3-3-47 放大镜型芯镜面二次补开粗刀轨效果

5. 放大镜型芯零件流道加工

（1）创建基本型腔铣工序。单击工具条中的按钮，弹出“创建工序”对话框，如图 3-3-48 所示。在“类型”下拉列表中选择 mill_planar 选项；单击按钮；“程序”选择 KC，“刀具”选择 R3（用于铣削），“几何体”选择 WORKPIECE。单击“确定”按钮，弹出“平面铣”对话框，如图 3-3-49 所示。

图 3-3-48 “创建工序”对话框 2

图 3-3-49 “平面铣”对话框

微课：第 7 步 流道铣削加工

（2）设置几何体。单击按钮，选择“曲线/边”模式，弹出图 3-3-50 所示的“创建边界”对话框，选择“类型”为“开放的”，“刀具位置”选择“对中”，依次选取图 3-3-51 所示曲线，完成部件边界指定。

单击按钮，弹出图 3-3-52 所示“刨”对话框，在“类型”下拉列表中选择“点和方向”选项，如图 3-3-53 所示，选择流道底面为底面，完成指定底面设置。

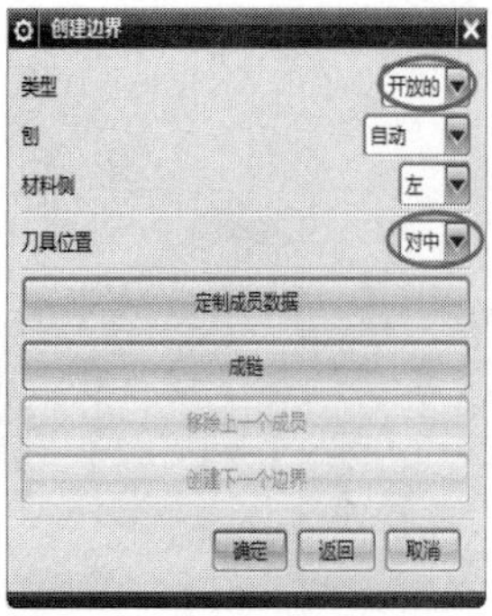

图 3-3-50 “创建边界”对话框

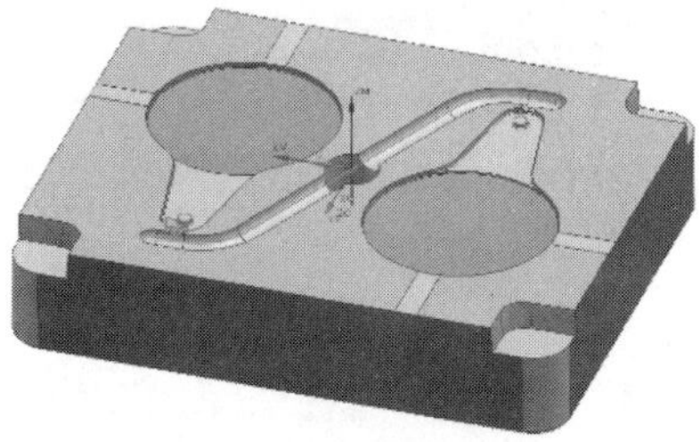

图 3-3-51 指定部件边界

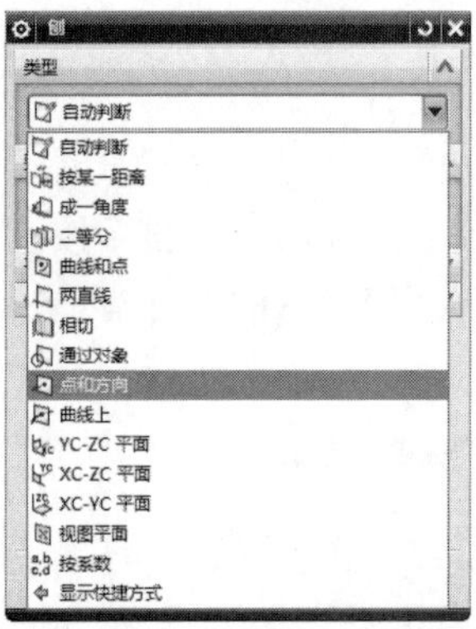

图 3-3-52 “刨”对话框

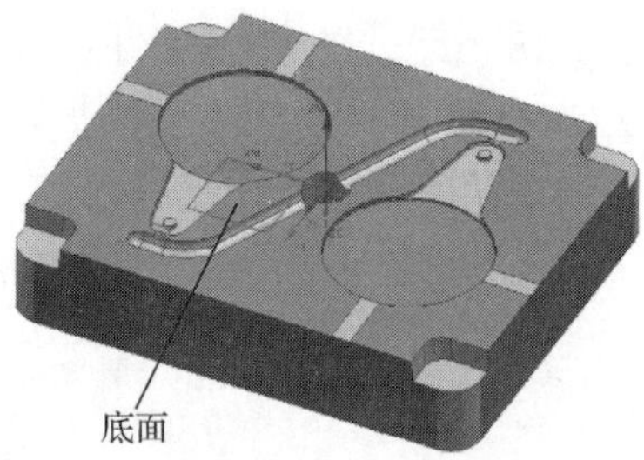

图 3-3-53 指定底面

（3）设置刀轨基本参数。在图 3-3-54 所示的“平面铣”对话框中修改“切削模式”为“轮廓”，其他参数不变。

（4）设置切削层。在图 3-3-55 所示的“切削层”对话框中，设置“每刀切削深度”为 0.15mm，其他参数不变。

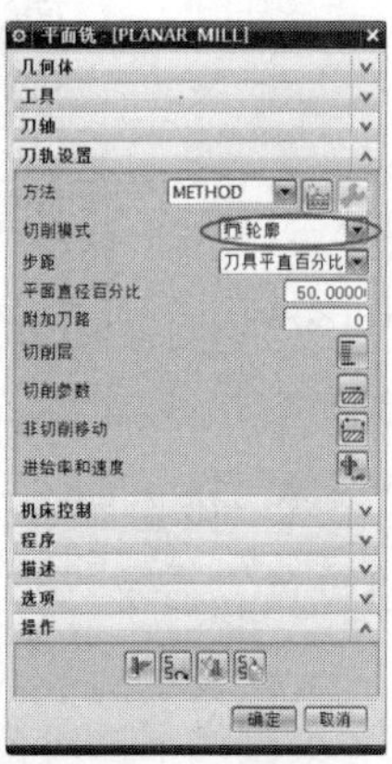

图 3-3-54 设置刀轨基本参数

图 3-3-55 “切削层”对话框 2

（5）设置非切削移动。选择图 3-3-56 所示的“非切削移动”对话框中的“进刀”选项卡，设置封闭区域中的“进刀类型”为“插削”，如图 3-3-57 所示，在“起点/钻点”选项卡中的“拐角”处，选择流道中心线的其中一个端点，如图 3-3-58 所示；在“转移/快速”选项卡中，将区域之间和区域内的“转移类型”设置为“毛坯平面”，

“安全距离”为 3mm，如图 3-3-59 所示。其余参数保持不变，单击“确定”按钮，完成非切削移动参数设置。

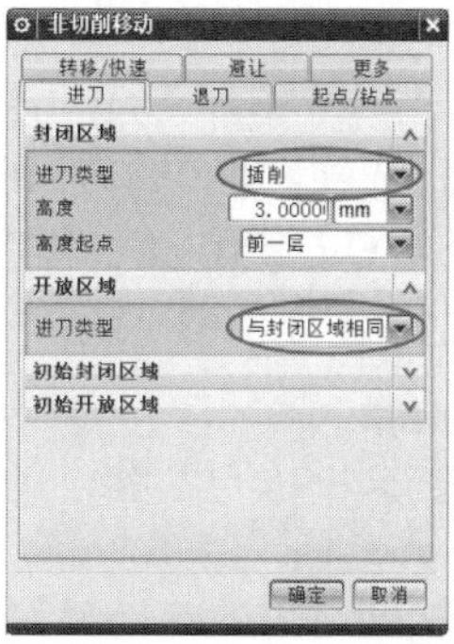

图 3-3-56　“进刀”选项卡 2

图 3-3-57　“起点/钻点”选项卡

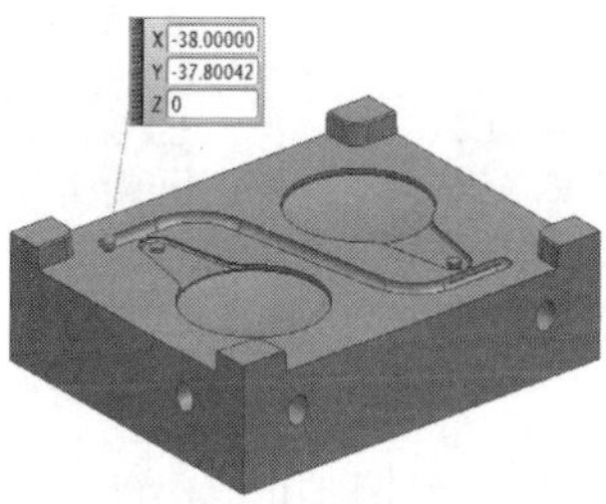

图 3-3-58　点的位置

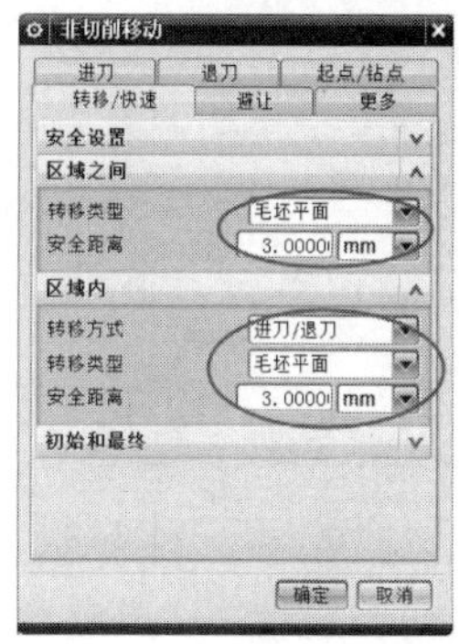

图 3-3-59　“转移/快速”选项卡 2

（6）设置进给率和速度参数。在“平面轮廓铣”对话框中单击按钮，弹出“进给率和速度”对话框，如图 3-3-60 所示。修改转速为 8000r/min；单击按钮，系统自动计算表面速度与每齿进给量。该刀具（R3）的切削表面速度为 150mm/s，每齿进给量为 0.625（在刀具设置时设计的刀刃数量是 2，如果修改为 4，那么得到的每齿进给量将减半）。

（7）单击“平面铣”对话框最底部的按钮，系统自动完成刀轨的计算，刀轨效果如图 3-3-61 所示。

图 3-3-60　“进给率和速度”对话框 4

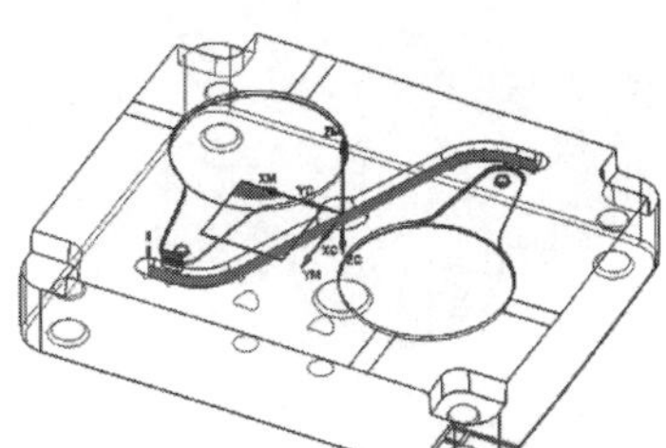

图 3-3-61　放大镜型芯流道刀轨效果

3.3.4 放大镜型芯零件 CAM——半精加工

1. 放大镜型芯零件镜柄平面半精加工

（1）创建平面铣工序。单击工具条中的按钮，弹出“创建工序”对话框，如图 3-3-62 所示。在“类型”下拉列表中选择 mill_planar 选项，单击按钮，“程序”选择 BJ，“刀具”选择 D2 平底立铣刀，“几何体”选择 WORKPIECE；程序名称默认不变。单击“确定”按钮，弹出“底壁加工”对话框，如图 3-3-63 所示。

图 3-3-62 “创建工序”对话框 3

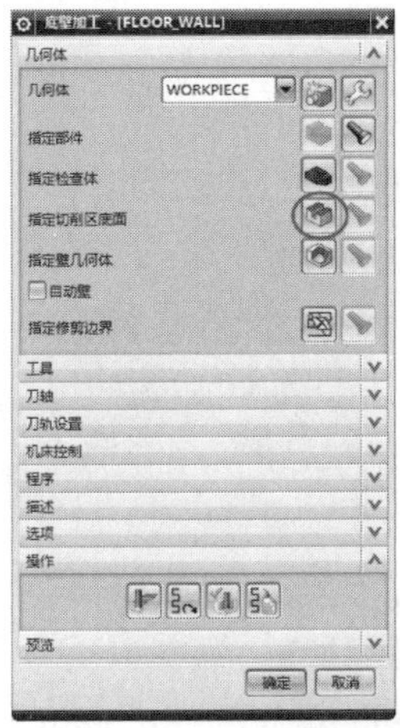

图 3-3-63 “底壁加工”对话框

微课：第 8 步 镜柄平面半精加工

（2）几何体设置——指定切削底面。单击按钮，选择镜柄平面区域，如图 3-3-64 所示。

（3）设置刀轨基本参数。在“底壁加工”对话框“刀轨设置”选项区域中设置“切削区域空间范围”为“底面”，“切削模式”选择“跟随周边”，“步距”为刀具直径 50%，“每刀切削深度”保持默认的 0（一刀切除）。刀轨基本参数设置如图 3-3-65 所示。

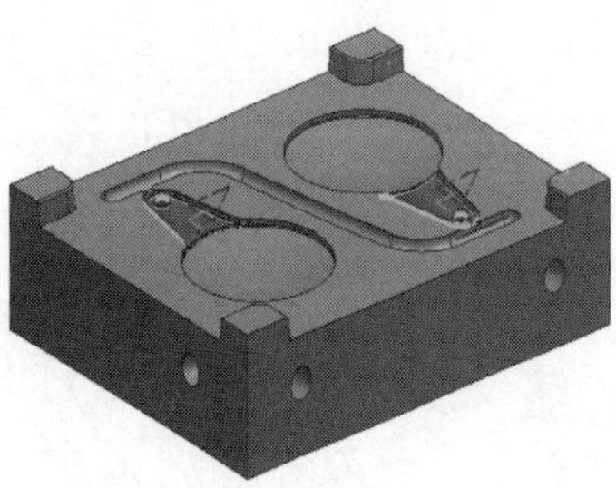

图 3-3-64 指定切削区域 3

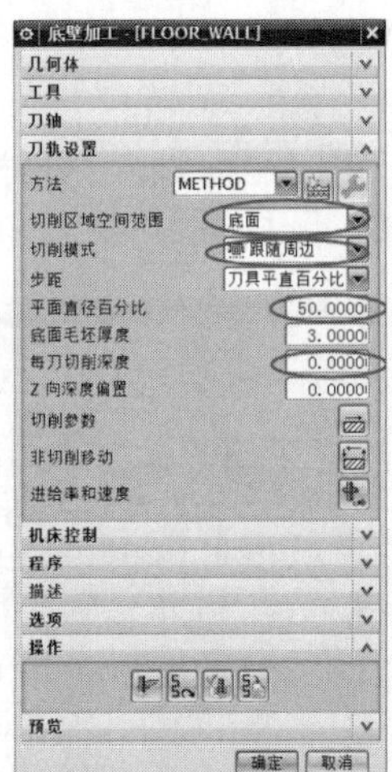

图 3-3-65 设置刀轨基本参数

（4）设置切削参数。在“切削参数”对话框中主要对策略、空间范围等选项卡进行设置。

如图 3-3-66 所示，在“策略”选项卡中设置“切削方向”为“顺铣”，“刀路方向”为“向外”，选中“岛清根”和“添加精加工刀路”复选框，“刀路数”设置为 1，“精加工步距”设置为 0.1mm，保证底面轮廓铣削完整；在图 3-3-67 所示的“空间范围”选项卡中，设置“刀具延展量”为 100%，其他参数保持不变。

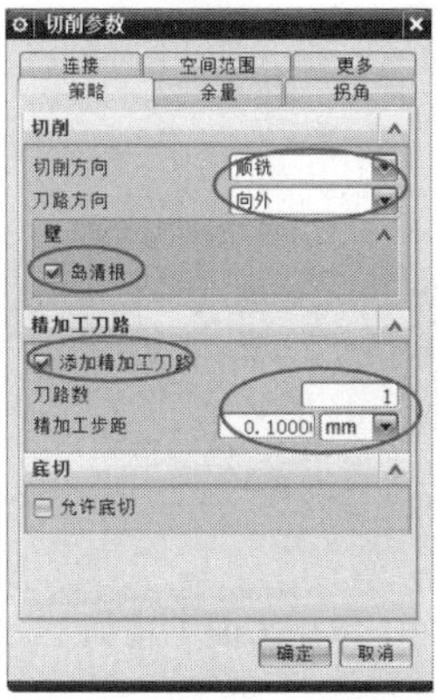

图 3-3-66　“策略”选项卡 2

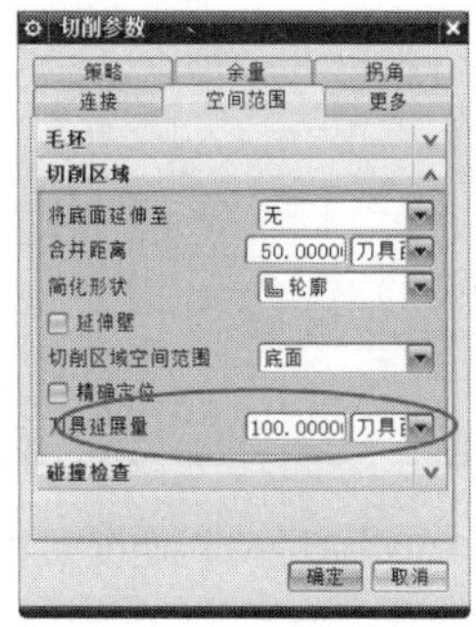

图 3-3-67　“空间范围”选项卡 3

（5）设置非切削移动。如图 3-3-68 所示，在“进刀”选项卡中设置封闭区域的“进刀类型”为“插削”，开放区域的“进刀类型”为“与封闭区域相同”；如图 3-3-69 所示，在“转移/快速”选项卡中设置区域之间及区域内的“转移类型”为“毛坯平面”，“安全距离”为 3mm。其余参数保持不变，单击“确定”按钮，完成非切削移动参数设置。

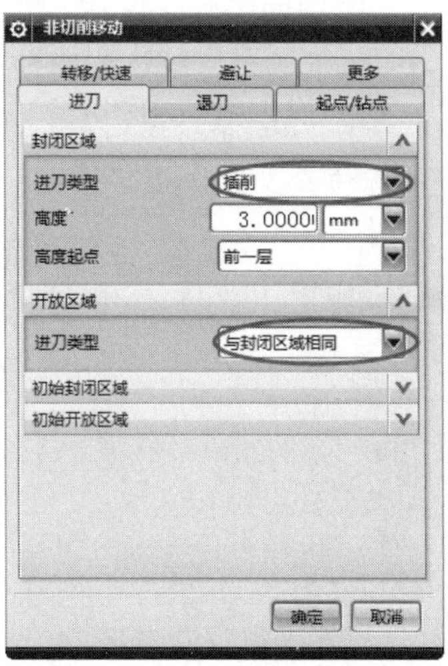

图 3-3-68　“进刀”选项卡 3

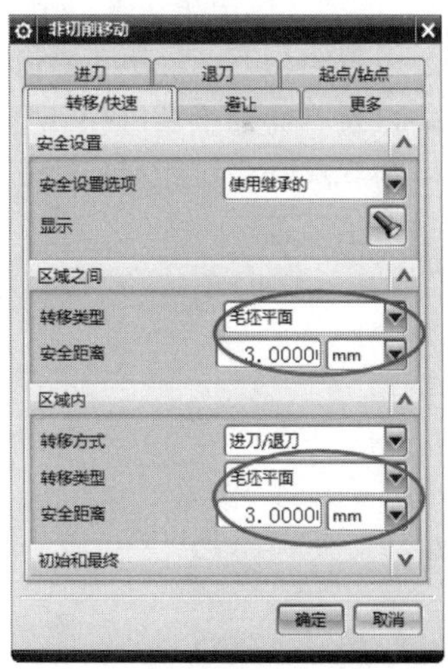

图 3-3-69　“转移/快速”选项卡 3

（6）设置进给率和速度参数。单击按钮，弹出“进给率和速度”对话框，如图 3-3-70 所示。选中“主轴速度”复选框，设置转速为 15000（单位为 r/min）；单击按钮，系统自动计算表面速度与每齿进给量；由于是精光加工，进给率适当降低，设置为 1000mm/min。单击“确定”按钮，完成进给率和速度设置。

（7）单击“底壁加工”对话框最底部的按钮，系统自动完成刀轨的计算，刀轨效果如图 3-3-71 所示。

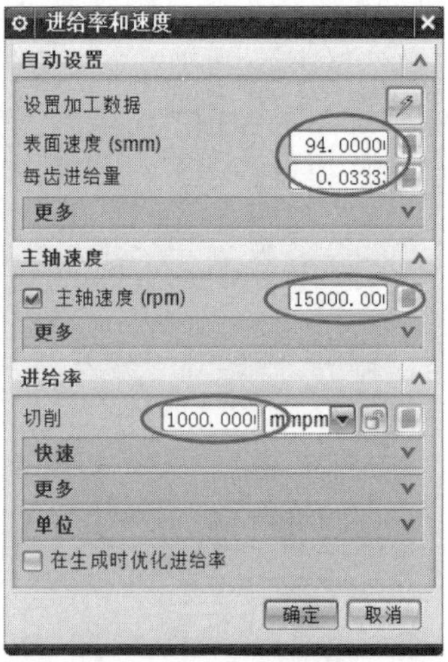

图 3-3-70 “进给率和速度”对话框 5

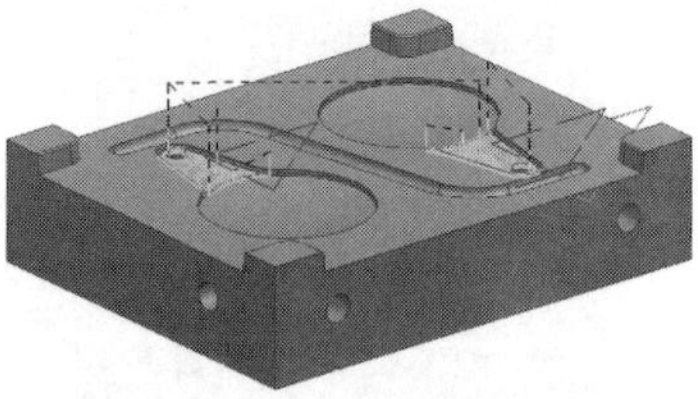

图 3-3-71 镜柄平面半精加工刀轨效果

2. 放大镜型芯零件镜面曲面半精加工

（1）创建区域轮廓铣工序。单击工具条中的按钮，弹出“创建工序”对话框，如图 3-3-72 所示。在“类型”下拉列表中选择 mill_contour，单击按钮，“程序”选择 BJ，“刀具”选择 R3（用于半精镜面曲面加工），“几何体”选择 WORKPIECE。单击“确定”按钮，弹出“区域轮廓铣”对话框。

（2）几何体设置——指定切削区域。如图 3-3-73 所示，在“区域轮廓铣”对话框“几何体”选项区域中单击按钮，选择图 3-3-74 所示的曲面为加工区域。

（3）设置驱动方法。单击按钮，弹出图 3-3-75 所示的“区域铣削驱动方法”对话框，设置“非陡峭切削模式”为“跟随周边”，“步距”选择“恒定”方式，“最大距离”为 0.2mm，步距已应用在部件上。其余参数保持不变，单击“确定”按钮，完成驱动方法设置。

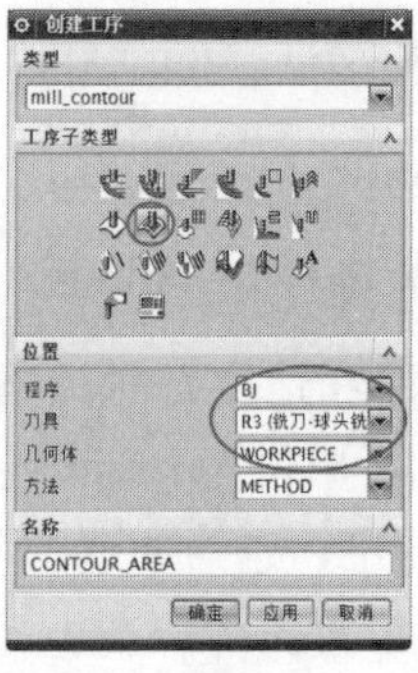

图 3-3-72 “创建工序”对话框 4

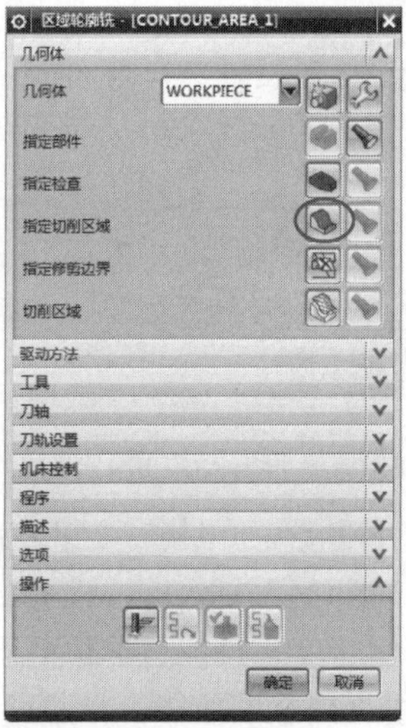

图 3-3-73 “区域轮廓铣”对话框

微课：第 9 步 镜面曲面半精加工

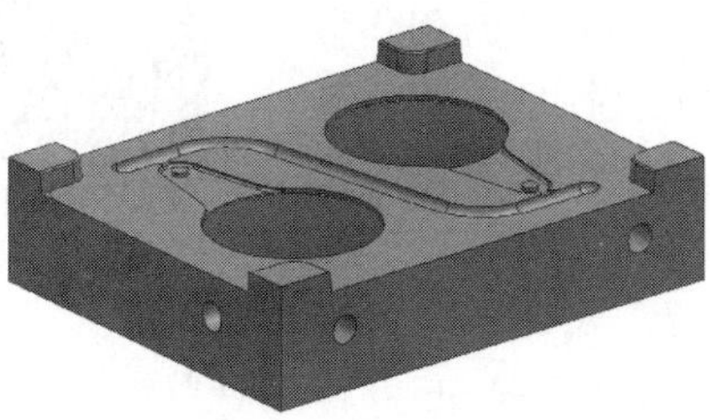

图 3-3-74　指定切削区域 4

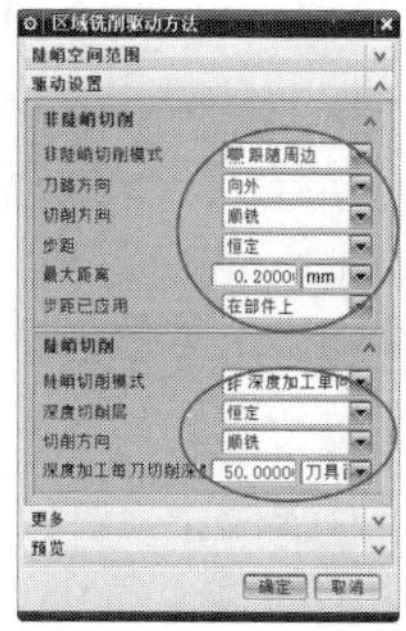

图 3-3-75　“区域铣削驱动方法”对话框

（4）设置切削参数。在“切削参数”对话框中只对“余量”选项卡进行设置，设置“部件余量”为 0.1mm，如图 3-3-76 所示。其他参数保持不变，单击“确定”按钮，完成切削参数设置。

（5）设置进给率和速度参数。单击按钮，弹出“进给率和速度”对话框，如图 3-3-77 所示。选中“主轴速度”复选框，设置转速为 8000（单位为 r/min）；单击按钮，系统自动计算表面速度与每齿进给量；设置进给率为 2000mm/min。单击“确定”按钮，完成进给率和速度设置。

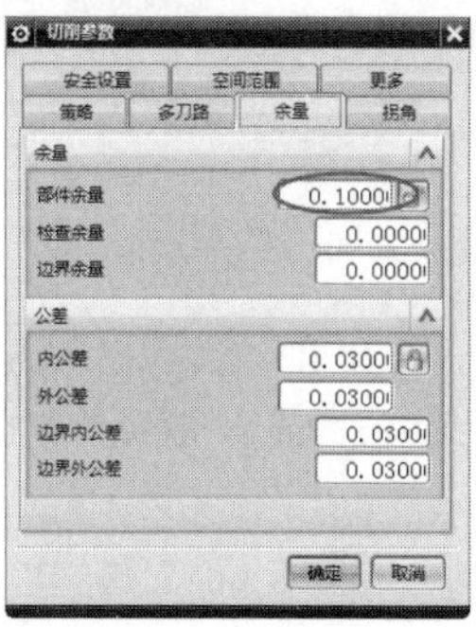

图 3-3-76　“余量”选项卡 3

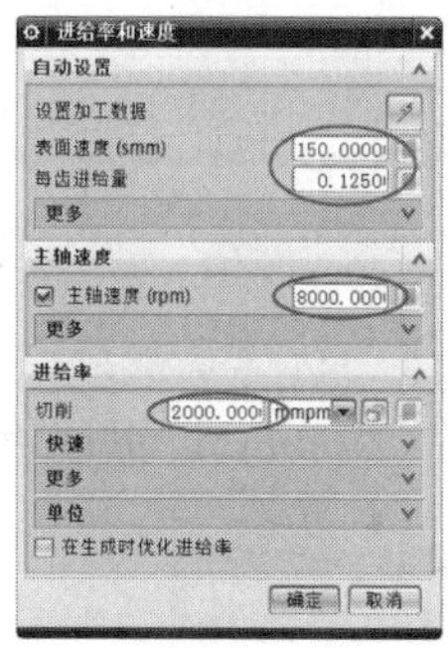

图 3-3-77　“进给率和速度”对话框 6

（6）生成曲面半精加工刀轨。单击按钮，系统自动完成放大镜镜面型芯曲面半精加工刀轨的计算，刀轨效果如图 3-3-78 所示。

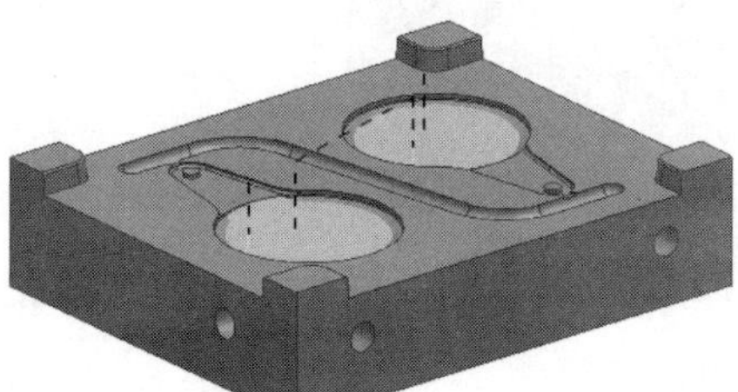

图 3-3-78　镜面曲面半精加工刀轨效果

3. 放大镜型芯零件镜面侧壁半精加工

（1）创建深度轮廓铣工序。单击按钮，弹出“创建工序”对话框，如图 3-3-79 所示。在“类型”下拉列表中选择 mill_contour 选项；单击按钮；“程序”选择 BJ，

“刀具”选择 D4R0.2 圆角立铣刀，“几何体”选择 WORKPIECE；程序名称默认不变。单击“确定”按钮，弹出“深度轮廓加工”对话框。

（2）几何体设置——指定切削区域与修剪边界。在“几何体”选项区域中单击按钮，选择图 3-3-80 所示的放大镜型芯镜面侧壁作为切削区域。由于镜面已经进行过半精加工，因此不需要进行加工。通过修剪边界，可以对切削区域进行修剪。在“几何体”选项区域中单击按钮，选择图 3-3-81 所示的放大镜型芯镜面外轮廓曲线作为切削区域，选中“余量”复选框，输入余量-4mm。其他参数保持不变，完成几何体设置。

微课：第 10 步　镜面侧壁半精加工

图 3-3-79　“创建工序”对话框 5

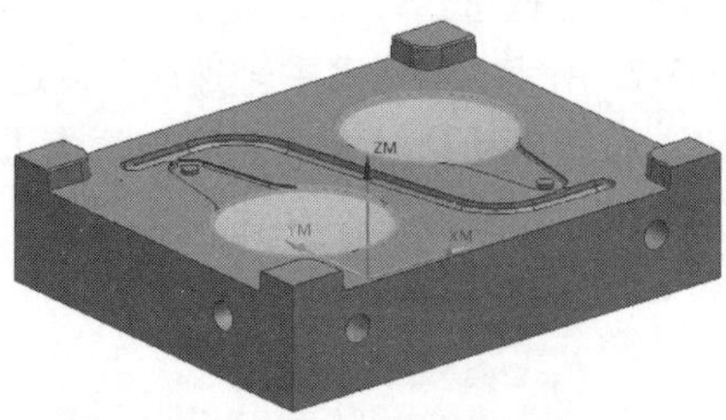

图 3-3-80　指定切削区域 5

（3）设置刀轨基本参数。如图 3-3-82 所示，在“刀轨设置”选项区域中设置“最小切削长度”为 0mm，保证所选区域全部切削；设置每刀“最大距离”为 0.12mm。

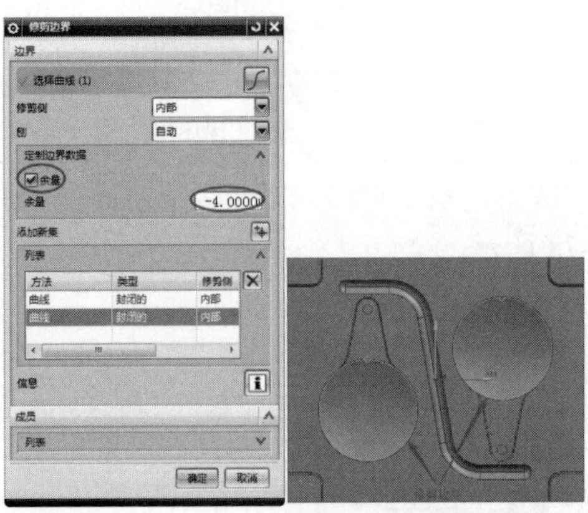

图 3-3-81　指定修剪边界

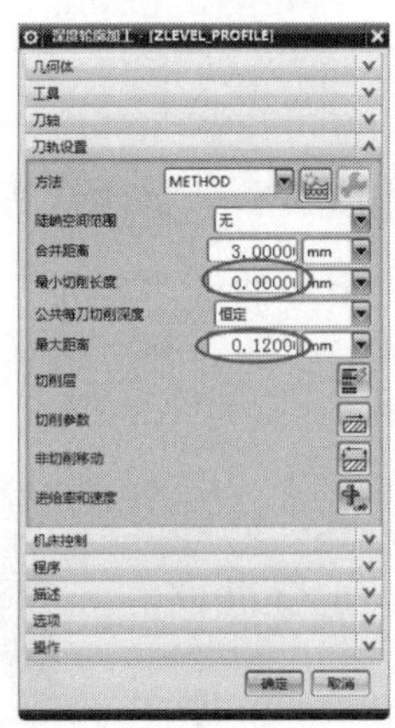

图 3-3-82　设置刀轨基本参数

（4）设置切削参数。在“切削参数”对话框中主要对策略、余量和连接选项卡进行设置。单击按钮，在图 3-3-83 所示的“策略”选项卡中选中“在边上延伸”复选框，“距离”设置为 10mm；在图 3-3-84 所示的“余量”选项卡中选中“使底面余量与侧面余量一致”复选框，将部件侧面余量设置为 0.1mm。

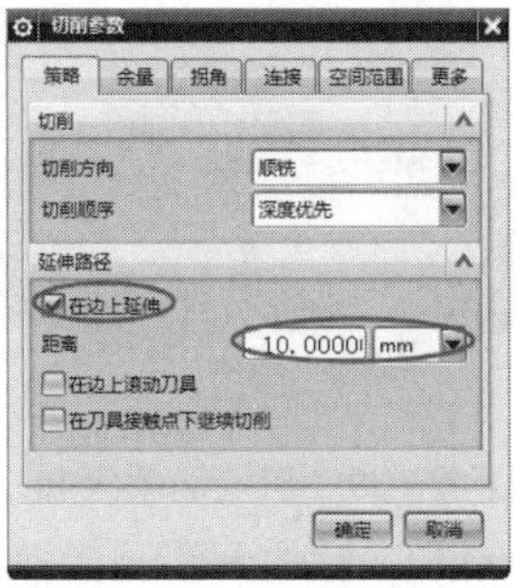

图 3-3-83　“策略”选项卡 3

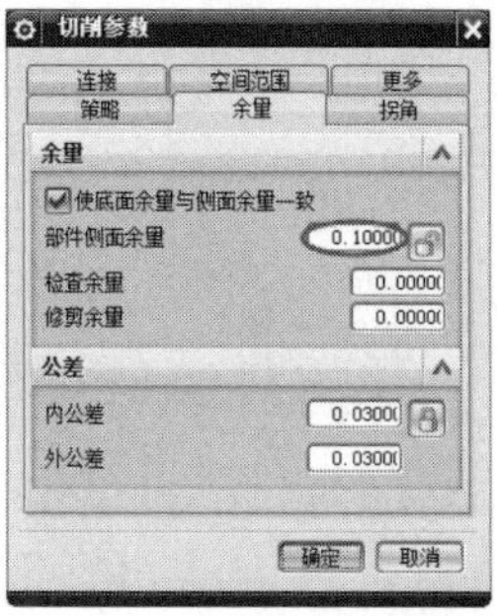

图 3-3-84　“余量”选项卡 4

在图 3-3-85 所示的“连接”选项卡中设置“层到层”转移方式为“沿部件斜进刀”，“斜坡角”设置为 1°。其他参数保持不变，单击“确定”按钮，完成切削参数设置。

（5）设置进给率和速度参数。单击按钮，弹出“进给率和速度”对话框，如图 3-3-86 所示。选中“主轴速度”复选框，设置转速为 12000（单位为 r/min）；单击按钮，系统自动计算表面速度与每齿进给量；设置进给率为 2000mm/min。单击“确定”按钮，完成进给率和速度设置。

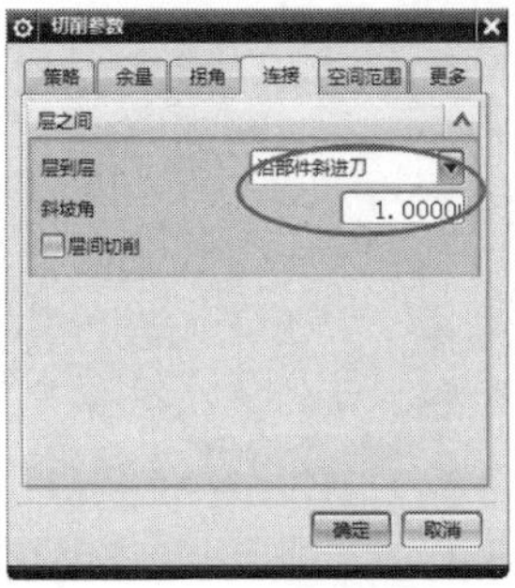

图 3-3-85　“连接”选项卡 2

图 3-3-86　“进给率和速度”对话框 7

（6）生成镜面侧壁半精加工刀轨。单击按钮，系统自动完成放大镜镜面侧壁半精加工刀轨的计算，刀轨效果如图 3-3-87 所示。

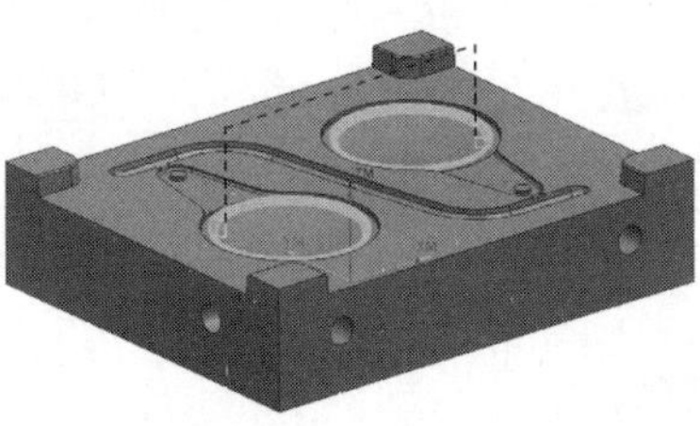

图 3-3-87　镜面侧壁半精加工刀轨效果

4. 放大镜型芯零件虎口侧壁半精加工

（1）创建工序。在“工序导航器-程序顺序”中选中并复制 ZLEVEL_PROFILE，得到图 3-3-88 所示的工序。虎口侧壁半精加工工序就在该工序基础上进行设置。

（2）几何体设置——指定切削区域。在“几何体”选项区域中单击按钮，选择图 3-3-89 所示的放大镜型芯虎口侧壁作为切削区域，同时删除设定的指定修剪边界，完成几何体设置。

微课：第 11 步　虎口位半精加工

图 3-3-88　复制工序 1

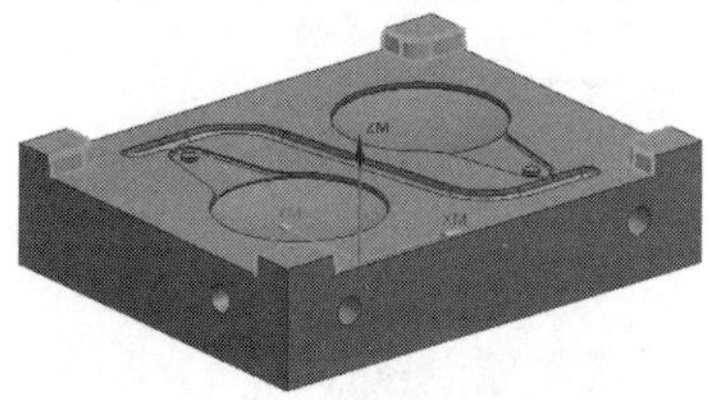

图 3-3-89　指定切削区域 6

（3）设置刀轨基本参数。在图 3-3-90 所示的“深度轮廓加工”对话框中修改每刀“最大距离”为 0.2mm，完成刀轨基本参数设置。

（4）设置切削层。单击按钮，弹出“切削层”对话框，重新指定模型的最高面为切削层顶面，如图 3-3-91 所示。其他层设置保持不变，单击“确定”按钮完成切削层顶面设置。

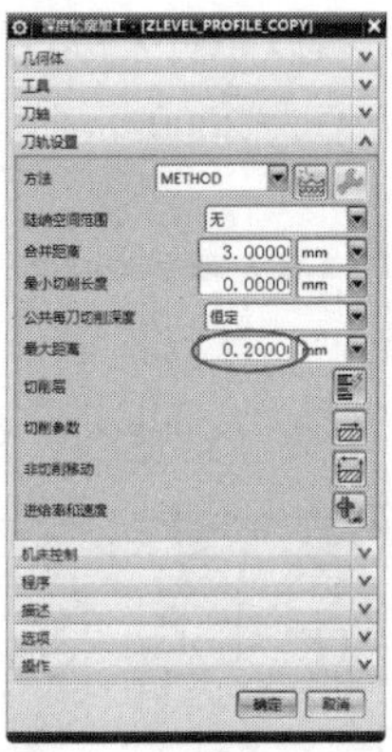

图 3-3-90　设置刀轨基本参数

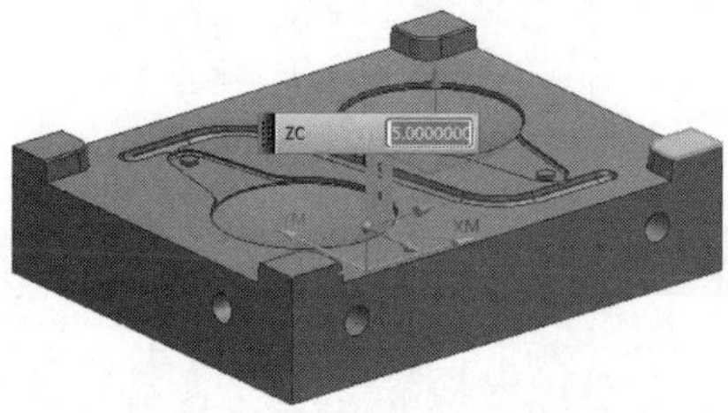

图 3-3-91　指定切削层顶面

（5）设置切削参数。单击按钮，弹出“切削参数”对话框。首先对图 3-3-92 所示的“策略”选项卡进行设置：“切削方向”设置为“混合”，选中“在边上延伸”复选框，延伸距离设置为 1mm；在图 3-3-93 所示的“连接”选项卡中，“层到层”仍然保持“直接对部件进刀”。其余参数保持不变，单击“确定”按钮，完成切削参数设置。

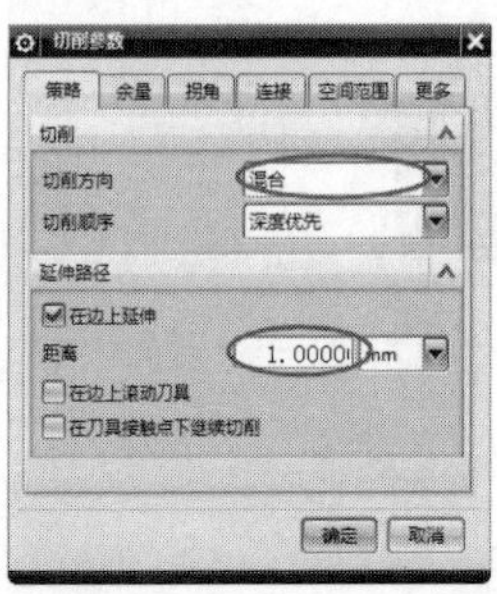

图 3-3-92　“策略”选项卡 4

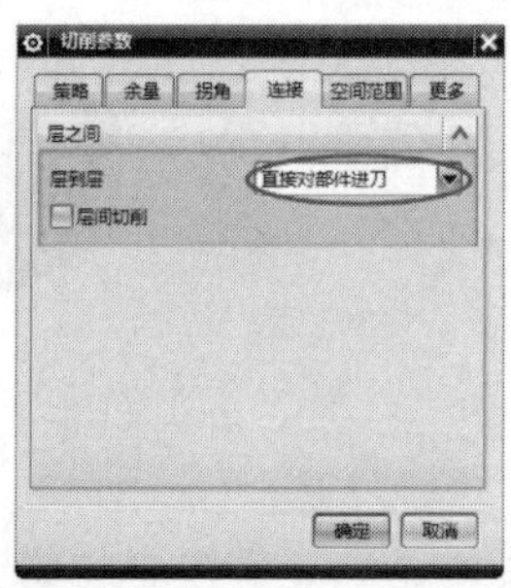

图 3-3-93　“连接”选项卡 3

（6）设置进给率和速度参数。单击按钮，弹出“进给率和速度”对话框，如图 3-3-94 所示。选中“主轴速度”复选框，设置转速为 12000（单位为 r/min）；单击按钮，系统自动计算表面速度与每齿进给量；设置进给率为 2000mm/min。单击“确定”按钮，完成进给率和速度设置。

（7）生成虎口侧壁半精加工刀轨。单击按钮，系统自动完成放大镜型芯虎口侧壁半精加工刀轨的计算，刀轨效果如图 3-3-95 所示。

图 3-3-94　“进给率和速度”对话框 8

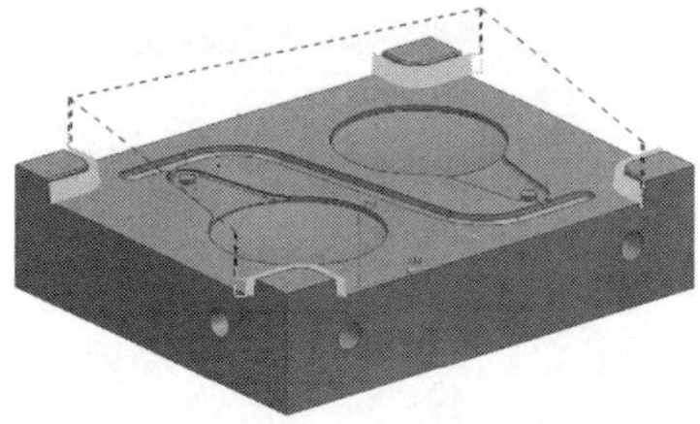

图 3-3-95　虎口侧壁半精加工刀轨效果

5. 放大镜型芯零件镜柄侧壁半精加工

（1）创建工序。在“工序导航器-程序顺序”中选中并复制 ZLEVEL_PROFILE_COPY，得到图 3-3-96 所示的工序。镜柄侧壁半精加工工序就在该工序基础上进行设置。

（2）几何体设置——指定切削区域。在“几何体”选项区域中单击按钮，选择图 3-3-97 所示的放大镜型芯镜柄侧壁作为切削区域，完成几何体设置。

图 3-3-96　复制工序 2

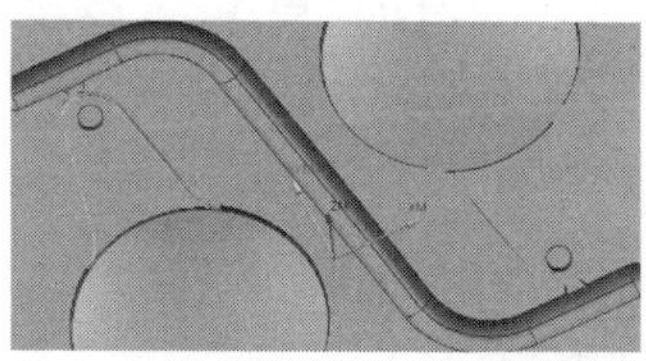

图 3-3-97　指定切削区域 7

微课：第 12 步　镜柄侧壁半精加工

（3）设置刀轨基本参数。在图 3-3-98 所示的“深度轮廓加工对话框”中，选择刀具为 D2R0.2 的两刃立铣刀，修改每刀“最大距离”为 0.1mm，完成刀轨基本参数设置。

（4）设置切削层。单击按钮，弹出“切削层”对话框，重新指定模型的最高面为切削层顶面，如图 3-3-99 所示。其他层设置保持不变，单击“确定”按钮，完成切削层顶面设置。

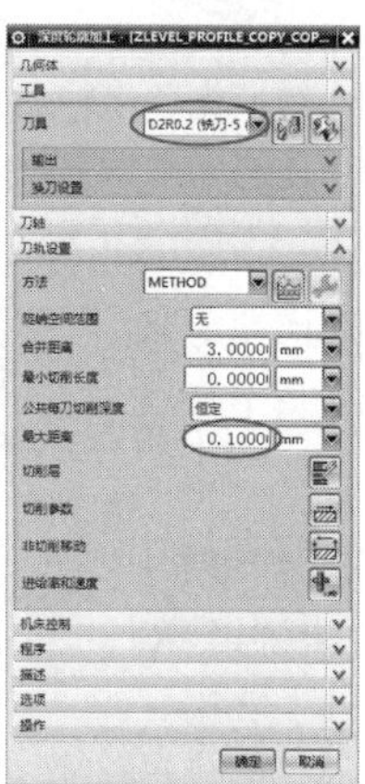

图 3-3-98　设置刀轨基本参数

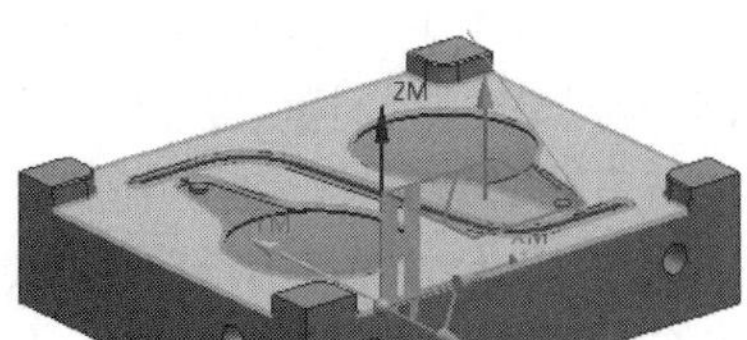

图 3-3-99　指定切削层顶面

（5）设置切削参数。单击按钮，弹出“切削参数”对话框。如图 3-3-100 所示，在“策略”选项卡中选中“在边上延伸”复选框，“距离”为 1mm，用于浇口部分断层的刀轨进行延伸连接。在图 3-3-101 所示的“余量”选项卡中，设置部件侧面余量为 0.08mm。其余参数保持不变，单击“确定”按钮，完成切削参数设置。

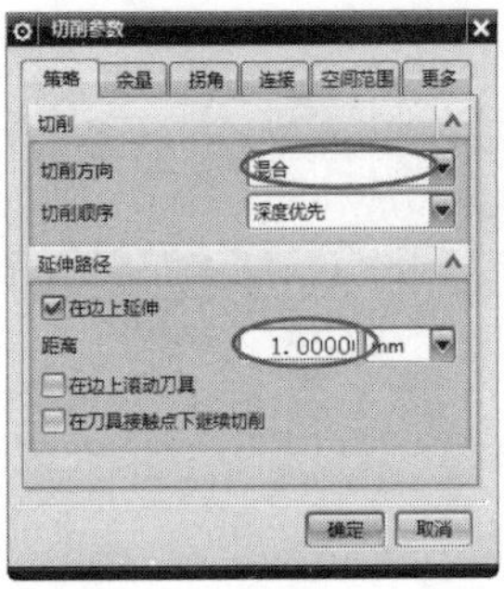

图 3-3-100 “策略”选项卡 5

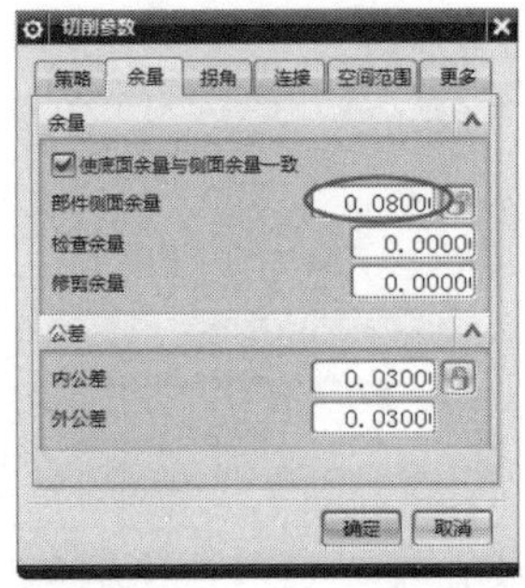

图 3-3-101 “余量”选项卡 5

（6）设置进给率和速度参数。单击按钮，弹出“进给率和速度”对话框，如图 3-3-102 所示。选中“主轴速度”复选框，设置转速为 15000（单位为 r/min）；单击按钮，系统自动计算表面速度与每齿进给量；设置进给率为 1000mm/min。单击“确定”按钮，完成进给率和速度设置。

（7）生成镜柄侧壁半精加工刀轨。单击按钮，系统自动完成放大镜型芯镜柄侧壁半精加工的计算，刀轨效果如图 3-3-103 所示。

图 3-3-102 “进给率和速度”对话框 9

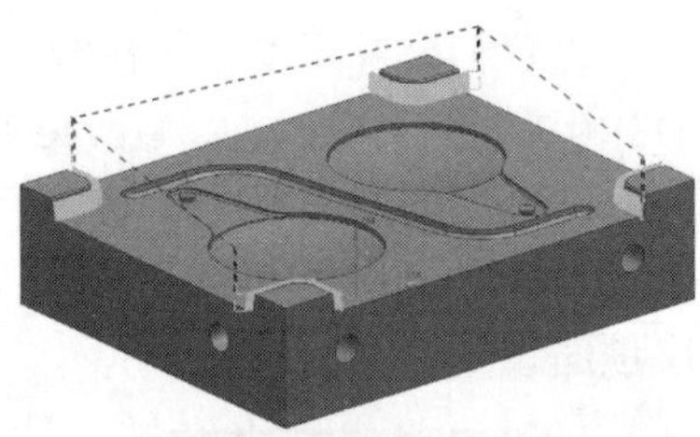

图 3-3-103 镜柄侧壁半精加工刀轨效果

6. 放大镜型芯零件浇口半精加工

（1）工序创建。在“工序导航器-程序顺序”中选中并复制 ZLEVEL_PROFILE_COPY_COPY，得到图 3-3-104 所示的工序。镜柄浇口半精加工工序就在该工序基础上进行设置。

（2）几何体设置——指定切削区域。在“几何体”选项区域中单击按钮，选择图 3-3-105 所示的放大镜型芯浇口作为切削区域，完成几何体设置。

微课：第 13 步 浇口位置半精加工

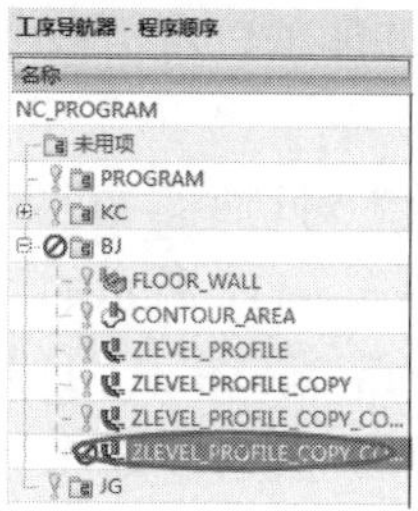

图 3-3-104　复制工序 3

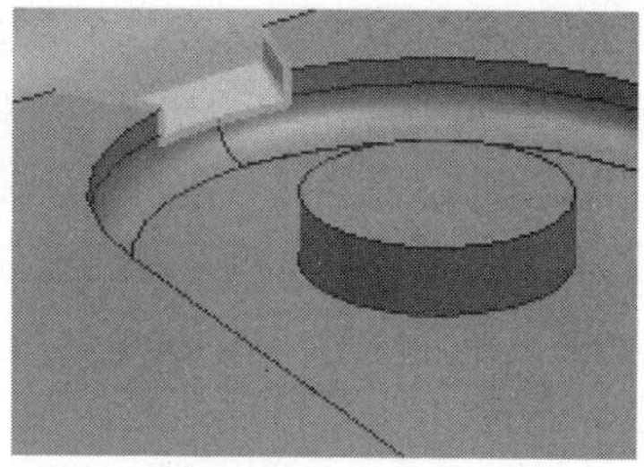

图 3-3-105　指定切削区域 8

（3）设置切削参数。单击按钮，弹出“切削参数”对话框，在图 3-3-106 所示的“连接”选项卡中选中“层间切削”复选框，设置“最大距离”为 0.5mm。其余参数保持不变，单击“确定”按钮，完成切削参数设置。

（4）生成浇口半精加工刀轨。其他参数保持不变，单击按钮，系统自动完成放大镜型芯浇口半精加工的计算，刀轨效果如图 3-3-107 所示。

图 3-3-106　“连接”选项卡 4

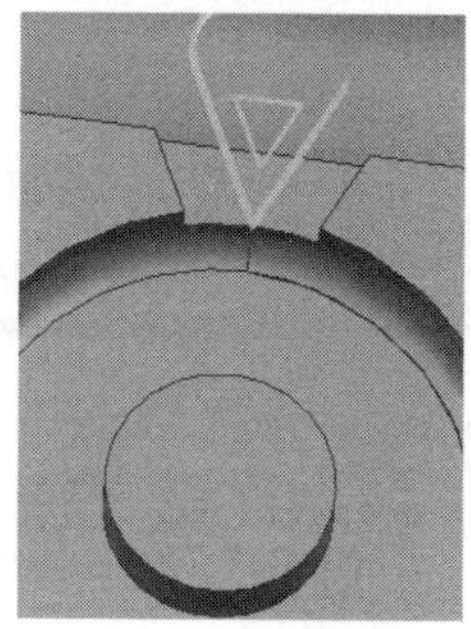

图 3-3-107　浇口半精加工刀轨效果

3.3.5　放大镜型芯零件 CAM——精加工

1. 放大镜型芯零件分型面精光加工

（1）创建工序。在“工序导航器-程序顺序”中选中并复制 FLOOR_WALL，选择 JG 程序组进行粘贴，得到图 3-3-108 所示的工序。分型面精光工序就在该工序基础上进行设置。

微课：第 14 步　分型面精光加工

（2）几何体设置——指定切削区域。在“几何体”选项区域中单击按钮，选择图 3-3-109 所示的放大镜型芯虎口侧壁作为切削区域，完成几何体设置。

图 3-3-108　复制工序 4

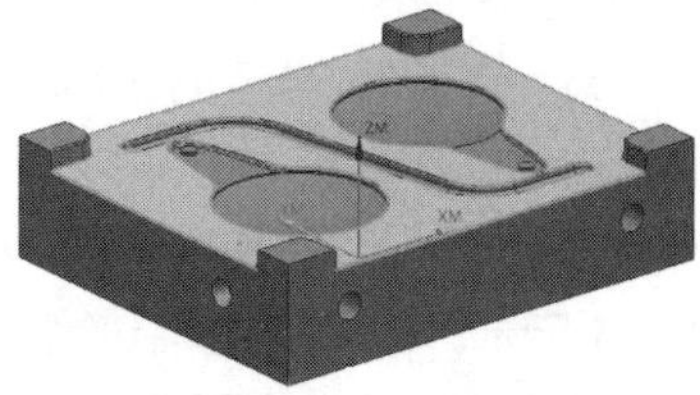

图 3-3-109　指定切削区域 9

（3）设置刀轨基本参数。在图 3-3-110 所示的“底壁加工”对话框中，选择“刀具”为 D10 两刃立铣刀，完成刀轨基本参数设置。

（4）设置切削参数。单击按钮，弹出“切削参数”对话框，在图 3-3-111 所示的“策略”选项卡中设置“刀路方向”为“向内”；在图 3-3-112 所示的“余量”选项卡中设置“部件余量”为 0mm，内、外公差均为 0.01mm；在图 3-3-113 所示的“空间范围”选项卡中“将地面延伸至”设置为“部件轮廓”。其余参数保持不变，单击“确定”按钮，完成切削参数设置。

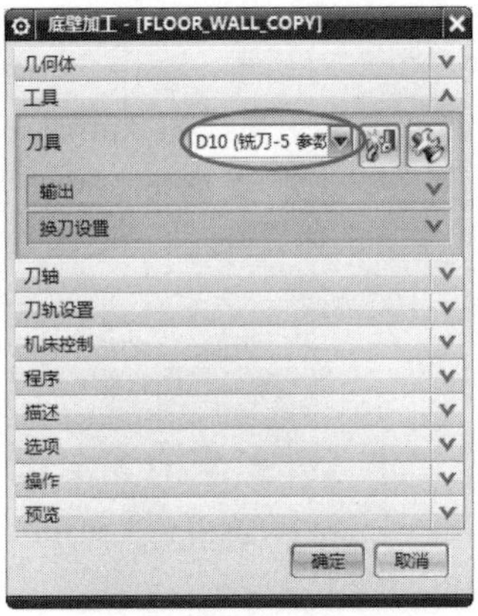

图 3-3-110 设置刀轨基本参数

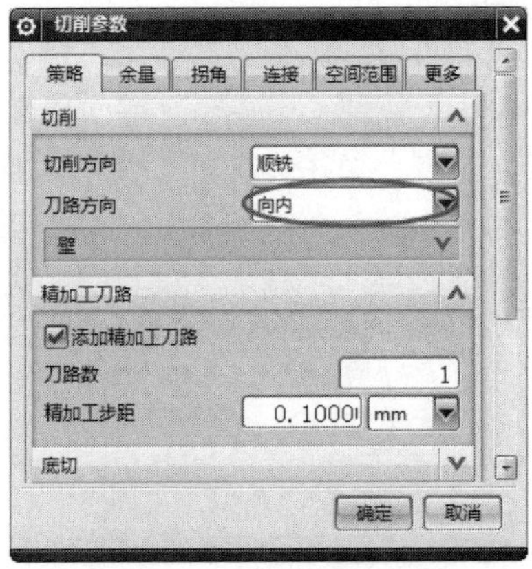

图 3-3-111 “策略”选项卡 6

图 3-3-112 “余量”选项卡 6

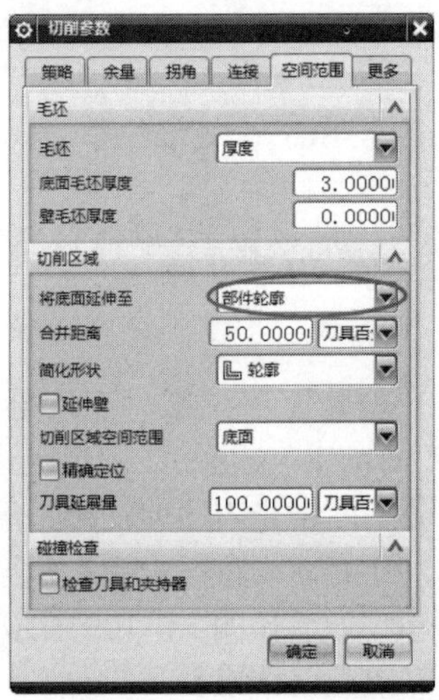

图 3-3-113 “空间范围”选项卡 4

（5）设置非切削移动。在图 3-3-114 所示的“进刀”选项卡中设置开放区域的“进刀类型”为“圆弧”，半径为 55%刀具半径。其余参数保持不变，单击“确定”按钮，完成非切削移动参数设置。

（6）设置进给率和速度参数。单击按钮，弹出“进给率和速度”对话框，如图 3-3-115 所示。选中“主轴速度”复选框，设置转速为 8000（单位为 r/min）；单击按钮，系统自动计算表面速度与每齿进给量；设置进给率为 600mm/min。单击“确定”按钮，完成进给率和速度设置。

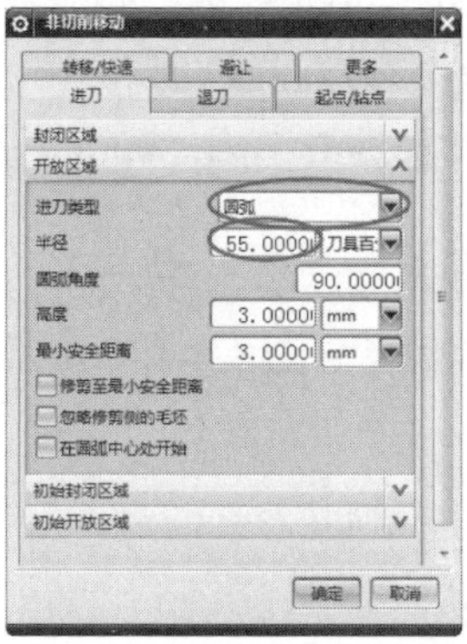

图 3-3-114　“进刀”选项卡 4

图 3-3-115　“进给率和速度”对话框 10

（7）生成分型面精光加工刀轨。其他参数保持不变，单击按钮，系统自动完成放大镜型芯分型面精光加工刀轨的计算，刀轨效果如图 3-3-116 所示。

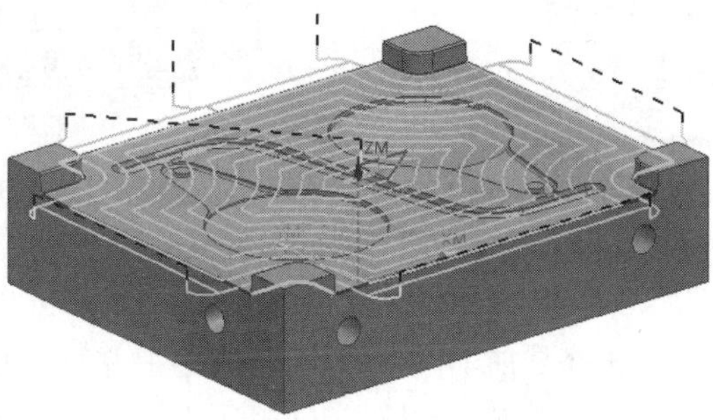

图 3-3-116　分型面精光加工刀轨效果

2. 放大镜型芯零件镜柄平面精光加工

（1）创建工序。在“工序导航器-程序顺序”中选中并复制 FLOOR_WALL_COPY，选择 JG 程序组进行粘贴，得到图 3-3-117 所示的工序。镜柄平面精光工序就在该工序基础上进行设置。

（2）设置切削参数。单击按钮，弹出“切削参数”对话框，在图 3-3-118 所示的“余量”选项卡中设置“部件余量”为 0mm，内、外公差均为 0.01mm。单击“确定”按钮，完成切削参数设置。

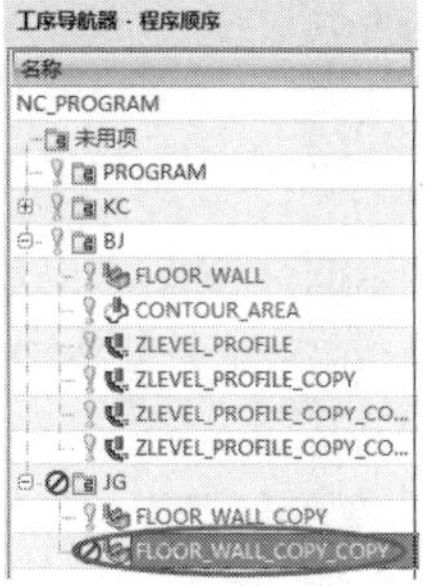

图 3-3-117　复制工序 5

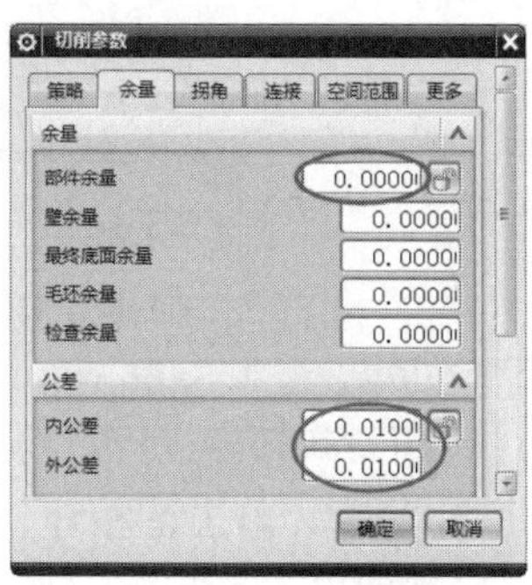

图 3-3-118　“余量”选项卡 7

微课：第 15 步　镜柄平面精光加工

（3）设置进给率和速度参数。单击按钮，弹出“进给率和速度”对话框，如图 3-3-119 所示。选中“主轴速度”复选框，设置转速为 20000（单位为 r/min）；单击按钮，系统自动计算表面速度与每齿进给量；设置进给率为 800mm/min。单击“确定”按钮，完成进给率和速度设置。

（4）生成镜柄平面精光加工刀轨。其他参数保持不变，单击按钮，系统自动完成放大镜型芯镜柄平面精光加工刀轨的计算，刀轨效果如图 3-3-120 所示。

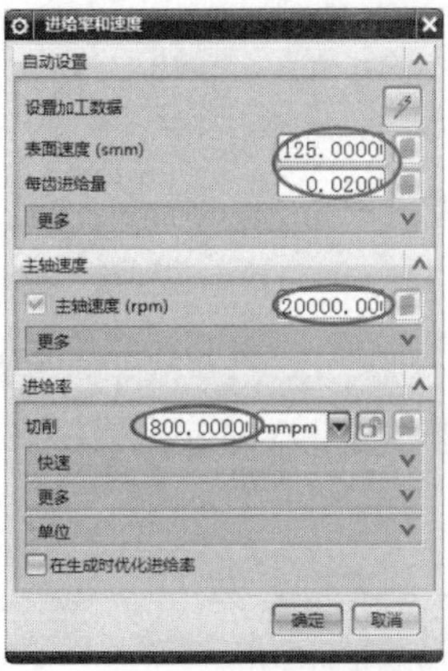

图 3-3-119 “进给率和速度”对话框 11

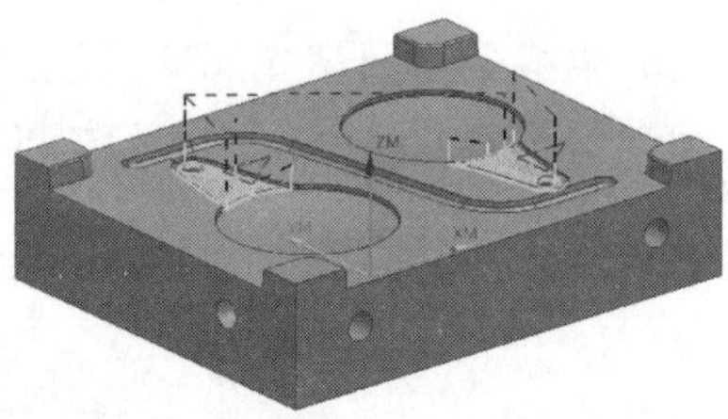

图 3-3-120 镜柄平面精光加工刀轨效果

3. 放大镜型芯零件镜面曲面精光加工

（1）创建工序。在“工序导航器-程序顺序”中选中并复制 CONTOUR_AREA，选择 JG 程序组进行粘贴，得到图 3-3-121 所示的工序。镜面曲面精光工序就在该工序基础上进行设置。

（2）设置驱动方法。单击按钮，弹出图 3-3-122 所示的“区域铣削驱动方法”对话框，设置最大距离为 0.1mm。单击“确定”按钮，完成驱动方法设置。

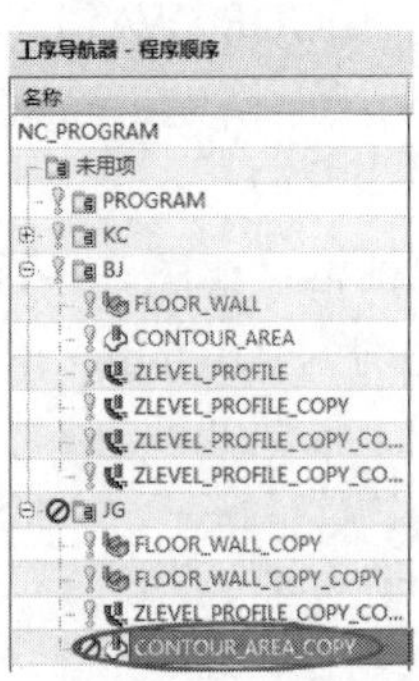

图 3-3-121 复制工序 6

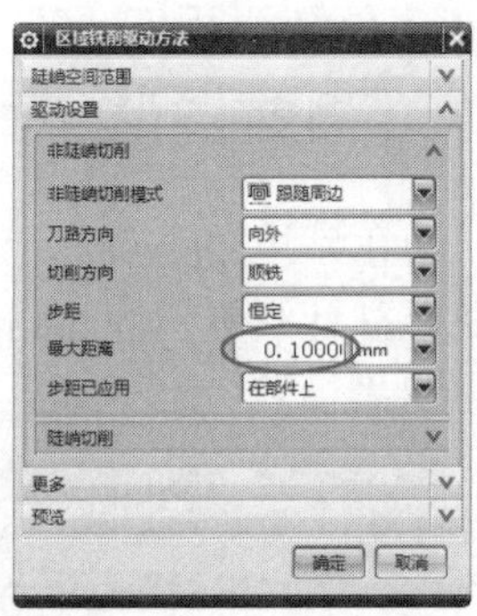

图 3-3-122 驱动方法设置

微课：第 16 步 镜面曲面精光加工

（3）设置切削参数。单击按钮，弹出“切削参数”对话框，在图 3-3-123 所示的“余量”选项卡中设置“部件余量”为 0mm，内外公差与边界内外公差为 0.01mm。单击“确定”按钮，完成切削参数设置。

（4）设置进给率和速度参数。单击按钮，弹出“进给率和速度”对话框，如图 3-3-124 所示。选中“主轴速度”复选框，设置转速为 12000（单位为 r/min）；单击按钮，系统自动计算表面速度与每齿进给量；设置进给率为 1000mm/min。单击“确定”按钮，完成进给率和速度设置。

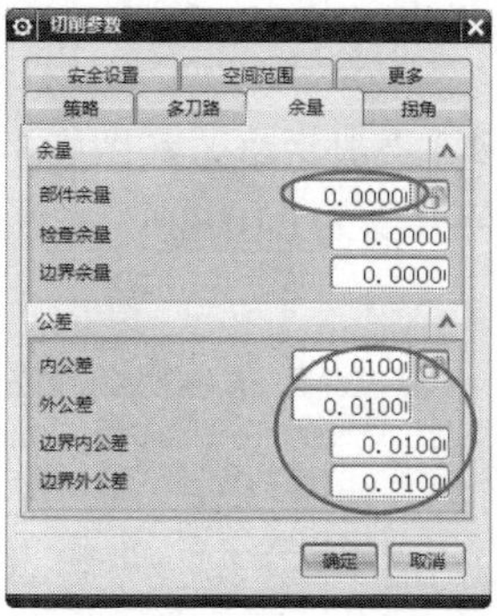

图 3-3-123　“余量”选项卡 8

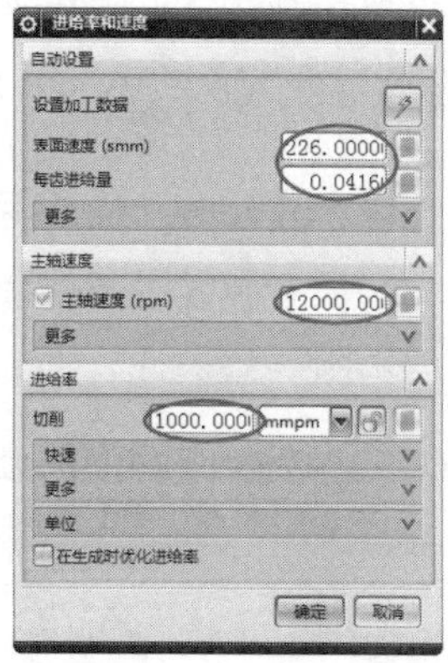

图 3-3-124　“进给率和速度”对话框 12

（5）生成镜面曲面精光加工刀轨。其他参数保持不变，单击按钮，系统自动完成放大镜型芯镜面曲面精光加工刀轨的计算，刀轨效果如图 3-3-125 所示。

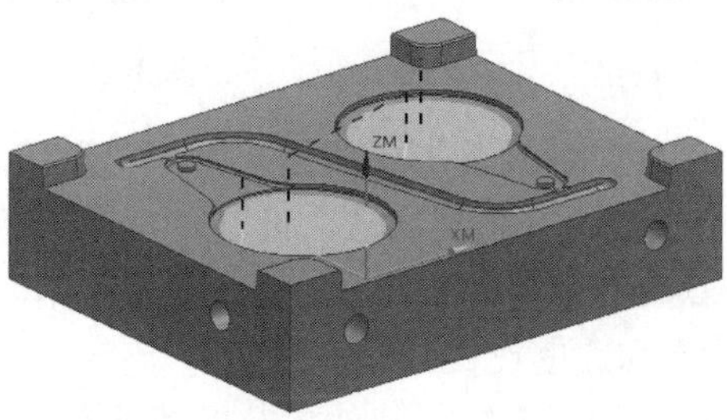

图 3-3-125　镜面曲面精光加工刀轨效果

4．放大镜型芯零件镜面侧壁精光加工

（1）创建工序。在“工序导航器-程序顺序”中选中并复制 ZLEVEL_PROFILE_COPY，选择 JG 程序组进行粘贴，得到图 3-3-126 所示的工序。镜面侧壁精光工序就在该工序基础上进行设置。

（2）设置刀轨基本参数。在图 3-3-127 所示的“深度轮廓加工”对话框中，修改每刀“最大距离”为 0.08mm，完成刀轨基本参数设置。

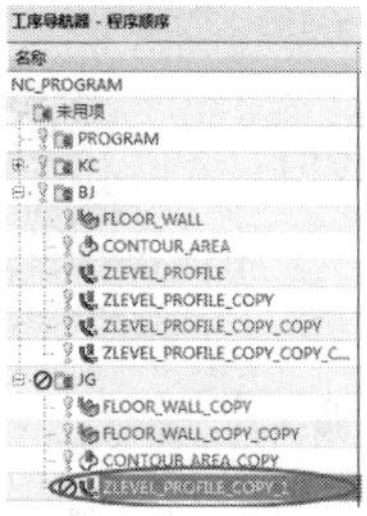

图 3-3-126　复制工序 7

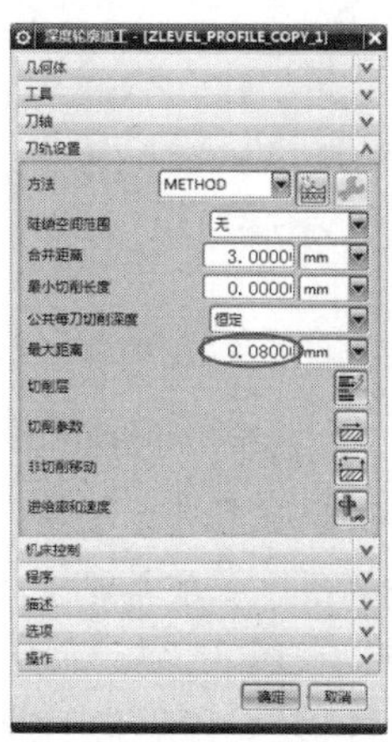

图 3-3-127　设置刀轨基本参数

微课：第 17 步　镜面侧壁精光加工

（3）设置切削层。单击按钮，弹出“切削层”对话框，修改“切削层”为“最优化”，如图 3-3-128 所示。其他层设置保持不变，单击“确定”按钮，完成切削层顶面设置。

（4）设置切削参数。单击按钮，弹出“切削参数”对话框，在图 3-3-129 所示的“余量”选项卡中设置部件余量为 0mm，内、外公差均为 0.01mm。单击“确定”按钮，完成切削参数设置。

图 3-3-128　设置切削层

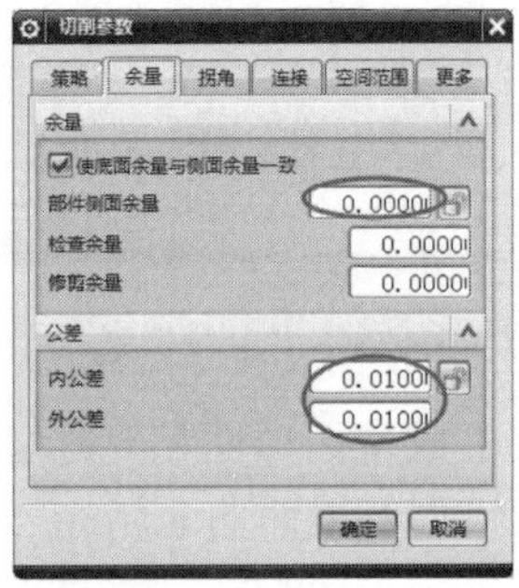

图 3-3-129　“余量”选项卡 9

（5）设置进给率和速度参数。单击按钮，弹出“进给率和速度”对话框，如图 3-3-130 所示。选中“主轴速度”复选框，设置转速为 15000（单位为 r/min）；单击按钮，系统自动计算表面速度与每齿进给量；设置进给率为 1000mm/min。单击“确定”按钮，完成进给率和速度设置。

（6）生成镜面侧壁精光加工刀轨。其他参数保持不变，单击按钮，系统自动完成放大镜型芯镜面侧壁精光加工刀轨的计算，刀轨效果如图 3-3-131 所示。

图 3-3-130　“进给率和速度”对话框 13

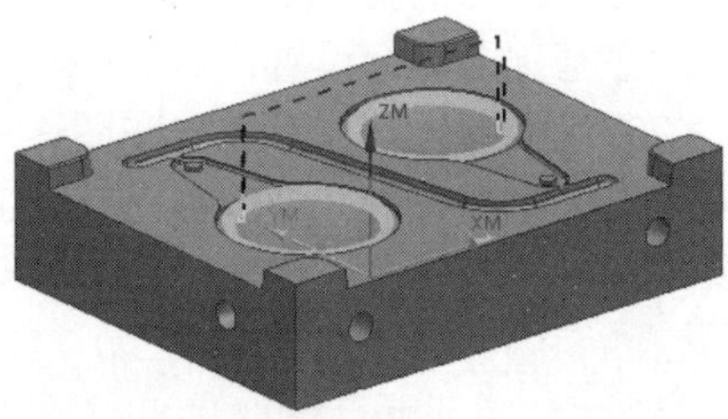

图 3-3-131　镜面侧壁精光加工刀轨效果

5. 放大镜型芯零件虎口侧壁精光加工

（1）创建工序。在“工序导航器-程序顺序”中选中并复制 ZLEVEL_PROFILE_COPY_1，选择 JG 程序组进行粘贴，得到图 3-3-132 所示的工序。虎口侧壁精光工序就在该工序基础上进行设置。

（2）设置刀轨基本参数。在图 3-3-133 所示的“深度轮廓加工”对话框中修改每刀“最大距离”为 0.12mm，完成刀轨基本参数设置。

微课：第 18 步　虎口侧壁精光加工

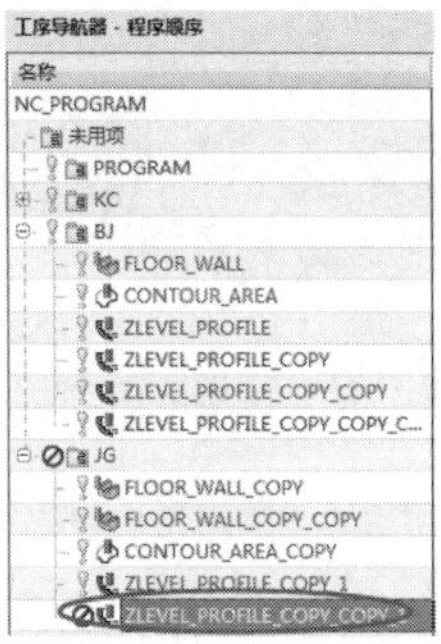

图 3-3-132　复制工序 8

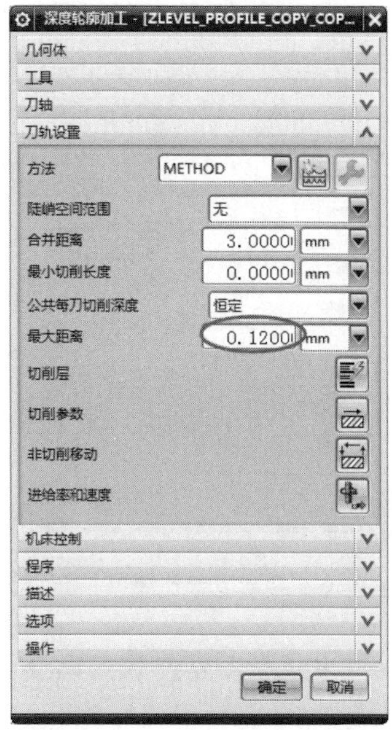

图 3-3-133　设置刀轨基本参数

（3）设置切削层。单击按钮，弹出“切削层”对话框，修改“切削层”为“最优化”，如图 3-3-134 所示。其他层设置保持不变，单击“确定”按钮，完成切削层顶面设置。

（4）设置切削参数。单击按钮，弹出“切削参数”对话框，在图 3-3-135 所示的“余量”选项卡中设置“部件余量”为 0mm，内、外公差为 0.01mm。单击“确定”按钮，完成切削参数设置。

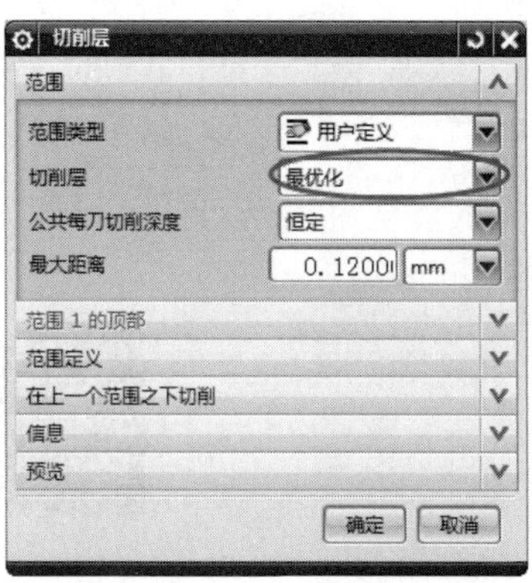

图 3-3-134　切削层最优化设置

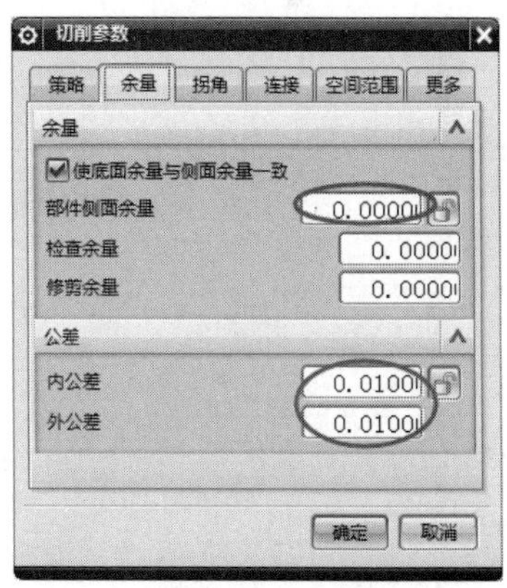

图 3-3-135　“余量”选项卡 10

（5）设置进给率和速度参数。单击按钮，弹出“进给率和速度”对话框，如图 3-3-136 所示。选中“主轴速度”复选框，设置转速为 15000（单位为 r/min）；单击按钮，系统自动计算表面速度与每齿进给量；设置进给率为 1000mm/min。单击“确定”按钮，完成进给率和速度设置。

（6）生成虎口侧壁精光加工刀轨。其他参数保持不变，单击按钮，系统自动完成放大镜型芯虎口侧壁精光加工刀轨的计算，刀轨效果如图 3-3-137 所示。

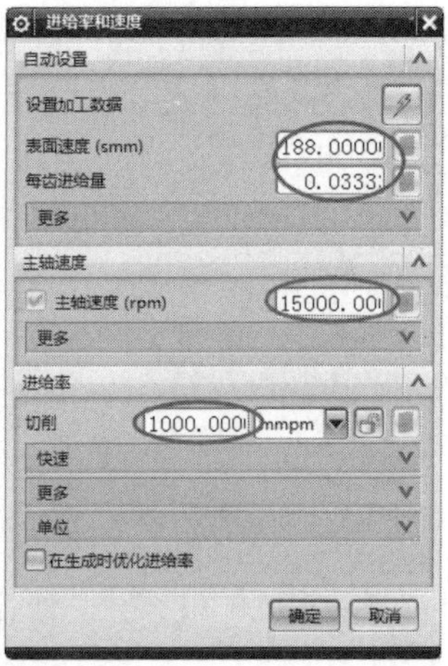

图 3-3-136 “进给率和速度”对话框 14

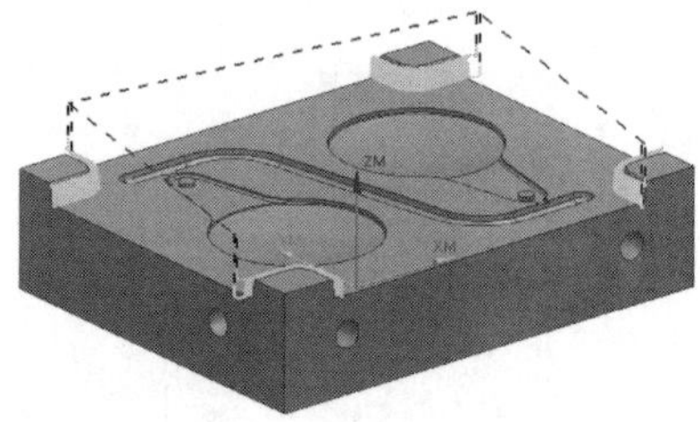

图 3-3-137 虎口侧壁精光加工刀轨效果

6. 放大镜型芯零件镜柄侧壁精光加工

（1）创建工序。在“工序导航器-程序顺序”中选中并复制 ZLEVEL_PROFILE_COPY_COPY，粘贴后得到图 3-3-138 所示的工序。镜柄侧壁精光加工工序就在该工序基础上进行设置。

（2）设置刀轨基本参数。在图 3-3-139 所示的“深度轮廓加工”对话框中，设置“刀轨设置”选项区域中的“最大距离”为 0.08mm，其他参数保持不变。

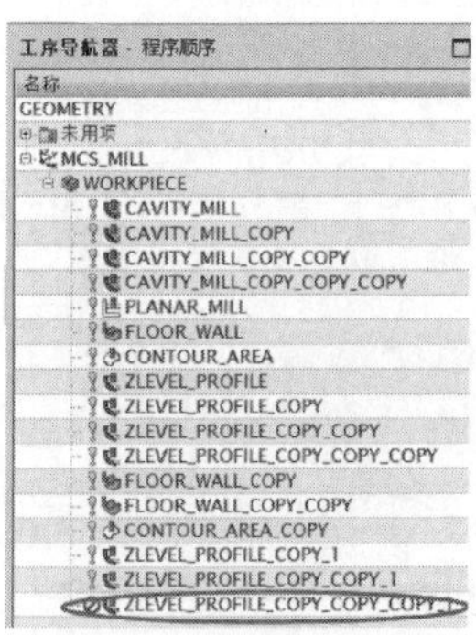

图 3-3-138 复制工序 9

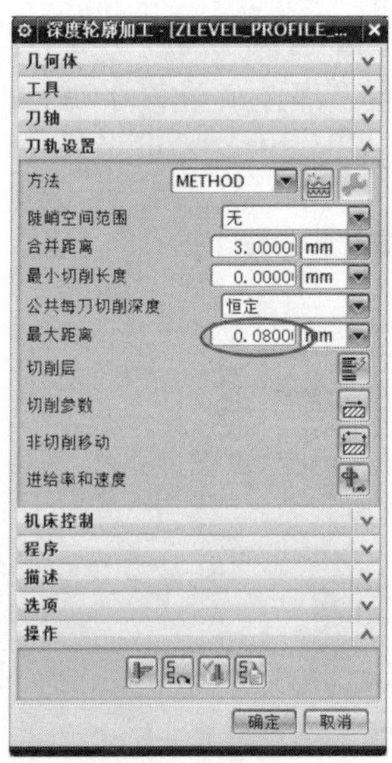

图 3-3-139 设置刀轨基本参数

微课：第 19 步 镜柄侧壁精光加工

（3）设置切削层。在图 3-3-140 所示的“切削层”对话框，设置“切削层”为“最优化”，“最大距离”为 0.08mm，其他参数保持不变。

（4）设置切削参数。单击按钮，弹出“切削参数”对话框。在图 3-3-141 所示的“余量”选项卡中设置余量为 0，内、外公差均为 0.01mm。其余参数保持不变，单击“确定”按钮，完成切削参数设置。

图 3-3-140 设置切削层与最大距离

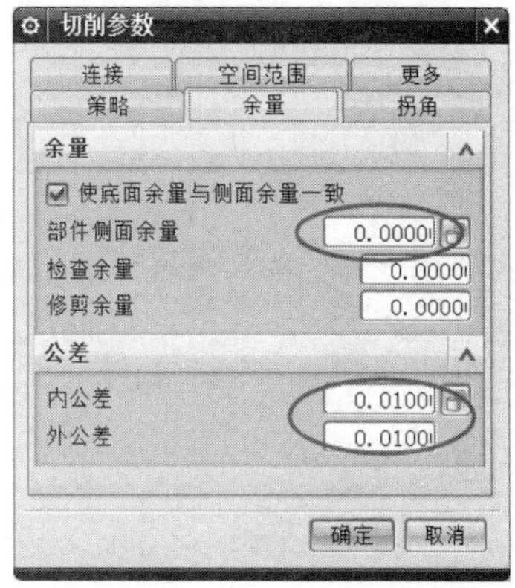

图 3-3-141 “余量”选项卡 11

（5）设置进给率和速度参数。单击按钮，弹出“进给率和速度”对话框，如图 3-3-142 所示。选中“主轴速度”复选框，设置转速为 20000（单位为 r/min）；单击按钮，系统自动计算表面速度与每齿进给量；设置进给率为 800mm/min。单击“确定”按钮，完成进给率和速度设置。

（6）生成精加工刀轨。单击按钮，系统自动完成放大镜镜柄侧壁精光加工刀轨的计算，刀轨效果如图 3-3-143 所示。

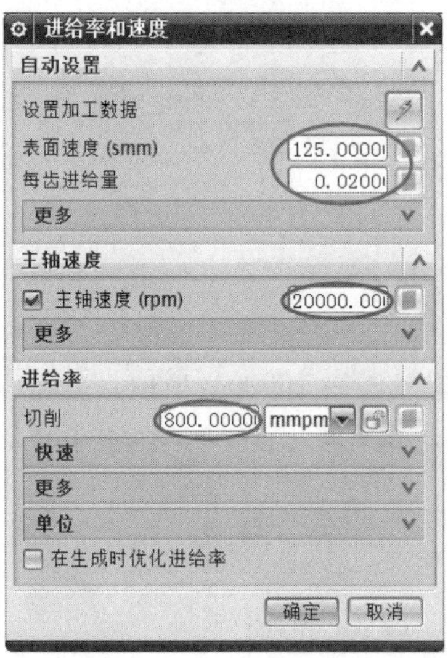

图 3-3-142 “进给率和速度”对话框 15

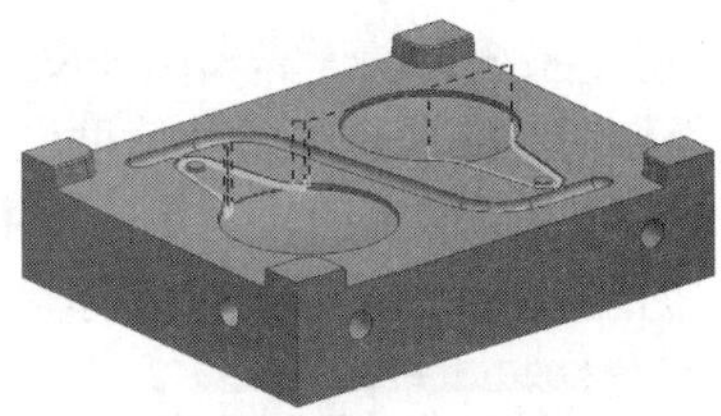

图 3-3-143 镜柄侧壁精光加工刀轨效果

7. 放大镜型芯零件浇口精光加工

（1）创建工序。在“工序导航器-程序顺序”中选中并复制 ZLEVEL_PROFILE_COPY_COPY_COPY，得到图 3-3-144 所示的工序。浇口精光加工工序就在该工序基础上进行设置。

（2）设置刀轨基本参数。在图 3-3-145 所示的“深度轮廓加工”对话框中，刀具按照工艺规划的要求选择 D2 平底立铣刀，“最大距离”设置为 0.05mm，其他参数保持不变。

图 3-3-144　复制工序 10

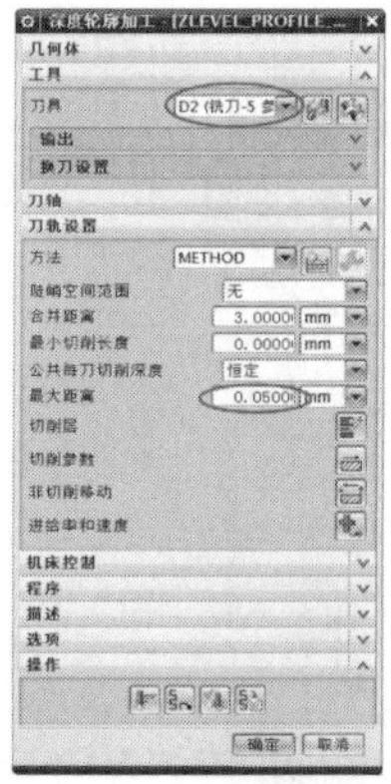

图 3-3-145　设置刀轨基本参数

微课：第 20 步　浇口精光加工

（3）设置切削层。在图 3-3-146 所示的“切削层”对话框中，设置“切削层”为“最优化”，“最大距离”设置为 0.05mm，其他参数保持不变。

（4）设置切削参数。单击按钮，弹出“切削参数”对话框。在图 3-3-147 所示的“余量”选项卡中设置余量为 0，内、外公差均为 0.01mm。其余参数保持不变，单击“确定”按钮，完成切削参数设置。

图 3-3-146　设置切削层及最大距离

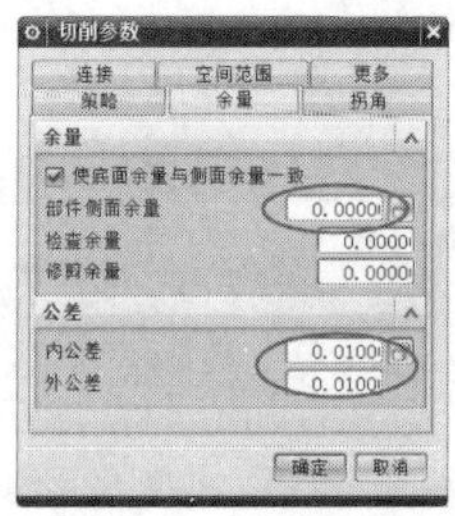

图 3-3-147　“余量”选项卡 12

（5）设置进给率和速度参数。单击按钮，弹出“进给率和速度”对话框，如图 3-3-148 所示。选中“主轴速度”复选框，设置转速为 20000（单位为 r/min）；单击按钮，系统自动计算表面速度与每齿进给量；设置进给率为 600mm/min。单击“确定”按钮，完成进给率和速度设置。

（6）生成精加工刀轨。单击按钮，系统自动完成放大镜浇口精光加工刀轨的计算，刀轨效果如图 3-3-149 所示。

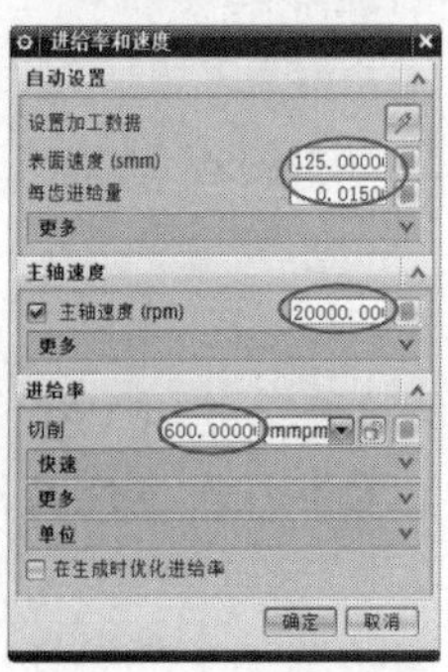

图 3-3-148　“进给率和速度”对话框 16

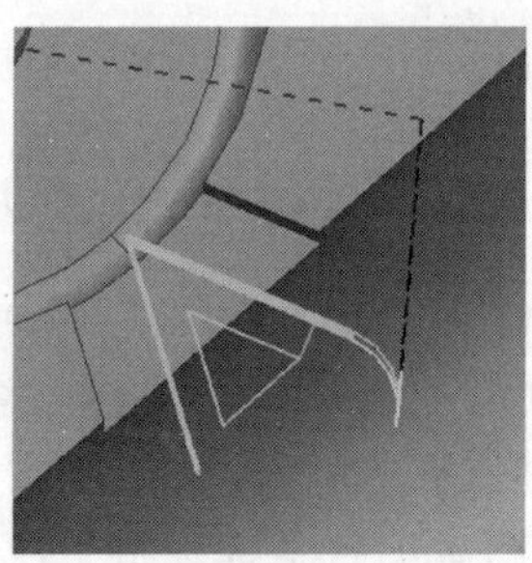

图 3-3-149　浇口精光加工刀轨效果

3.3.6　放大镜型芯零件 CAM——仿真与后处理

1. 放大镜型芯零件 CAM 刀轨仿真

通过 NX 10.0 对刀轨进行仿真，确认刀轨的正确性。

（1）在“工序导航器-几何”中选中所有加工工序，如图 3-3-150 所示，右击，在弹出的快捷菜单中选择“刀轨”→“确认”命令，弹出图 3-3-151 所示的“刀轨可视化”对话框。

微课：第 21 步　仿真加工

（2）单击“碰撞设置”按钮，弹出图 3-3-152 所示的“碰撞设置”对话框，选中“碰撞时暂停”复选框，单击“确定”按钮，完成设置。

（3）在“刀轨可视化”对话框中可以选择生成 IPW。在“生成 IPW”（过程工件毛坯）下拉列表中选择“中等”选项（对显卡要求不高）。模拟完成后，如果单击“创建”按钮，系统将创建一个“三角片体集”的 IPW。

（4）单击▶按钮，系统播放所有模拟切削过程动画，如图 3-3-153 所示。动画速度可以通过拖动按钮来调节。完成仿真后，单击“按颜色显示厚度”按钮，弹出图 3-3-154 所示的“厚度-按颜色”对话框。可以通过指定点的方式来侦测余量厚度，发现铣削加工全部到位，如图 3-3-155 所示。

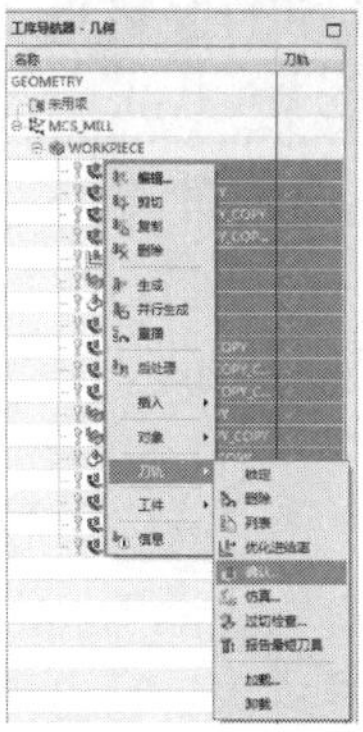

图 3-3-150　选中所有工序

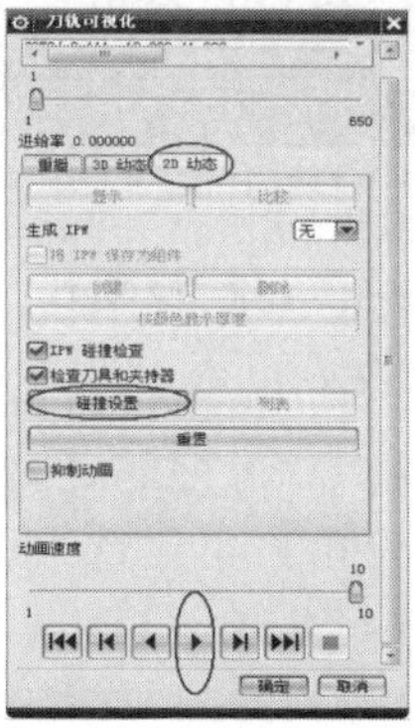

图 3-3-151　“刀轨可视化”对话框

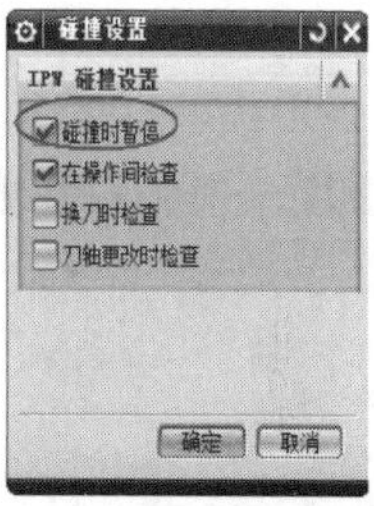

图 3-3-152　“碰撞设置”对话框

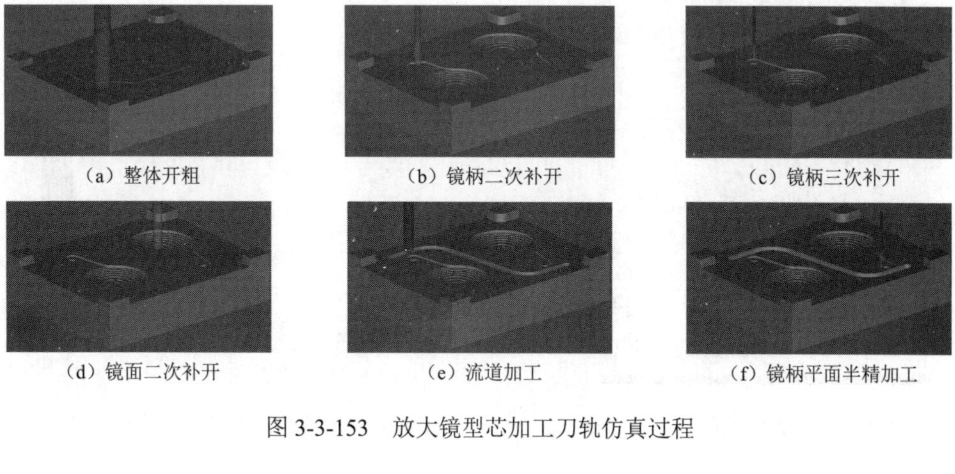

（a）整体开粗　（b）镜柄二次补开　（c）镜柄三次补开

（d）镜面二次补开　（e）流道加工　（f）镜柄平面半精加工

图 3-3-153　放大镜型芯加工刀轨仿真过程

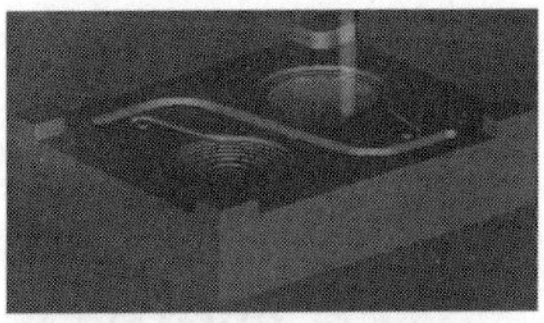

（g）镜面曲面半精加工

（h）镜面侧壁半精加工

（i）虎口侧壁半精加工

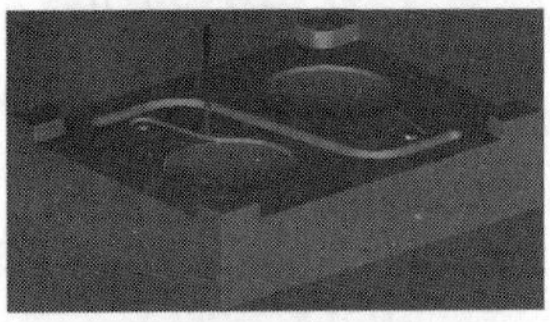

（j）镜柄侧壁半精加工

（k）浇口半精加工

（l）分型面精光加工

（m）镜柄平面精光加工

（n）镜面曲面精光加工

（o）镜面侧壁精光加工

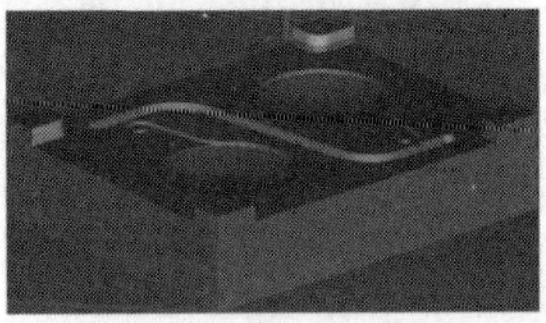

（p）虎口侧壁精光加工

（q）镜柄侧壁精光加工

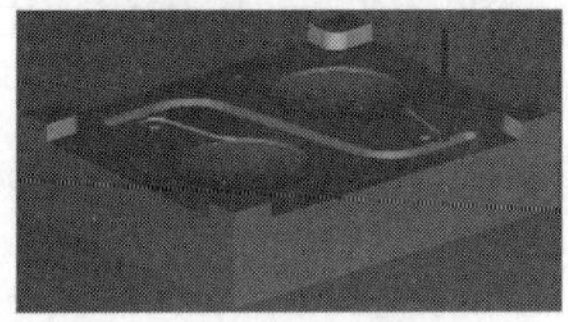

（r）浇口精光加工

图 3-3-153 （续）

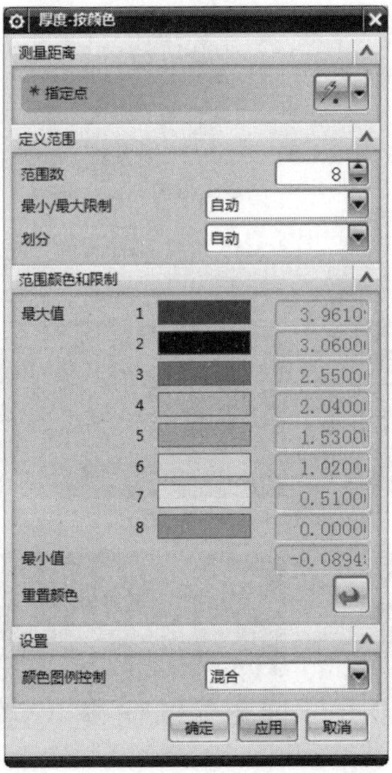

图 3-3-154 “厚度-按颜色”对话框

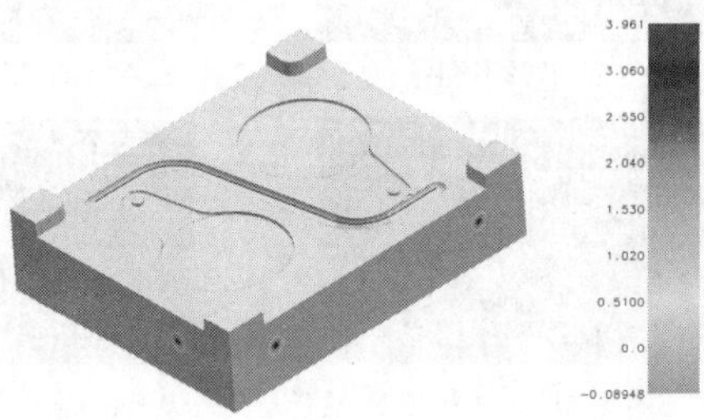

图 3-3-155 放大镜型芯 IPW 余量侦测

2. 放大镜型芯零件 CAM 刀轨后处理

通过 NX 10.0 自带的后处理器对刀轨进行后处理生成，得到生产加工用的程序代码，为机床进行加工做好准备。刀轨后处理可以单个工序处理，也可以通过 Shift 键选择多个刀轨同时处理。一般情况下，先处理开粗工序，机床在开粗加工的同时进行后续工序的设置。

（1）在图 3-3-156 所示的“工序导航器-几何”界面中，选择所需处理的工序，右击，在弹出的快捷菜单中选择“后处理”命令，弹出图 3-3-157 所示的“后处理”对话框。

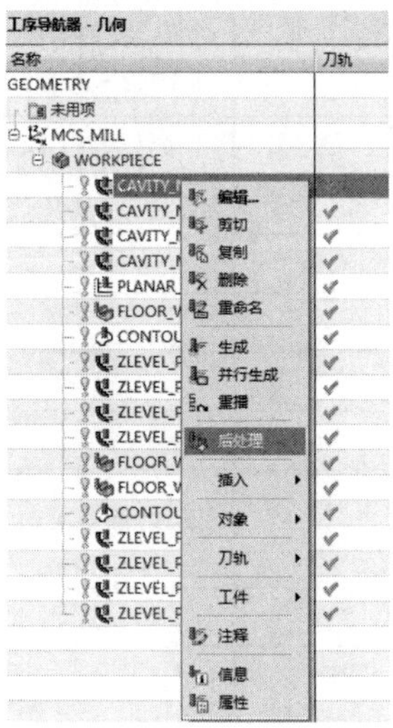

图 3-3-156　选择后处理工序

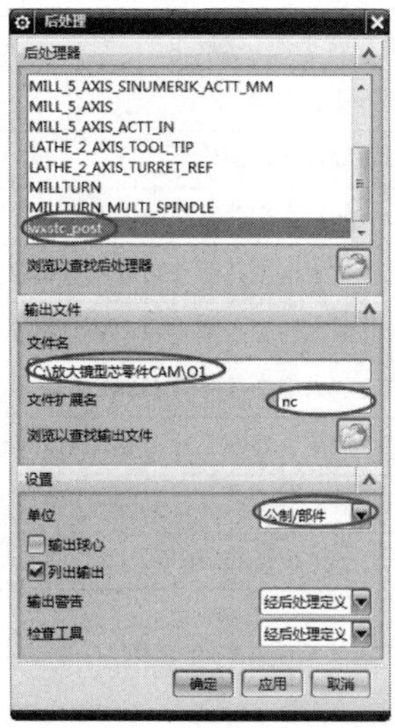

图 3-3-157　“后处理”对话框

微课：第 22 步 后处理

（2）在“后处理器”列表框中，选择之前创建好的 wxstc_post，在“输出文件”选项区域中设置保存路径，修改后处理文件名为“O1”，文件扩展名修改为“nc”；在“设置”选项区域中，修改单位为“公制/部件”。单击“确定”按钮，完成后处理设置，系统自动处理，得到图 3-3-158 所示的开粗工序程序代码。

（3）以相同的操作对后续各个工序进行后处理，得到放大镜型芯零件铣削加工的全部 18 个程序，如图 3-3-159 所示。

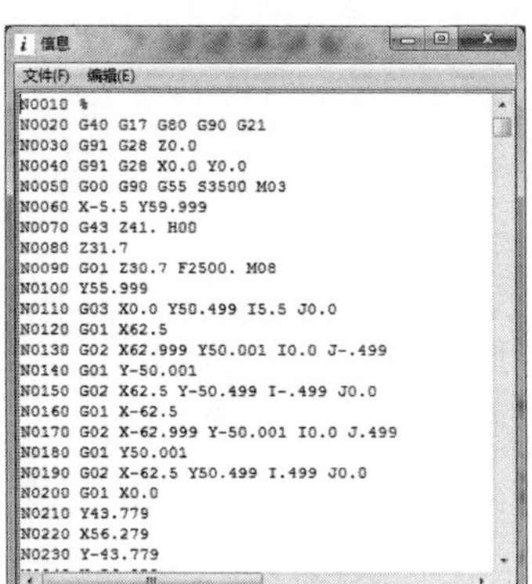

图 3-3-158　开粗工序程序代码

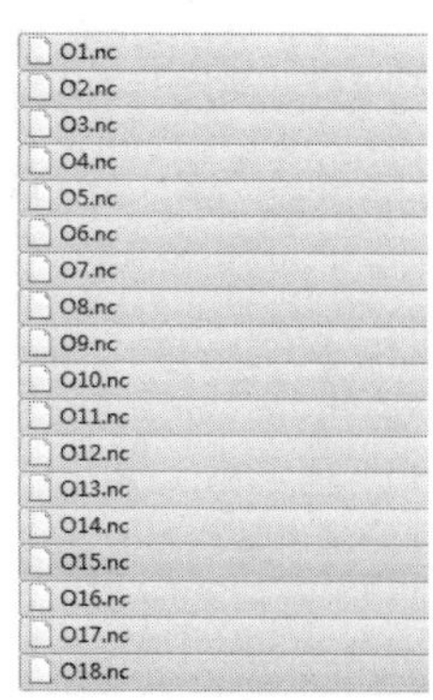

图 3-3-159　放大镜型芯 CAM 所有程序

3.4 考核评价：放大镜型芯零件CAM项目任务实施评价

根据放大镜型芯零件CAM项目任务实施完成情况进行评价（表3-4-1）。

表3-4-1 放大镜型芯零件CAM项目任务实施评价

班级： 姓名： 年 月 日

核心能力	评价指标	自我评价（掌握程度）		
		合格	良好	优秀
掌握放大镜型芯零件CAM技术	了解刀轨可视化设置			
	了解刀轨后处理			
	掌握后处理文件创建			
	掌握后处理定制要求、制作过程、处理结果检验			
放大镜型芯零件CAM设置	能进行放大镜型芯零件制造工艺规划			
	能进行放大镜型芯零件的CAM参数设置			
	能进行放大镜型芯零件CAM准备			
	能进行放大镜型芯零件CAM开粗与补开粗			
	能进行放大镜型芯零件CAM半精加工和精光加工			
	能进行放大镜型芯零件CAM仿真与后处理			
其他				
学习体会				
教师评价				
				年 月 日

项目 4　保护盒型腔零件 CAM

项目任务

知识目标

1. 了解 CF 卡传输的原理；
2. 了解 CF 卡直接传输设置；
3. 了解 CF 卡在线传输；
4. 了解 CNC 在线传输。

能力目标

1. 能制定保护盒型腔零件制造工艺规划；
2. 能进行保护盒型腔零件 CAM 数模导入与处理；
3. 能进行保护盒型腔零件 CAM 铣削准备；
4. 能进行保护盒型腔零件 CAM 开粗与补开粗；
5. 能进行保护盒型腔零件 CAM 半精加工和精光加工；
6. 能进行保护盒型腔零件 CAM 仿真与后处理。

思政目标

1. 培养创新思维和举一反三解决问题的能力；
2. 培养勤于思考、善于总结、勇于探索的科学精神；
3. 培养团队意识，增强沟通能力和问题分析能力。

工作任务描述

1. 工作任务

应用计算机辅助设计与制造技术对保护盒型腔零件进行铣削加工，通过制定加工工序，运用保护盒型腔零件铣削典型操作，完成保护盒型腔零件铣削刀轨设置及仿真加工。项目任务工作流程如图 4-0-1 所示。

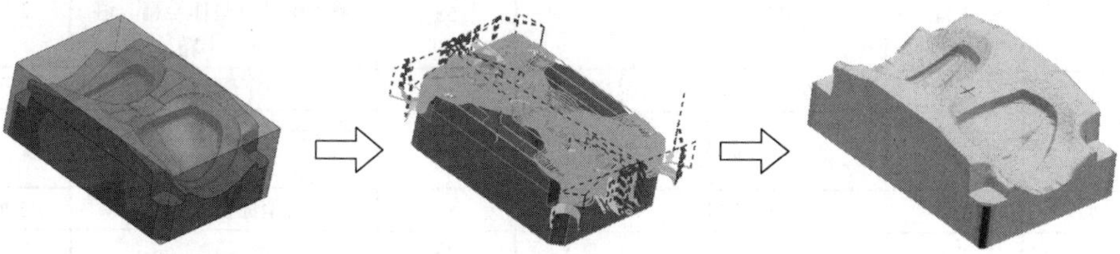

（a）导入零件模型　（b）刀轨设置　（c）仿真加工

图 4-0-1　项目任务工作流程

2. 工艺要求

保护盒型腔零件制造工艺过程卡如表 4-0-1 所示。

表 4-0-1 保护盒型腔零件制造工艺过程卡

工序号	工序名称	尺寸	工艺要求	检验	备注
1	下料	115.5mm×168mm×60.5mm	带锯条	钢直尺检验自由公差度要求	3mm 余量 手工去飞边
2	铣平面	112.7mm×165.2mm×60mm	铣床铣削	游标卡尺检验，正公差 0.2mm	六面角尺
3	磨平面	112.5mm×165mm×60mm	平面磨	千分尺	高度留余量，其他留正公差 0.02～0.05mm
4	型腔开粗	按零件图要求尺寸	铣床铣削	千分尺	腔体预留 0.3mm
5	型腔半精	按零件图要求尺寸	铣床铣削	千分尺	腔体预留 0.1mm
6	钻/铰孔	按零件图要求尺寸	台钻	内径千分尺等、配合长度	
7	攻螺纹	攻螺纹、水堵管螺纹尺寸	丝攻	螺杆顺畅旋转配合	手工
8	热处理	调质	热处理炉	游标卡尺、变形量在 0.2mm 以内	HRC 59～62
9	磨平面	112.5mm×165mm×60mm	铣床铣削	游标卡尺，角尺平行度、垂直度检验	加工、检验基准统一为底面
10	型腔精光	达到零件图要求尺寸	精雕机床	所有型面	采点比对
11	电火花	所有火花位	电火花机床	火花位过渡光顺	粗精公组合使用
12	抛光	符合零件图表面粗糙度要求	抛光工具	与标准样板对比检验	严禁抛光分型面
13	检验	按零件图标注和技术要求	三坐标测量机		以安装基准为检验基准

3. 工作条件

保护盒型腔零件数控铣削加工刀具如表 4-0-2 所示。

表 4-0-2 保护盒型腔零件数控铣削加工刀具

零件名称		保护盒型腔	零件编号		20170926-01	备注
序号	刀具号	刀具			加工内容	
		规格名称	数量	刀长/mm		
1	T01	D20R1 立铣刀	1	75	反面倒角加工及正面零件整体开粗	2 刃
2	T02	D10R1 立铣刀	1	75	整体二次补开粗	2 刃
3	T03	R5 球头立铣刀	1	75	参考刀具	2 刃
4	T04	D6R1 立铣刀	1	55	整体三次补开粗、虎口位侧壁精光及整体半精、避空位半精	2 刃
5	T05	D6 平底立铣刀	1	55	正面平面精光	2 刃
6	T06	R3 球头立铣刀	1	55	成型面、成型面侧壁及分型面半精与精光	2 刃
7	T07	R2.5 球头立铣刀	1	55	成型面侧壁清根	2 刃
8	T08	R1.5 球头立铣刀	1	35	流道加工	2 刃

4.1 知识准备：CF 卡传输和 CNC 在线传输

刀轨完成处理后，可以通过两种载体将程序传输至机床进行加工，分别是 CF 卡传输及 CNC 在线传输。

4.1.1　CF 卡传输

常规的 FANUC 系统都配置有 CF 卡，它是一种硬存储载体，通过专门的接口，将程序代码传输至机床控制系统中控制机床运行。在使用 CF 卡传输时，需将机床上的 I/O 通道参数设置为 4 方可进行 CF 卡传输。CF 卡传输程序又分为两种类型，第一种是通过 CF 卡将一个完整的程序输入机床操作系统内存中，然后机床系统重新读取进行加工；第二种为机床系统直接从 CF 卡中读取程序进行加工。第一种方法适用于程序较小、机床内存储存足够的情况，该方法更为安全，可以避免由于接口接触问题产生的程序错读、丢失数据等造成加工事故；第二种方法适用于程序较大、机床操作系统的储存空间不够的情况，可通过操作直接从 CF 卡中读取程序进行铣削加工。

本项目以 FANUC 0i 控制系统为例进行讲解。首先修改通道，在图 4-1-1 所示的机床操作面板中选择 MDI 模式，在面板右上角的 MDI 键盘中单击按钮，进入设定界面。在设定界面中修改 I/O 通道为 4 后退出机床系统，插入 CF 卡即可进行 CF 卡传输。

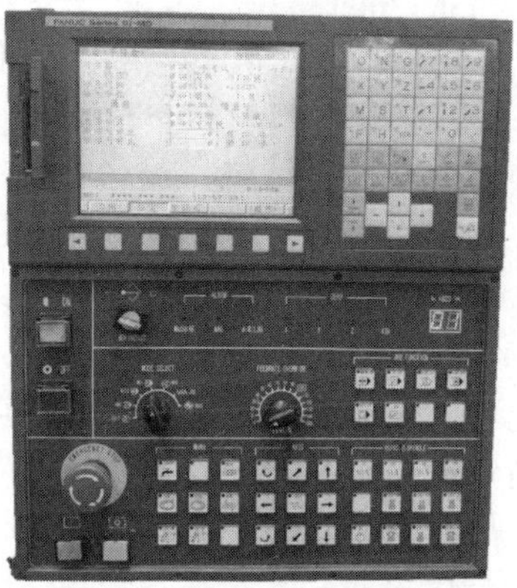

图 4-1-1　机床操作面板

CF 卡套件主要有三个部件，即一张 CF 卡和两个读卡器，两个读卡器分别对应机床端和 PC 端，如图 4-1-2～图 4-1-4 所示。

图 4-1-2　CF 卡

图 4-1-3　机床端读卡器

图 4-1-4　PC 端读卡器

4.1.2　CF 卡直接传输设置

CF 卡文件传输加工是将文件直接传输至机床中进行加工。其操作步骤如下：

（1）选择 EDIT 模式。

（2）单击按钮，进入程序界面。

（3）单击列表按钮，进入列表界面。

（4）单击“操作”按钮，弹出选项栏，在选项栏中单击按钮，转到更多选项。

（5）单击“M-卡”按钮，系统自动读取 CF 卡中的所有程序信息并列表。

（6）再次单击按钮，选择按下 F 输入，弹出界面设置 F 与 O，F 指 CF 卡中程序在列表所显示的顺序位号，O 指需要导入刀的机床程序号，假设 F 设定为 3，O 设定为 6。等待输入完成后得到程序就是列表显示中的第三个程序文件，并且程序的名称被设置为 O0006。之后切换到加工模式便可进行加工。CF 卡程序传输操作流程如图 4-1-5 所示。

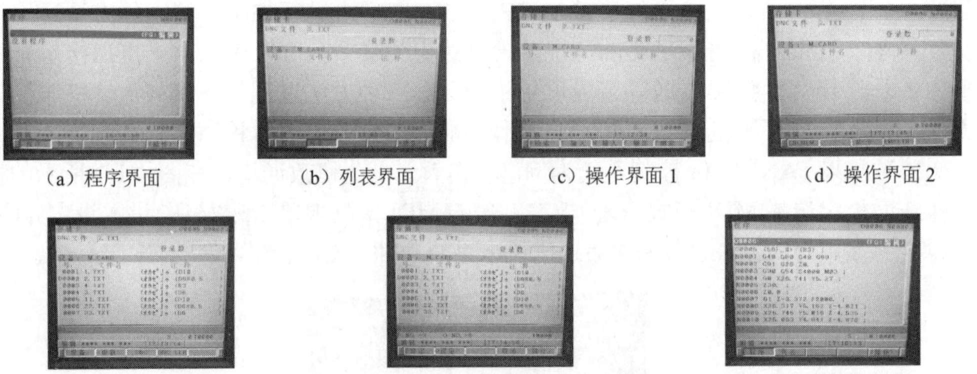

（a）程序界面　（b）列表界面　（c）操作界面 1　（d）操作界面 2

（e）CF 卡刀轨　（f）程序传输　（g）程序传输完成

图 4-1-5　CF 卡程序传输流程

4.1.3　CF 卡在线传输

当程序较大时，程序无法传输至机床，此时就可以通过 DNC 模式直接读取 CF 卡中的程序进行加工。其操作步骤如下：

（1）选择 DNC 模式。

（2）单击按钮，进入程序界面。

（3）单击“列表”按钮，进入列表界面。

（4）单击“操作”按钮，跳出选项栏。在选项栏中单击按钮，转到更多选项。

（5）单击“更新”按钮，刷新 CF 卡程序文件。

（6）输入所需要加工的程序所排列的序位号，单击“DNC”按钮，在将要执行的程序前会出现“D”，表示当前程序。单击“启动”按钮，机床进入加工状态，之后系统一边从 CF 卡中读程序一边加工。CF 卡程序直接加工流程如图 4-1-6 所示。

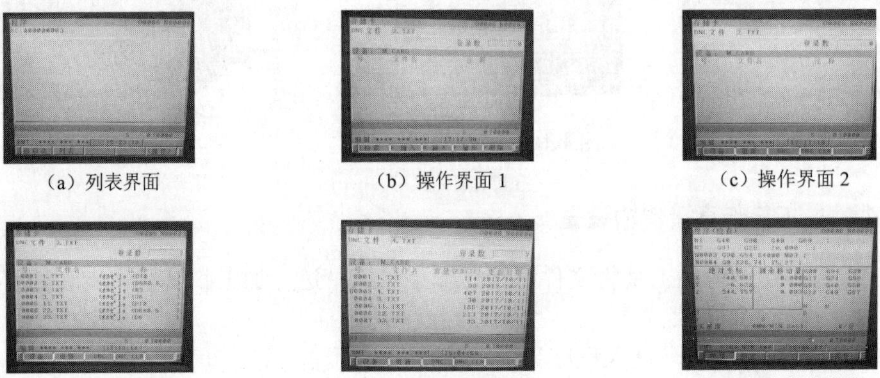

（a）列表界面　（b）操作界面 1　（c）操作界面 2

（d）CF 卡刀轨　（e）指定刀轨　（f）程序传输完成

图 4-1-6　CF 卡程序直接加工流程

4.1.4　CNC 在线传输

由通信电缆连接 PC 端和 CNC 端，通过 PC 端的软件进行 CNC 在线传输。注意，进行 DNC 通信时，必须使用 2.5mm^2 的导线将计算机外壳与机床的地线可靠地相连，否则可能会造成计算机接口与机床接口的电流短路损坏。同时，务必在计算机和机床均关闭的情况下连接和断开通信电缆。

FANUC 可以使用的传输软件有 PCIN、AIC、WINPCIN、MASTERCAM、NCSentry、WINCOMM、CIMCOEdit 七种，其中 AIC、PCIN 只能在 Windows 98 下运行。

CIMCOEdit 可进行 NC 程序存储和检索、NC 程序优化、后处理，以及快速 NC 程序仿真。下面主要针对 FANUC 系统使用 CIMCOEdit 软件的 CNC 在线传输进行讲解：

（1）打开文件。打开图 4-1-7 所示的 CIMCOEdit 软件，可以直接将程序拖入软件窗口中或通过菜单栏中的“文件”→“打开”命令打开程序。

（2）NC 传输。在图 4-1-8 所示的“机床通讯”选项中，可以双向对程序进行传输，既可以将 PC 端程序传输至机床进行加工，又可以通过软件的接收功能将机床内的程序传输至 PC 端软件。在接收时，可以接收至新窗口或接收至当前窗口。在传输文件时要注意，需删除 CNC 无法识别的文字，如刀号、日期等。

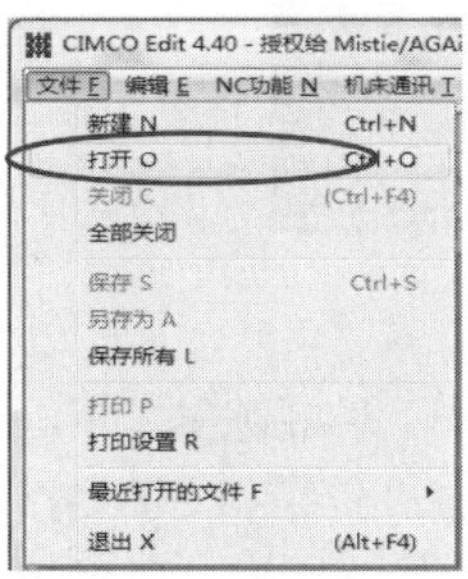

图 4-1-7　文件设置

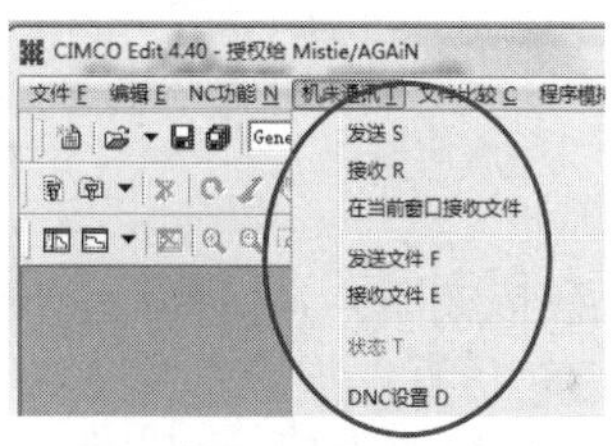

图 4-1-8　“机床通讯”设置

在使用 NC 传输时，需要根据机床型号及参数进行 DNC 参数设置。选择“机床通讯”→“DNC 设置”命令，弹出图 4-1-9 所示的“DNC 设置”对话框，可以对已有的机床进行设置，也可新建机床进行设置。单击“增加新机床”按钮，弹出图 4-1-10 所示的机床设置对话框。我们主要修改“端口”选项卡中的参数，端口通常默认 COM1，当一台 PC 端控制多台加工中心进行程序传输加工时，就需要设置多个端口进行多端口传输。波特率需要根据不同的机床型号进行设置，在机床端，奇偶位选择为偶位。其他参数保持不变，即完成“机床通讯”设置。

同样以 FANUC 系统机床为例进行讲解，在操作面面板中选择 MDI 模式，单击按钮，进入图 4-1-11 所示的设定界面。在设定界面中修改 I/O 通道为 0，即可进行 CNC 在线传输。在使用 CNC 在线传输时，需在操作面板上将模式修改为 DNC 模式，且点亮“开始加工”按钮。为了加工安全，通常将进给率倍率设置为 0%，目的是在铣削进刀过程中预防因对刀错误造成撞刀等加工事故。

（3）程序比较。在 CIMCOEdit 软件中可以对两个刀轨进行比较，当对刀轨进行修改后，可通过该功能对修改刀轨与原刀轨进行比较，得到两个刀轨中的不同之处。

（4）程序模拟。在 CIMCOEdit 软件中可以根据程序生成相应的模拟。CIMCOEdit

软件有两种模拟方式：3D 模拟和 2D 模拟。

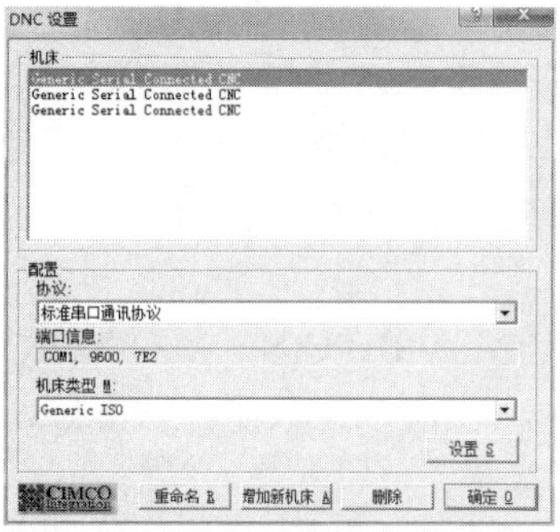

图 4-1-9 “DNC 设置”对话框

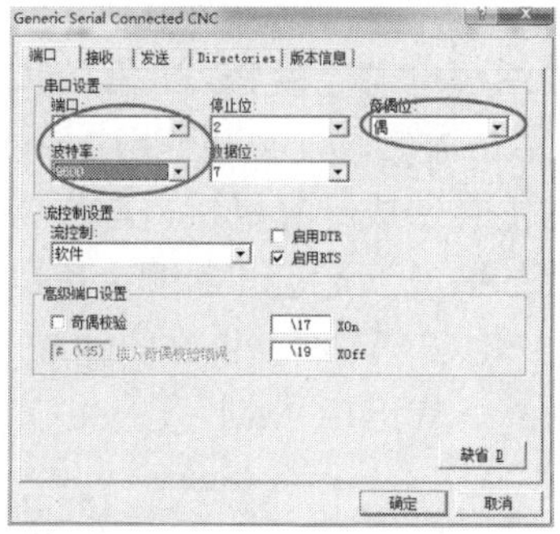

图 4-1-10 机床设置对话框

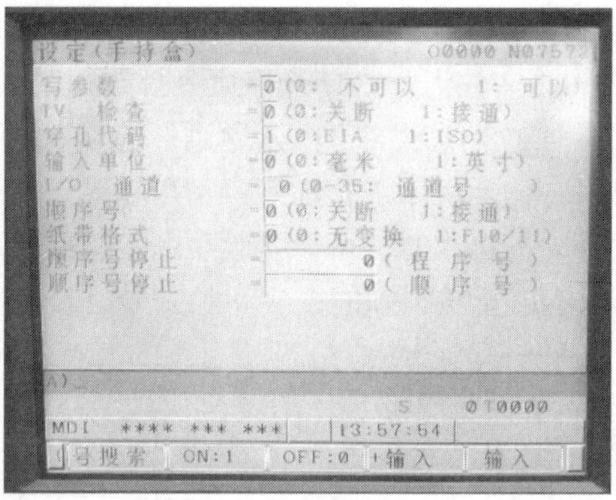

图 4-1-11 设定界面

3D 模拟如图 4-1-12 所示，通过窗口文件模拟，可以在刀轨窗口下创建出三维模型进行刀轨仿真，磁盘文件模拟则是创建一个新的窗口进行模拟。在 3D 模拟下，可以将刀路轨迹打印或直接保存刀路轨迹图片。同时，在菜单栏中可以对视图操作进行设定，设定分为三种：旋转视图、缩放视图和平移视图。视图也可进行操作，视图复位是将模型复位至中心的正等轴测图，也可设置当前视图为俯视图、前视图和左视图。同时，也可以通过该菜单栏中的选项对显示对象进行设置，对快速移动刀路、圆弧及刀具进行显示设置。

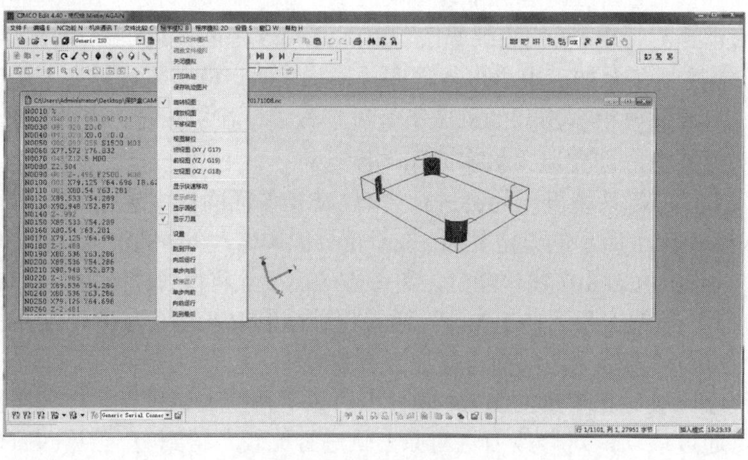

图 4-1-12 3D 模拟

在图 4-1-13 所示的“模拟设置”对话框中，可以设置各刀路的颜色、刀具的大小、圆弧设置及打印质量。

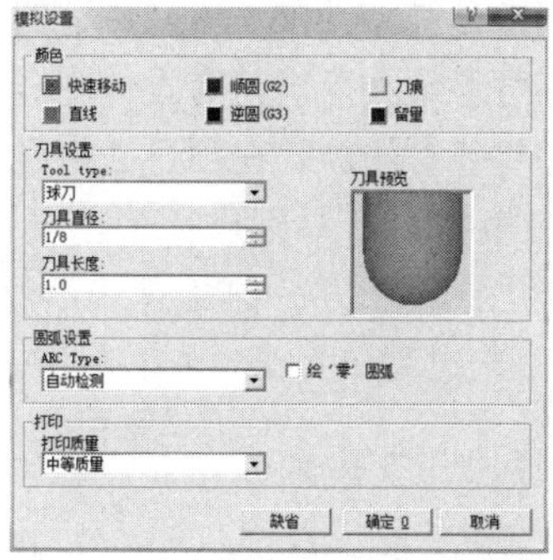

图 4-1-13 “模拟设置”对话框

在模拟过程中，通过模拟菜单栏对模拟过程进行控制，其共有七种选项：跳到开始、向后运行、单步向后、暂停运行、单步向前、向前运行和跳到最后。通过这七种选项对模拟过程进行控制，对指定或全部的刀轨进行模拟仿真。

2D 模拟与 3D 模拟的区别是，它只能在 2D 一个视图上进行模拟，模拟过程中可对模拟刀轨进行缩放。2D 模拟菜单如图 4-1-14 所示。

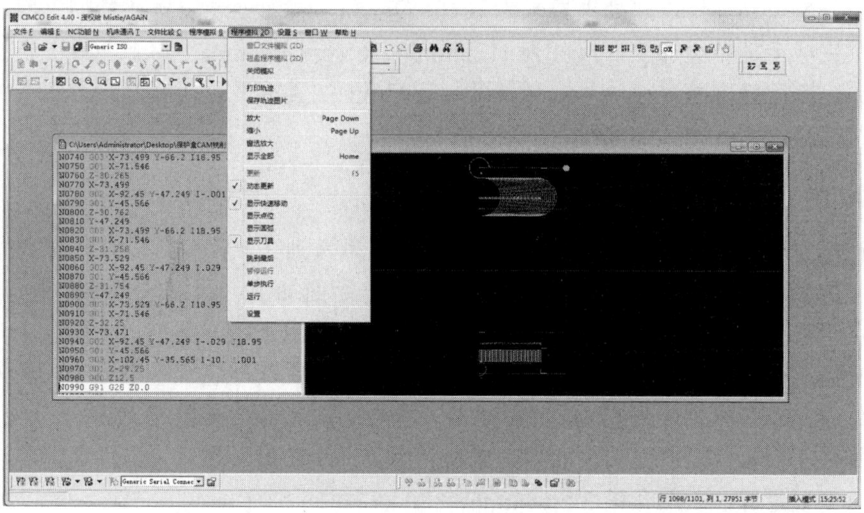

图 4-1-14 2D 模拟菜单

4.2 工艺规划：保护盒型腔零件制造工艺规划

4.2.1 保护盒型腔模型分析及工艺过程规划

模具的成型零件一般比较复杂，而且有较高的加工精度要求，其加工质量直接影响产品的质量与模具的使用寿命。在进行保护盒型腔零件加工之前，需要对加工零件的特征进行分析。该型腔是用于成型保护盒的外表面部分，因此模具型腔尺寸精度要求高，加工工艺规划时应当以保证零件的尺寸精度为首要目标，浇口位置需要单独放电加工，表面只需要进行简单抛光达到一定的表面粗糙度即可。

在保护盒型腔零件的制造过程中，直接改变毛坯材料形状、尺寸、物理性质和装配等操作称为它的工艺过程。制定型腔零件加工工艺规程的基本原则就是要保证以最低的市场成本和最高的生产效率，可靠地加工出符合设计图样所要求的模具产品。典型的模具成型零件的工艺过程规划主要包含的内容在项目 2 中已经介绍，这里不再赘述。

对于保护盒型腔零件，应根据以上原则进行工艺规划：下料—铣平面—磨平面—型腔开粗—型腔半精—钻/铰孔—攻螺纹—热处理—磨平面—型腔精光—电火花—抛光—检验。其型腔零件制造工艺过程卡如表 4-0-1 所示。

4.2.2 保护盒型腔零件铣削工艺规划

采用铣削加工的方法，直接改变毛坯的形状、尺寸和表面质量等，使其成为零件的过程称为铣削工艺过程。为了方便生产加工，通常会在加工前对产品零件进行铣削工艺规划，制作铣削工艺卡。

1. 分析零件工艺

该零件材质为 Cr12，单件生产，本工艺是其制造工艺规划环节中的铣削工序编制。其零件结构已经进行处理，对放电加工的位置面进行了删除，铣削加工相对简单，具有良好的可切削性。热处理要求为 HRC 59～62，表面处理安排在精加工前进行；铣削前完成毛坯精磨加工，尺寸为 112.5mm×165mm×60mm；由于坯料上表面有余量设置，因此铣削基准设计为安装基准：坯料底面；*XY* 平面基准设计为底面中心，为后续热处理留 0.03～0.05mm 的变形量。

2. 确定装夹方案

选择定位基准时，应注意减少装夹次数，尽量做到在一次安装中能把零件上所有要加工的表面都加工出来。由于该零件需要进行翻面加工，因此选择基准十分重要。翻面倒角加工时，选择顶面作为定位基准进行加工，用于统一基准；保护盒正面铣削时，选择保护盒型腔精坯料底面作为定位基准。该定位基准装配基准重合，大大减少了定位误差对尺寸精度的影响。该零件外形规则，加工面大多数在上表面，因此选用精密平口钳夹紧，以底面和底面拐角定位，用等高块垫起。注意，工件高出虎口钳钳口的高度要足够，一般预留 3～5mm 的余量。

3. 确定加工顺序

按照先粗后精的原则确定加工顺序：

（1）用ϕ20*R*1mm 的立铣刀对零件翻面倒角及正面整体粗加工，反面设置侧壁余量及底部余量为-0.05mm，方便装配；正面整体粗加工余量设置为侧壁 0.2～0.3mm，底部 0.1～0.2mm。

（2）用ϕ6*R*1mm 的立铣刀对型腔零件进行整体二次粗加工和三次粗加工，补开余量与开粗余量一致。

（3）用ϕ6*R*1mm 的立铣刀和 *R*3mm 的球头立铣刀分区域进行半精加工，期间视工序的特点可以灵活安排分型面曲面及成型面曲面，进行半精爬面加工。

（4）热处理后上磨床进行磨削加工，优先磨平底面，再视四个侧面的变形量，优先磨出相邻的两个侧面作为精光铣削时的 *XY* 基准。除避空位底面尖角精加工使用 ϕ6mm 的立铣刀精光外，其余程序使用半精时相同型号的刀具（刀具必须是全新的或者保证其尺寸精度的旧刀具）进行精光。

（5）清根加工使用 *R*2.5mm 的球头立铣刀进行。

（6）使用 *R*1.5mm 的刀具完成流道铣削。

4. 选择刀具

根据零件的材料和结构特点选择刀具：

（1）粗加工时根据工艺需要选择 D20R1 的铣刀，对各个区域的加工综合效率较高；二次补开粗的加工范围小，根据模型特点选用半径不大于 3mm 的球头刀具或者圆角立铣刀都可以，考虑到是补开粗，切削有一定量的负载，确定用 D6R1 圆角立铣刀较好。

（2）半精加工时，虎口位圆角半径为 3.75mm，所以选用刀具进行半精加工时，半精需要小于 3.75mm。刀具圆角大于半径每刀背吃刀量，设置半径侧壁每刀 0.25mm 和 3mm。综上所述，刀具圆角选择 1mm，从而确定半精侧壁刀具为 D6R1 的立铣刀。铣削内侧凹腔型面时，为提高加工效率，采用补开粗的同一把刀具，在工序设置上连同分型面和成型面一起铣削。上表面的型面呈凹入状，所以选用 *R*3mm 的球头立铣刀进行铣削。

（3）型面精光的刀具型号尽量与半精一致，但是必须优先选用新刀具，以保证尺寸精度；又考虑到虎口位底面及避空位底面为尖角，使用带圆角的刀具无法铣削到位，因此选用 D6 的平底尖刀精光虎口位底面及避空位底面。

（4）为了更好地进行清根加工，选用 *R*2.5mm 的球头立铣刀进行清根加工，并虚拟创建一把 *R*5mm 的参考刀具辅助清根。

（5）流道铣削加工时，根据所需要的流道大小，选择刀具 *R*1.5mm 的球头立铣刀进行铣削加工。

5. 选择切削用量

切削用量是依据零件材料特点、刀具性能及加工精度要求确定。本零件加工时主轴速度取 1500～15000r/min，粗铣时取低一些，精铣时取高一些；进给速度取 600～2500mm/min。铣削分 17 道次工序完成，每次铣削的背吃刀量不同。

综上分析，保护盒型腔零件铣削加工工艺卡如表 4-2-1 所示。

表 4-2-1　保护盒型腔零件铣削加工工艺卡

<table>
<tr><td rowspan="4">单位名称</td><td rowspan="4"></td><td colspan="2">产品名称或代号</td><td colspan="2">零件名称</td><td colspan="2">零件图号</td></tr>
<tr><td colspan="2">保护盒型腔</td><td colspan="2">保护盒型腔</td><td colspan="2">20170926-01</td></tr>
<tr><td colspan="2">夹具名称</td><td colspan="2">使用设备</td><td colspan="2">车间</td></tr>
<tr><td colspan="2">精密平口钳</td><td colspan="2">加工中心</td><td colspan="2">机加 01</td></tr>
<tr><td>工序号</td><td>工序内容</td><td>刀具号</td><td>规格</td><td>主轴转速
/（r/min）</td><td>进给速度
/（mm/min）</td><td>背吃刀量
/mm</td><td>余量
/mm</td></tr>
<tr><td>1</td><td>反面倒角加工</td><td>T01</td><td>D20R1</td><td>1500</td><td>2500</td><td>0.5</td><td>−0.05</td></tr>
<tr><td>2</td><td>正面整体粗加工</td><td>T01</td><td>D20R1</td><td>2000</td><td>2500</td><td>0.5</td><td>0.3</td></tr>
</table>

续表

工序号	工序内容	刀具号	规格	主轴转速 /（r/min）	进给速度 /（mm/min）	背吃刀量 /mm	余量 /mm
3	二次粗加工	T02	D10R1	3500	2500	0.5	0.3
4	三次粗加工	T04	D6R1	5000	2000	0.35	0.3
5	虎口半精加工	T04	D6R1	6500	2000	0.25	0.1
6	避空位加工	T04	D6R1	6500	2000	3	0
7	成型面侧壁半精	T06	R3	6500	2000	0.2	0.1
8	分型面半精	T06	R3	6000	2000	0.1	0.1
9	成型面半精	T06	R3	6000	2000	0.1	0.1
10	正面平面精光	T05	D6	6500	800	0	0
11	虎口侧壁精光	T04	D6	10000	1000	0.12	0
12	成型面侧壁精光	T06	R3	10000	1000	0.12	0
13	分型面精光	T06	R3	10000	1000	0.1	0
14	成型面精光	T06	R3	10000	1000	0.1	0
15	正面清根	T07	R2.5	10000	800	0.1	0
16	第一条流道加工	T08	R1.5	15000	600	0.15	0
17	第二条流道加工	T08	R1.5	15000	600	0.15	0

4.3 实践操作：保护盒型腔整体 CAM 设置

4.3.1 保护盒型腔零件 CAM——数字模型导入与处理

（1）选择“启动”→“加工”命令，进入加工环境，如图 4-3-1 所示。

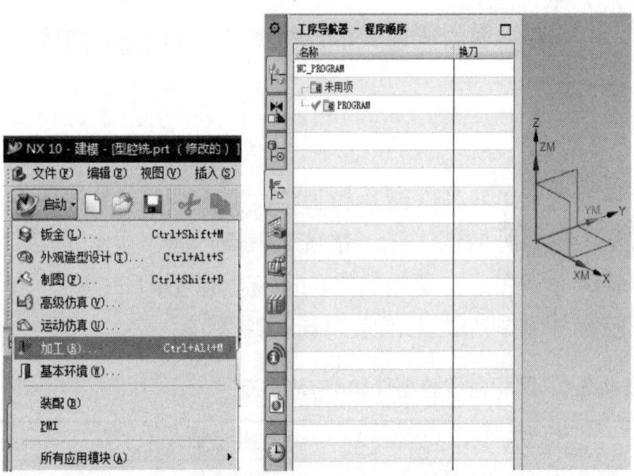

图 4-3-1 进入加工环境

微课：第 1 步 保护盒型腔零件模型导入与处理

（2）单击“打开”按钮，弹出“打开”文本框，根据文件存放路径选择“保护盒型腔零件 CAM20171008”文件，单击 OK 按钮，导入数字模型，如图 4-3-2 所示。

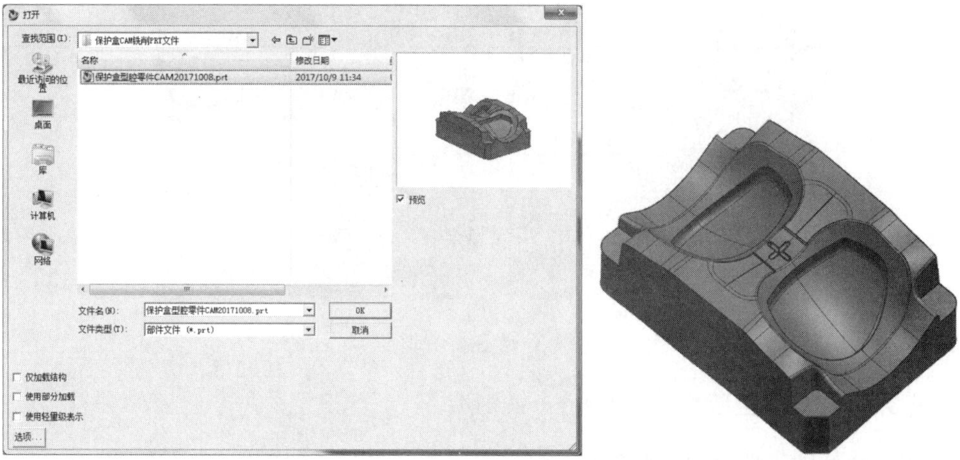

图 4-3-2　导入保护盒型腔数字模型

（3）抽取流道中心线。在 NX 界面中打开插入工具条，选择派生曲线，再选择抽取虚拟曲线，弹出图 4-3-3 所示的“抽取虚拟曲线”对话框，“类型”选择“旋转轴”，取消选中“关联”复选框。选择流道曲面，得到流道中心线。再以相同的方法抽取另外一条流道的中心线，所抽取的流道中心线如图 4-3-4 所示。

图 4-3-3　“抽取虚拟曲线”对话框

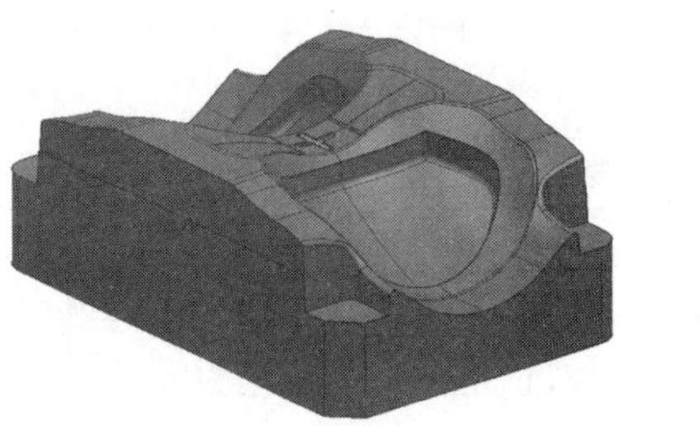

图 4-3-4　流道中心线

（4）删除浇口、流道面。单击按钮，选择浇口面后单击“确定”按钮，删除两处浇口面，如图 4-3-5 所示。

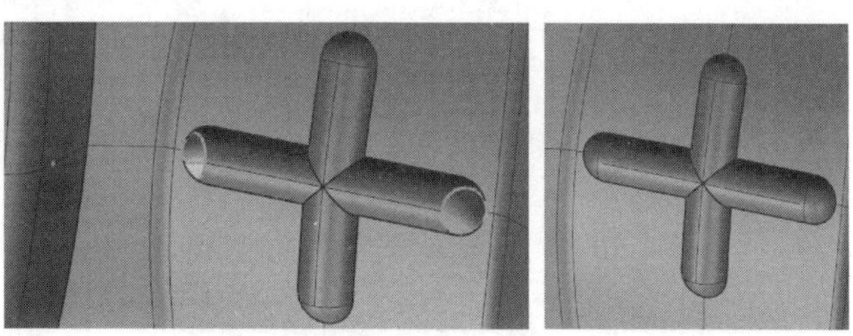

图 4-3-5　删除浇口面

单击按钮，选择流道面后单击“确定”按钮，删除两处浇口面，如图 4-3-6 所示。将这些面删除的目的是使分型面在加工时刀轨更加流畅。单击保护盒保存，完成模型的导入与处理。

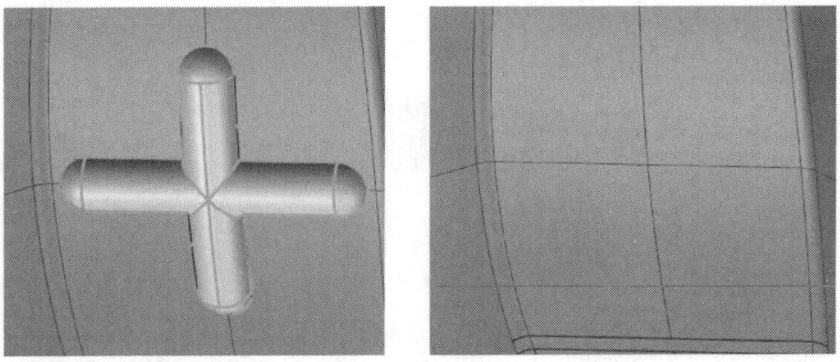

图 4-3-6　删除流道面

4.3.2　保护盒型腔零件 CAM——铣削准备

保护盒型腔零件的 CAM 准备主要完成三个小任务：创建几何体、创建刀具和创建程序组。

1. 创建几何体

该保护盒零件需进行翻面加工，所以需要创建两个不同的几何体。

（1）创建第一个几何体。在“工序导航器”中单击按钮，导航器切换到图 4-3-7 所示的界面。

（2）双击 MCS_MILL 按钮，弹出图 4-3-8 所示的“MCS 铣削”对话框。

（3）在“指定 MCS”中单击按钮，弹出图 4-3-9 所示的 CSYS 对话框。单击“指定方位”后面的按钮，弹出“点”对话框，如图 4-3-10 所示。在“类型”下拉列表中选择“两点之间”选项，通过图 4-3-11 进行 MCS 坐标原点的构建。在设置坐标系几何体时，要注意将坐标系的 X 轴设置为长方向，Y 轴设置为短方向，产品原点构建如图 4-3-12 所示。单击“确定”按钮，在图 4-3-13 所示的“MCS 铣削”对话框中进行安全设置。

微课：第 2 步　保护盒型腔零件 CAM 准备

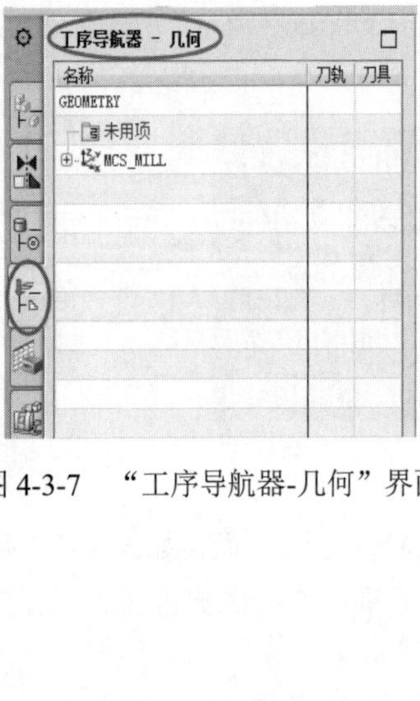

图 4-3-7　“工序导航器-几何”界面

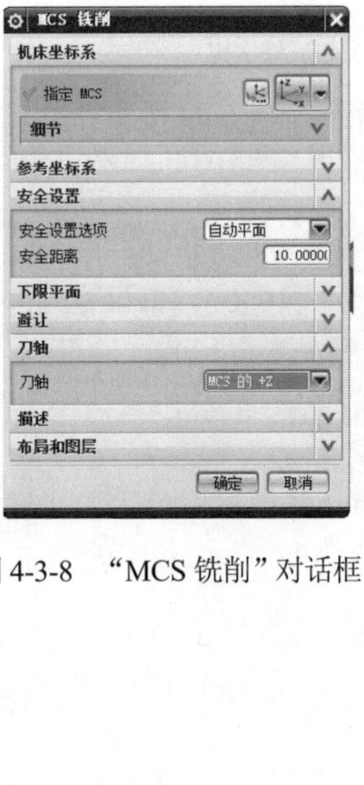

图 4-3-8　“MCS 铣削”对话框 1

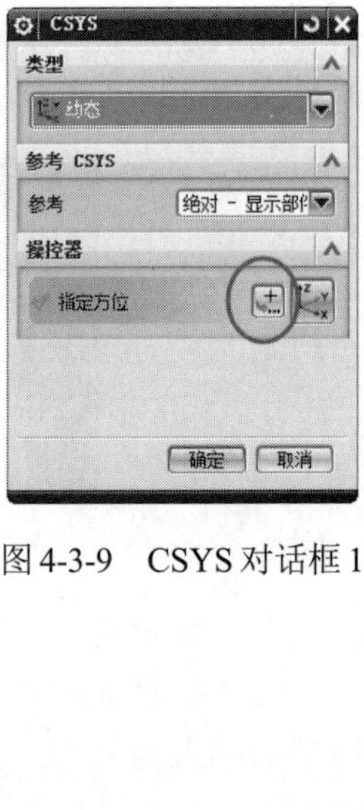

图 4-3-9　CSYS 对话框 1

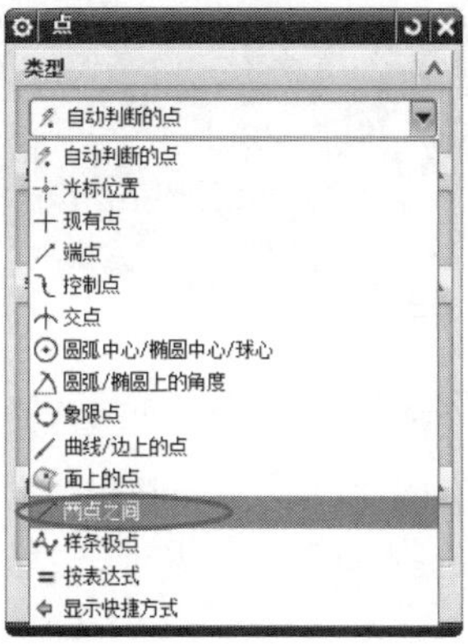

图 4-3-10　“点”对话框

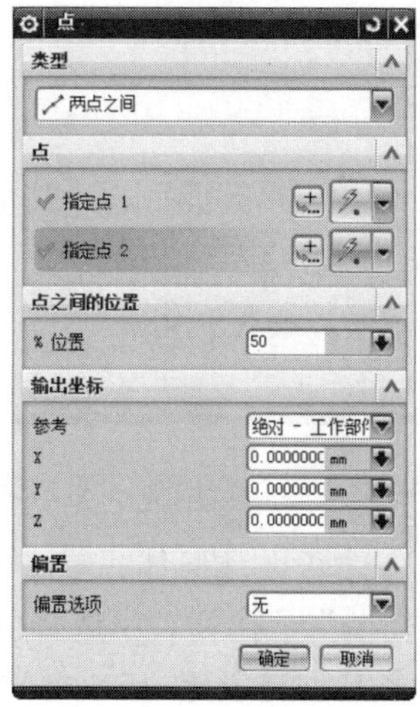

图 4-3-11　选择“两点之间”选项

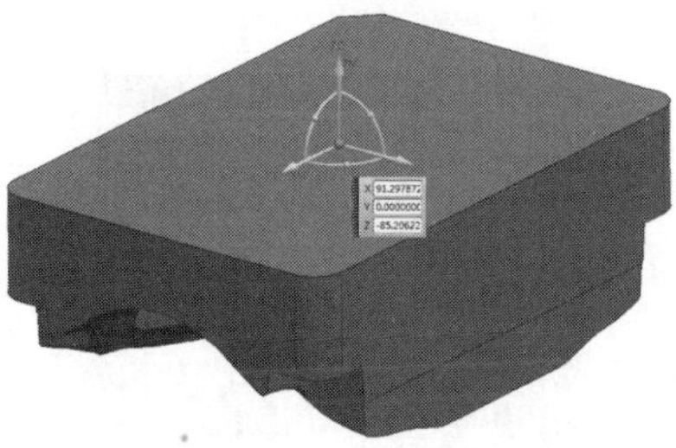

图 4-3-12　产品原点构建

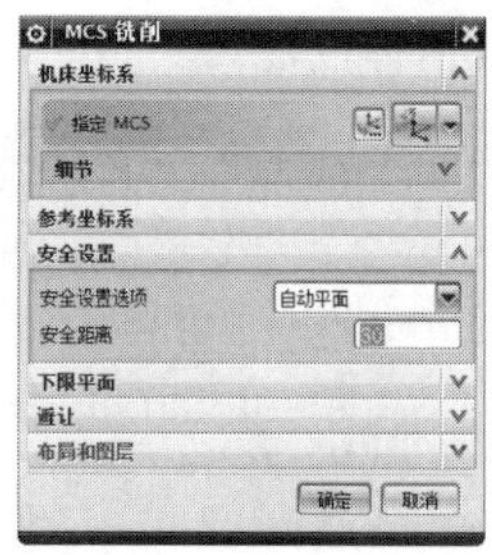

图 4-3-13　进行安全设置

（4）双击 WORKPIECE 按钮，弹出图 4-3-14 所示的“工件”对话框。单击按钮，弹出图 4-3-15 所示的“部件几何体”对话框，选中导入的保护盒型腔模型，单击“确定”按钮，完成部件几何体的设置。

图 4-3-14　“工件”对话框 1

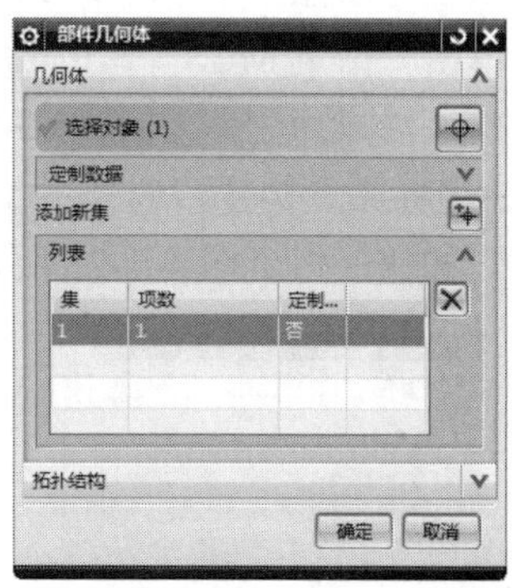

图 4-3-15　“部件几何体”对话框 1

单击按钮，弹出图 4-3-16 所示的“毛坯几何体”对话框，“类型”选择“包容块”。根据工艺要求，对毛坯 Z 方向进行 0.5mm 偏置，获得图 4-3-17 所示的毛坯体。

图 4-3-16 “毛坯几何体”对话框

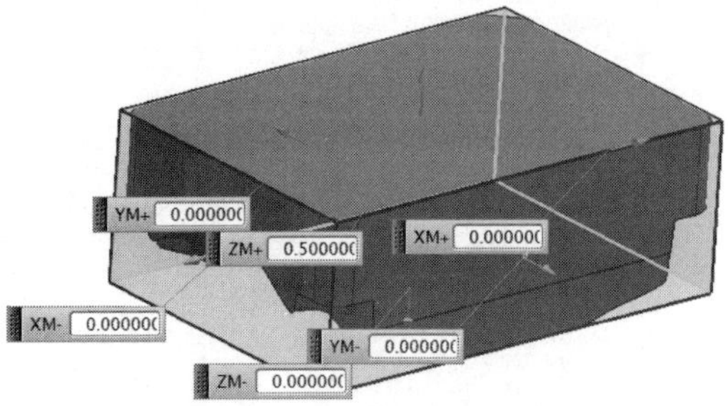

图 4-3-17 保护盒型腔毛坯体

（5）创建正面几何体。单击按钮，弹出图 4-3-18 所示的“创建几何体”对话框，在“类型”下拉列表中选择 mill_planar，子类型选择 MCS，名称修改为 MCS-A，完成坐标系几何体创建。

（6）单击按钮，弹出图 4-3-19 所示的“创建几何体”对话框，在“类型”下拉列表中选择 mill_planar，子类型选择 WORKPIECE，名称修改为 WORKPIECE_A，完成部件几何体创建。

图 4-3-18 创建坐标系几何体

图 4-3-19 创建部件几何体

（7）双击导航器中的 MCS-A 按钮，弹出图 4-3-20 所示的“MCS 铣削”对话框。

（8）单击“指定 MCS”后的按钮，弹出图 4-3-21 所示的 CSYS 对话框。单击“指定方位”后的按钮，在图 4-3-22 所示的“类型”下拉列表中选择“交点”选项，进行 MCS 坐标原点构建。选择模型底面两条相邻的边，系统自动捕捉端点位置，单击“确定”按钮，得到图 4-3-23 所示的 MCS 坐标系。

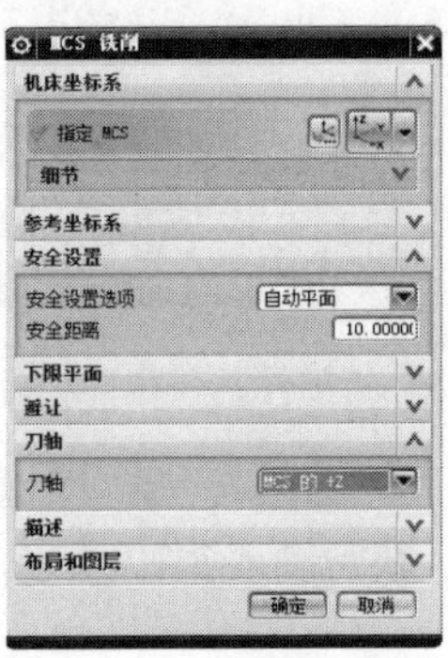

图 4-3-20 “MCS 铣削”对话框 2

图 4-3-21 CSYS 对话框 2

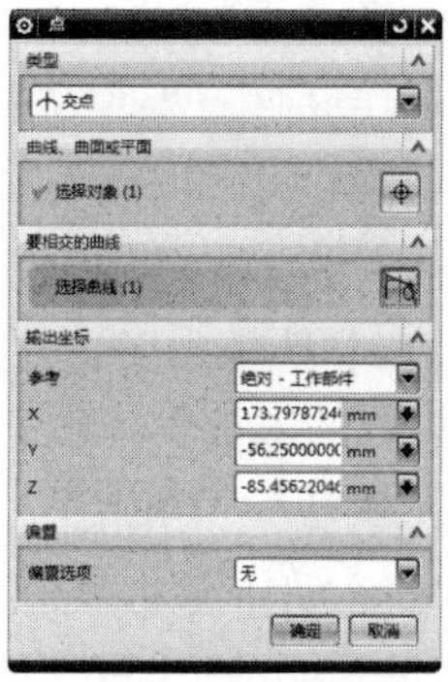

图 4-3-22　交点选择

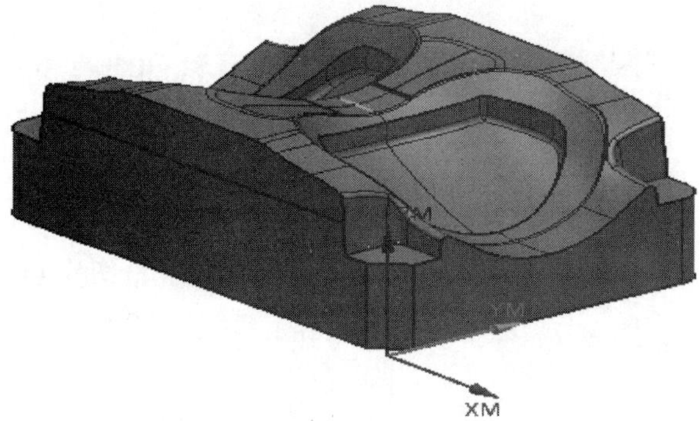

图 4-3-23　保护盒模型 MCS 坐标系

（9）双击 WORKPIECE_A 按钮，弹出图 4-3-24 所示的“工件”对话框。单击按钮，弹出图 4-3-25 所示的“部件几何体”对话框，选中导入的保护盒型腔模型，单击“确定”按钮，完成部件几何体的设置。

图 4-3-24　“工件”对话框 2

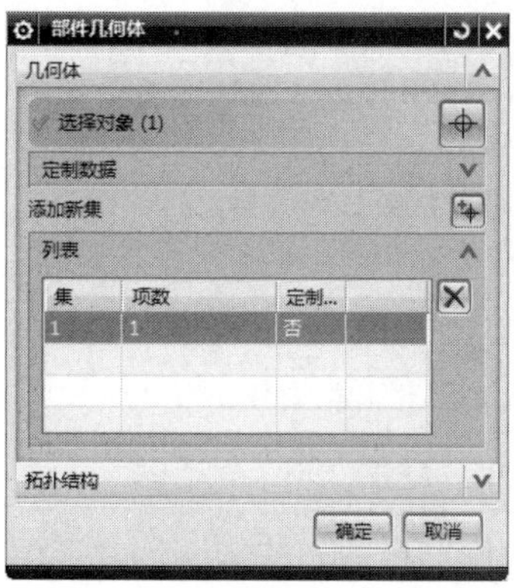

图 4-3-25　“部件几何体”对话框 2

单击按钮，弹出图 4-3-26 所示的“毛坯几何体”对话框，在“类型”下拉列表中选择“包容块”选项。根据工艺要求，对毛坯 Z 方向进行 0.5mm 偏置，获得图 4-3-27 所示的毛坯体。

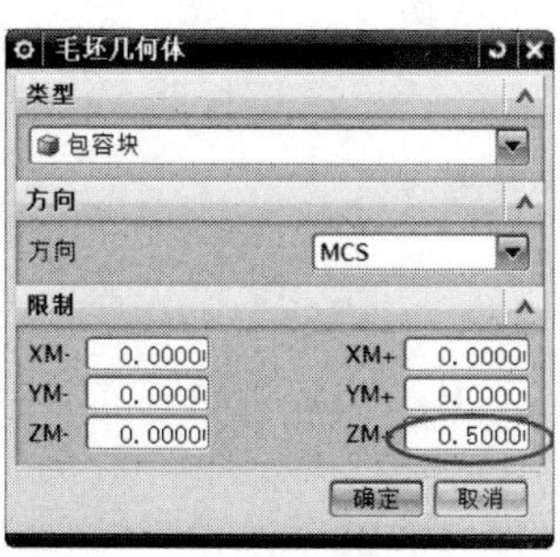

图 4-3-26　“毛坯几何体”对话框

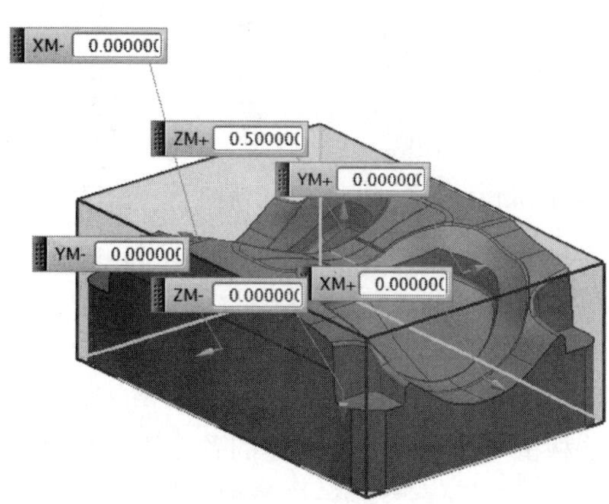

图 4-3-27　保护盒型腔毛坯体

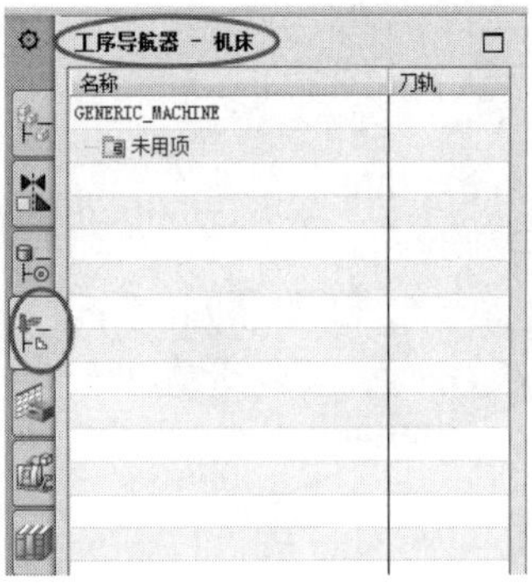

图 4-3-28 “工序导航器-机床”界面

2. 创建刀具

根据工艺要求，一共需要创建八把不同型号的刀具，这里创建其中的一把刀具，其他刀具请参考创建。

（1）在“工序导航器”工具条中单击按钮，导航器切换到图 4-3-28 所示的界面。

（2）单击工具条中的按钮，弹出图 4-3-29 所示的“创建刀具”对话框。创建图 4-3-30 所示的 D20R1 圆角立铣刀：输入直径为 20，下半径为 1，不同的刀具刀长和刃长应根据实际数据输入，刀具号为 1，单击“确定”按钮，完成 D20R1 圆角立铣刀的创建。

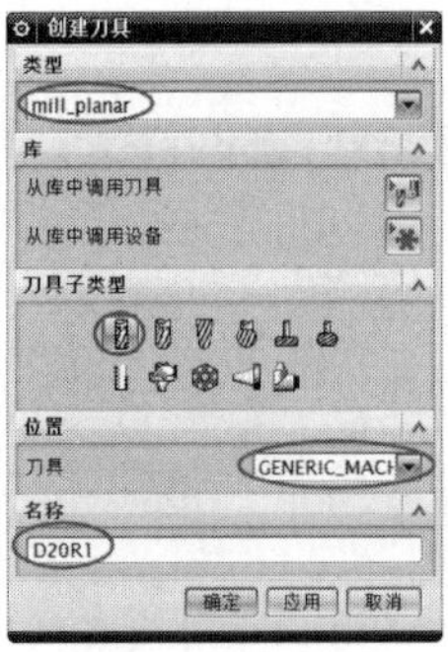

图 4-3-29 “创建刀具”对话框

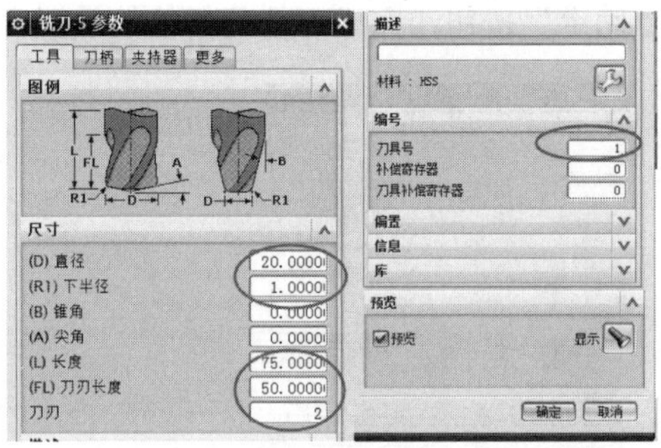

图 4-3-30 设置 D20R1 圆角立铣刀参数

（3）用同样的方法依次创建 D10R1、D6R1、D6、R3、R2.5、R1.5、R5 的立铣刀，如图 4-3-31 所示。

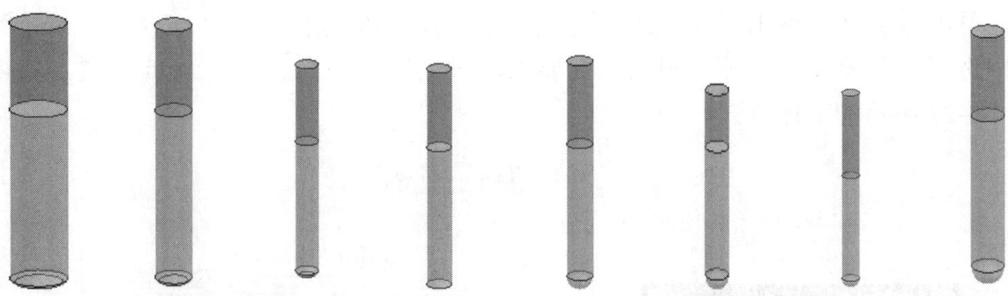

（a）D20R1　（b）D10R1　（c）D6R1　（d）D6　（e）R3　（f）R2.5　（g）R1.5　（h）R5

图 4-3-31 保护盒型腔 CAM 用刀具模型

3. 创建程序组

根据工艺安排需要创建三个程序大组，分别是 KC、BJ、JG，分别代表开粗、半精和精光加工。后续创建的各个工序分别归属于各个组别。

在“工序导航器-程序顺序”中单击按钮，弹出图 4-3-32 所示的“创建程序”对话框，类型的选择可以忽略，程序位置根据需要进行选择，这里保持默认，在“名称”文本框中输入 KC，单击“确定”按钮，完成 KC 程序组的创建。另外两个程序组请大家参考 KC 的创建方法。创建程序组时有两次对话框弹出，其中第二个对话框用来输入编程人员信息，如工号等，这里直接单击“确定”按钮，将设置忽略。创建好的三个程序组如图 4-3-33 所示。

图 4-3-32　“创建程序”对话框

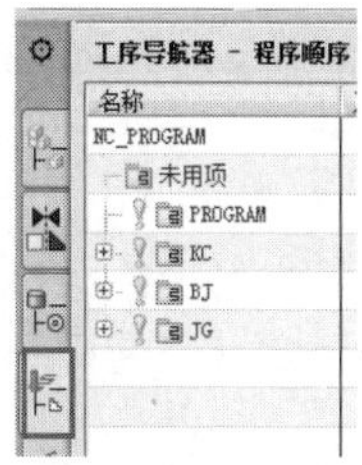

图 4-3-33　创建好的三个程序组

4.3.3　保护盒型腔零件 CAM——开粗与补开粗

1. 保护盒型腔零件反面倒角开粗加工

（1）创建深度轮廓加工工序。单击工具条中的按钮，弹出“创建工序”对话框，如图 4-3-34 所示。在“类型”下拉列表中选择 mill_contour 选项；单击按钮；程序选择 KC，刀具选择 D20R1 圆角立铣刀，几何体选择 WORKPIECE；程序名称保持默认不变，目的是在以后的程序检查中能通过程序名称判断出铣削工序的子类型。单击“确定”按钮，弹出“深度轮廓加工”对话框。

微课：第 3 步　保护盒型腔零件反面倒角加工

（2）几何体设置——指定切削区域。在“深度轮廓加工”对话框“几何体”选项区域中单击按钮，选择图 4-3-35 所示的倒角区域为切削区域。

图 4-3-34　“创建工序”对话框 1

图 4-3-35　指定倒角区域为切削区域

（3）设置刀轨基本参数。由于是垂直侧壁，并且余量不大，因此将每刀最大深度设置为 0.5mm。刀轨基本参数设置如图 4-3-36 所示。

（4）设置切削层。单击按钮，弹出图 4-3-37 所示的“切削层”对话框。选择模型底面为切削层最顶层，如图 4-3-38 所示。

（5）设置切削参数。单击按钮，弹出“切削参数”对话框，如图 4-3-39 所示。在“策略”选项卡中设置“切削方向”为“混合”，“切削顺序”为“深度优先”；为了超量加工，选中“在边上延伸”复选框，“距离”设置为 2mm，保证正面加工时倒角处接刀不留余量。单击“确定”按钮，完成策略设置。

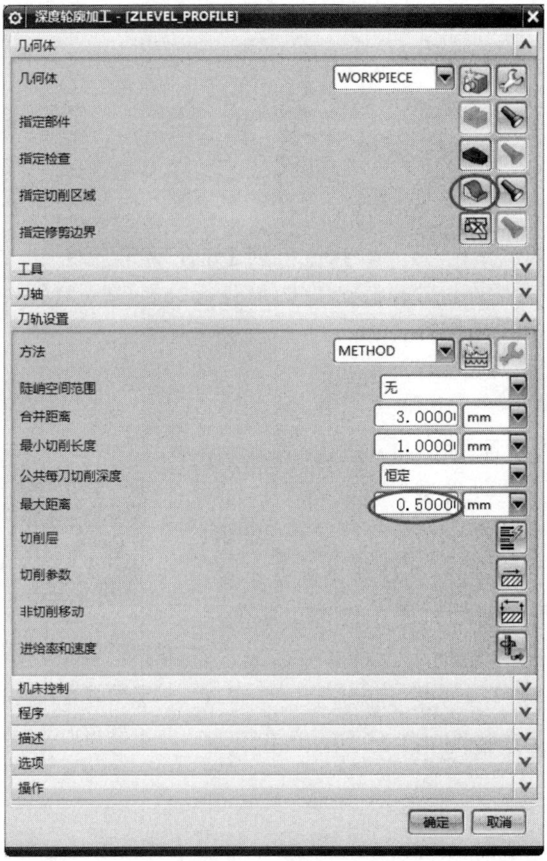

图 4-3-36 设置刀轨基本参数

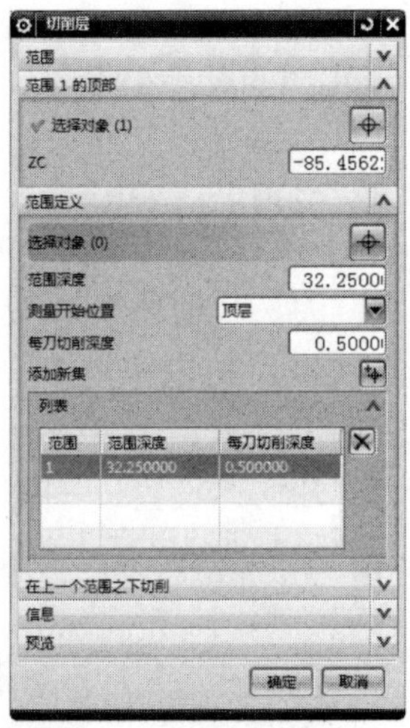

图 4-3-37 “切削层”对话框

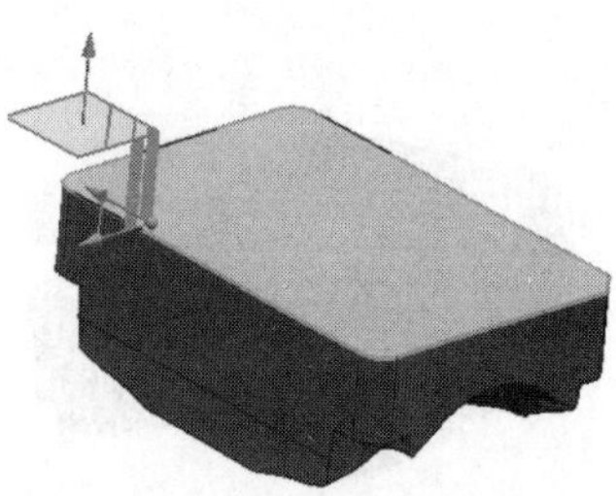

图 4-3-38 选择切削层最底面

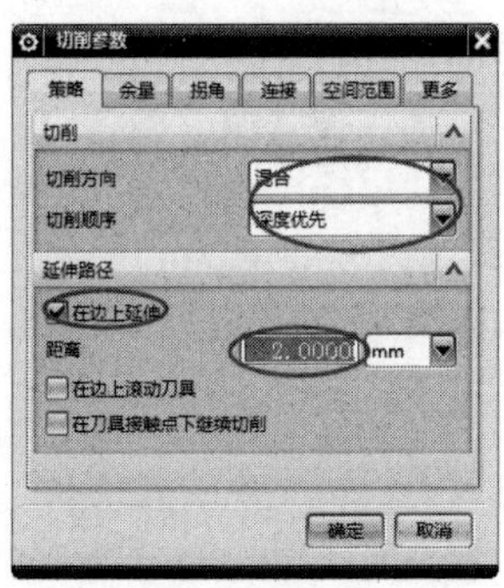

图 4-3-39 “策略”选项卡 1

在图 4-3-40 所示的“余量”选项卡中，选中“使底面余量与侧面余量一致”复选框，设置部件侧面余量为-0.05mm，保证装配间隙，完成余量设置。

在图 4-3-41 所示的“连接”选项卡中，设置“层到层”连接方式为“直接对部件进刀”。其他参数默认不变，单击“确定”按钮，完成切削参数设置，返回上一级对话框。

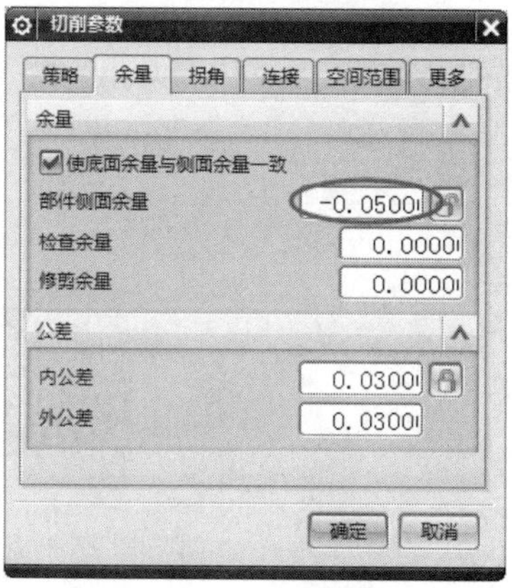

图 4-3-40　“余量”选项卡 1

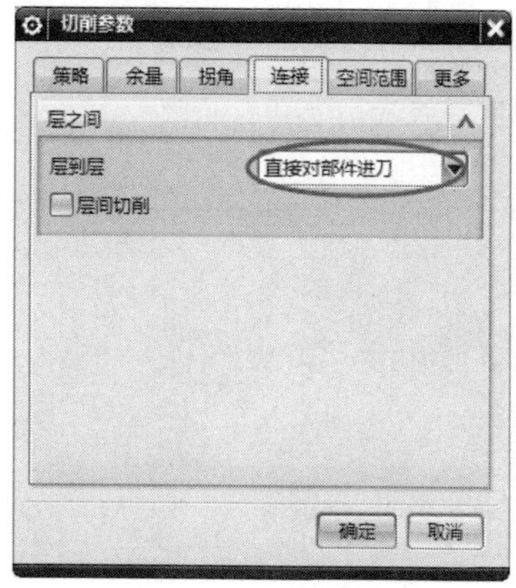

图 4-3-41　“连接”选项卡 1

（6）设置进给率和速度参数：单击按钮，弹出“进给率和速度”对话框，如图 4-3-42 所示。选中“主轴速度”复选框，设置转速为 1500（单位为 r/min）；单击按钮，系统自动计算表面速度与每齿进给量；设置进给率为 2500mm/min。单击“确定”按钮，完成进给率和速度设置。

（7）生成反面倒角开粗刀轨。单击“型腔铣”对话框最底部的按钮，系统自动完成保护盒型腔反面倒角开粗刀轨的计算，刀轨效果如图 4-3-43 所示。

图 4-3-42　“进给率和速度”对话框 1

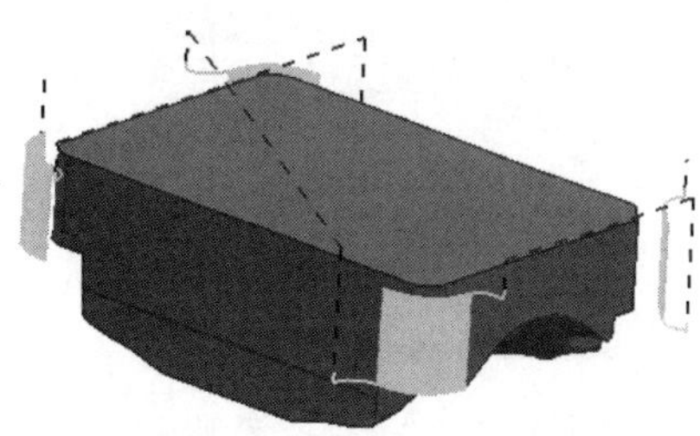

图 4-3-43　保护盒型腔反面倒角开粗刀轨效果

2. 保护盒型腔正面零件整体开粗加工

（1）创建基本型腔铣工序。单击工具条中的按钮，弹出“创建工序”对话框，如图 4-3-44 所示。在“类型”下拉列表中选择 mill_contour 选项；单击按钮；“刀具”选择 D20R1（用于开粗），“几何体”选择 WORKPIECE_A。单击“确定”按钮，弹出“型腔铣”对话框，如图 4-3-45 所示。

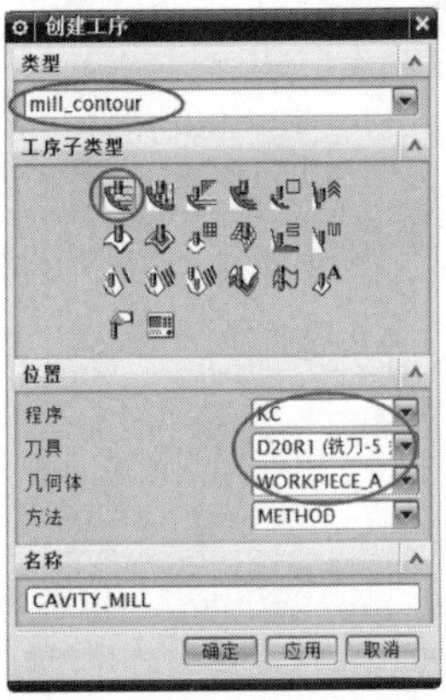

图 4-3-44 “创建工序”对话框 2

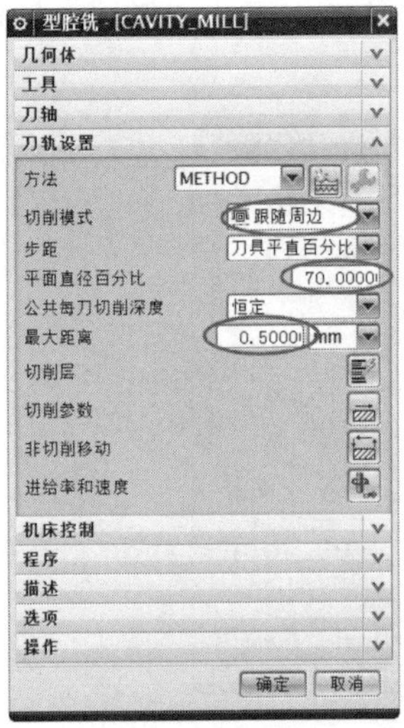

图 4-3-45 “型腔铣”对话框 1

微课：第 4 步 保护盒型腔零件正面整体开粗

（2）设置刀轨基本参数。在“刀轨设置”选项区域中，设置“切削模式”为“跟随周边”，“步距”为刀具直径 70%，“最大距离”为 0.5mm，完成刀轨基本参数设置。

（3）设置切削参数。单击按钮，弹出“切削参数”对话框，如图 4-3-46 所示。在“策略”选项卡中设置“切削方向”为“顺铣”，“切削顺序”为“深度优先”，“刀路方向”为“向内”；选中“岛清根”复选框，清根方式为自动。

在图 4-3-47 所示的“余量”选项卡中，设置侧面余量为 0.3mm，底部余量为 0.2mm。其他参数保持不变，单击“确定”按钮，完成切削参数设置。

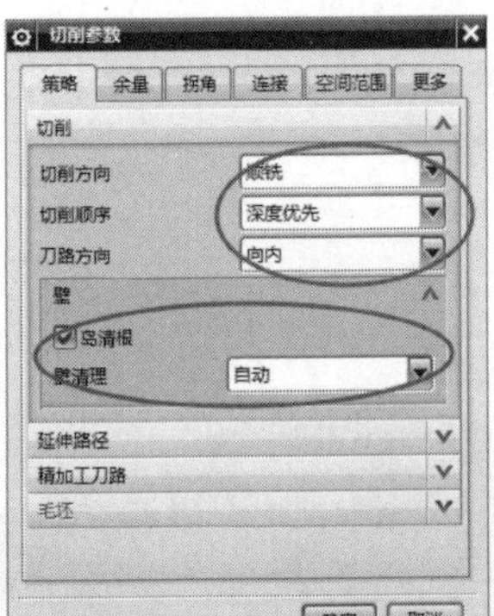

图 4-3-46 “策略”选项卡 2

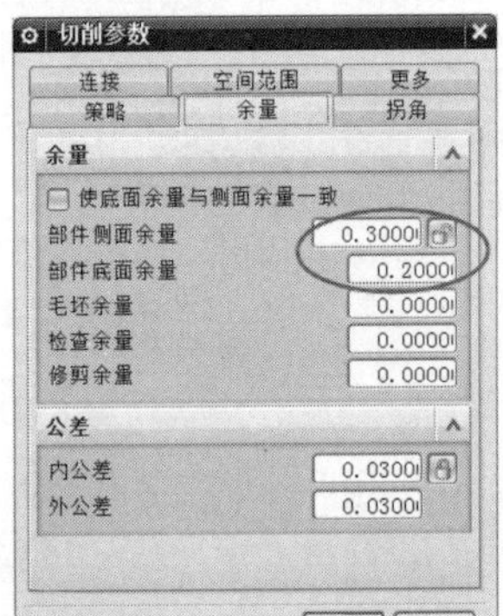

图 4-3-47 “余量”选项卡 2

（4）设置非切削移动参数。单击按钮，弹出图 4-3-48 所示的“非切削移动”对话框。在 “进刀”选项卡中修改进刀方式，首先设置封闭区域“进刀类型”为“螺旋”，“斜坡角”为 3°，“高度”为 1mm，“最小斜面长度”为 0%刀具；然后设置开放区域“进刀类型”为“圆弧”，“半径”为刀具直径 55%，“高度”为 1mm。在图 4-3-49 所示的“转移/快速”选项卡中，设置区域之间和区域内的“转移类型”为“毛坯平面”，“安全距离”为 3mm。其他选项卡默认不变，单击“确定”按钮，完成非切削移动设置。

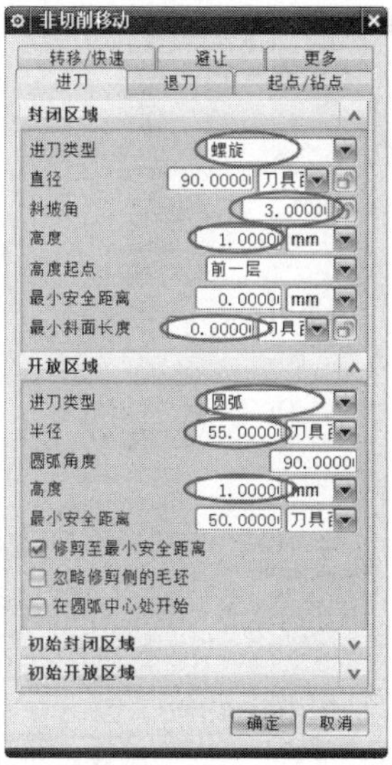

图 4-3-48　“进刀”选项卡 1

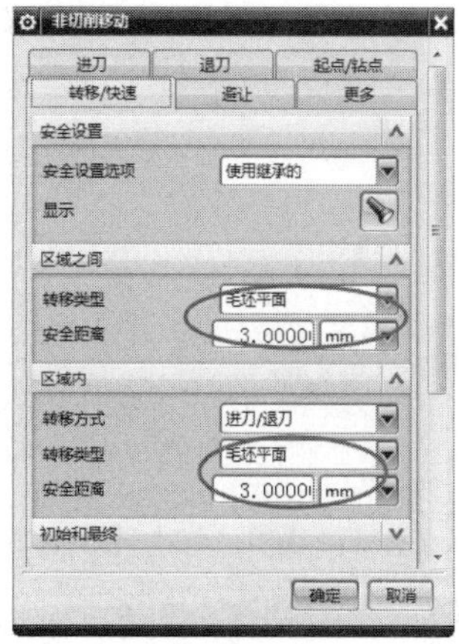

图 4-3-49　“转移/快速”选项卡 1

（5）设置进给率和速度参数。单击按钮，弹出“进给率和速度”对话框，如图 4-3-50 所示。选中“主轴速度”复选框，设置转速为 2000（单位为 r/min）；单击按钮，系统自动计算表面速度与每齿进给量；设置进给率为 2500mm/min。单击“确定”按钮，完成进给率和速度设置。

（6）生成整体开粗刀轨。单击“型腔铣”对话框最底部的按钮，系统自动完成保护盒型腔整体开粗刀轨的计算，刀轨效果如图 4-3-51 所示。

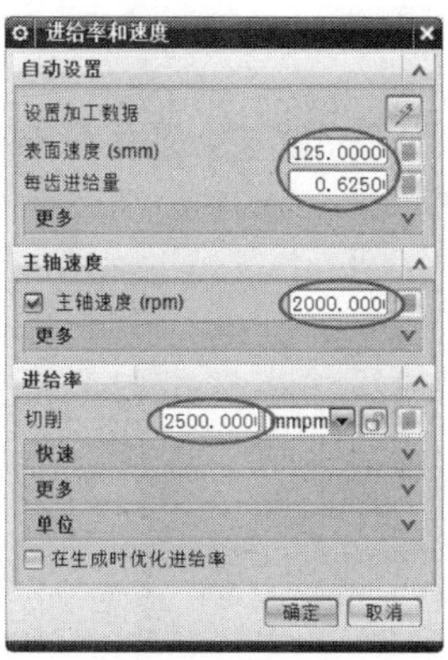

图 4-3-50　“进给率和速度”对话框 2

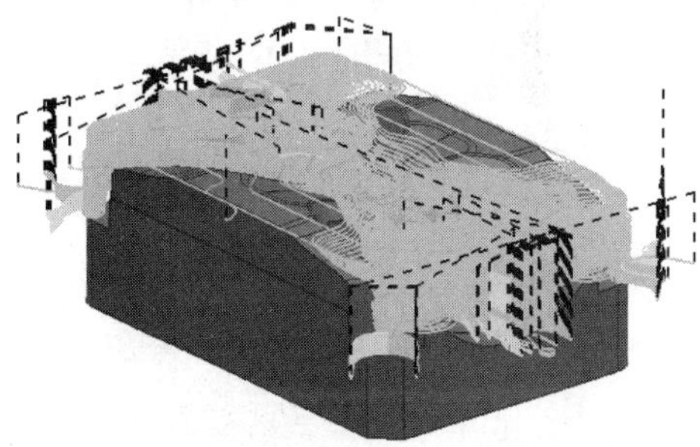

图 4-3-51　保护盒型腔整体开粗刀轨效果

3. 保护盒型腔二次开粗加工

二次开粗的目的是对整体开粗后的残料再次加工，减少残料。

（1）创建二次开粗工序。在“工序导航器-程序顺序”中选中并复制 CAVITY_MILL，粘贴后得到图 4-3-52 所示的工序。二次开粗工序就在该工序基础上进行设置。

（2）设置二次补开刀具。双击 CAVITY_MILL_COPY，弹出“型腔铣”对话框，“刀具”选择 D10R1，如图 4-3-53 所示。

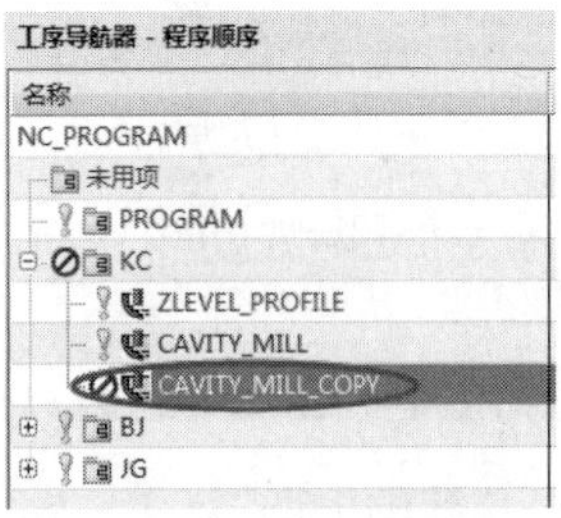

图 4-3-52　复制整体开粗刀轨

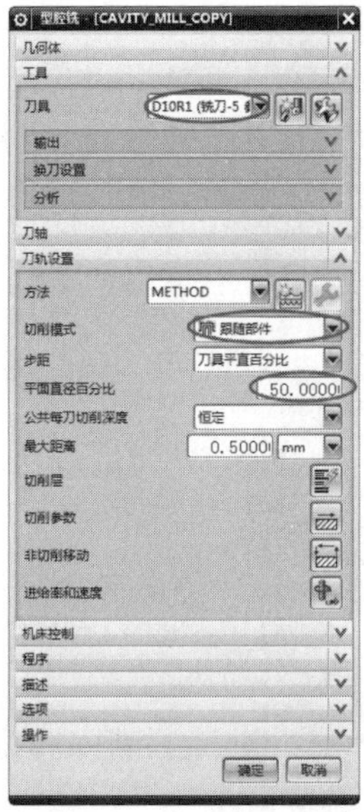

图 4-3-53　“型腔铣”对话框 2

微课：第 5 步　保护盒型腔零件正面二次补开粗

（3）设置刀轨基本参数。由于二次补开粗选用刀具为 D10R1，刀具直径减小，刚性降低，因此“切削模式”选择“跟随部件”，“步距”修改为刀具直径 50%。

（4）设置切削参数。单击按钮，弹出“切削参数”对话框。在图 4-3-54 所示的“连接”选项卡中设置“开放刀路”为“变换切削方向”；在图 4-3-55 所示的“空间范围”选项卡中，“参考刀具”选择开粗的 D20R1，设置“重叠距离”为 1mm。其余参数保持默认，单击“确定”按钮，完成切削参数设置。

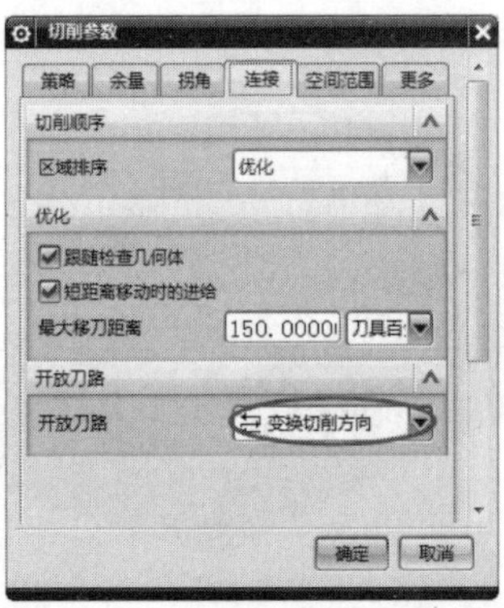

图 4-3-54　“连接”选项卡 2

图 4-3-55　“空间范围”选项卡 1

（5）设置进给率和速度参数。单击按钮，弹出“进给率和速度”对话框，如图 4-3-56 所示。选中“主轴速度”复选框，设置转速为 3500（单位为 r/min）；单击按钮，系统自动计算表面速度与每齿进给量；设置进给率为 2500mm/min。单击“确定”按钮，完成进给率和速度设置。

（6）生成二次开粗刀轨。单击按钮，系统自动完成保护盒型腔二次开粗刀轨的计算，刀轨效果如图 4-3-57 所示。

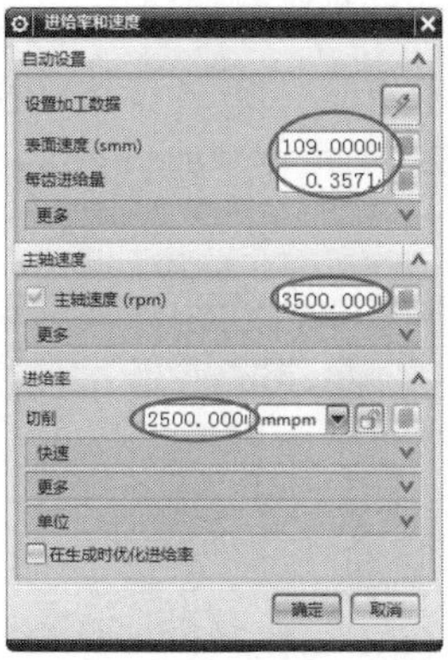

图 4-3-56　“进给率和速度”对话框 3

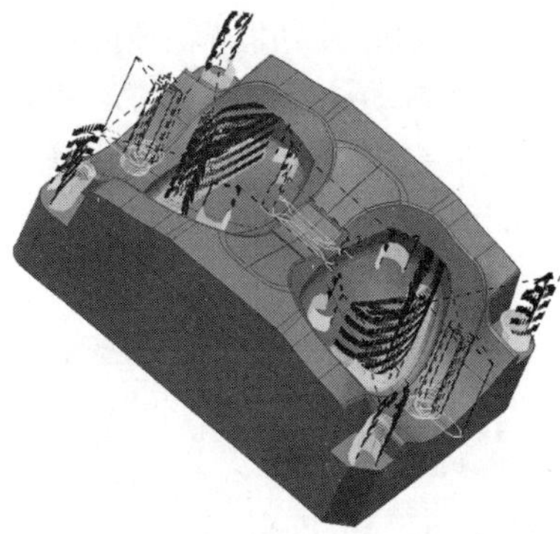

图 4-3-57　保护盒型腔二次开粗刀轨效果

4. 保护盒型腔三次开粗加工

由于二次补开后余量还比较大，因此设置三次开粗，再次减少残料。

（1）创建三次开粗工序。在“工序导航器-程序顺序”中选中并复制 CAVITY_MILL_COPY，粘贴后得到图 4-3-58 所示的工序。三次开粗工序就在该工序基础上进行设置。

（2）设置三次补开刀具：双击 CAVITY_MILL_COPY_COPY，弹出“型腔铣”对话框，刀具选择 D6R1，如图 4-3-59 所示。

图 4-3-58　复制二次开粗刀轨

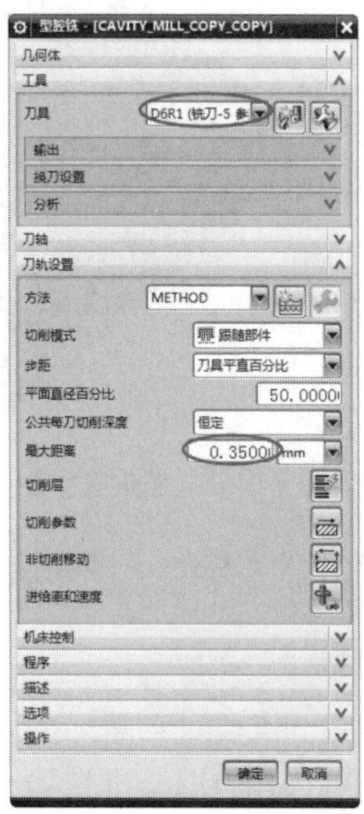

图 4-3-59　“型腔铣”对话框 3

微课：第 6 步　保护盒型腔零件三次补开

（3）设置刀轨基本参数。由于三次补开粗选用刀具为 D6R1，刀具直径减小，刚性降低，因此设置每刀最大深度为 0.35mm。

（4）设置切削参数。单击按钮，弹出“切削参数”对话框。在图 4-3-60 所示的“空间范围”选项卡中，参考刀具选择开粗的 D10R1。其余参数保持默认，单击“确定”按钮，完成切削参数设置。

（5）设置进给率和速度参数。单击按钮，弹出“进给率和速度”对话框，如图 4-3-61 所示。选中“主轴速度”复选框，设置转速为 5000（单位为 r/min）；单击按钮，系统自动计算表面速度与每齿进给量；设置进给率为 2000mm/min。单击“确定”按钮，完成进给率和速度设置。

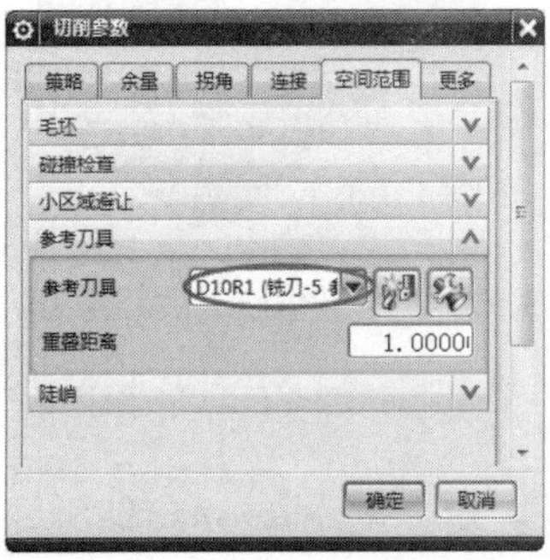

图 4-3-60 “空间范围”选项卡 2

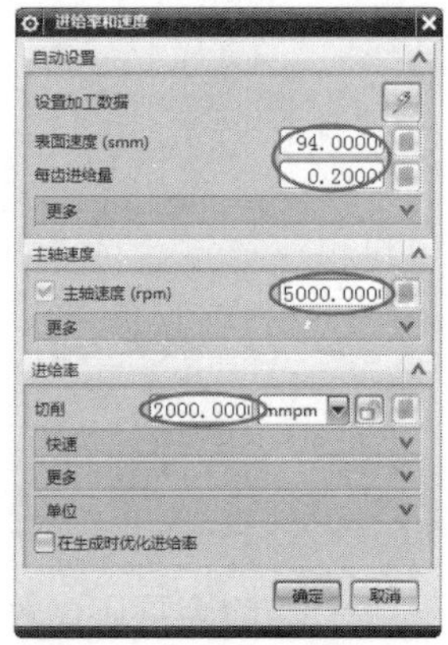

图 4-3-61 “进给率和速度”对话框 4

（6）生成三次开粗刀轨：单击按钮，系统自动完成保护盒型腔三次开粗刀轨的计算，刀轨效果如图 4-3-62 所示。

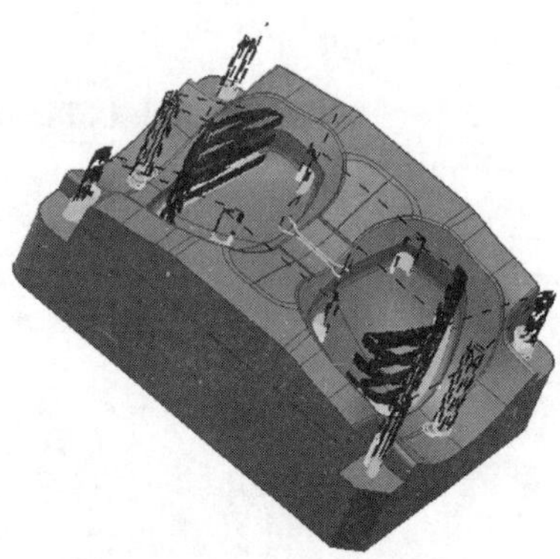

图 4-3-62 保护盒型腔三次开粗刀轨效果

4.3.4 保护盒型腔零件 CAM——半精加工

1. 半精程序组创建

在创建工序的过程中，需要对半精加工进行更为细化的分类，所以可以在半精加工程序组中继续创建子程序组，用于半精加工刀轨的细化与分类。在半精加工时，根据铣削位置进行分类，分为 BJ1 和 BJ2 两个程序组，BJ1 中的工序用于铣削侧壁，BJ2 中的工序用于铣削曲面。

（1）创建 BJ1 程序组：右击 BJ 程序组，在弹出的快捷菜单中选择“插入程序组”命令，得到图 4-3-63 所示的 BJ1 程序组。它存在于 BJ 程序组下，属于 BJ 程序组的子程序组。

（2）创建 BJ2 程序组：通过复制 BJ1 程序组，得到图 4-3-64 所示的 BJ2 程序组。

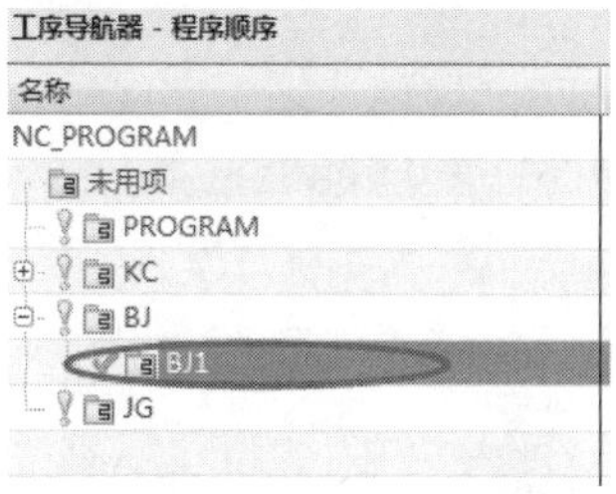

图 4-3-63　创建 BJ1 程序组

图 4-3-64　创建 BJ2 程序组

2. 保护盒型腔零件虎口侧壁半精加工

（1）创建深度轮廓铣工序。单击按钮，弹出“创建工序”对话框，如图 4-3-65 所示。在“类型”下拉列表中选择 mill_contour 选项；单击按钮；“程序”选择 BJ1，“刀具”选择 D6R1，“几何体”选择 WORKPIECE_A；程序名称默认不变。单击“确定”按钮，弹出“深度轮廓加工”对话框。

（2）几何体设置——指定切削区域。在“深度轮廓加工”对话框“几何体”选项区域中单击按钮，选择图 4-3-66 所示的倒角区域为切削区域。

图 4-3-65　“创建工序”对话框 3

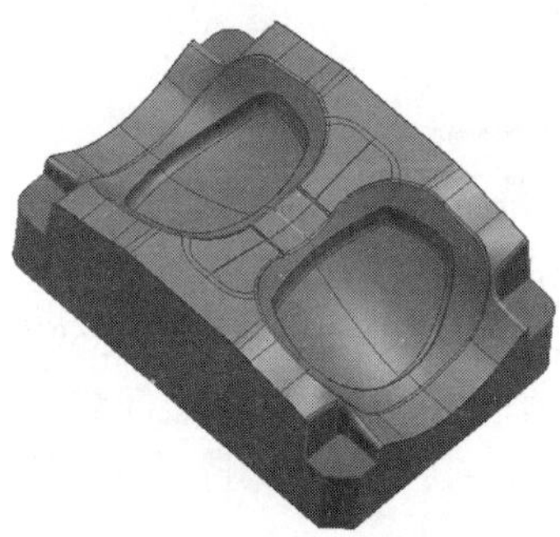

图 4-3-66　指定图中倒角区域为切削区域

微课：第 7 步　保护盒型腔零件半精加工

（3）设置刀轨基本参数。如图 4-3-67 所示，在“刀轨设置”选项区域中设置“最小切削长度”为 0mm，保证所选区域全部切削；设置每刀“最大距离”为 0.25mm。

（4）设置切削参数：在“切削参数”对话框中主要对策略、余量和连接选项卡进行设置。单击按钮，弹出“切削参数”对话框，在图 4-3-68 所示的“策略”选项卡中，设置“切削方向”为“混合”，“切削顺序”为“深度优先”，选中“在边上延伸”复选框，“距离”设置为 2mm；在图 4-3-69 所示的“余量”选项卡中，选中“使底面余量与侧面余量一致”复选框，将“部件侧面余量”设置为 0.1mm。

在图 4-3-70 所示的“连接”选项卡中，设置“层到层”转移方式为“直接对部件进刀”，选中“在层之间切削”复选框，“步距”设置为“恒定”，“最大距离”设置为 2.5mm。其他参数保持不变，单击“确定”按钮，完成切削参数设置。

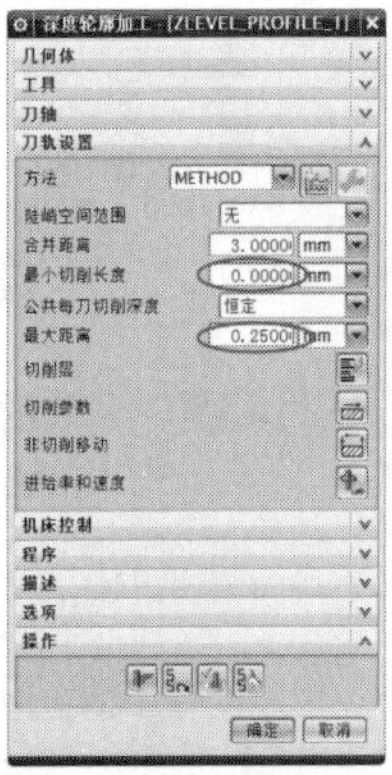

图 4-3-67 设置刀轨基本参数

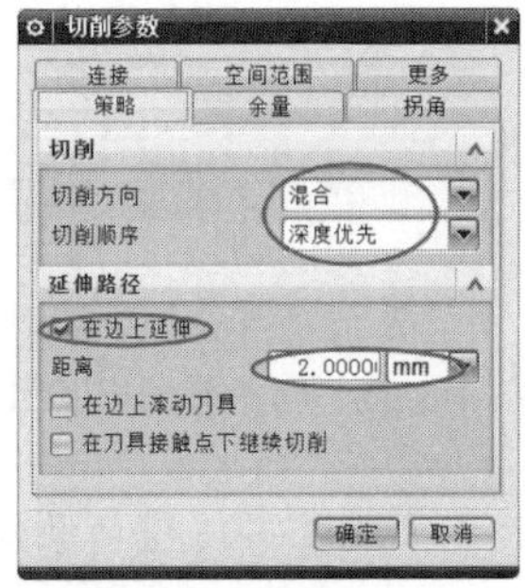

图 4-3-68 “策略”选项卡 3

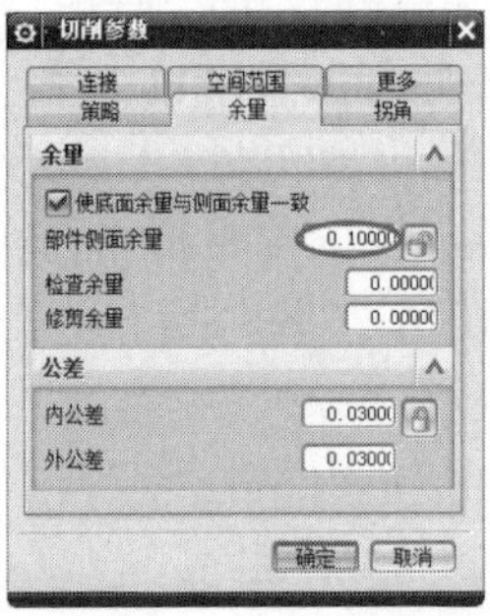

图 4-3-69 “余量”选项卡 3

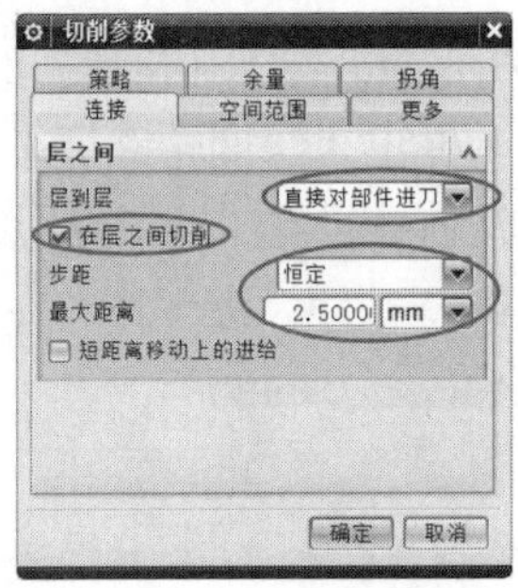

图 4-3-70 “连接”选项卡 3

（5）设置非切削移动：在图 4-3-71 所示的“进刀”选项卡中，设置开放区域的“进刀类型”为“圆弧”，“半径”为刀具半径 55%，“高度”为 1mm；在图 4-3-72 所示的“转移/快速”选项卡中，设置区域之间和区域内的“转移类型”为“毛坯平面”，“安全距离”为 3mm。其余参数保持不变，单击“确定”按钮，完成非切削移动参数设置。

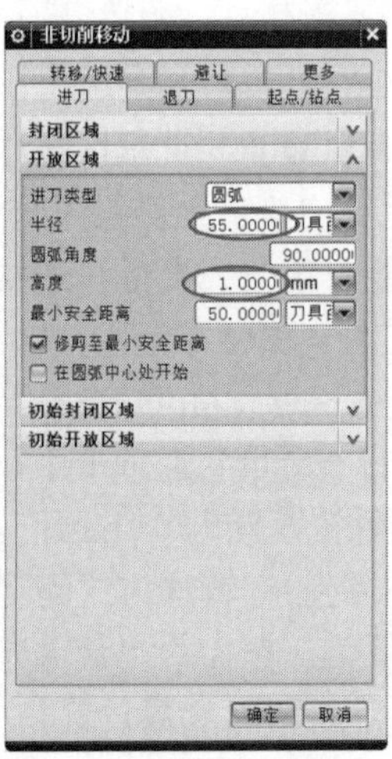

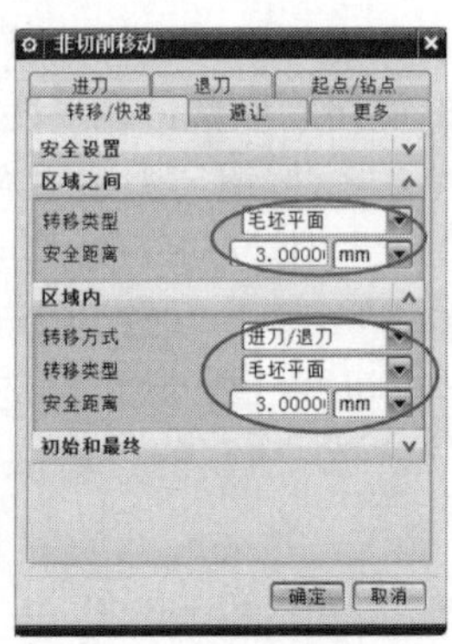

图 4-3-71 “进刀”选项卡 2

图 4-3-72 “转移/快速”选项卡 2

（6）设置进给率和速度参数。单击按钮，弹出“进给率和速度”对话框，如图 4-3-73 所示。选中“主轴速度”复选框，设置转速为 6500（单位为 r/min）；单击按钮，系统自动计算表面速度与每齿进给量；设置进给率为 2000mm/min。单击“确定”按钮，完成进给率和速度设置。

（7）生成虎口侧壁半精加工刀轨。单击按钮，系统自动完成保护盒虎口侧壁半精加工刀轨的计算，刀轨效果如图 4-3-74 所示。

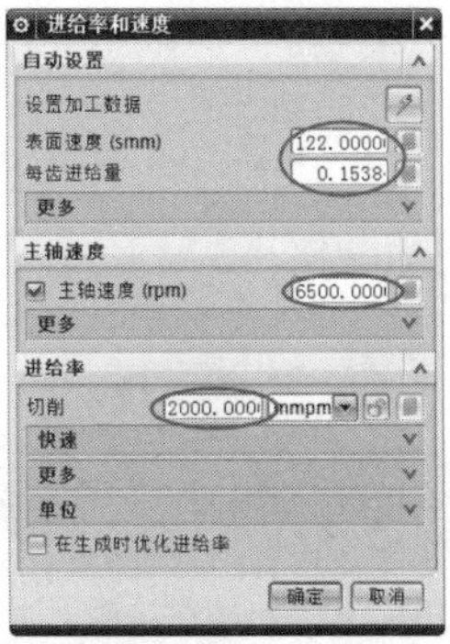

图 4-3-73　“进给率和速度”对话框 5

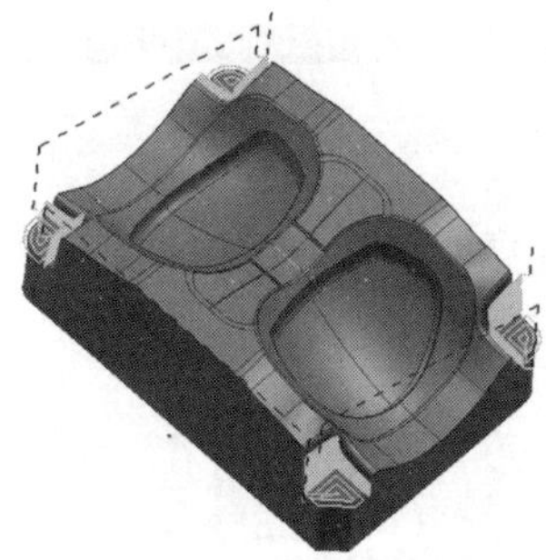

图 4-3-74　虎口侧壁半精加工刀轨效果

3. 保护盒型腔零件正面避空位半精加工

（1）创建工序。在“工序导航器-程序顺序”中选中并复制 ZLEVEL_PROFILE_1，粘贴后得到图 4-3-75 所示的工序。正面避空位加工工序就在该工序基础上进行设置。

（2）几何体设置——指定切削区域。在“几何体”选项区域中单击按钮，选择图 4-3-76 所示的保护盒型腔正面避空位作为切削区域，完成几何体设置。

图 4-3-75　在 BJ1 中复制工序

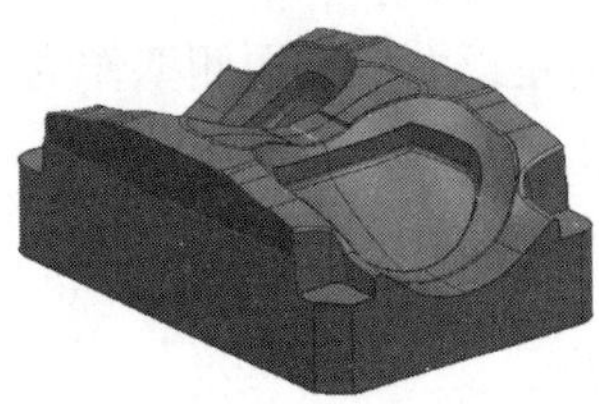

图 4-3-76　指定正面避空位为切削区域

微课：第 8 步　保护盒型腔零件避空位加工

（3）设置刀轨基本参数。在图 4-3-77 所示的“深度轮廓加工”对话框中设置每刀最大距离为 3mm，完成刀轨基本参数设置。

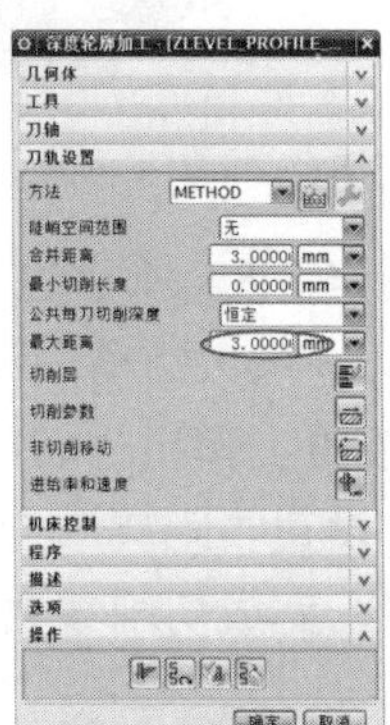

图 4-3-77　设置每刀最大距离

（4）设置切削参数。单击按钮，弹出“切削参数”对话框。对图 4-3-78 所示的“余量”选项卡进行设置：将部件侧面余量设置为 0，同时更改内、外公差均为 0.01mm。其余参数保持不变，单击“确定”按钮，完成切削参数设置。

（5）生成正面避空位半精加工刀轨。单击按钮，系统自动完成保护盒型腔正面避空位半精加工刀轨的计算，刀轨效果如图 4-3-79 所示。

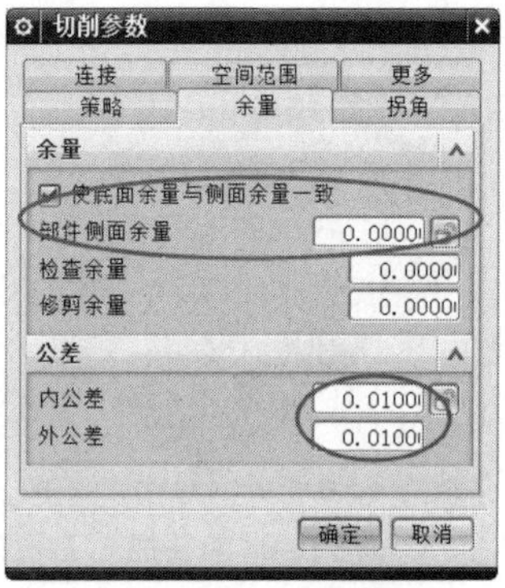

图 4-3-78 “余量”选项卡 4

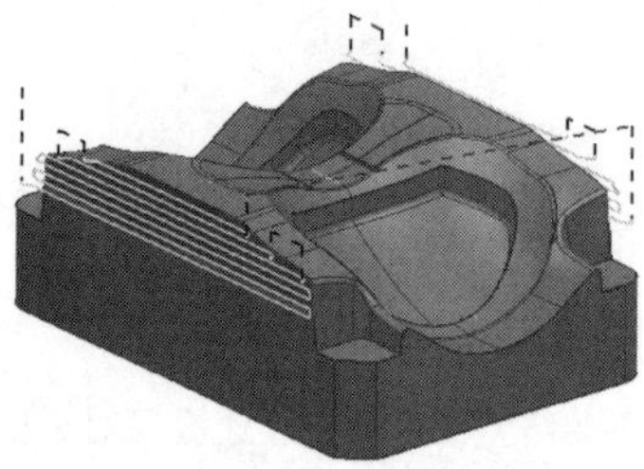

图 4-3-79 正面避空位半精加工刀轨效果

4. 保护盒型腔零件正面成型面侧壁半精加工

（1）创建工序。在“工序导航器-程序顺序”中选中并复制 ZLEVEL_PROFILE_1，粘贴后得到图 4-3-80 所示的工序。正面成型面侧壁半精加工工序就在该工序基础上进行设置。

（2）几何体设置——指定切削区域。在“几何体”选项区域中单击按钮，选择图 4-3-81 所示的保护盒型腔正面成型面侧壁作为切削区域，完成几何体设置。

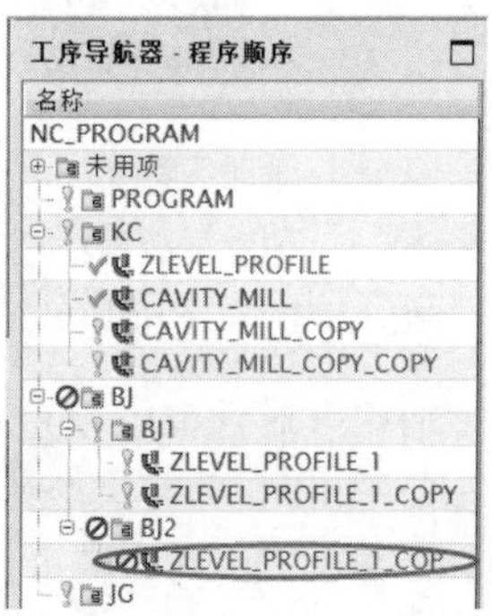

图 4-3-80 在 BJ2 中复制工序

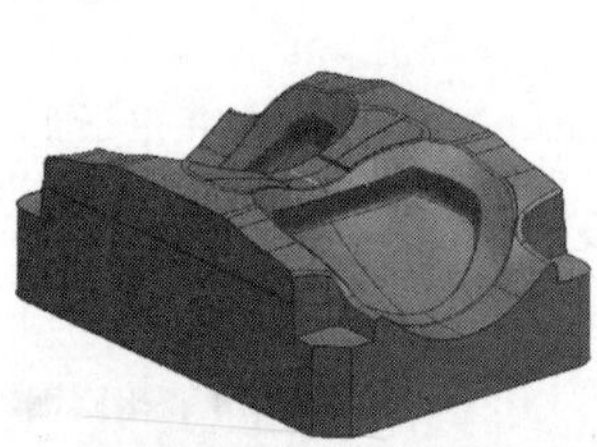

图 4-3-81 指定正面成型面侧壁切削区域

微课：第 9 步 保护盒型腔零件成型面侧壁半精加工

（3）设置刀轨基本参数。在图 4-3-82 所示的“深度轮廓加工”对话框中，选择刀具为 R3 的球头立铣刀，设置每刀“最大距离”为 0.2mm，完成刀轨基本参数设置。

（4）设置切削参数。单击按钮，弹出“切削参数”对话框，在“策略”选项卡中选中“在边上延伸”复选框，设置“距离”为 0.5mm，如图 4-3-83 所示。其余参数保持不变，单击“确定”按钮，完成切削参数设置。

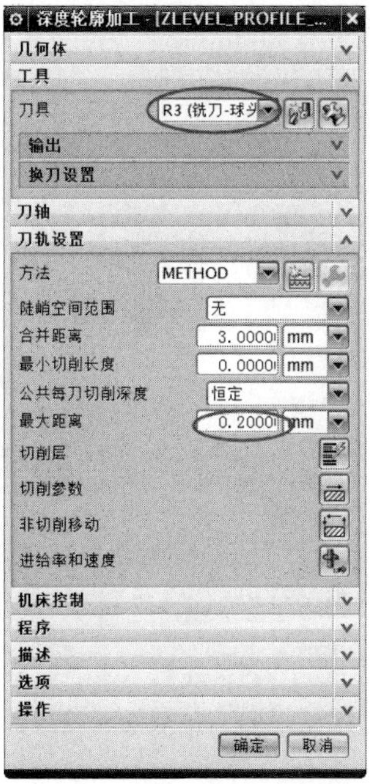

图 4-3-82 设置刀轨基本参数

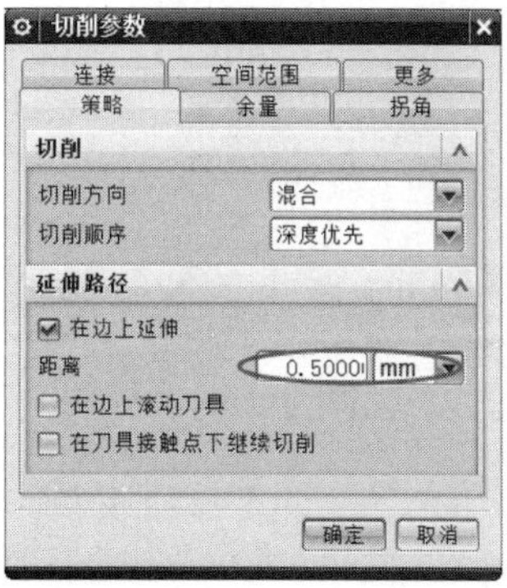

图 4-3-83 “策略”选项卡 4

（5）生成正面成型面侧壁半精加工刀轨。单击按钮，系统自动完成保护盒型腔正面成型面侧壁半精加工的计算，刀轨效果如图 4-3-84 所示。

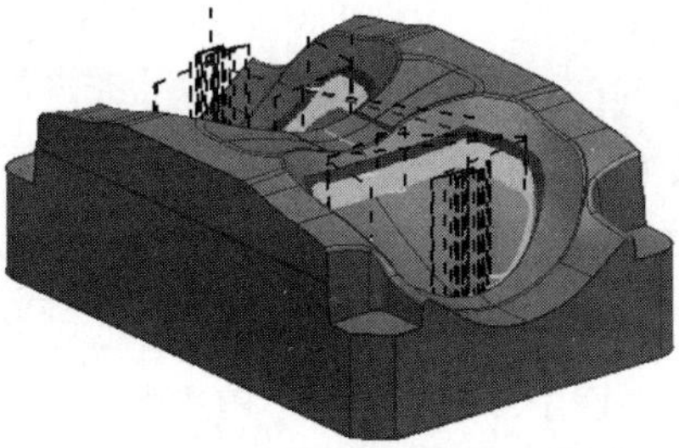

图 4-3-84 正面成型面侧壁半精加工刀轨效果

5. 保护盒型腔零件正面分型面半精加工

（1）创建区域轮廓铣工序。单击工具条中的按钮，弹出“创建工序”对话框，如图 4-3-85 所示。在“类型”下拉列表中选择 mill_contour 选项；单击按钮；“程序”选择 BJ2，“刀具”选择 R3（用于半精正面分型面加工），“几何体”选择 WORKPIECE_A。

（2）几何体设置——指定切削区域。在图 4-3-86 所示的“区域轮廓铣”对话框“几何体”选项区域中单击按钮，选择图 4-3-87 所示的曲面为加工区域。

（3）设置驱动方法。单击按钮，弹出图 4-3-88 所示的“区域铣削驱动方法”对话框，设置“非陡峭切削模式”为“往复”，“步距”为“恒定”，“最大距离”为 0.5mm，指定“剖切角”，“与 XC 的夹角”为 45°。单击“确定”按钮，完成驱动方法设置。

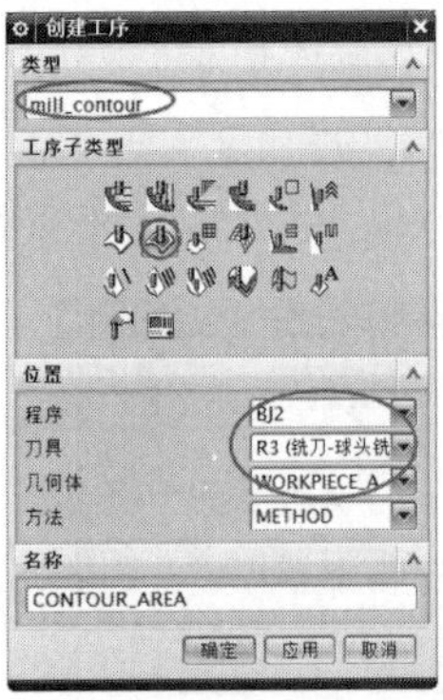

图 4-3-85 “创建工序”对话框 4

图 4-3-86 指定切削区域

微课：第 10 步 保护盒型腔零件分型面半精加工

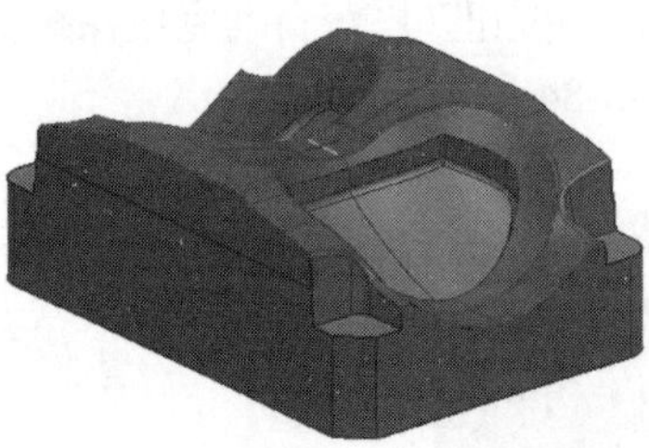

图 4-3-87 指定曲面为切削区域

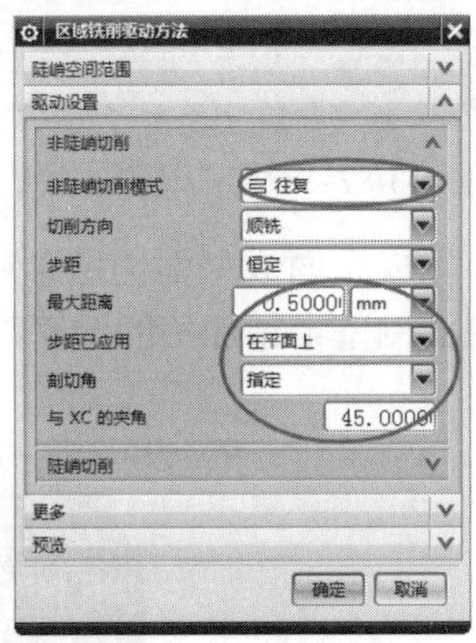

图 4-3-88 “区域铣削驱动方法”对话框

（4）设置切削参数。在“切削参数”对话框中主要对策略和余量选项卡进行设置。单击按钮，弹出“切削参数”对话框，在图 4-3-89 所示的“策略”选项卡中，选中“在边上延伸”复选框，设置“距离”为 1mm；在图 4-3-90 所示的“余量”选项卡中，选中“使底面余量与侧壁余量一致”复选框，将“部件余量”设置为 0.1mm。其他参数保持不变，单击“确定”按钮，完成切削参数设置。

图 4-3-89 “策略”选项卡 5

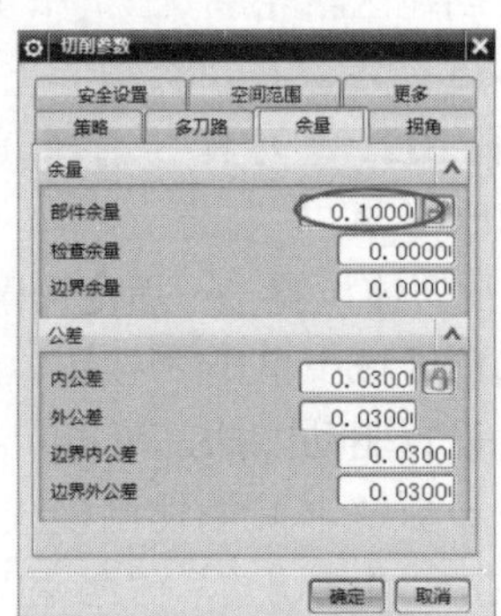

图 4-3-90 “余量”选项卡 5

（5）设置进给率和速度参数。单击按钮，弹出“进给率和速度”对话框，如图 4-3-91 所示。选中“主轴速度”复选框，设置转速为 6000（单位为 r/min）；单击按钮，系统自动计算表面速度与每齿进给量；设置进给率为 2000mm/min。单击“确定”按钮，完成进给率和速度设置。

（6）生成正面分型面半精加工刀轨。单击按钮，系统自动完成保护盒型腔零件正面分型面半精加工刀轨的计算，刀轨效果如图 4-3-92 所示。

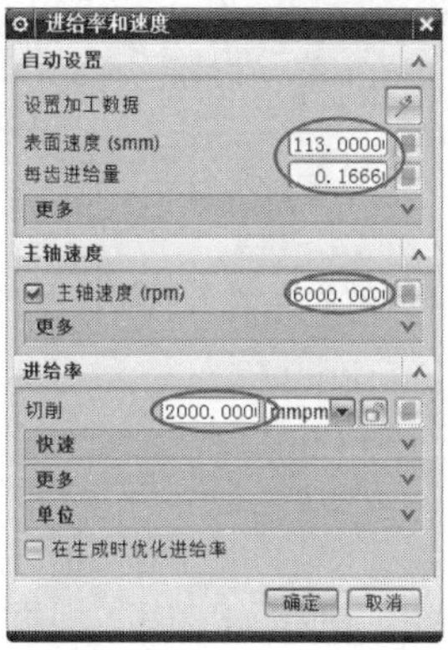

图 4-3-91　“进给率和速度”对话框 6

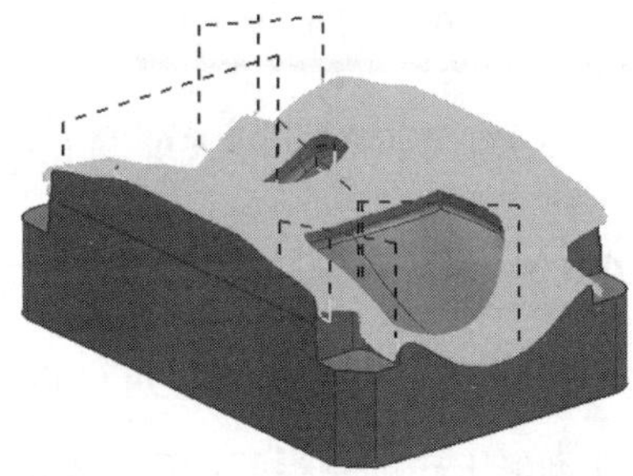

图 4-3-92　正面分型面半精加工刀轨效果

6. 保护盒型腔零件正面成型面曲面半精加工

微课：第 11 步保护盒型腔零件成型面曲面加工

（1）创建工序。在“工序导航器-程序顺序”中选中并复制 CONTOUR_AREA，粘贴后得到图 4-3-93 所示的工序。正面成型面曲面半精加工工序就在该工序基础上进行设置。

（2）几何体设置——指定切削区域。在“几何体”选项区域中单击按钮，选择图 4-3-94 所示的保护盒型腔正面成型面曲面作为切削区域，完成几何体设置。

图 4-3-93　复制工序

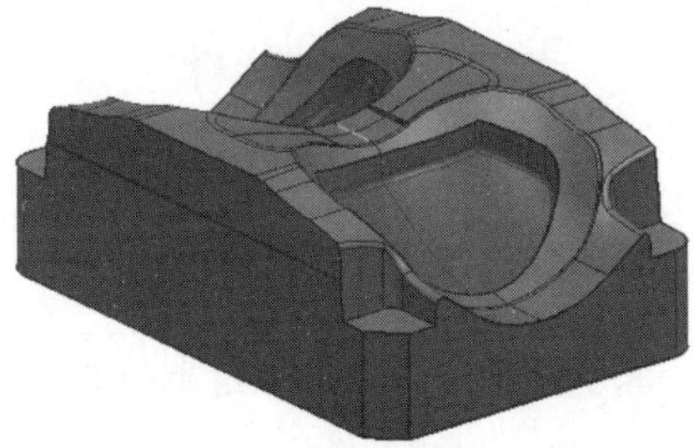

图 4-3-94　指定型腔正面成型面曲面为切削区域

（3）设置切削参数。单击按钮，弹出“切削参数”对话框，在图 4-3-95 所示的“策略”选项卡中取消选中“在边上延伸”复选框。其余参数保持不变，单击“确定”按钮，完成切削参数设置。

（4）生成正面成型面曲面半精加工刀轨。单击按钮，系统自动完成保护盒型腔正面成型面曲面半精加工的计算，刀轨效果如图 4-3-96 所示。

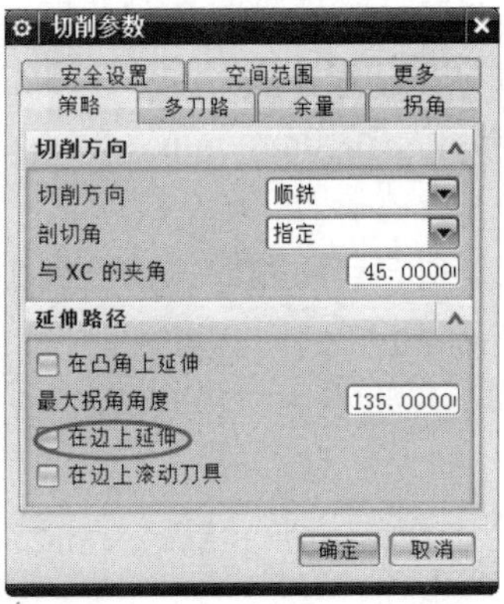

图 4-3-95 “策略”选项卡 6

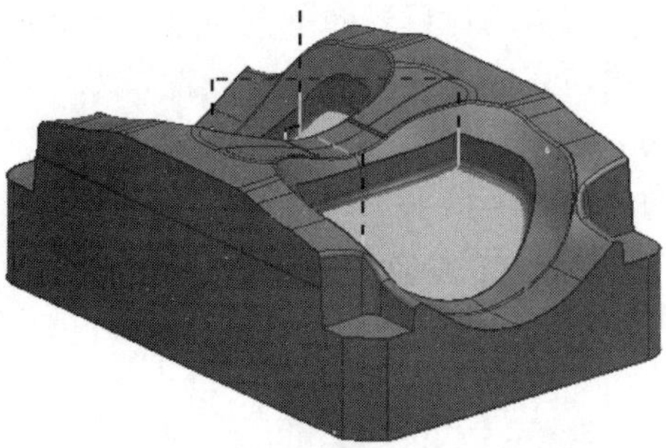

图 4-3-96 正面成型面曲面半精加工刀轨效果

4.3.5 保护盒型腔零件 CAM——精光加工

1. 精光程序组创建

在创建工序的过程中，同样需要对精加工进行分类。在精加工时，根据铣削位置进行分类，分为 JG1、JG2、JG3 和 JG4 四个程序组。其中，JG1 用于底面铣削，JG2 用于侧壁铣削，JG3 用于曲面铣削，JG4 用于清根与流道加工。

（1）创建 JG1 程序组。右击 JG 程序组，在弹出的快捷菜单中选择“插入程序组”命令，得到图 4-3-97 所示 JG1 程序组。它存在于 JG 程序组下，属于 JG 程序组的子程序组。

（2）创建剩余 JG 程序组。通过复制 JG1 程序组后修改名称操作，得到图 4-3-98 所示的 JG2、JG3、JG4 三个程序组。

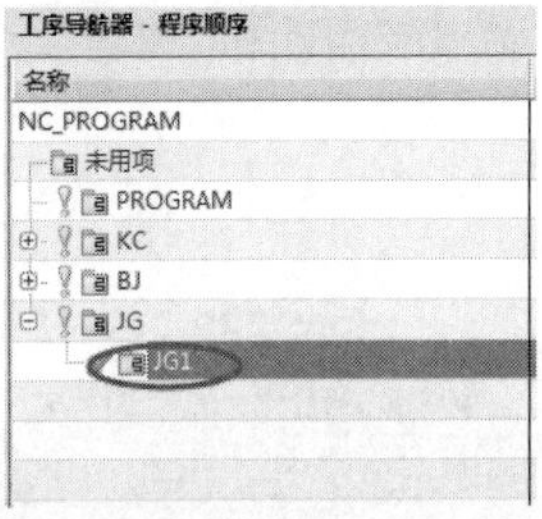

图 4-3-97 创建 JG1 程序组

图 4-3-98 创建其余三个程序组

2. 保护盒型腔正面平面精光加工

（1）创建平面铣工序。单击工具条中的按钮，弹出“创建工序”对话框，如图 4-3-99 所示。在“类型”下拉列表中选择 mill_planar 选项；单击按钮；“程序”选择 JG1，“刀具”选择 D6 平底立铣刀，“几何体”选择 WORKPIECE_A；程序名称默认不变。单击“确定”按钮，弹出“底壁加工”对话框。

（2）几何体设置——指定切削底面。单击按钮，选择保护盒型腔正面平面作为精加工区域，如图 4-3-100 所示。

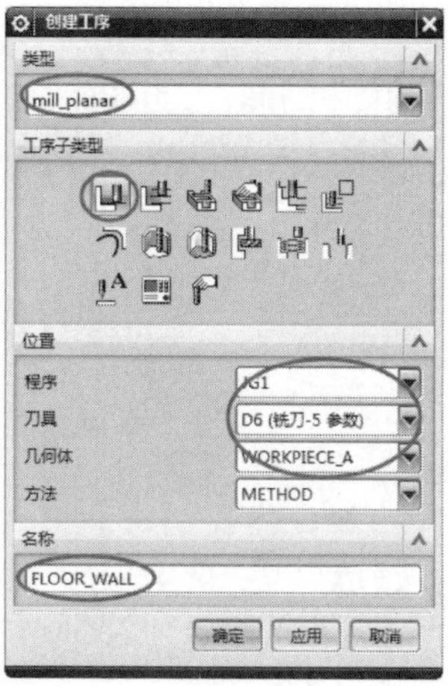

图 4-3-99　“创建工序”对话框 5

图 4-3-100　指定切削区域

微课：第 12 步　保护盒型腔零件平面加工

（3）设置刀轨基本参数。在“底壁加工”对话框“刀轨设置”选项区域中设置“切削区域空间范围”为“底面”，“切削模式”为“往复”，“步距”为刀具直径 50%，刀轨基本参数设置如图 4-3-101 所示。

（4）设置切削参数。在“切削参数”对话框中主要对策略、余量和空间范围选项卡进行设置。

在图 4-3-102 所示的“策略”选项卡中，选中“添加精加工刀路”复选框，设置“精加工步距”为 0.1mm，保证侧壁根部轮廓铣削完整；在图 4-3-103 所示的“余量”选项卡中，将内、外公差设置为 0.01mm；在图 4-3-104 所示的“空间范围”选项卡中，设置“第一刀路延展量”为刀具直径 100%。

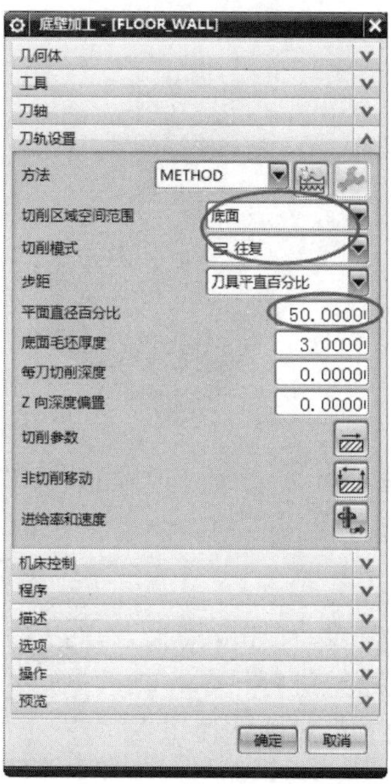

图 4-3-101　刀轨基本参数设置

图 4-3-102　“策略”选项卡 7

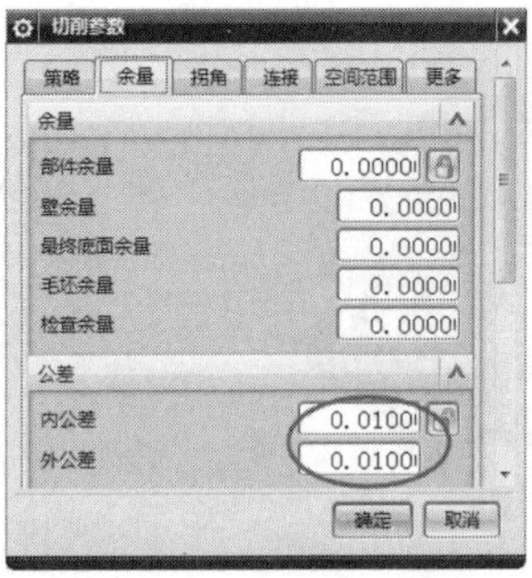

图 4-3-103 “余量”选项卡 6

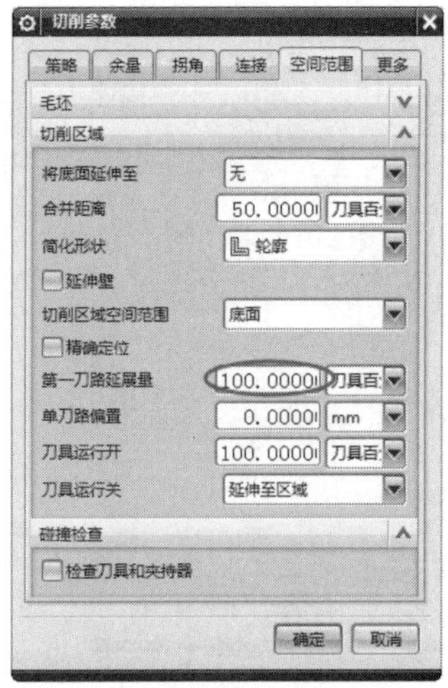

图 4-3-104 “空间范围”选项卡 3

（5）设置进给率和速度参数。单击按钮，弹出“进给率和速度”对话框，如图 4-3-105 所示。选中“主轴速度”复选框，设置转速为 6500（单位为 r/min）；单击按钮，系统自动计算表面速度与每齿进给量；由于是精光加工，进给率适当降低，设置为 800mm/min。单击“确定”按钮，完成进给率和速度设置。

（6）生成正面平面精光刀轨：单击“底壁加工”对话框最底部的按钮，系统自动完成保护盒型腔正面平面精光刀轨的计算，刀轨效果如图 4-3-106 所示。

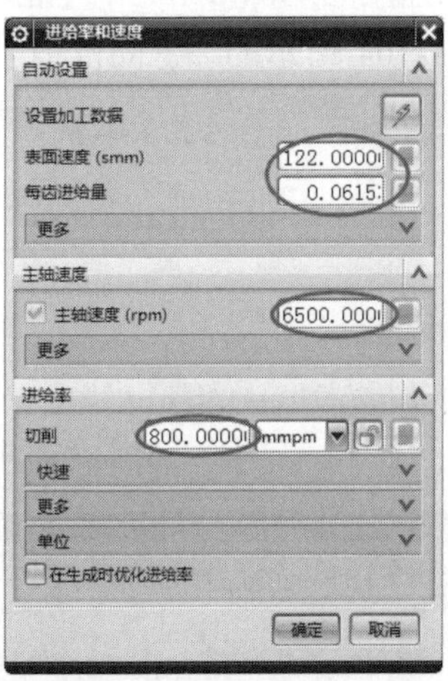

图 4-3-105 “进给率和速度”对话框 7

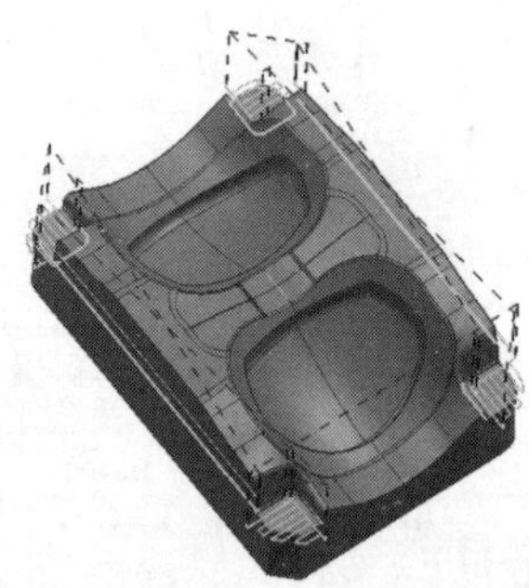

图 4-3-106 正面平面精光刀轨效果

3. 保护盒型腔正面虎口侧壁精光加工

（1）创建正面虎口侧壁精光工序。在“工序导航器-程序顺序”中选中并复制 ZLEVEL_PROFILE_1，选择 JG2 程序组进行粘贴，得到图 4-3-107 所示的工序。正面虎口侧壁精光加工工序就在该工序基础上进行设置。

（2）设置刀轨基本参数。在图 4-3-108 所示的“深度轮廓加工”对话框中，设置每刀最大距离为 0.12mm，完成刀轨基本参数设置。

微课：第 13 步 保护盒型腔零件侧壁精光加工

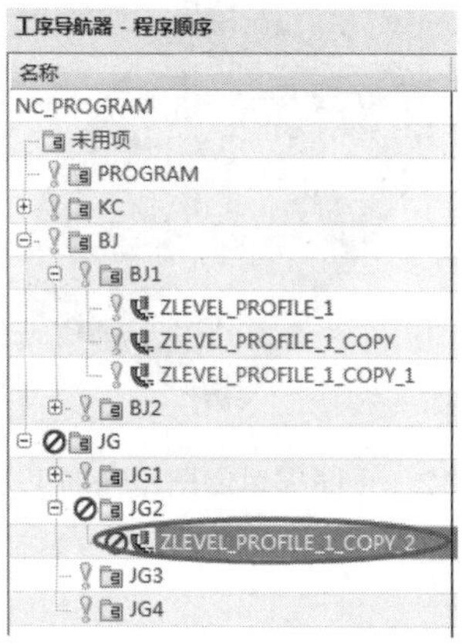

图 4-3-107 在 JG2 中复制工序

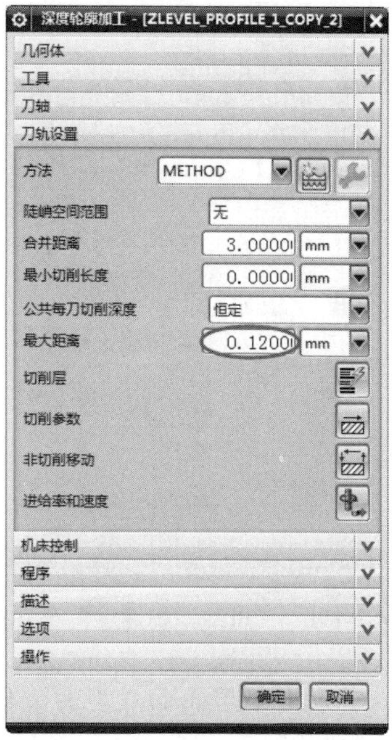

图 4-3-108 设置刀轨基本参数

（3）设置切削参数。单击按钮，弹出“切削参数”对话框，在图 4-3-109 所示的“余量”选项卡中，设置“部件侧面余量”为 0mm，内、外公差均为 0.01mm；在图 4-3-110 的“连接”选项卡中，取消选中“层间切削”复选框，单击“确定”按钮，完成切削参数设置。

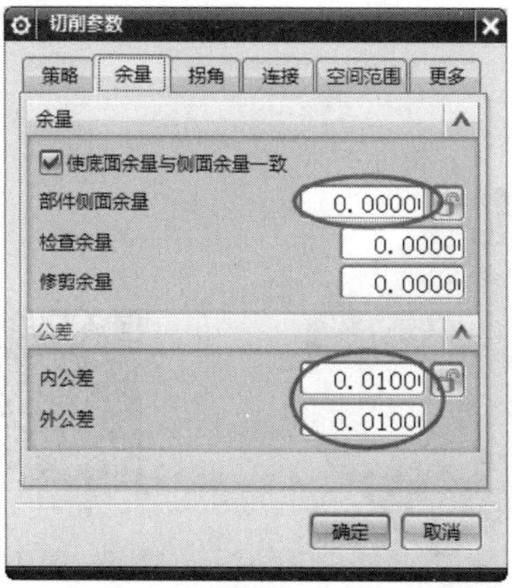

图 4-3-109 “余量”选项卡 7

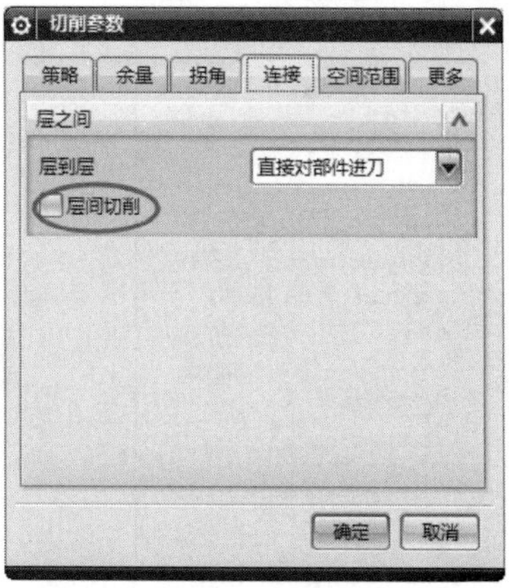

图 4-3-110 “连接”选项卡 4

（4）设置进给率和速度参数。单击按钮，弹出“进给率和速度”对话框，如图 4-3-111 所示。选中“主轴速度”复选框，设置转速为 10000（单位为 r/min）；单击按钮，系统自动计算表面速度与每齿进给量；设置进给率为 1000mm/min。单击“确定”按钮，完成进给率和速度设置。

（5）生成正面虎口侧壁精光加工刀轨。其他参数保持不变，单击按钮，系统自动完成保护盒型腔正面虎口侧壁精光加工刀轨的计算，刀轨效果如图 4-3-112 所示。

图 4-3-111 “进给率和速度”对话框 8

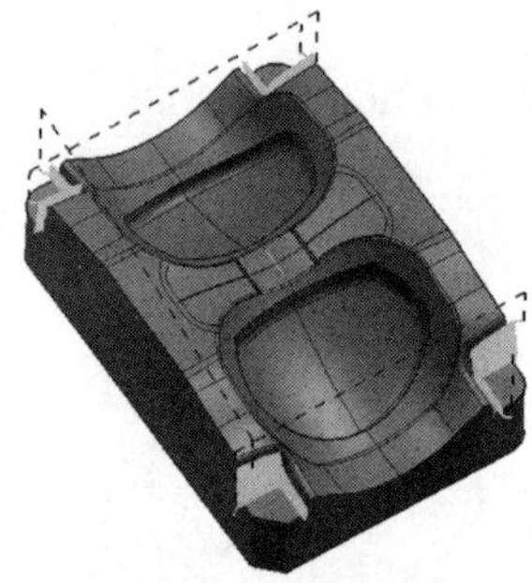

图 4-3-112 正面虎口侧壁精光加工刀轨效果

4. 保护盒型腔正面成型面侧壁精光加工

（1）创建正面成型面侧壁精光工序。在“工序导航器-程序顺序”中选中并复制 ZLEVEL_PROFILE_1_COPY_1，得到图 4-3-113 所示的工序。正面成型面侧壁精光工序就在该工序基础上进行设置。

（2）几何体设置——指定切削区域。在“深度轮廓加工”对话框“几何体”选项区域中单击按钮，选择图 4-3-114 所示正面成型面侧壁区域为加工区域。

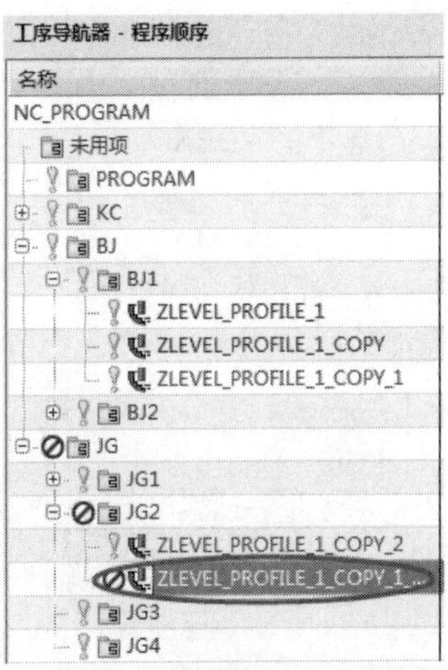

图 4-3-113 在 JG2 程序组中复制工序

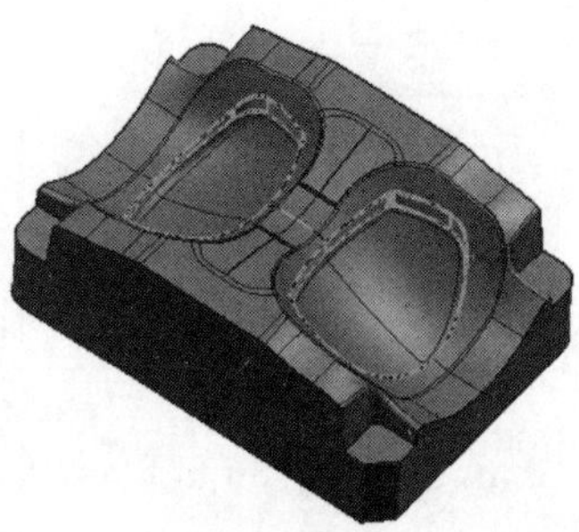

图 4-3-114 指定正面成型面侧壁区域为切削区域

微课：第 14 步保护盒型腔零件成型面侧壁精光

（3）设置刀轨基本参数。在图 4-3-115 所示的“深度轮廓加工”对话框中，设置每刀“最大距离”为 0.12mm，完成刀轨基本参数设置。

（4）设置切削参数。单击按钮，弹出“切削参数”对话框，在图 4-3-116 所示的“余量”选项卡中，设置“部件侧面余量”为 0mm，内、外公差均为 0.01mm；在图 4-3-117 所示的“连接”选项卡中，取消选中“层间切削”复选框，单击“确定”按钮，完成切削参数设置。

图 4-3-115　设置刀轨基本参数

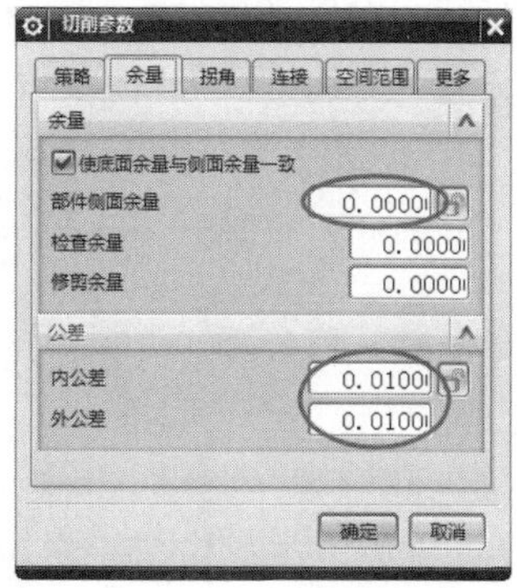

图 4-3-116　“余量”选项卡 8

（5）设置进给率和速度参数。单击按钮，弹出“进给率和速度”对话框，如图 4-3-118 所示。选中“主轴速度”复选框，设置转速为 10000（单位为 r/min）；单击按钮，系统自动计算表面速度与每齿进给量；设置进给率为 1000mm/min。单击“确定”按钮，完成进给率和速度设置。

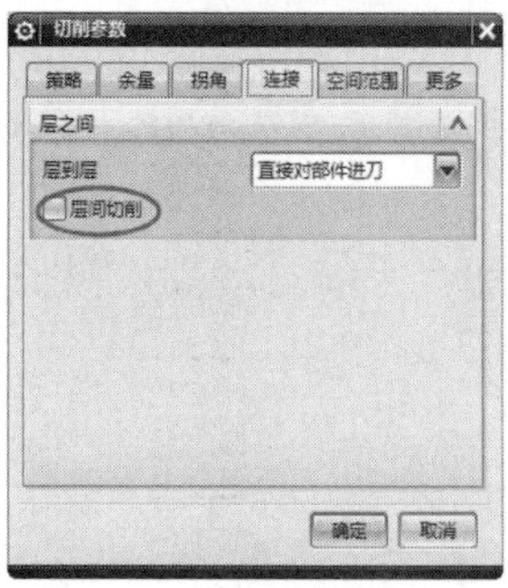

图 4-3-117　“连接”选项卡 5

图 4-3-118　“进给率和速度”对话框 9

（6）生成正面成型面侧壁精光加工刀轨。其他参数保持不变，单击按钮，系统自动完成保护盒型腔正面成型面侧壁精光加工刀轨的计算，刀轨效果如图 4-3-119 所示。

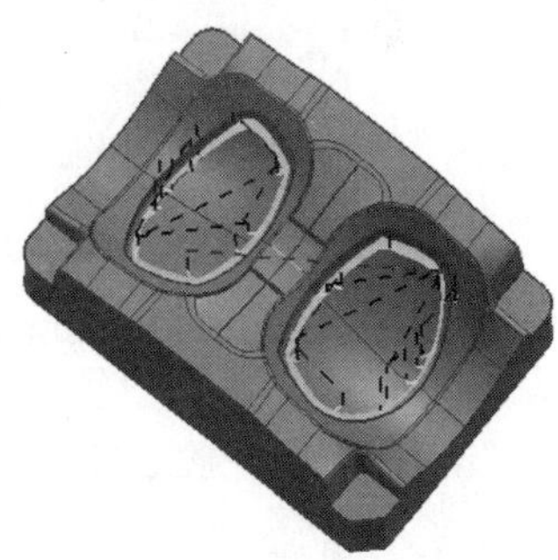

图 4-3-119　正面成型面侧壁精光加工刀轨效果

5. 保护盒型腔零件正面分型面精光加工

（1）创建工序。在“工序导航器-程序顺序”中选中并复制 CONTOUR_AREA，得到图 4-3-120 所示的工序。正面分型面精光加工工序就在该工序基础上进行设置。

（2）设置驱动方法。单击按钮，弹出图 4-3-121 所示的“区域铣削驱动方法”对话框，设置“步距”为“恒定”，“最大距离”为 0.2mm，指定“剖切角”，“与 XC 的夹角”为 135°。其他参数保持不变，单击“确定”按钮，完成驱动方法设置。

（3）设置切削参数。单击按钮，弹出“切削参

微课：第 15 步　保护盒型腔零件分型面精光加工

数”对话框，在图 4-3-122 所示的“余量”选项卡中，将部件余量设置为 0mm，内、外公差设置为 0.01mm。其他参数保持不变，单击“确定”按钮，完成切削参数设置。

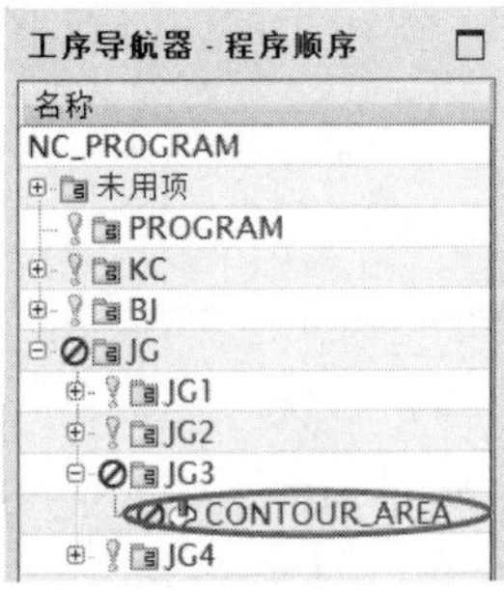

图 4-3-120 复制工序

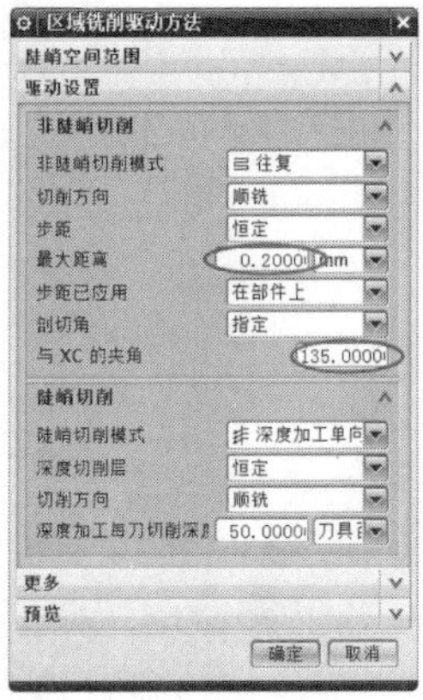

图 4-3-121 设置驱动方法 1

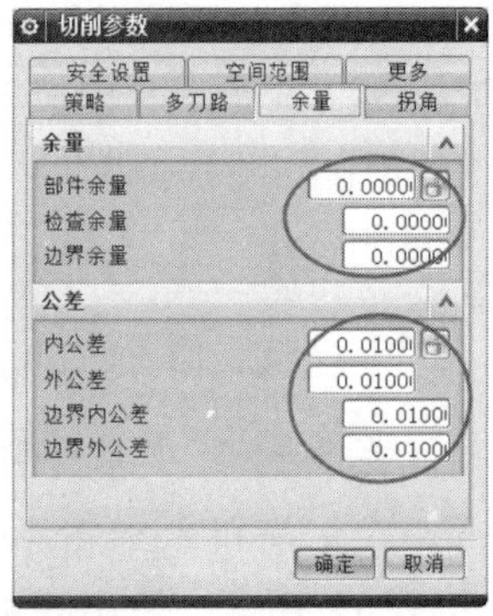

图 4-3-122 “余量”选项卡 9

（4）设置进给率和速度参数。单击按钮，弹出“进给率和速度”对话框，如图 4-3-123 所示。选中“主轴速度”复选框，设置转速为 10000（单位为 r/min）；单击按钮，系统自动计算表面速度与每齿进给量；设置进给率为 1000mm/min。单击“确定”按钮，完成进给率和速度设置。

（5）生成正面分型面精光加工刀轨。单击按钮，系统自动完成保护盒型腔正面分型面精光加工的计算，刀轨效果如图 4-3-124 所示。

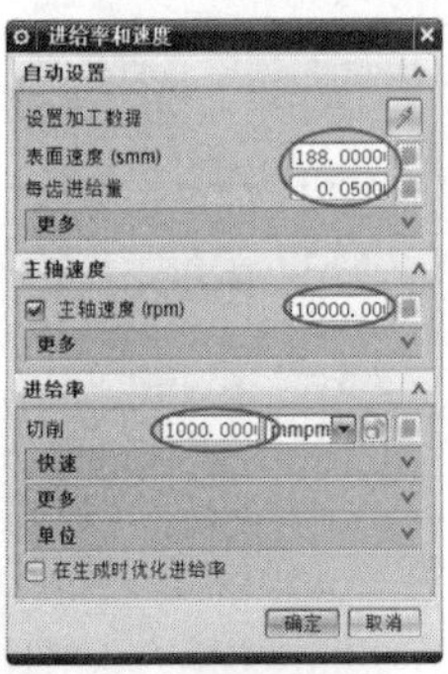

图 4-3-123 “进给率和速度”对话框 10

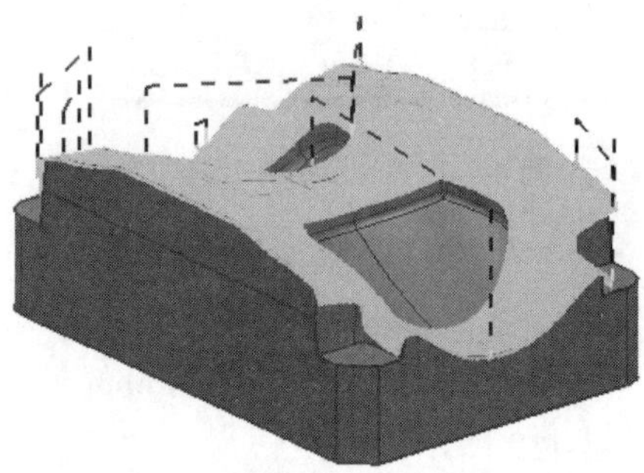

图 4-3-124 正面分型面精光加工刀轨效果

6. 保护盒型腔零件正面成型面精光加工

（1）创建工序。在“工序导航器-程序顺序”中选中并复制 CONTOUR_AREA_COPY，得到的图 4-3-125 所示的工序。正面成型面精光加工工序就在该工序基础上进行设置。

（2）设置驱动方法。单击按钮，弹出图 4-3-126 所示的“区域铣削驱动方法”对话框，设置“步距”为“恒定”，“最大距离”为 0.2mm，指定“剖切角”，“与 XC 的夹角”为 135°。其他参数保持不变，单击“确定”按钮，完成驱动方法设置。

微课：第 16 步 保护盒型腔零件成型面精光加工

（3）设置切削参数。单击按钮，弹出“切削参数”对话框，在图 4-3-127 所示的“余量”选项卡中，设置“部件余量”为 0mm，内、外公差为 0.01mm。其他参数保持不变，单击“确定”按钮，完成切削参数设置。

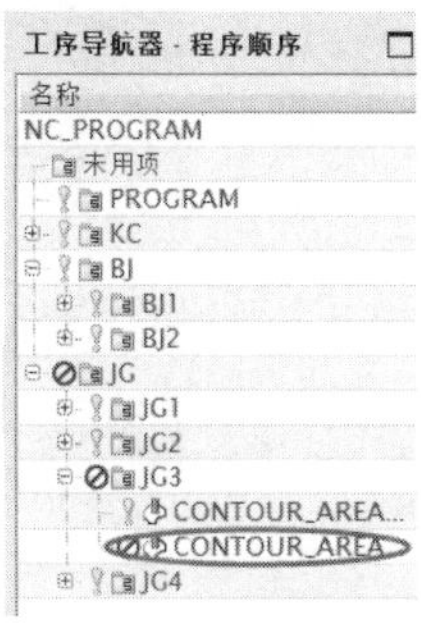

图 4-3-125　在 JG3 程序组中复制工序

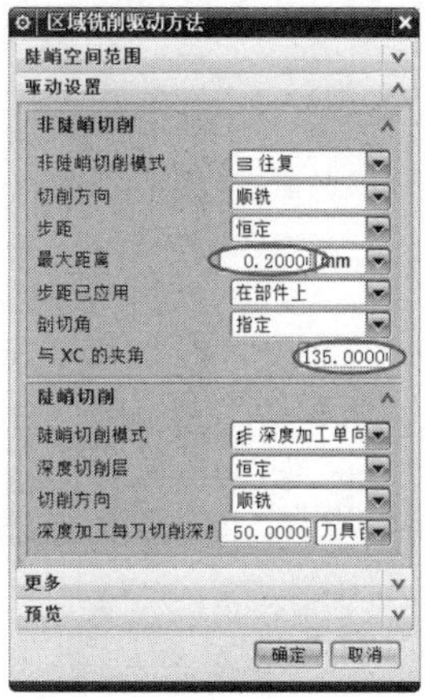

图 4-3-126　设置驱动方法 2

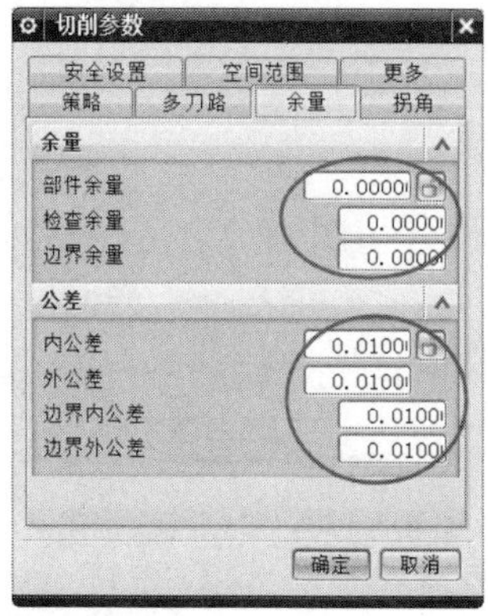

图 4-3-127　“余量”选项卡 10

（4）设置进给率和速度参数。单击按钮，弹出“进给率和速度”对话框，如图 4-3-128 所示。选中“主轴速度”复选框，设置转速为 10000（单位为 r/min）；单击按钮，系统自动计算表面速度与每齿进给量；设置进给率为 1000mm/min。单击“确定”按钮，完成进给率和速度设置。

（5）生成正面成型面精光加工刀轨。单击按钮，系统自动完成保护盒型腔正面成型面精光加工的计算，刀轨效果如图 4-3-129 所示。

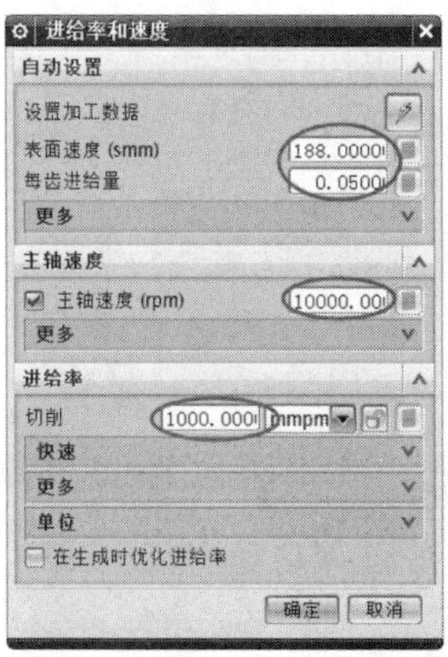

图 4-3-128　“进给率和速度”对话框 11

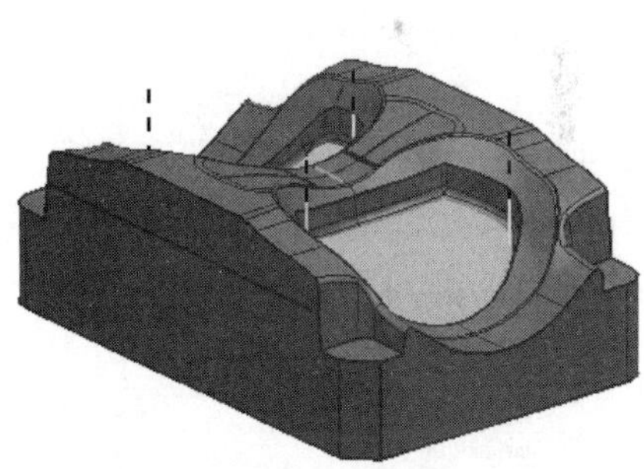

图 4-3-129　正面成型面精光加工刀轨效果

7. 保护盒型腔零件正面清根加工

（1）创建清根参考刀具工序。单击工具条中的按钮，弹出“创建工序”对话框，如图 4-3-130 所示。在“类型”下拉列表中选择 mill_contour 选项；单击按钮，“程序”选择 JG4，“刀具”选择 R2.5（用于正面清根加工），“几何体”选择 WORKPIECE_A。

（2）几何体设置——指定切削区域。如图 4-3-131 所示，在“清根参考刀具”对话框“几何体”选项区域中单击按钮，选择图 4-3-132 所示的曲面为加工区域。

设置切削区域。如图 4-3-131 所示，在“清根参考刀具”对话框“几何体”选项区域中单击按钮，选择图 4-3-133 所示区域为需要的切削区域。

图 4-3-130 “创建工序”对话框 6

图 4-3-131 “清根参考刀具”对话框

微课：第 17 步
保护盒型腔零件
正面清根加工

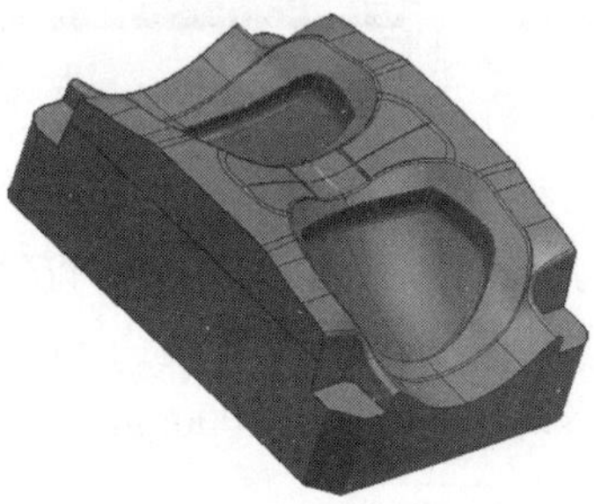

图 4-3-132 指定加工区域

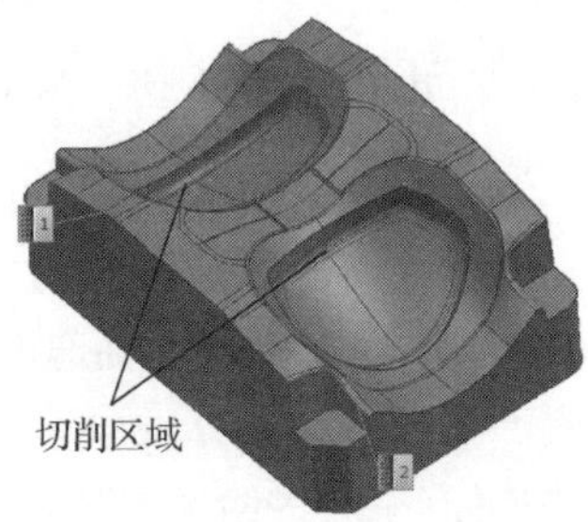

图 4-3-133 设置切削区域

（3）设置驱动方法。单击按钮，弹出图 4-3-134 所示的“清根驱动方法”对话框，设置“非陡峭切削模式”为“往复”，“步距”为 0.1mm，“顺序”为“由外向内”，参考刀具为 R5 球头立铣刀，“重叠距离”为 0.5mm。单击“确定”按钮，完成驱动方法设置。

（4）设置切削参数。在“切削参数”对话框中主要对“余量”选项卡进行设置。在图 4-3-135 所示的“余量”选项卡中，设置“部件余量”为 0mm，内、外公差均为 0.01mm。其他参数保持不变，单击“确定”按钮，完成切削参数设置。

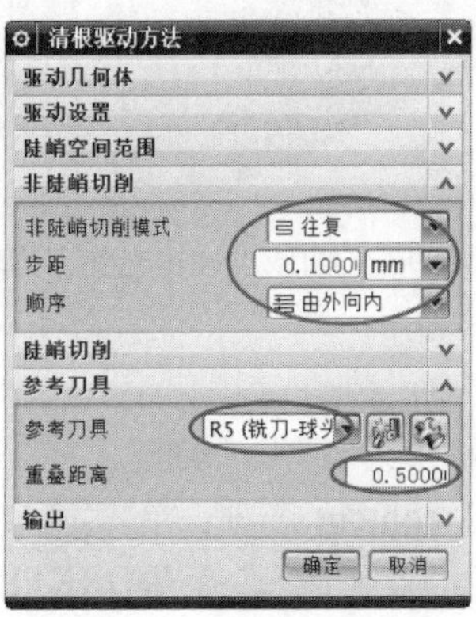

图 4-3-134 设置清根驱动方法

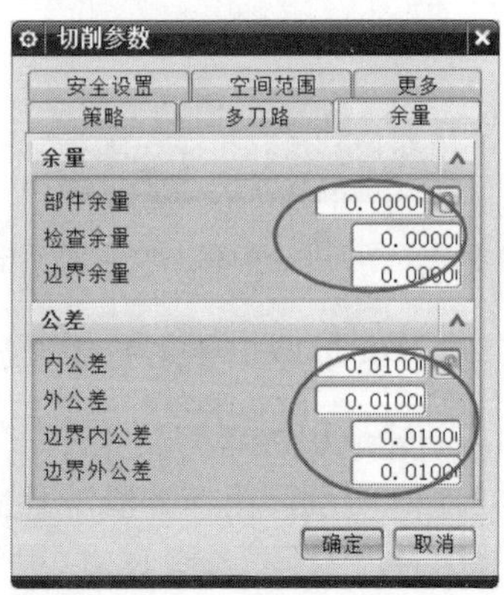

图 4-3-135 “余量”选项卡 11

（5）设置进给率和速度参数。单击按钮，弹出“进给率和速度”对话框，如图 4-3-136 所示。选中“主轴速度”复选框，设置转速为 10000（单位为 r/min）；单击按钮，系统自动计算表面速度与每齿进给量；设置进给率为 800mm/min。单击“确定”按钮，完成进给率和速度设置。

（6）生成正面清根加工刀轨。单击按钮，系统自动完成保护盒型腔零件正面清根加工刀轨的计算，刀轨效果如图 4-3-137 所示。

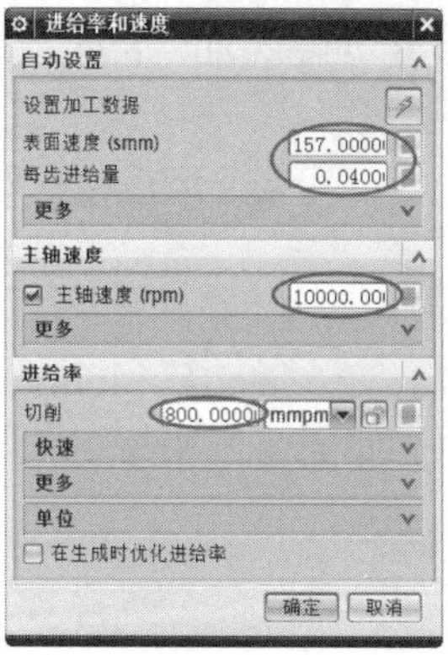

图 4-3-136　“进给率和速度”对话框 12

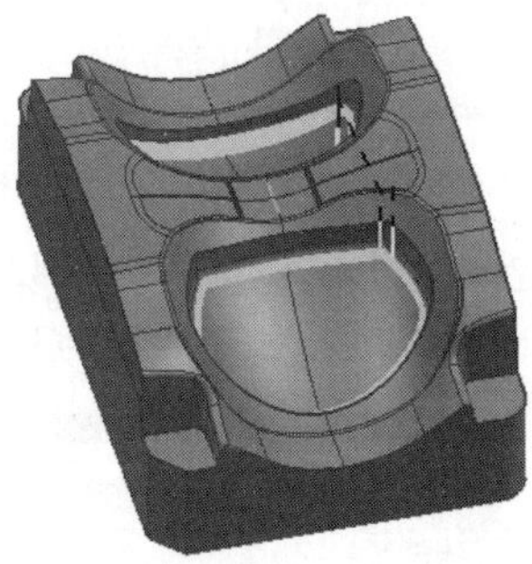

图 4-3-137　正面清根加工刀轨效果

8. 保护盒型腔零件第一条流道加工

（1）创建平面铣工序。单击工具条中的按钮，弹出“创建工序”对话框，如图 4-3-138 所示。在“类型”下拉列表中选择 mill_planar 选项；单击按钮；“程序”选择 JG4，“刀具”选择 R1.5（用于铣削），“几何体”选择 WORKPIECE_A。单击“确定”按钮，弹出“平面铣”对话框，如图 4-3-139 所示。

（2）设置几何体。在“平面铣”对话框中单击按钮，弹出“边界几何体”对话框，选择“曲线/边”模式，弹出图 4-3-140 所示的“创建边界”对话框，设置“类型”为“开放的”，“刀具位置”为“对中”。依次选取图 4-3-141 所示曲线，完成部件边界指定。

图 4-3-138　“创建工序”对话框 7

图 4-3-139　“平面铣”对话框

微课：第 18 步　保护盒型腔零件第一条流道加工

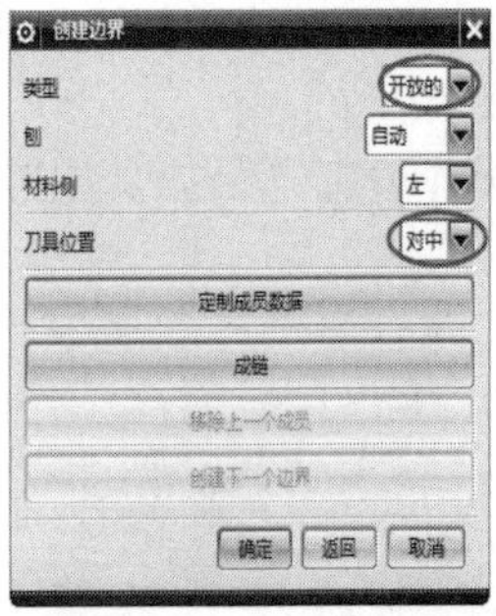

图 4-3-140 “创建边界”对话框

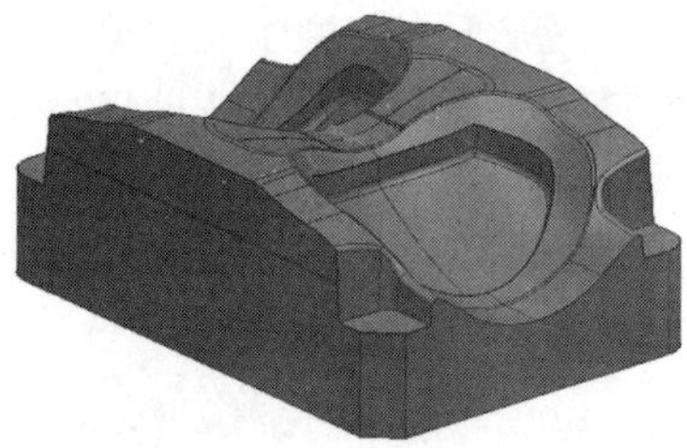

图 4-3-141 指定部件边界

单击按钮，弹出图 4-3-142 所示的“面”对话框，在“类型”下拉列表中选择“点和方向”选项。如图 4-3-143 所示，选择流道底面为底面，完成指定底面设置。

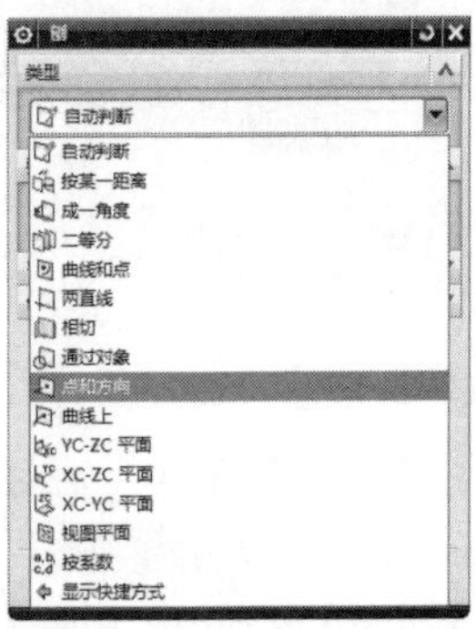

图 4-3-142 “面”对话框

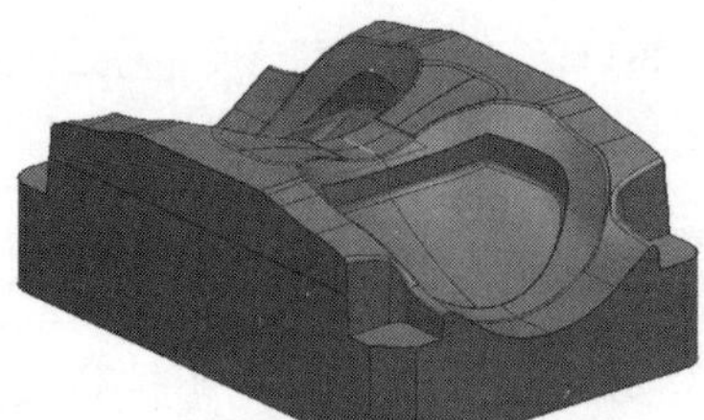

图 4-3-143 指定流道底面为底面

（3）设置刀轨基本参数。在图 4-3-144 所示的“平面铣”对话框中，设置“切削模式”为“单向”，其他参数不变。

（4）设置切削层。在图 4-3-145 所示的“切削层”对话框中，设置每刀切削深度为 0.15mm，其他参数不变。

（5）设置切削参数。单击按钮，弹出“切削参数”对话框，选择“余量”选项卡，设置内外公差为 0.01mm，如图 4-3-146 所示。其余参数保持不变，单击“确定”按钮，完成切削参数设置。

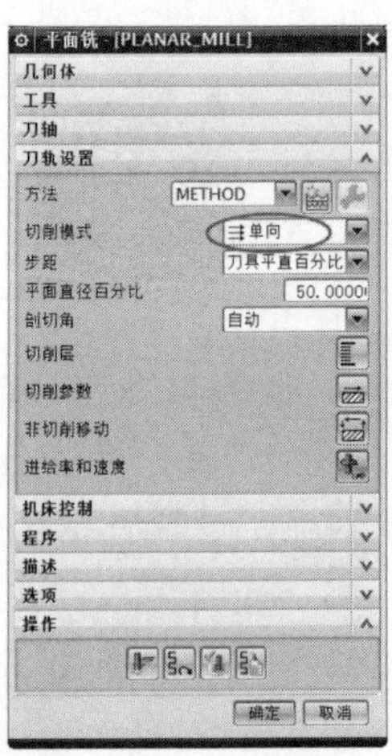

图 4-3-144 设置切削模式

图 4-3-145 设置切削层参数

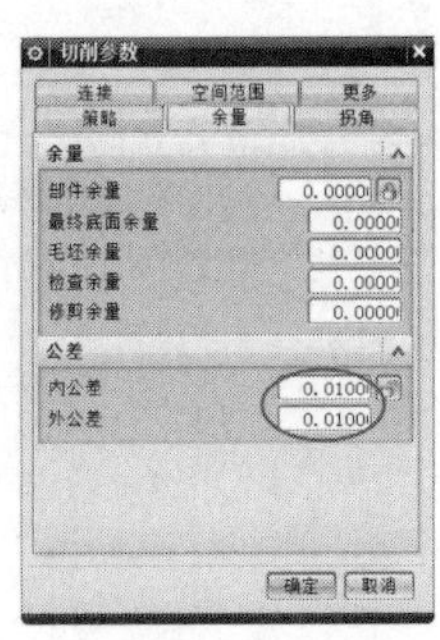

图 4-3-146 “余量”选项卡 12

（6）设置非切削移动。在图 4-3-147 所示的“非切削移动”对话框“进刀”选项卡中，设置封闭区域的“进刀类型”为“插削”，开发区域与封闭区域相同；在图 4-3-148 所示的“转移/快速”选项卡中，设置区域之间和区域内的“转移类型”为“毛坯平面”，“安全距离”为 3mm。其余参数保持不变，单击“确定”按钮，完成非切削移动参数设置。

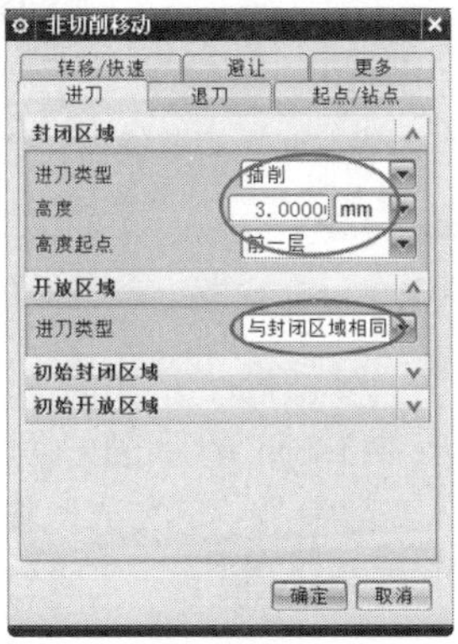

图 4-3-147　“进刀”选项卡 3

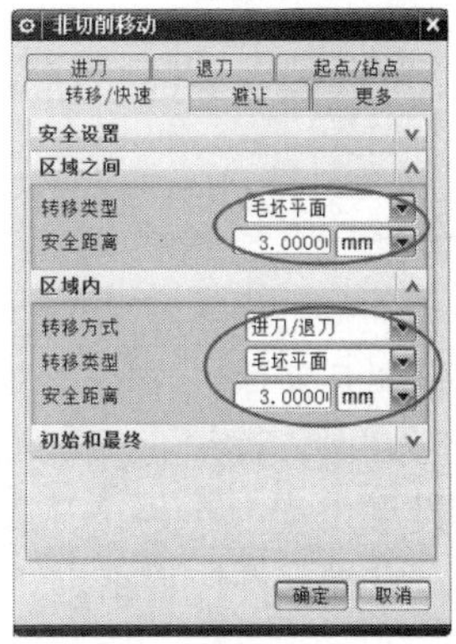

图 4-3-148　“转移/快速”选项卡 3

（7）设置进给率和速度参数。单击按钮，弹出“进给率和速度”对话框，如图 4-3-149 所示。选中“主轴速度”复选框，设置转速为 15000（单位为 r/min）；单击按钮，系统自动计算表面速度与每齿进给量；设置进给率为 600mm/min。单击“确定”按钮，完成进给率和速度设置。

（8）单击“平面铣”对话框最底部的按钮，系统自动完成刀轨的计算，刀轨效果如图 4-3-150 所示。

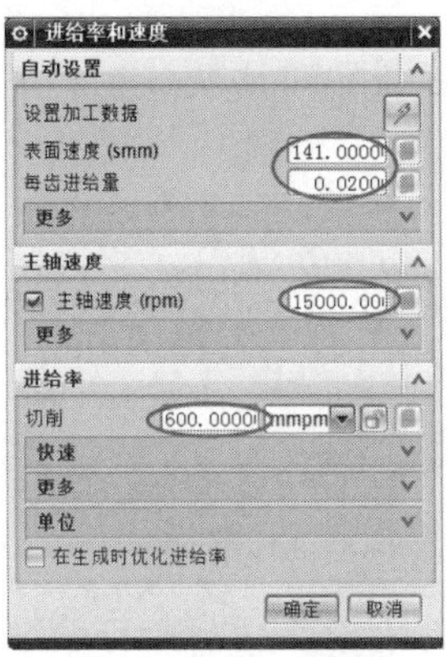

图 4-3-149　“进给率和速度”对话框 13

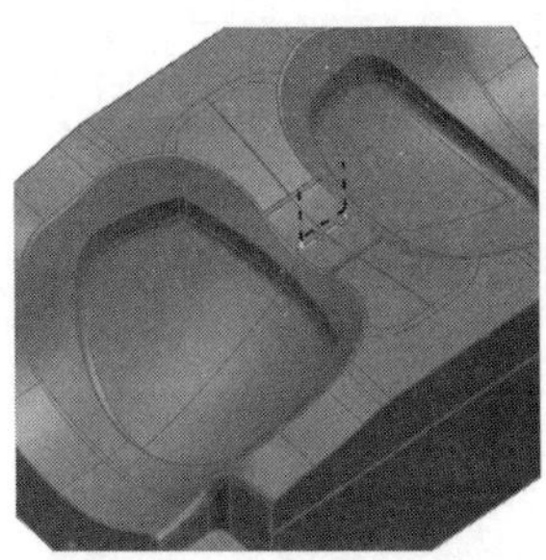

图 4-3-150　第一条流道加工刀轨效果

9. 保护盒型腔零件第二条流道加工

（1）创建轮廓 3D 工序。单击工具条中的按钮，弹出“创建工序”对话框，如图 4-3-151 所示。在“类型”下拉列表中选择 mill_contour 选项；单击按钮；“程序”选择 JG4，“刀具”选择 R1.5（用于铣削），“几何体”选择 MCS-A。单击“确定”按钮，弹出“轮廓 3D”对话框，如图 4-3-152 所示。

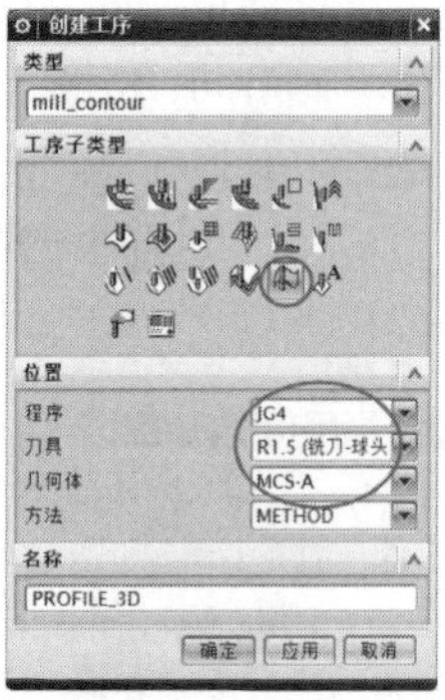

图 4-3-151 “创建工序”对话框 8

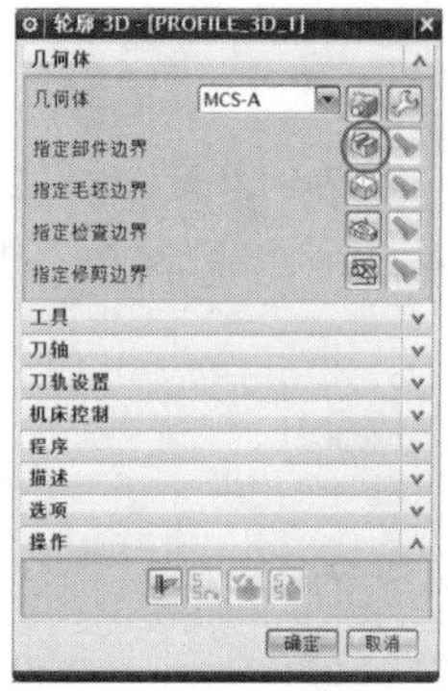

图 4-3-152 “轮廓 3D”对话框

微课：第 19 步 保护盒型腔零件第二条流道加工

（2）设置几何体。在图 4-3-152 所示的“轮廓 3D”对话框中单击按钮，弹出“边界几何体”对话框，选择“曲线/边”模式，弹出图 4-3-153 所示的“创建边界”对话框，设置“类型”为“开放的”，“刀具位置”为“对中”。依次选取图 4-3-154 所示曲线，完成部件边界指定。

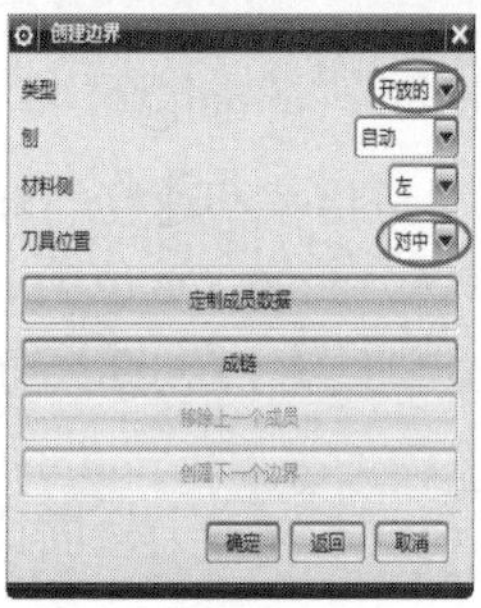

图 4-3-153 “创建边界”对话框设置

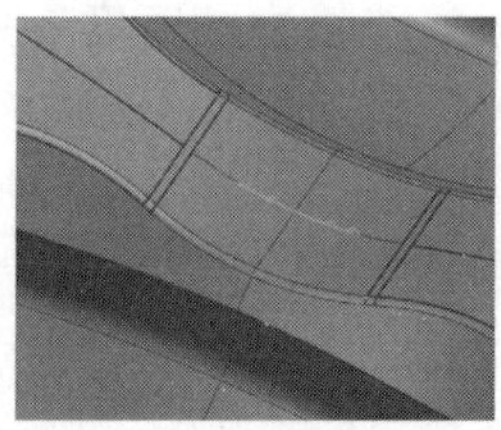

图 4-3-154 指定曲线为部件边界

（3）设置切削参数。单击按钮，弹出“切削参数”对话框，主要对多刀路和余量选项卡进行设置。

在图 4-3-155 所示的“多刀路”选项卡中，选中“多重深度”复选框，设置“深度余量偏置”为-1.5mm，“步进方法”为“刀路”，“刀路数”为 10。

在图 4-3-156 所示的“余量”选项卡中，设置内、外公差为 0.01mm。其余参数保持不变，单击“确定”按钮，完成切削参数设置。

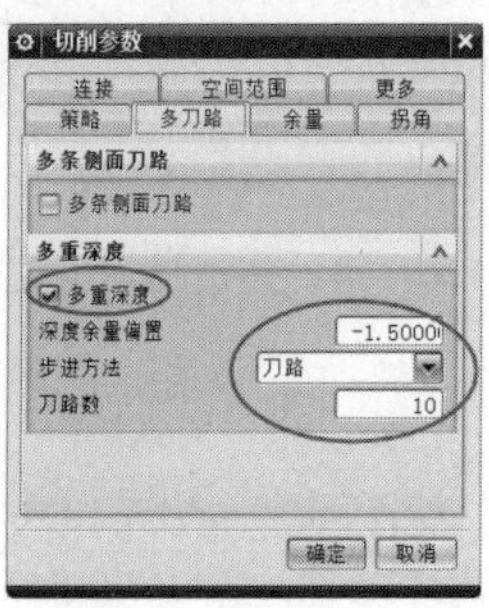

图 4-3-155 “多刀路”选项卡

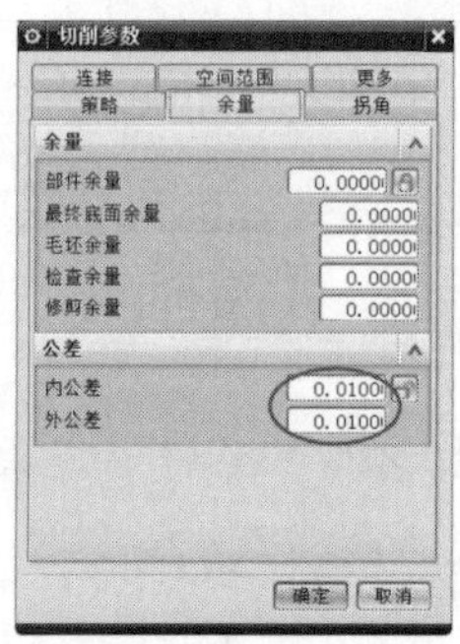

图 4-3-156 “余量”选项卡 13

（4）设置非切削移动。在图 4-3-157 所示的“非切削移动”对话框“进刀”选项卡中，设置封闭区域中的“进刀类型”为“插削”，开放区域与封闭区域相同；在

图 4-3-158 所示的“转移/快速”选项卡中，设置区域之间和区域内的“转移类型”为“毛坯平面”，“安全距离”为 3mm。其余参数保持不变，单击“确定”按钮，完成非切削移动参数设置。

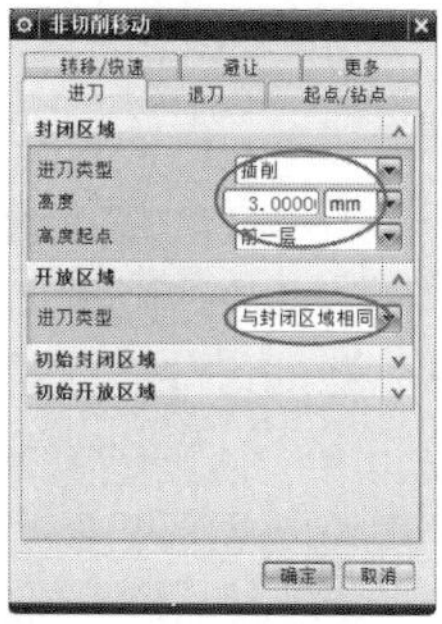

图 4-3-157　“进刀”选项卡 4

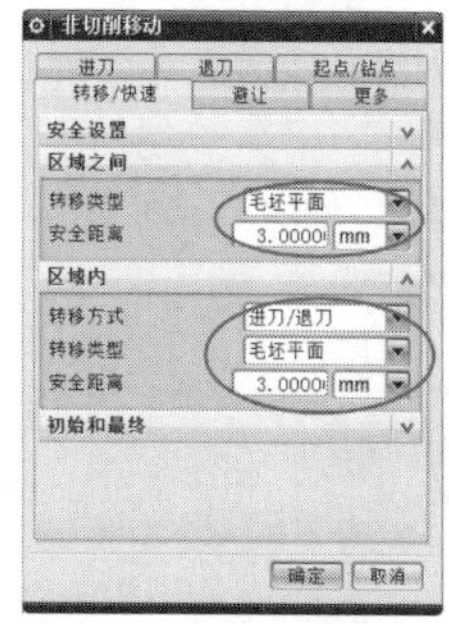

图 4-3-158　“转移/快速”选项卡 4

（5）设置进给率和速度参数。单击按钮，弹出“进给率和速度”对话框，如图 4-3-159 所示。选中“主轴速度”复选框，设置转速为 15000（单位为 r/min）；单击按钮，系统自动计算表面速度与每齿进给量；设置进给率为 600mm/min。单击“确定”按钮，完成进给率和速度设置。

（6）单击“轮廓 3D”对话框最底部的按钮，系统自动完成刀轨的计算，刀轨效果如图 4-3-160 所示。

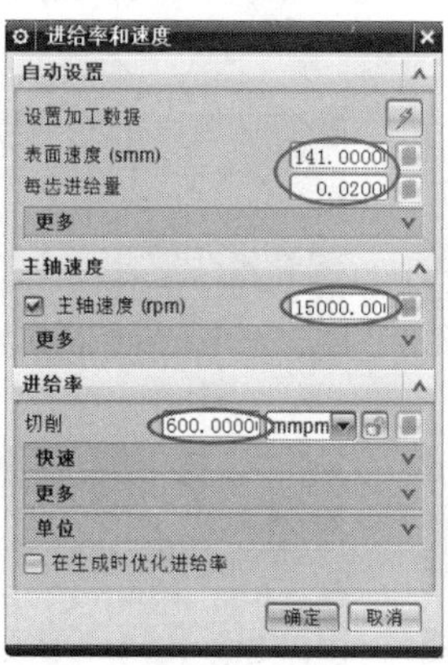

图 4-3-159　“进给率和速度”对话框 14

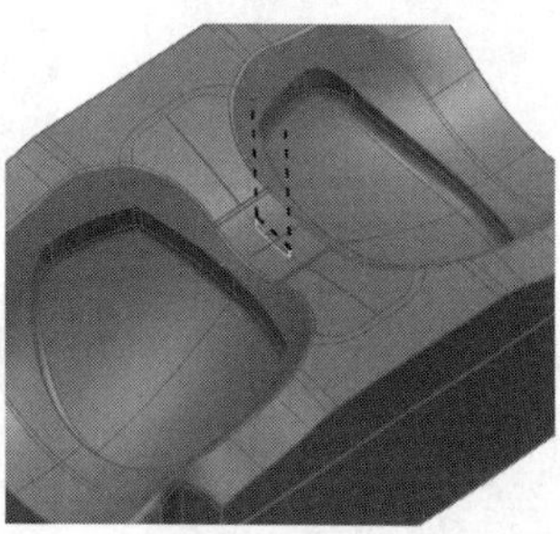

图 4-3-160　第二条流道加工刀轨效果

4.3.6　保护盒型腔零件 CAM——仿真与后处理

1. 保护盒型腔零件 CAM 刀轨仿真

通过 NX 10.0 对刀轨进行仿真，确认刀轨的正确性。

微课：第 20 步　保护盒型腔零件仿真与后处理

（1）在“工序导航器-程序顺序”中选中所有加工工序，如图 4-3-161 所示。右击，在弹出的快捷菜单中选择“刀轨”→“确认”命令，弹出图 4-3-162 所示的“刀轨可视化”对话框。

（2）单击“碰撞设置”按钮，弹出图 4-3-163 所示的“碰撞设置”对话框，选中“碰撞时暂停”复选框，单击“确定”按钮，完成设置。

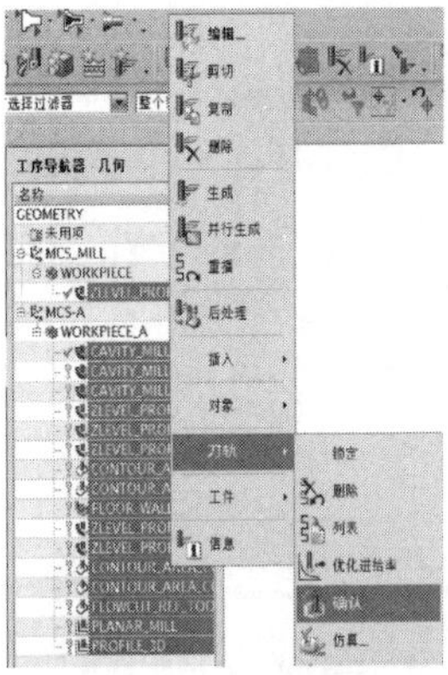

图 4-3-161 选择所有工序

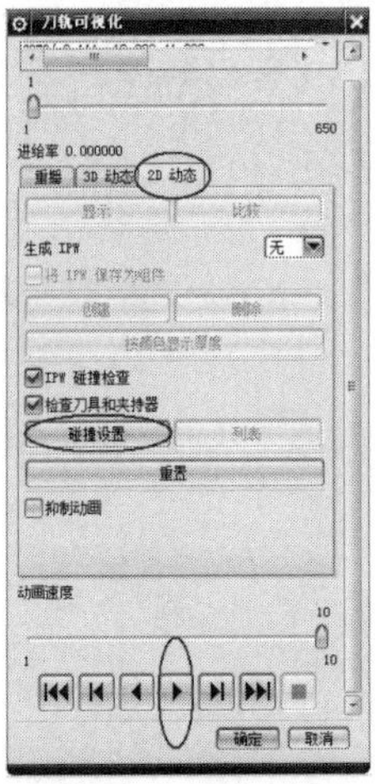

图 4-3-162 “刀轨可视化”对话框

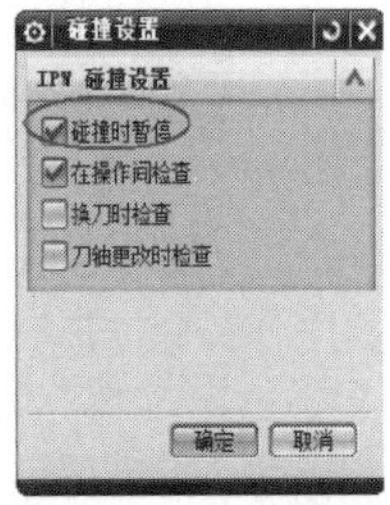

图 4-3-163 “碰撞设置”对话框

（3）在“刀轨可视化”对话框中可以选择生成 IPW。在“生成 IPW”（过程工件毛坯）下拉列表中选择“中等”选项（对显卡要求不高）。模拟完成后，如果单击“创建”按钮，系统将创建一个“三角片体集”的 IPW。

（4）单击▶按钮，系统播放所有模拟切削过程动画，如图 4-3-164 所示。动画速度可以通过拖动按钮来调节。完成仿真后，单击“按颜色显示厚度”按钮，弹出图 4-3-165 所示的“厚度-按颜色”对话框。可以通过指定点的方式来侦测余量厚度，发现铣削加工全部到位，如图 4-3-166 所示。

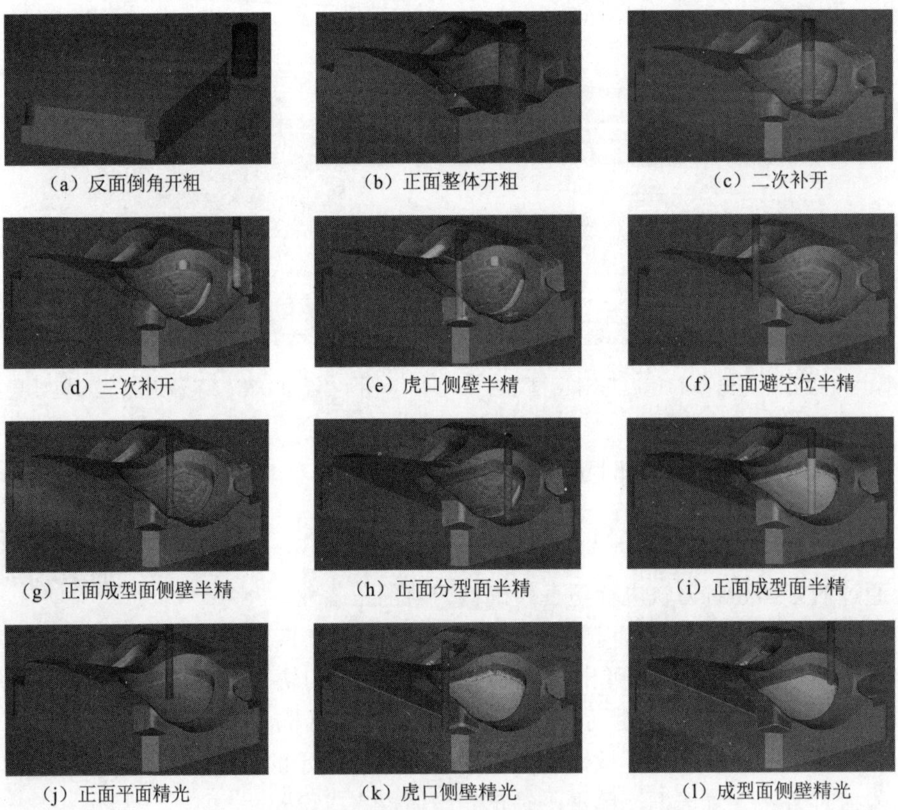

（a）反面倒角开粗　（b）正面整体开粗　（c）二次补开

（d）三次补开　（e）虎口侧壁半精　（f）正面避空位半精

（g）正面成型面侧壁半精　（h）正面分型面半精　（i）正面成型面半精

（j）正面平面精光　（k）虎口侧壁精光　（l）成型面侧壁精光

图 4-3-164 保护盒型腔加工刀轨仿真过程

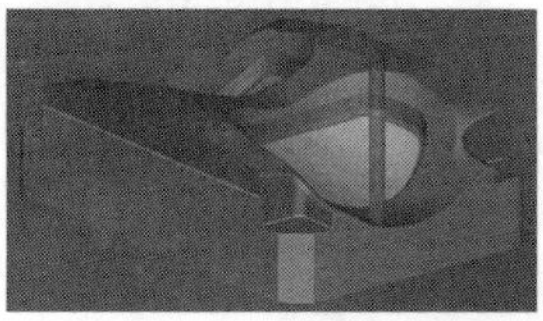

（m）分型面精光

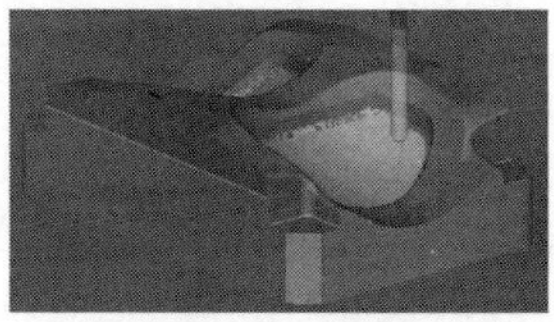

（n）成型面精光

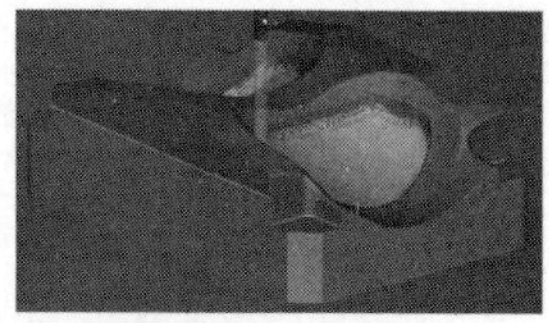

（o）正面清根

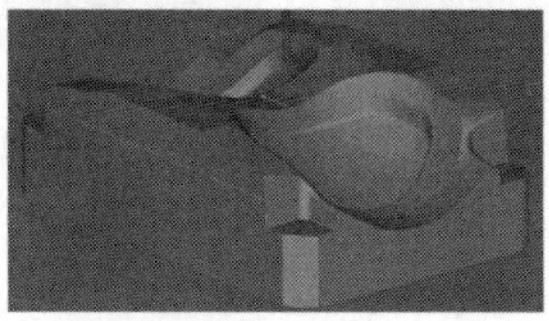

（p）流道加工 1

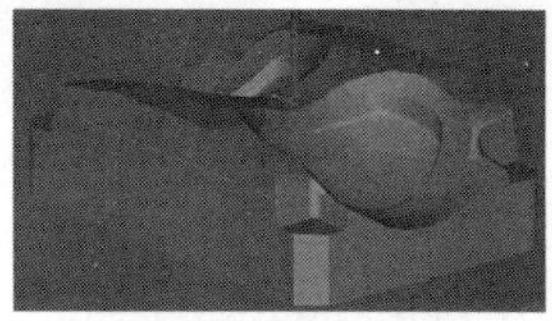

（q）流道加工 2

图 4-3-164　（续）

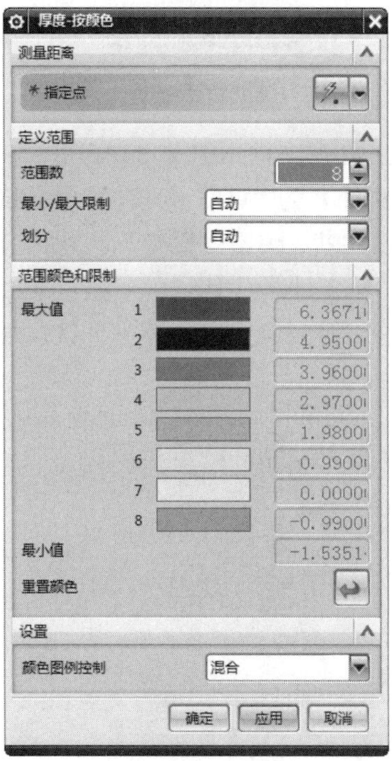

图 4-3-165　“厚度-按颜色”对话框

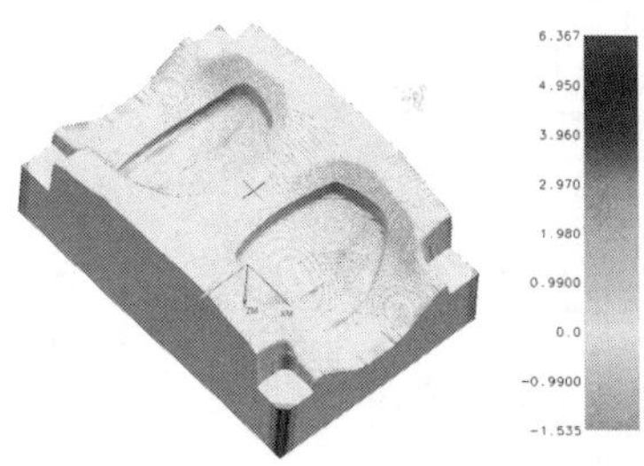

图 4-3-166　保护盒型腔 IPW 余量侦测

2. 保护盒型腔零件 CAM 刀轨后处理

通过 NX 10.0 自带的后处理器对刀轨进行后处理生成，得到生产加工用的程序代码，为机床进行加工做好准备。刀轨后处理可以单个工序处理，也可以通过 Shift 键选择多个刀轨同时处理。一般情况下，先处理开粗工序，机床在开粗加工的同时进行后续工序的设置。

（1）在图 4-3-167 所示的“工序导航器-几何”视图中，选择所需处理的工序，右击，在弹出的快捷菜单选择“后处理”命令，弹出图 4-3-168 所示的“后处理”对话框。

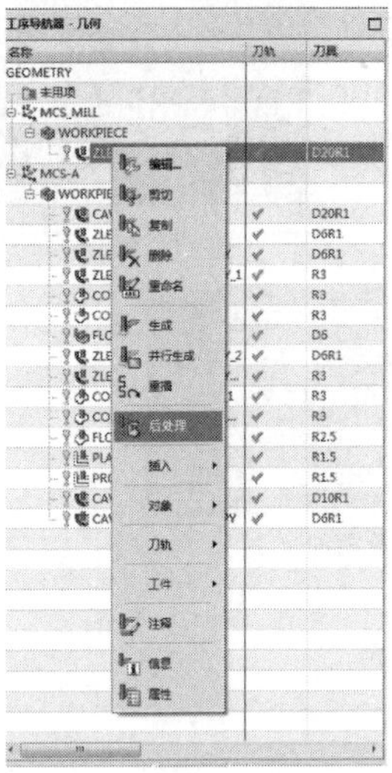

图 4-3-167 选择后处理工序

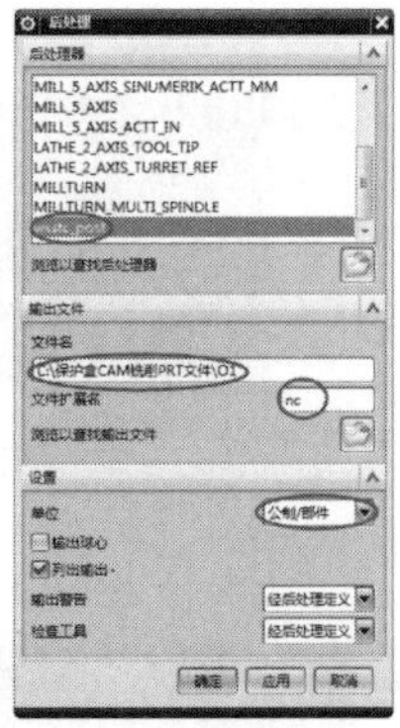

图 4-3-168 “后处理”对话框

（2）在“后处理器”列表框中选择系统自带后处理文件 MILL_3_AXIS，在“输出文件”选项区域中设置保存路径，修改后处理文件名为“O1”，文件扩展名修改为“nc”；在“设置”选项区域中修改单位为“公制/部件”。单击“确定”按钮，完成后处理设置，系统自动处理得到图 4-3-169 所示的开粗工序程序代码。

（3）以相同的操作对后续各个工序进行后处理，得到保护盒型腔零件铣削加工的全部 17 个程序，如图 4-3-170 所示。

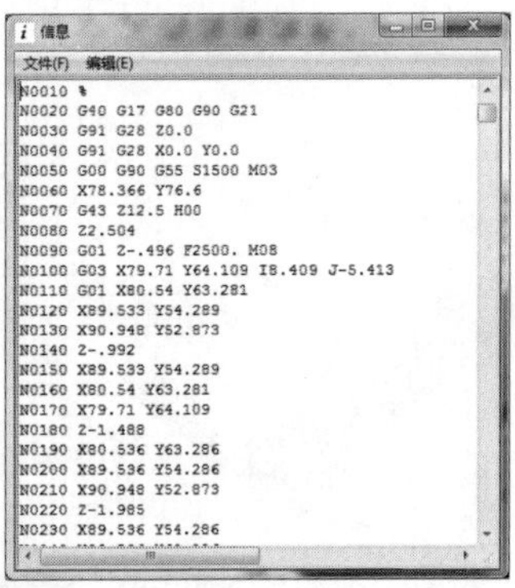

图 4-3-169 开粗工序程序代码

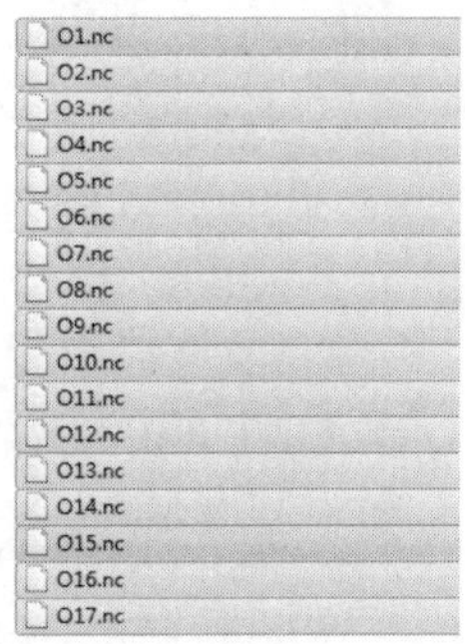

图 4-3-170 保护盒型腔 CAM 所有程序

4.4 考核评价：充电器座型芯零件 CAM 项目任务实施评价

根据保护盒型腔零件 CAM 项目任务实施完成情况进行评价（表 4-4-1）。

表 4-4-1　保护盒型腔零件 CAM 项目任务实施评价

班级：　　　　　　　　　　　姓名：　　　　　　　　　　　　　　　年　月　日

核心能力	评价指标	自我评价（掌握程度）		
		合格	良好	优秀
掌握保护盒型腔零件 CAM 技术	了解 CF 卡传输原理			
	了解 CF 卡直接传输设置			
	了解 CF 卡在线传输			
	了解 CNC 在线传输			
保护盒型腔零件 CAM 设置	能制定保护盒型腔零件制造工艺规划			
	能进行保护盒型腔零件 CAM 数字模型导入与处理			
	能进行保护盒型腔零件 CAM 铣削准备			
	能进行保护盒型腔零件 CAM 开粗与补开粗			
	能进行保护盒型腔零件 CAM 半精加工和精光加工			
	能进行保护盒型腔零件 CAM 仿真与后处理			
其他				

学习体会

教师评价

年　月　日

项目5　酒杯型腔零件 CAM

项目任务

知识目标

1. 理解模具电极加工原理；
2. 了解模具制造用电极设计的基本标准；
3. 掌握酒杯型腔电极设计；
4. 掌握酒杯型腔定制要求、制作过程、处理结果检验。

能力目标

1. 能进行酒杯型腔零件制造工艺规划；
2. 能进行酒杯型腔零件 CAM 数模导入与处理；
3. 能进行酒杯型腔零件 CAM 铣削准备；
4. 能进行酒杯型腔零件 CAM 开粗与补开粗；
5. 能进行酒杯型腔零件 CAM 半精加工和精光加工；
6. 能进行酒杯型腔零件 CAM 仿真与后处理。

思政目标

1. 培养凝神聚力、精益求精、追求极致的职业品质；
2. 强化规范意识、标准意识，全面提升工程素养；
3. 培养全局思维、辩证思维，善于透过现象看本质。

工作任务描述

1. 工作任务

应用计算机辅助设计与制造技术对酒杯型腔零件进行铣削加工，通过制定加工工序，运用酒杯型腔零件铣削典型操作，完成酒杯型腔零件铣削刀轨设置及仿真加工。项目任务工作流程如图 5-0-1 所示。

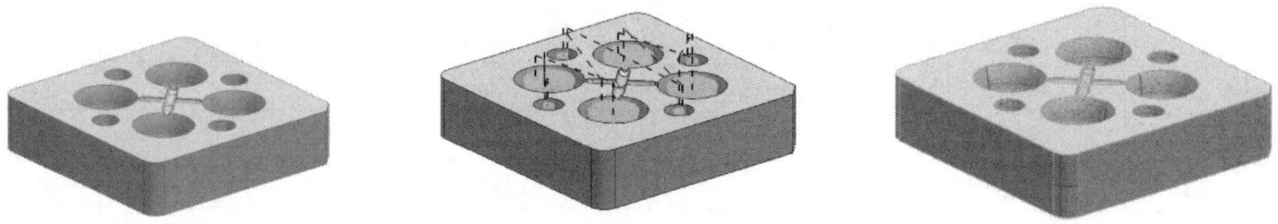

（a）导入零件模型　（b）刀轨设置　（c）仿真加工

图 5-0-1　项目任务工作流程

2. 工艺要求

酒杯型腔零件制造工艺过程卡如表 5-0-1 所示，酒杯型腔零件铣削加工工艺卡如表 5-0-2 所示。

表 5-0-1 酒杯型腔零件制造工艺过程卡

工序号	工序名称	尺寸	工艺要求	检验	备注
1	下料	133mm×133mm×32mm	带锯条	钢直尺检验自由公差度要求	3mm 余量 手工去飞边
2	铣平面	130.2mm×130.2mm×30.5mm	铣床铣削	游标卡尺检验，正公差 0.2mm	六面角尺
3	磨平面	130mm×130mm×30.5mm	平面磨	千分尺	高度留余量，其他留正公差0.02～0.05mm
4	型腔开粗	按零件图要求尺寸	铣床铣削	千分尺	腔体预留 0.3mm
5	型腔半精	按零件图要求尺寸	铣床铣削	千分尺	腔体预留 0.1mm
6	钻/铰孔	按零件图要求尺寸	台钻	内径千分尺等、配合长度	
7	攻螺纹	攻螺纹、水堵管螺纹尺寸	丝攻	螺杆顺畅旋转配合	手工
8	热处理	调质	热处理炉	游标卡尺、变形量在 0.2mm 以内	HRC 59～62
9	磨平面	130mm×130mm×30.5mm	铣床铣削	游标卡尺、角尺平行度、垂直度检验	加工、检验基准统一为底面
10	型腔精光	达到零件图要求尺寸	精雕机床	所有型面	采点比对
11	电火花	所有火花位	电火花机床	火花位过渡光顺	粗精组合使用
12	抛光	符合零件图表面粗糙度要求	抛光工具	与标准样板对比检验	严禁抛光分型面
13	检验	按零件图标注和技术要求	三坐标测量机		以安装基准为检验基准

表 5-0-2 酒杯型腔零件铣削加工工艺卡

<table>
<tr><td rowspan="4">单位名称</td><td rowspan="4">模具制造车间</td><td colspan="2">产品名称或代号</td><td colspan="2">零件名称</td><td colspan="2">零件图号</td></tr>
<tr><td colspan="2">酒杯型腔</td><td colspan="2">酒杯型腔</td><td colspan="2">20170926-01</td></tr>
<tr><td colspan="2">夹具名称</td><td colspan="2">使用设备</td><td colspan="2">车间</td></tr>
<tr><td colspan="2">精密平口钳</td><td colspan="2">加工中心</td><td colspan="2">机加 01</td></tr>
<tr><td>工序号</td><td>工序内容</td><td>刀具号</td><td>规格</td><td>主轴转速
/（r/min）</td><td>进给速度
/（mm/min）</td><td>背吃刀量
/mm</td><td>余量
/mm</td></tr>
<tr><td>1</td><td>外轮廓粗加工</td><td>T01</td><td>D12R0.5</td><td>3500</td><td>2500</td><td>1</td><td>0.2</td></tr>
<tr><td>2</td><td>整体开粗</td><td>T01</td><td>D12R0.5</td><td>3500</td><td>3000</td><td>0.4</td><td>0.3</td></tr>
<tr><td>3</td><td>流道加工</td><td>T04</td><td>R3</td><td>4500</td><td>1200</td><td>0.1</td><td>0</td></tr>
<tr><td>4</td><td>浇口加工</td><td>T05</td><td>R1.5</td><td>6000</td><td>600</td><td>0.1</td><td>0</td></tr>
<tr><td>5</td><td>分型面半精</td><td>T03</td><td>D8</td><td>4000</td><td>2000</td><td></td><td>0.1</td></tr>
<tr><td>6</td><td>外轮廓半精</td><td>T02</td><td>D10R0.5</td><td>4500</td><td>1500</td><td>6</td><td>0.1</td></tr>
<tr><td>7</td><td>成型面半精</td><td>T02</td><td>D10R0.5</td><td>4500</td><td>1500</td><td>0.3</td><td>0.1</td></tr>
<tr><td>8</td><td>分型面精光</td><td>T03</td><td>D8</td><td>6500</td><td>600</td><td></td><td>0</td></tr>
<tr><td>9</td><td>外轮廓精光</td><td>T02</td><td>D10R0.5</td><td>6500</td><td>1000</td><td>8</td><td>−0.02</td></tr>
<tr><td>10</td><td>成型面精光</td><td>T02</td><td>D10R0.5</td><td>6500</td><td>1000</td><td>0.12</td><td>0</td></tr>
<tr><td>11</td><td>成型面底面精光</td><td>T03</td><td>D8</td><td>6500</td><td>600</td><td></td><td>0</td></tr>
<tr><td>12</td><td>刻字加工</td><td>T06</td><td>D0.3</td><td>18000</td><td>300</td><td>0.025</td><td>0</td></tr>
</table>

3. 工作条件

酒杯型腔零件数控铣削加工刀具如表 5-0-3 所示。

表 5-0-3　酒杯型腔零件数控铣削加工刀具

零件名称		酒杯型腔	零件编号		20170926-01	备注
序号	刀具号	刀具			加工内容	
		规格名称	数量	刀长/mm		
1	T01	D12R0.5 立铣刀	1	75	外轮廓及整体粗加工	2 刃
2	T02	D10R0.5 立铣刀	1	75	外轮廓及成型面半精与精光	2 刃
3	T03	D8 立铣刀	1	55	分型面半精与精光、成型面底面精光	2 刃
4	T04	R3 球头立铣刀	1	55	流道加工	2 刃
5	T05	R1.5 球头立铣刀	1	35	浇口加工	2 刃
6	T06	D0.3 立铣刀	1	30	刻字投影加工	2 刃

5.1 知识准备：模具电极设计标准及酒杯型腔电极设计

5.1.1　放电加工及电极简介

1. 放电加工

放电加工是基于放电腐蚀原理而工作的，其广泛应用于模具制造行业中。随着模具制造要求的提高，模具零件在材料硬度、特殊表面要求、加强筋位等方面越来越离不开放电加工。

在模具零件的制造中使用放电加工时，工件其材料的去除不是靠刀具的机械力切削，因此就不需要产生切削力的设备。

（1）放电加工具有许多优点：

1）加工精度高，表面粗糙度极小，可以实现现有铣削工艺无法完成加工的局部区域（如细长的加强筋位型面、立角位面等）的加工、模具零件表面有特殊要求（如火花纹、镜面效果）的成型面加工。

2）电极材料的铣削加工工艺性好，更容易制造出复杂的结构形状。

3）由于利用放电腐蚀原理进行加工，电极和工件不直接接触，宏观作用力小，不会引起模具零件的变形。

4）放电加工的电流密度很高，产生的高温足以熔化和气化任何导电材料，如硬质合金、热处理后的钢材及合金等都能加工。

（2）放电加工的不足之处在于：

1）加工需要电极，电极的加工占整个加工过程比例较大。

2）加工表面有变质层，对后加工及使用均有不利的影响。

3）加工效率偏低。

4）加工工件必须是导电材料。

2. 电极

放电加工的应用必然要使用电极作为放电的工具，在模具零件的放电加工中需要用于模具电极。模具电极是模具中需要放电的区域的一个反向模型，通常可以通过铣削加工得到该反向模型，如图 5-1-1 所示。模具电极的主要材料有红铜、铬铜和石墨三种。

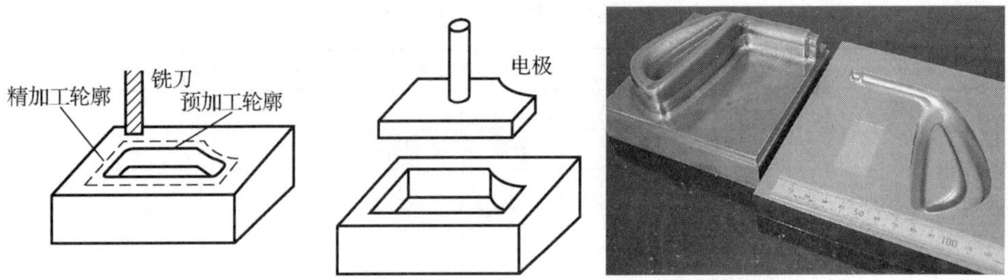

图 5-1-1　电极与模型

在放电加工时，电极与工件并不接触，二者之间存在放电间隙，如图 5-1-2 所示。该间隙在模具制造行业中也称为火花位。放电加工时，可以通过控制火花位的大小来控制模具型腔的精度，实现粗、精加工。因此，对于加工余量比较大的模型，需要先设置粗加工电极，再设置精加工电极，进行多次放电加工。在加工过程中电极本身也会有微小的损耗，因此通常规定一个电极最多对四个腔体实施加工。

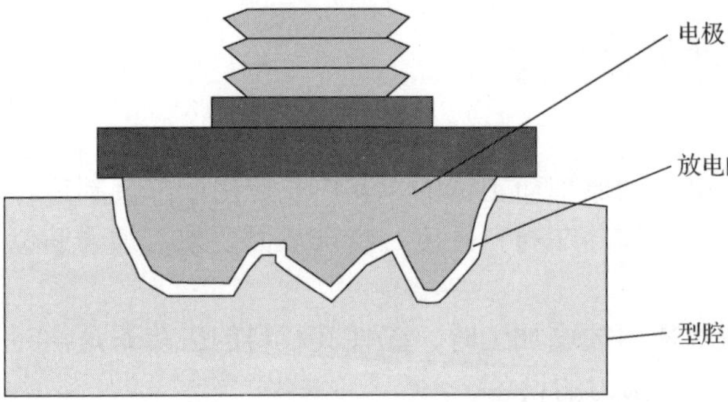

图 5-1-2　放电间隙示意图

3. 电极结构

一个完整的电极应该由产品成型部分、直身避空位（俗称冲水位）、基准台三部分组成，如图 5-1-3 所示。

成型部分是对工件进行有效放电加工的部分，其形状与该处成品面的形状相近。直身避空位的作用有两个：一是防止电极与工件干涉，二是有利于电极进行铣削加工。如图 5-1-4 所示，设置一定高度的直身避空位，方便铣削根部残料。基准台的作用有两个：一是在火花机上调整水平度与垂直度，二是定位电极相对于工件的位置。

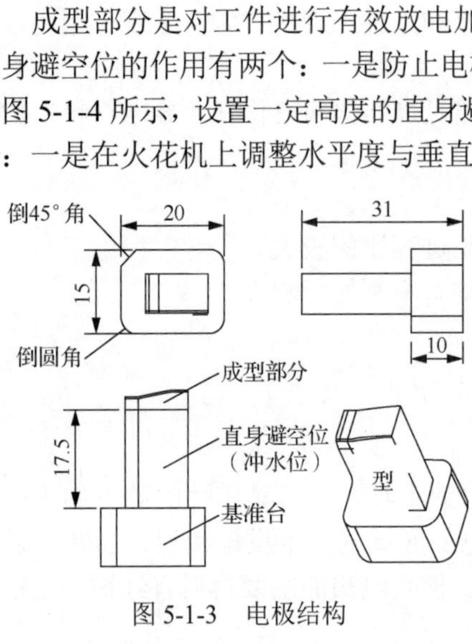

图 5-1-3　电极结构

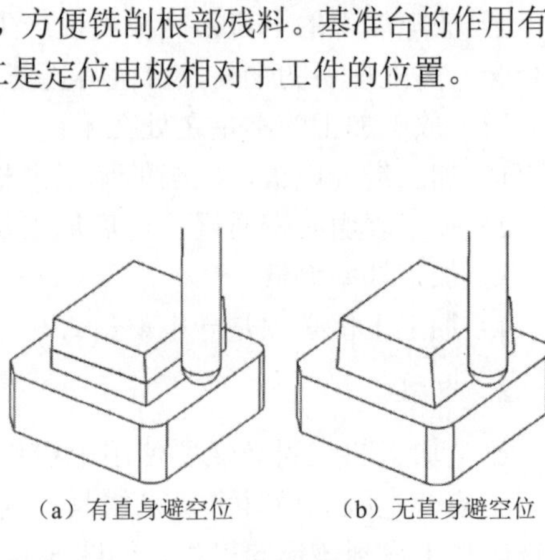

图 5-1-4　电极直身避空对比

5.1.2　模具制造用电极设计的基本标准

关于模具电极的设计（或者称拆分），各个模具企业都有不同的标准。但是，一些基本的标准是大家都要遵守的。这里整理出一些标准供大家探讨。

（1）基准台离工件必须要有一段距离，冲水位距离最短为 4mm。

（2）基准台大小要比成品部分大 7～10mm，而且尺寸应为 5 的倍数。基准台高 5～10mm。

（3）基准台有四个角，其中一个要做 45° 倒角（*C*），其余三个要倒圆角（*R*）。*C* 角及 *R* 角设为 2mm、3mm、5mm 三级。*C* 角对工件基准角，同一电极 *C* 角及 *R* 角必须大小相同。

（4）电极的成品部分在不干涉工件的前提下，单边要超出工件 0.3～0.5mm。

（5）直身避空位高度应在 1～5mm，如果不够，可加高。

（6）对设计好的电极还要通过命名来区别。如果电极名称取错或重名，会导致 CNC 编程、火花机放电和品管检测混乱，后果非常严重。所以，对不同的工件制定了相应的命名方法，如表 5-1-1 所示。

表 5-1-1　工件的命名方法

工件名称	工件代号	电极由 CNC 加工	
		新模电极名称	修模电极名称
CAV（母模仁）	F	FE+（01~99）	FBE+（01~99）
CORE（公模仁）	M	ME+（01~99）	MBE+（01~99）
SL（滑块）	S	S+（1~9）E+（01~99）	S+（1~9）BE+（01~99）
CB（公模斜梢）	C	C+（1~99）E+（01~99）	C+（1~99）BE+（01~99）
CBA（母模斜梢）	CBA	CBA+（1~99）E+（01~99）	CBA+（1~99）BE+（01~99）
IN（公模入子）	IN	IN+（1~99）E+（01~99）	IN+（1~99）BE+（01~99）
INA（母模入子）	INA	INA+（1~99）E+（01~99）	INA+（1~99）BE+（01~99）
SIN（滑块入子）	S+（编号）IN	S+（1~9）IN+（1~9）E+（01~99）	S+（1~9）IN+（1~9）BE+（01~99）
CIN（潜藏式流道）	GIN	GIN+（1~99）E+（01~99）	GIN+（1~99）BE+（01~99）
ST（直梢）	ST	ST+（1~99）E+（01~99）	ST+（1~99）BE+（01~99）

（7）大多数模具侧壁带有一定的拔模角度，电极形体部分存在锥度时，需要延伸 0.5～1mm，否则会造成放电加工不到位，如图 5-1-5 所示；而当电极形体为半圆状态时，不需要延伸（会出现倒扣），如图 5-1-6 所示。

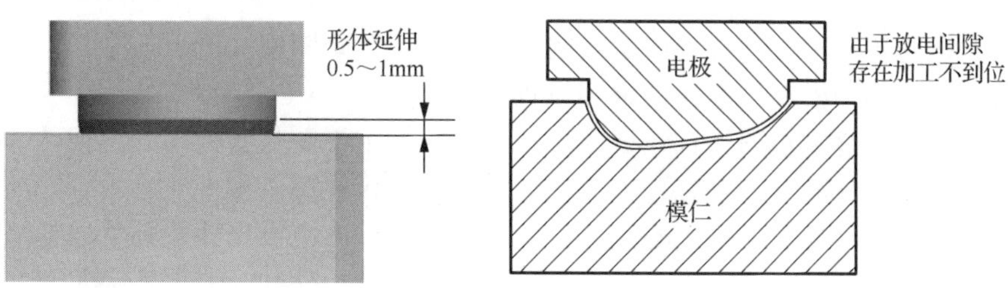

图 5-1-5　电极锥面延伸

（8）直身避空位（冲水位）高度的预设也要注意，在图 5-1-7 所示工件最高处加 5mm 以上较妥，这样方便火花机加工时冲走残渣。火花机放电加工时会产生残渣，如果不能及时冲走积碳，将造成二次放电，不仅会损伤电极，还可能造成工件损坏。

特别是加工深骨位（加强筋等）时，积碳造成大肚倒扣，注塑时会出现粘模现象。

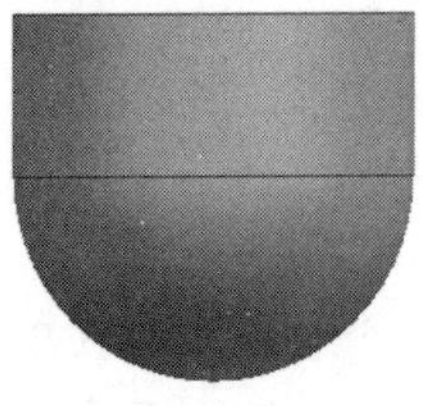

（a）合理　　（b）不合理

图 5-1-6　球头电极延伸对比

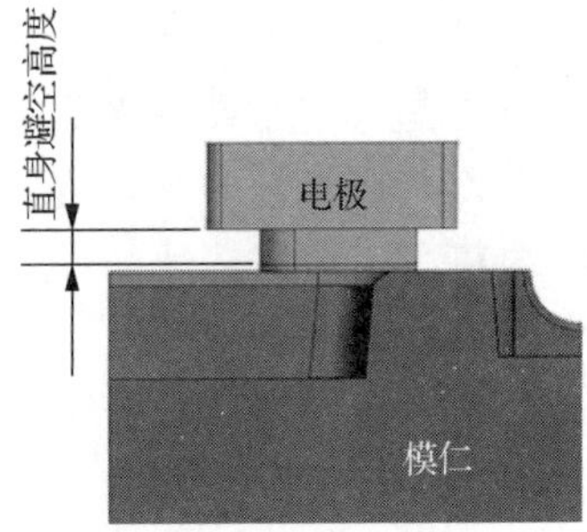

图 5-1-7　冲水位

5.1.3　拆电极以及出火花数图纸的步骤

UG 提供了常规的建模工具。常用的实体建模按钮如图 5-1-8 所示。

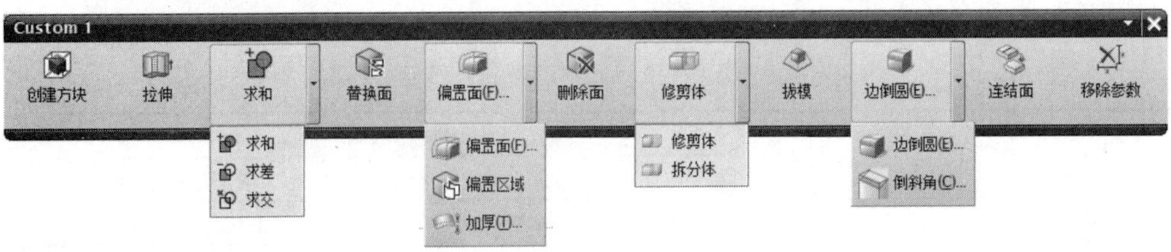

图 5-1-8　常用的建模功能按钮

1. 拆电极步骤

（1）导入图样，把工件移至指定图层，确定电极开始层（一个编号电极对应一个图层）。

（2）根据工艺要求与加工条件，分析需要拆电极的部分。

（3）拆出电极，分析电极加工的可行性与方便性，分析电极是否可以公用。

（4）检查电极合理性，检查电极是否有干涉。

（5）制定电极开料清单。

（6）出火花数图纸并谨慎检查图纸的标数与注释说明。

2. 出火花数图纸的步骤

（1）在建模中把工件与当前电极的图层打开，其余图层关闭。

（2）进入制图模块，新建图纸并设置图纸页。

（3）通过“基本视图”按钮调出工件和电极的主视图与侧视图、三视图等。

（4）关闭工件图层，只打开电极图层并调出电极视图。

（5）标准电极与工件的中心尺寸及深度尺寸、标准电极尺寸及其他注释。

5.1.4　酒杯型腔电极设计

1. 电极成型部分设计

（1）将酒杯型腔复制到准备设置电极的图层。选择“格式”→“复制至图层”命令（图 5-1-9），选择图 5-1-10 所示酒杯型腔，弹出图 5-1-11 所示的“图层复制”

对话框，在“目标图层或类别”文本框中输入 11，单击“确定”按钮，将酒杯型腔复制到 11 号图层。选择“格式”→“图层管理”命令，弹出图 5-1-12 所示的“图层设置”对话框，将 11 号图层设置为工作图层，取消选中 1 号图层复选框。

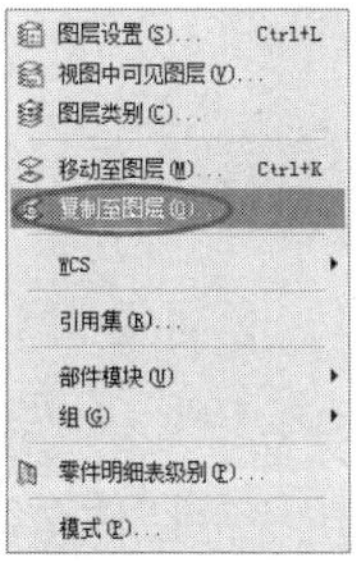

图 5-1-9　下拉菜单

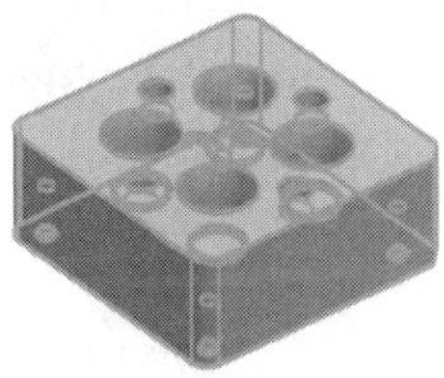

图 5-1-10　选择体

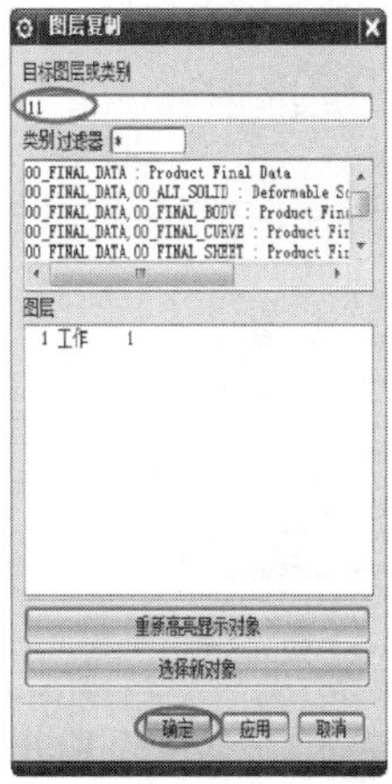

图 5-1-11　“图层复制”对话框

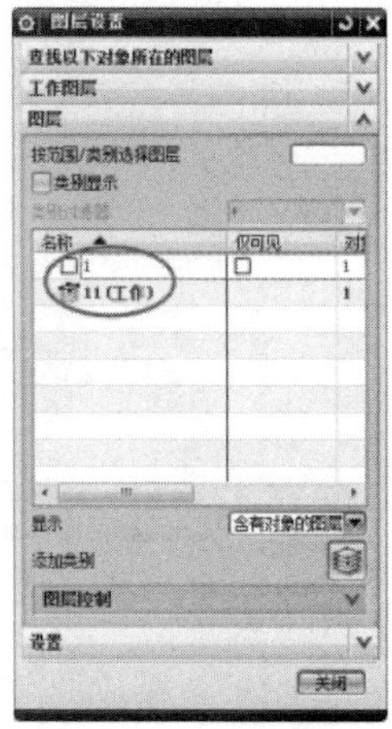

图 5-1-12　“图层设置”对话框

（2）选择“启动”→“所有应用模块”→“电极设计”命令，如图 5-1-13 和图 5-1-14 所示。

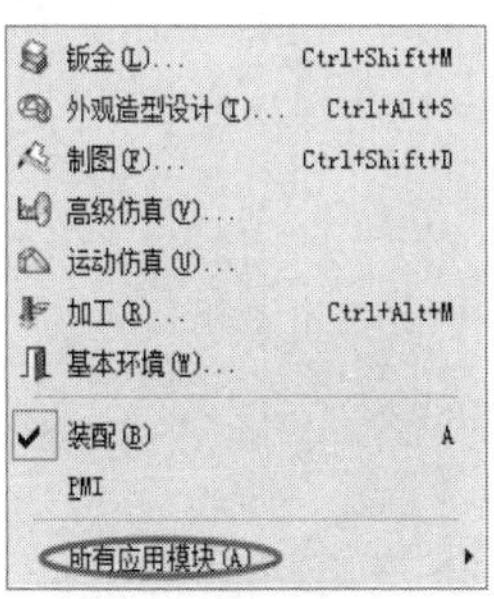

图 5-1-13　选择“所有应用模块”

图 5-1-14　选择“电极设计”

（3）单击按钮，弹出图 5-1-15 所示的“创建方块”对话框，在“类型”下拉列表中选择“有界圆柱体”选项，选择图 5-1-16 所示的酒杯型腔基础面和最低面，设置“间隙”为 0.5mm，完成电极毛坯体的设置。

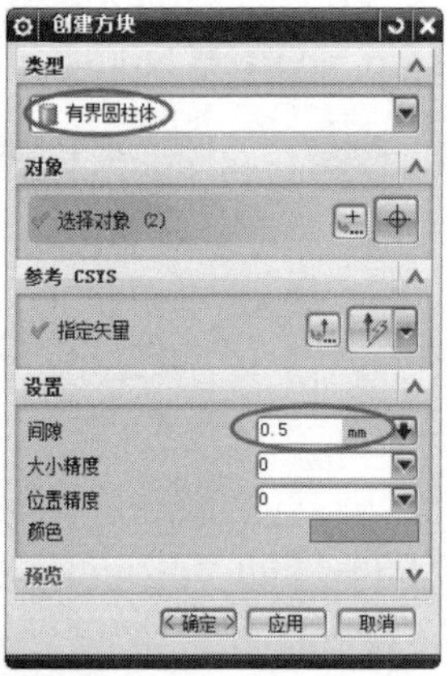

图 5-1-15 “创建方块”对话框

图 5-1-16 电极毛坯体

（4）单击按钮，弹出图 5-1-17 所示的“求差”对话框，选择电极毛坯体与酒杯型腔求差，选中“保存工具”复选框，得到图 5-1-18 所示的电极头。

图 5-1-17 “求差”对话框

图 5-1-18 电极头

（5）求差后可以发现，电极头底部有浇口的型面，可利用“拆分体”对话框将浇口位置与底面拆分，如图 5-1-19 所示，在“工具选项”下拉列表中选择“新建平面”选项，选择图 5-1-20 所示的平面，单击“确定”按钮，移除参数；使用图 5-1-21 所示的“替换面”对话框，选择图 5-1-22 所示的流道的面与酒杯的侧壁进行替换，解决浇口凸出的问题。

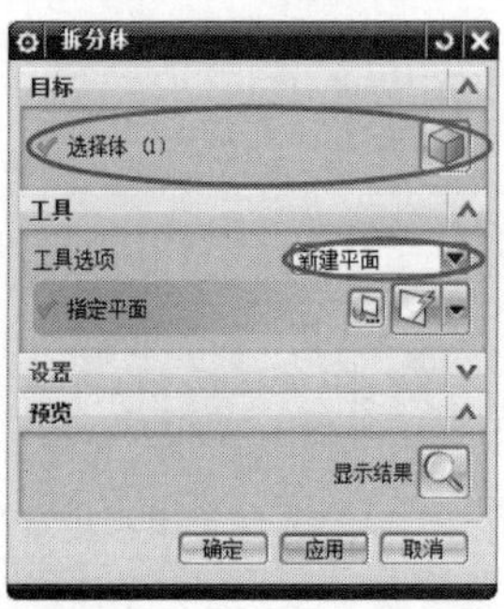

图 5-1-19 “拆分体”对话框

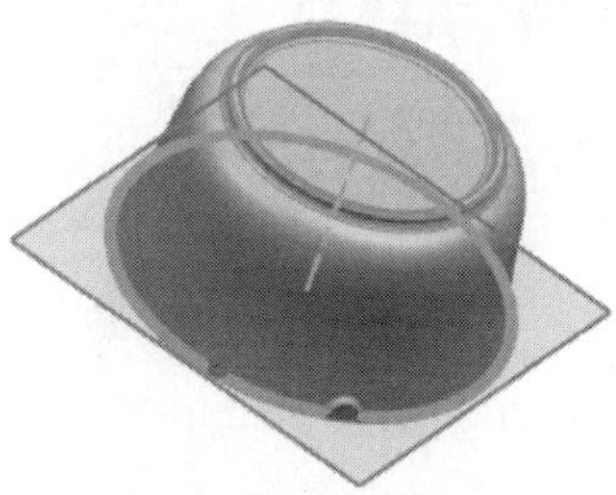

图 5-1-20 面设置 1

图 5-1-21　“替换面”对话框

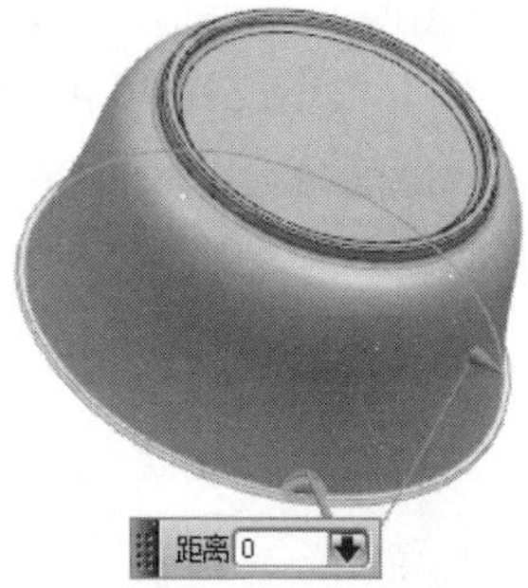

图 5-1-22　面设置 2

（6）合并拆分后的两块几何体（“合并”对话框如图 5-1-23 所示），将电极头放入型腔中进行检查，发现电极头边缘部分与杯口面平齐，这样加工出来的电极进行放电后在杯口处将造成夹口，需要进行处理。使用“替换面”命令将上下面进行替换，如图 5-1-24 所示，这样电极侧壁得到延伸处理，可有效防止夹口现象，得到图 5-1-25 所示的几何体效果。

图 5-1-23　“合并”对话框

图 5-1-24　“替换面”对话框

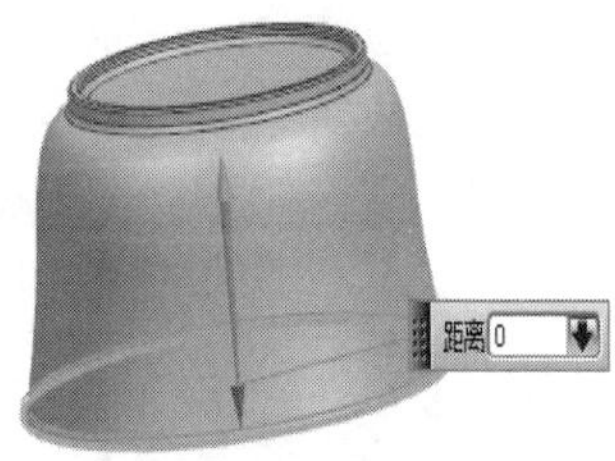

图 5-1-25　替换效果

（7）对杯底进行干涉检查，发现电极底部与杯底需要刻字的平面有干涉，需要将底面进行避空。在图 5-1-26 所示的“拉伸”对话框中，方向选择 Z 轴，向下偏置 2mm，选择“求差”方式，并设置单侧偏置-1mm，单击“确定”按钮，完成避空；再进行边倒圆操作，做 1mm 的倒圆，如图 5-1-27 所示。电极头制作完成，得到图 5-1-28 所示的电极头成品。

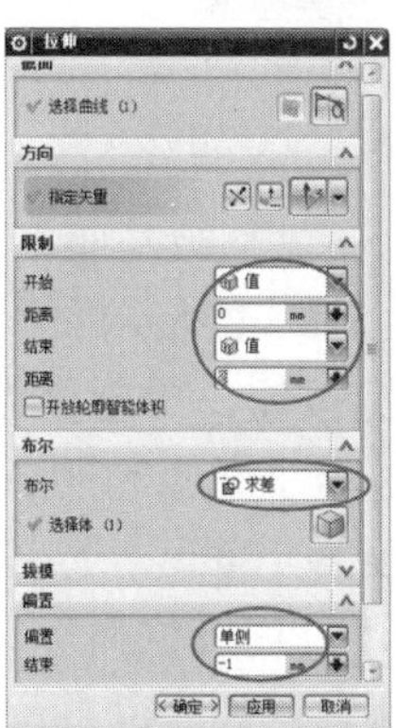

图 5-1-26　“拉伸”对话框

图 5-1-27　“边倒圆”对话框

图 5-1-28　电极头成品

（8）检验电极。将电极头放到型腔中，单击“视图截面”按钮，在弹出的图 5-1-29 所示的“视图截面”对话框中，选中“显示截面曲线预览”复选框，设置“图层选项”为“工作”。如图 5-1-30 所示，电极头与型腔之间的接触面就是放电的加工位置。

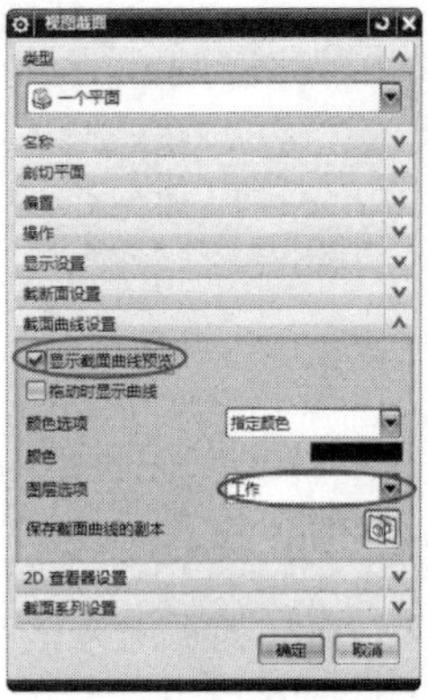

图 5-1-29 “视图截面”对话框

图 5-1-30 电极头与型腔效果

2. 冲水位、基准台设计

（1）制作冲水位。在图 5-1-31 所示的“拉伸”对话框中，选择电极上表面的边线，向上拉伸 5mm，采用“求和”方式，将电极头和冲水位合并成一个整体。冲水位设计完成效果如图 5-1-32 所示。

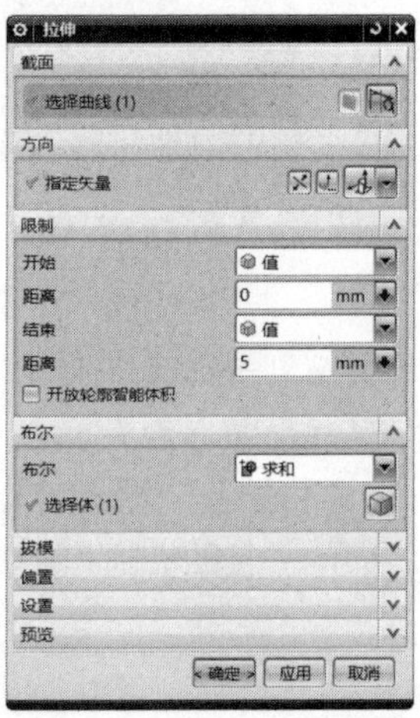

图 5-1-31 “拉伸”对话框

图 5-1-32 冲水位设计完成效果

（2）使用外挂制作基准台。选择“电极”→“电极工具”→“电极基座”命令（图 5-1-33），选择电极头上顶面，单击“确定”按钮，弹出图 5-1-34 所示的“电极基准座”对话框。设置电极名称为 1001FE01，选中“铜”单选按钮，放置层为 11 号图层，选中“精工”和“粗工”复选框，设置精工间隙为-0.05mm，粗工间隙为-0.2mm，电极数量各一个，选中“放电坐标自动取整”复选框，设置高度为 10mm，选中“象限 1”单选按钮（与零件基准方位一致），设置“电极作用”为“外观胶位面”，单击“确定”按钮。基准台设计完成，得到图 5-1-35 所示电极基准座。

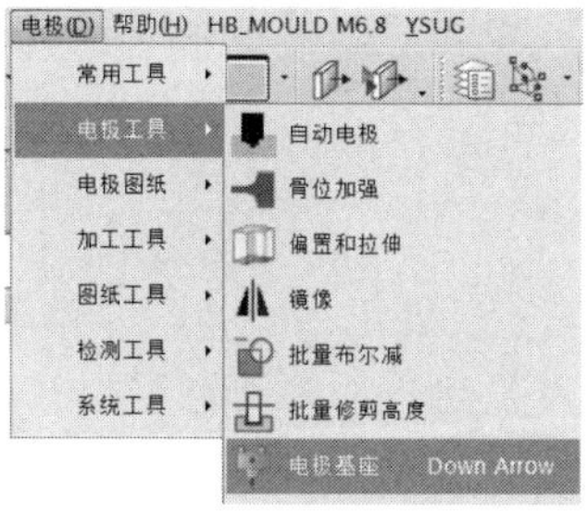

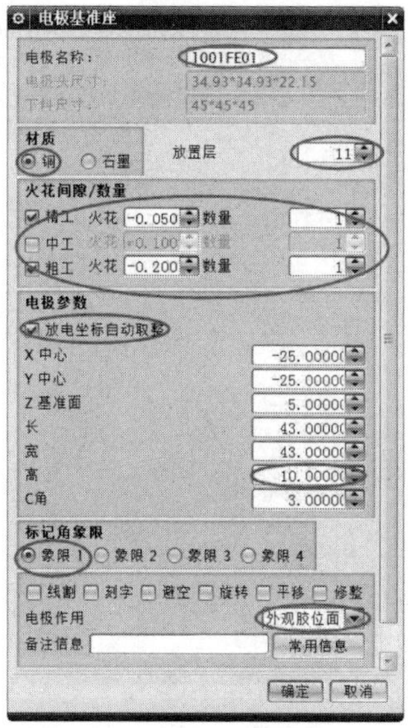

图 5-1-33　指令位置　　图 5-1-34　“电极基准座”对话框　　图 5-1-35　电极基准座效果

（3）使用外挂对电极进行命名。选择“电极”→“电极工具”→“电极刻名称”命令（图 5-1-36），弹出图 5-1-37 所示的对话框。单击“基准侧面”按钮，选择电极，单击“确定”按钮。电极名称刻字完成，在电极上得到图 5-1-38 所示的电极名称。

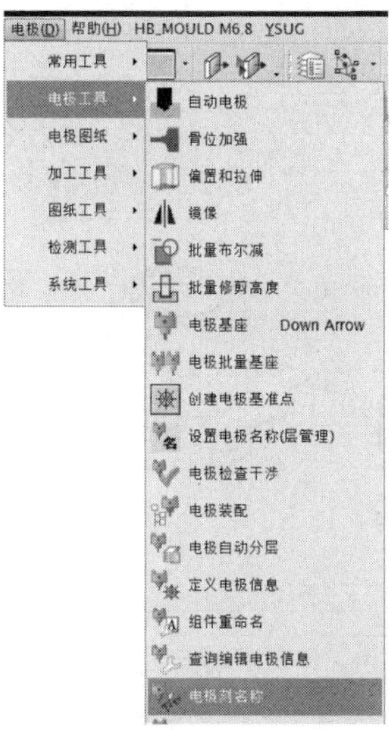

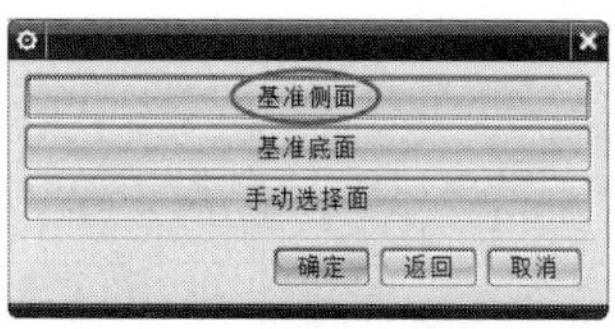

图 5-1-36　指令位置　　图 5-1-37　设置电极刻名称　　图 5-1-38　电极刻名称效果

3. 出电极图

（1）制作电极放电图。选择“电极”→“电极图纸”→“EDM 放电图”命令，弹出图 5-1-39 所示的“批量出 EDM 放电图纸”对话框，在 Z 基准面选择酒杯型腔的分型面，其他参数保持不变，单击“确定”按钮，系统自动生成放电图。因为软件显示问题，图纸没有出现，选择图框，右击更新，视图即可更新显示。放电图设计完成，得到图 5-1-40 所示的电极放电图。

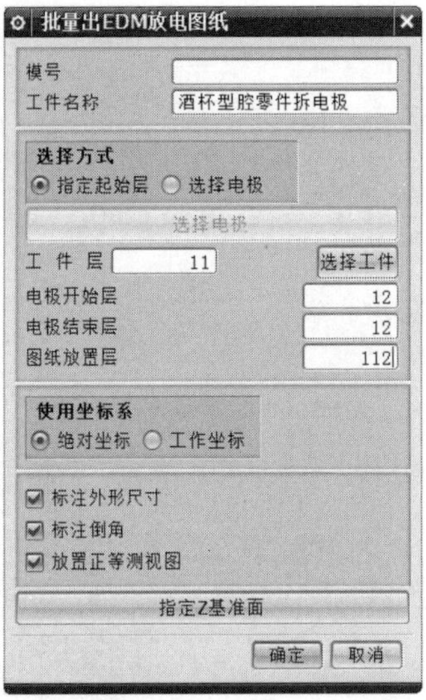

图 5-1-39 “批量出 EDM 放电图纸”对话框

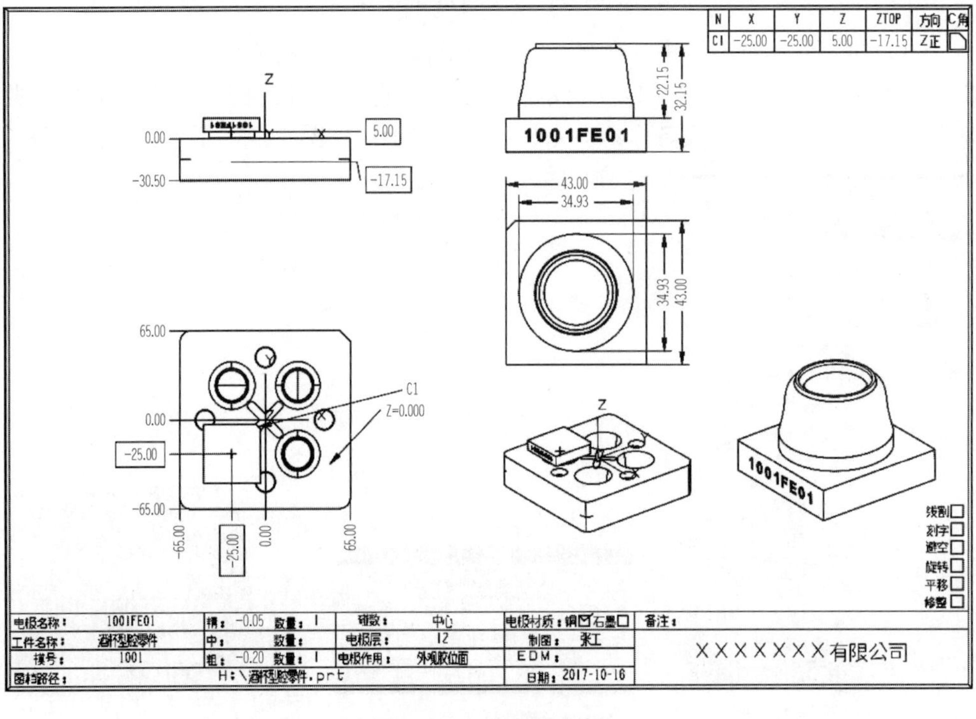

图 5-1-40 电极放电图

（2）制作电极总图。选择“电极”→“电极图纸”→“EDM 总图”命令，弹出图 5-1-41 所示的“EDM 放电总图纸”对话框。为了与放电图区分开来，图层放置层设置为 113 号图层，其他参数保持不变，单击“确定”按钮，系统自动生成电极总图。电极总图设计完成，得到图 5-1-42 所示的电极总图纸。

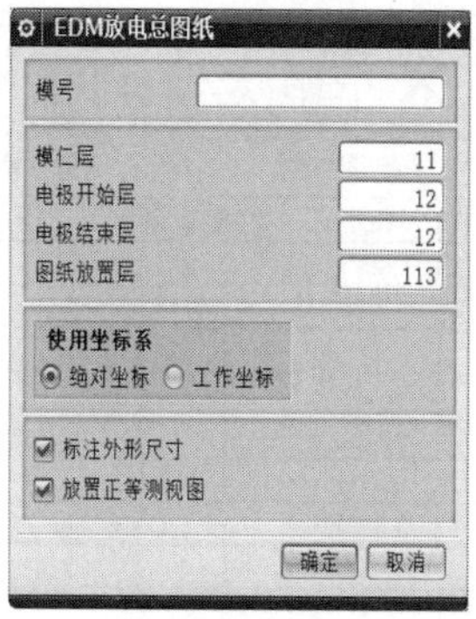

图 5-1-41　“EDM 放电总图纸”对话框

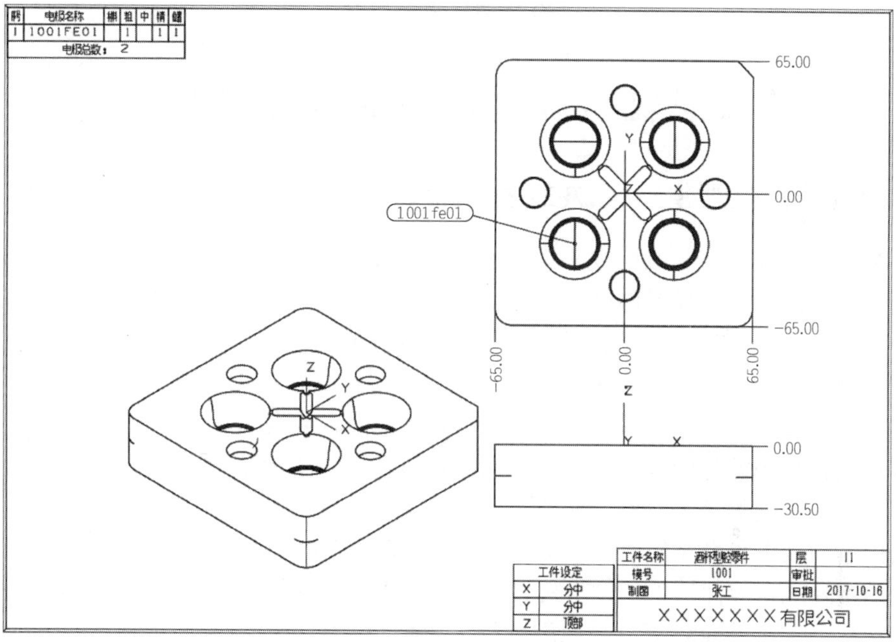

图 5-1-42　电极总图纸

（3）制作电极清单。对于隐藏的电极，用“图层管理”功能把电极的图层设置为工作图层，关闭图层。选择“电极”→“电极图纸”→“电极清单”命令，弹出图 5-1-43 所示的“电极清单”对话框，选中“铜电极”单选按钮，其他参数保持不变。单击“确定”按钮，得到图 5-1-44 所示的电极清单。

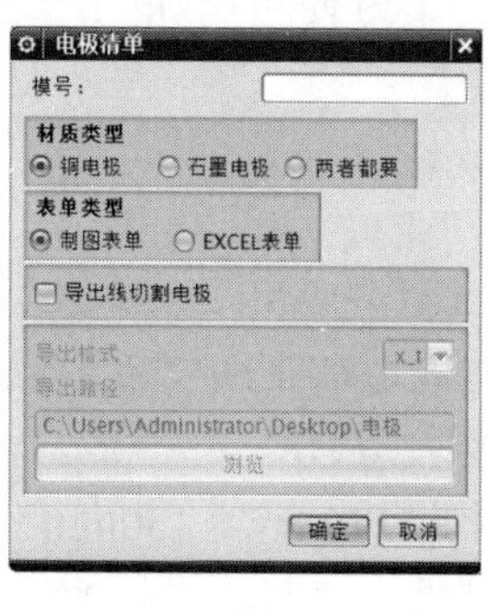

图 5-1-43　“电极清单”对话框

××××× 有限公司电极定料单									
模号：	1001	工件名称：	酒杯型腔零件		电极材质：	Cu	日期：	2017-10-16	
序号	电极名称	下料尺寸	净尺寸	总数量	火花/精	火花/中	火花/粗	重量(kg)	备注
1	1001FE01	45*45*45	43*43*32.15	2	-0.05/1		-0.20/1	1.63	
			总数量：		2		总重量：	1.63kg	

图 5-1-44　电极清单

5.2 工艺规划：酒杯型腔零件制造工艺规划

5.2.1 酒杯型腔模型分析及工艺过程规划

模具的成型零件一般比较复杂，而且有较高的加工精度要求，其加工质量直接影响到产品的质量与模具的使用寿命。在进行酒杯型腔零件加工之前，需要对加工零件的特征进行分析。该型腔用于成型酒杯的外表面部分，因此模具型腔尺寸精度要求高，进行加工工艺规划时应当以保证零件的尺寸精度为首要目标，浇口位置需要单独放电加工，表面只需要进行简单抛光达到一定的表面粗糙度即可。

在酒杯型腔零件的制造过程中，直接改变毛坯材料形状、尺寸、物理性质和装配等操作称为它的工艺过程。制定型腔零件加工工艺规程的基本原则就是要保证以最低的市场成本和最高的生产效率，可靠地加工出符合设计图样所要求的模具产品。典型的模具成型零件的工艺过程规划在项目 2 中已经介绍，这里不再赘述。

酒杯型腔零件应根据以上原则进行工艺规划：下料—铣平面—磨平面—型腔开粗—型腔半精—钻/铰孔—攻螺纹—热处理—磨平面—型腔精光—电火花—抛光—检验；其型腔零件制造工艺过程卡如表 5-0-1。

5.2.2 酒杯型腔零件铣削工艺规划

采用铣削加工的方法，直接改变毛坯的形状、尺寸和表面质量等，使其成为零件的过程称为铣削工艺过程。为了方便生产加工，通常会在加工前对产品零件进行铣削工艺规划，制作铣削工艺卡。

1. 分析零件工艺

该零件材质为 Cr12，单件生产，本工艺是其制造工艺规划环节中的铣削工序编制。零件结构已经进行处理，对放电加工的位置面进行了删除，铣削加工相对简单，具有良好的可切削性。热处理要求为 HRC 59～62，表面处理安排在精加工前进行；铣削前完成毛坯精磨加工，尺寸为 130mm×130mm×30.5mm；由于坯料上表面有余量设置，铣削基准设计为安装基准：坯料底面；*XY* 平面基准设计为底面中心，为后续热处理留 0.03～0.05mm 的变形量。

2. 确定装夹方案

选择定位基准时，应注意减少装夹次数，尽量做到在一次安装中能把零件上所有要加工的表面都加工出来。由于该零件需要进行翻面加工，因此选择基准十分重要。翻面倒角加工时，选择顶面作为定位基准进行加工，用于统一基准；酒杯正面铣削时，选择酒杯型腔精坯料底面作为定位基准。该定位基准与装配基准重合，大大减少了定位误差对尺寸精度的影响。该零件外形规则，加工面大多数在上表面，因此选用精密平口钳夹紧，以底面和底面拐角定位，用等高块垫起。注意，工件高出虎口钳钳口的高度要足够，一般预留 3～5mm 的余量。

3. 确定加工顺序

按照先粗后精的原则确定加工顺序：

（1）用$\phi12R0.5$mm 的圆角立铣刀对外轮廓及整体进行粗加工。外轮廓加工侧壁余量设置为 0.1～0.2mm，整体粗加工加工余量设置为侧壁 0.2～0.3mm，底部 0.1～0.2mm。

（2）用$\phi6$mm 的球头立铣刀对型腔零件流道进行铣削加工，余量设置为 0mm。

（3）使用$\phi3$mm 的球头立铣刀对型腔零件浇口进行铣削加工，余量设置为 0mm。

（4）使用$\phi8$mm 的尖角刀具对模型分型面进行半精铣削加工，设置最终底面余量为 0.1mm。

（5）使用 D10R0.5 的圆角立铣刀对外轮廓及成型面进行半精铣削加工，外轮廓侧壁余量设置为 0.1～0.2mm，成型面侧壁余量设置为 0.1～0.2mm，底面余量设置为 0.1～0.2mm。

（6）热处理后上磨床进行磨削加工，优先磨平底面，再视四个侧面的变形量，优先磨出相邻的两个侧面作为精光铣削时的 *XY* 基准，其余程序使用半精时相同型号的刀具（刀具必须是全新的或者保证其尺寸精度的旧刀具）进行精光。

（7）使用 D8 的尖角立铣刀对成型面底面进行精光。

（8）使用 D0.3 的立铣刀用于刻字投影加工。

4. 选择刀具

根据零件的材料和结构特点选择刀具。

（1）粗加工时，根据工艺需要选择 D12R0.5 的铣刀，对各个区域的加工综合效率较高。

（2）流道及浇口铣削。根据其大小选择刀具，流道铣削选用 *R*3mm 的球头立铣刀进行加工，浇口选用 *R*1.5mm 的球头立铣刀进行加工。

（3）半精加工时，模型最小直径为 13.9903mm，所以选用刀具进行半精加工时，半精需要小于 13mm。刀具圆角半径大于成型面每刀背吃刀量，设置半径侧壁每刀 0.3mm。综上所述，刀具圆角选择 0.5mm，从而确定半精侧壁刀具为 D10R0.5 的立铣刀。同时，外轮廓的半精加工同样选用 D10R0.5 的刀具进行铣削加工。

（4）为了铣削分型面底面尖角，必须选用一把尖角立铣刀，为了加工时的表面质量，选用 D8 的尖角立铣刀，同时使用这把刀具对分型面进行半精与精光。

（5）使用 D0.3 的立铣刀进行刻字投影加工。

5. 选择切削用量

切削用量依据零件材料特点、刀具性能及加工精度要求确定。本零件加工时主轴速度取 3500～18000r/min，粗铣时取低一些，精铣时取高一些，进给速度取 300～3000mm/min。铣削分 12 道次工序完成，每次铣削的背吃刀量不同。

5.3 实践操作：酒杯型腔整体 CAM 设置

5.3.1 酒杯型腔零件 CAM——数字模型导入与处理

（1）选择“启动”→“加工”命令，进入加工环境，如图 5-3-1 所示。

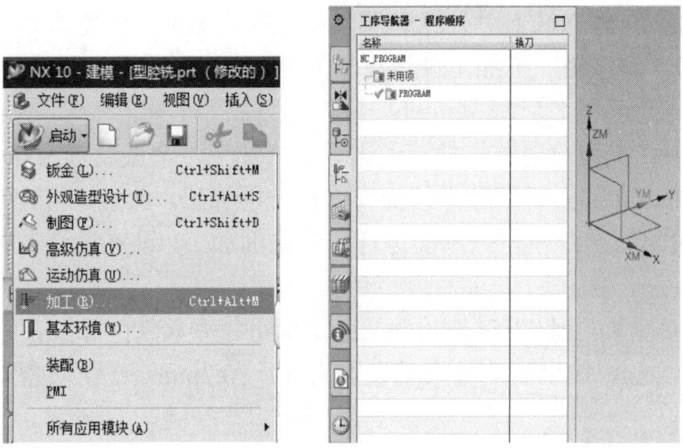

微课：第 1 步 酒杯型腔零件模型导入与处理

图 5-3-1 进入加工环境

（2）单击“打开”按钮，弹出“打开”对话框，根据文件存放路径选择“酒杯型腔零件 CAM”文件，单击 OK 按钮，导入数字模型，如图 5-3-2 所示。

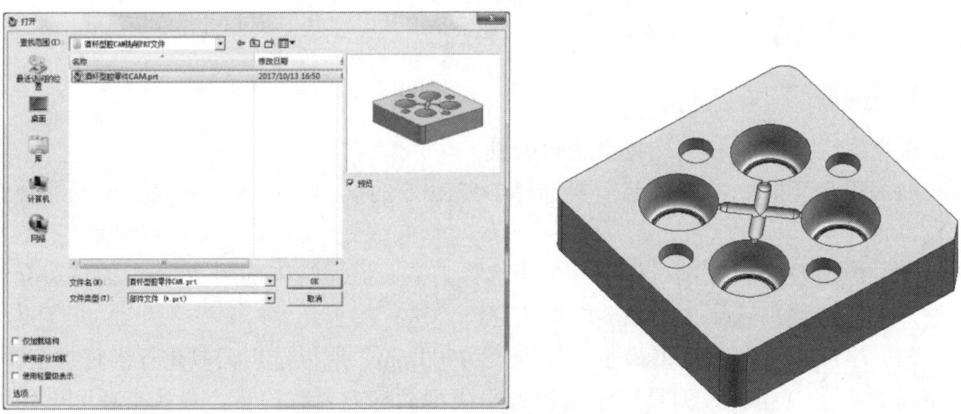

图 5-3-2 导入酒杯型腔数字模型

（3）抽取流道中心线。在建模模块单击“插入”按钮，选择派生曲线，然后在弹出的选项栏中选择抽取虚拟曲线，弹出图 5-3-3 所示的“抽取虚拟曲线”对话框，选择流道底面进行抽取旋转轴，这样就完成了流道中心线的抽取。以相同的方法抽取浇口曲线，结果如图 5-3-4 所示。

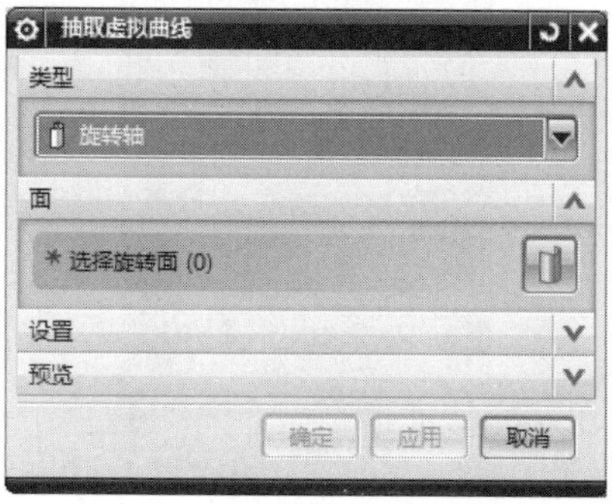

图 5-3-3　“抽取虚拟曲线”对话框

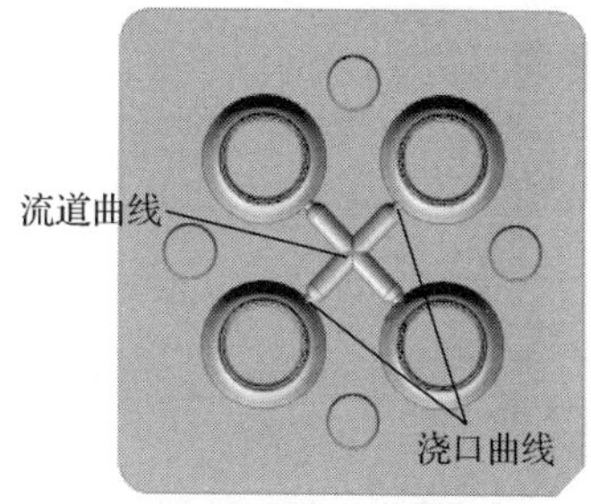

图 5-3-4　流道中心线及浇口曲线的选取

5.3.2　酒杯型腔零件 CAM——铣削准备

酒杯型腔零件的 CAM 准备主要完成三个小任务：创建几何体、创建刀具和创建程序组。

1. 创建几何体

（1）创建第一个几何体。在“工序导航器”工具条中单击按钮，导航器切换到图 5-3-5 所示界面。

（2）双击导航器中的 MCS_MILL 按钮，弹出图 5-3-6 所示的“MCS 铣削”对话框。

微课：第 2 步　酒杯型腔零件 CAM 准备

（3）单击“指定 MCS”右侧的按钮，弹出图 5-3-7 所示的 CSYS 对话框。单击“指定方位”右侧的按钮，弹出图 5-3-8 所示的“点”对话框，在“类型”下拉列表中选择“两点之间”选项，通过图 5-3-9 所示对话框进行 MCS 坐标原点构建，得到图 5-3-10 所示的产品原点。在设置坐标系几何体时，要注意坐标系的 X 轴设置为长方向，Y 轴设置为短方向。单击“确定”按钮，在图 5-3-11 所示的“MCS 铣削”对话框中进行安全设置。

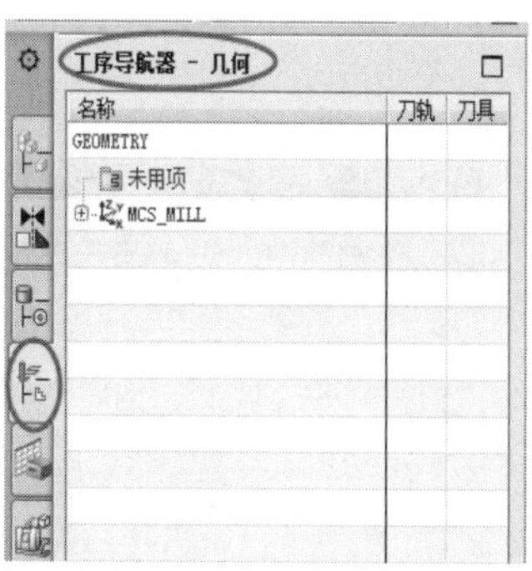

图 5-3-5　“工序导航器-几何”界面

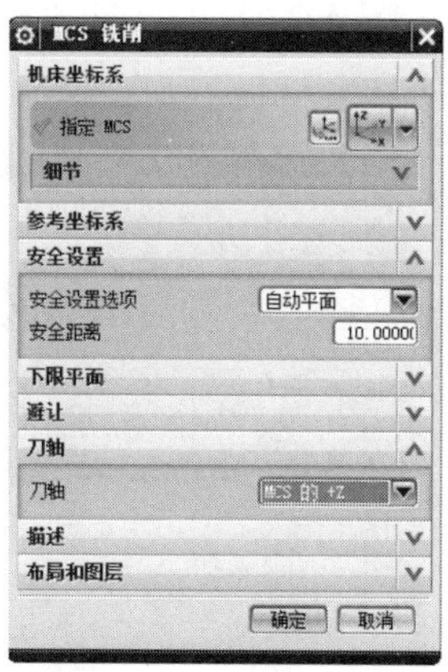

图 5-3-6　“MCS 铣削”对话框 1

图 5-3-7　CSYS 对话框

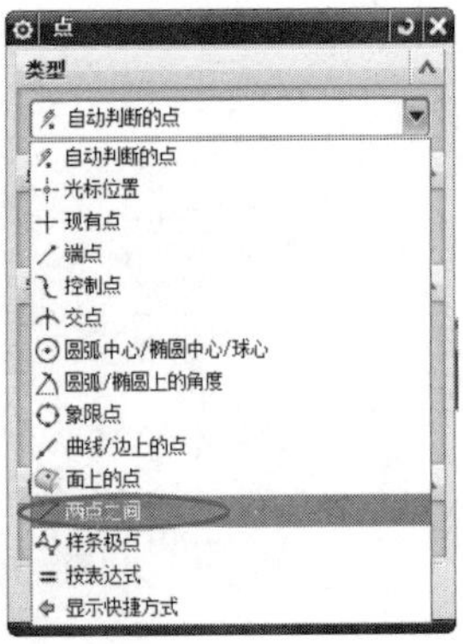

图 5-3-8 “点”对话框

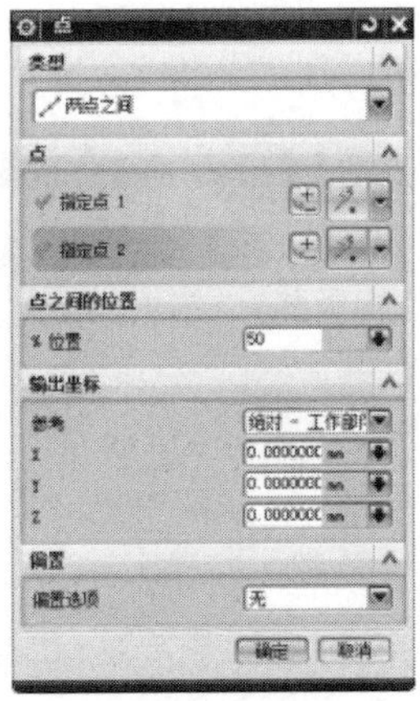

图 5-3-9 选择“两点之间”选项

图 5-3-10 构建产品原点

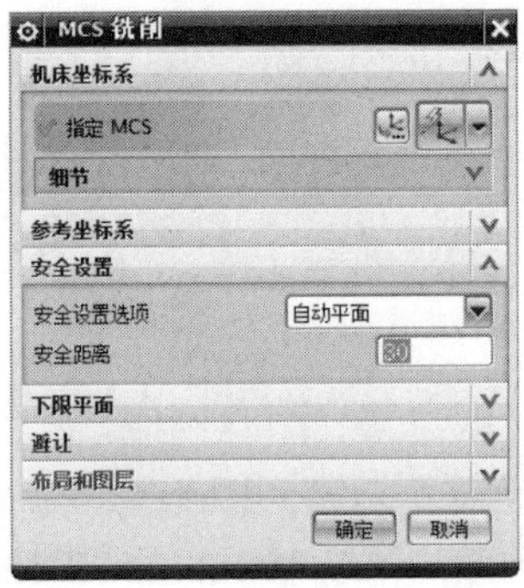

图 5-3-11 “MCS 铣削”对话框 2

（4）双击 WORKPIECE 按钮，弹出图 5-3-12 所示的“工件”对话框。单击按钮，弹出图 5-3-13 所示的“部件几何体”对话框，选中导入的酒杯型腔模型，单击“确定”按钮，完成部件几何体的设置。

（5）单击按钮，弹出图 5-3-14 所示的“毛坯几何体”对话框，在“类型”下拉列表中选择“包容块”选项。根据工艺要求，对毛坯 Z 方向进行 1.5mm 偏置，获得图 5-3-15 所示的酒杯型腔毛坯体。

（6）单击按钮，弹出图 5-3-16 所示的“检查几何体”对话框，选择图 5-3-17 所示的压板作为检查几何体。

图 5-3-12 “工件”对话框

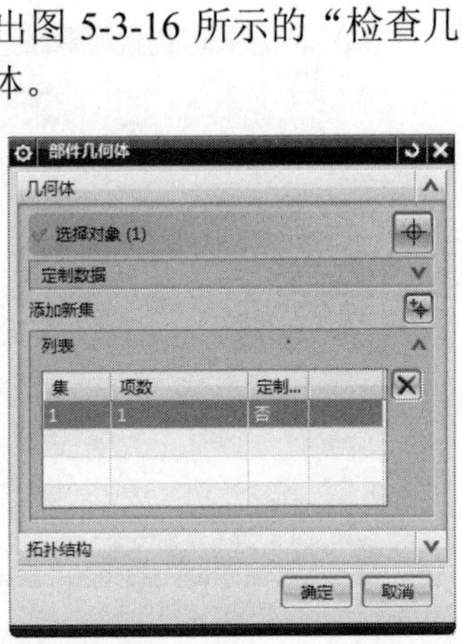

图 5-3-13 “部件几何体”对话框

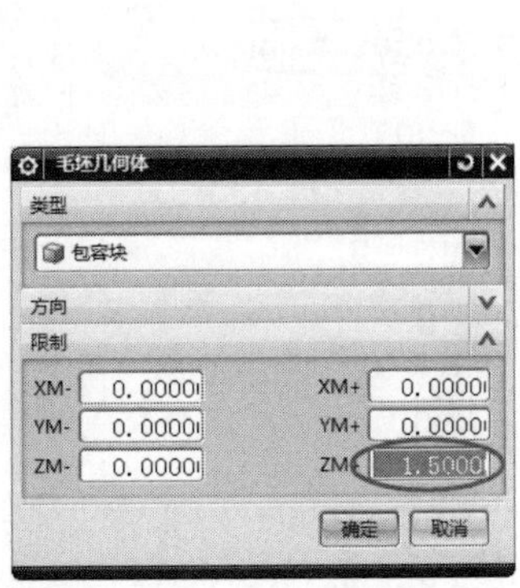

图 5-3-14 “毛坯几何体”对话框

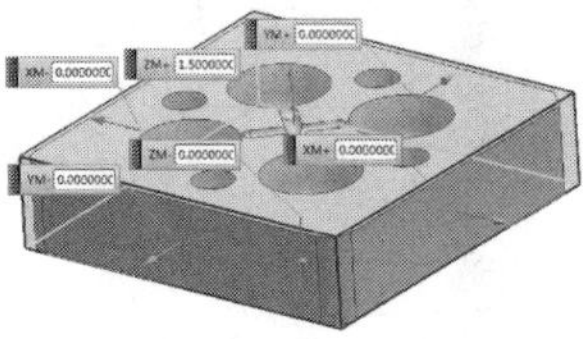

图 5-3-15　酒杯型腔毛坯体

图 5-3-16　“检查几何体”对话框

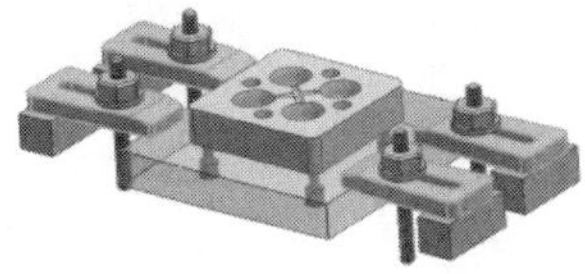

图 5-3-17　酒杯型腔检查几何体

2. 创建刀具

根据工艺要求，一共需要创建 6 把不同型号的刀具，这里创建其中的一把刀具，其他刀具请参考创建。

（1）在“工序导航器”工具条中单击按钮，导航器切换到图 5-3-18 所示的界面。

（2）单击工具条中的按钮，弹出图 5-3-19 所示的“创建刀具”对话框。创建一把 D12R0.5 的圆角立铣刀：在图 5-3-20 所示的铣刀参数对话框中，输入直径 12，下半径 0.5，不同的刀具刀长和刃长应根据实际数据输入，输入刀具号为 1。单击“确定”按钮，完成 D12R0.5 圆角立铣刀的创建。

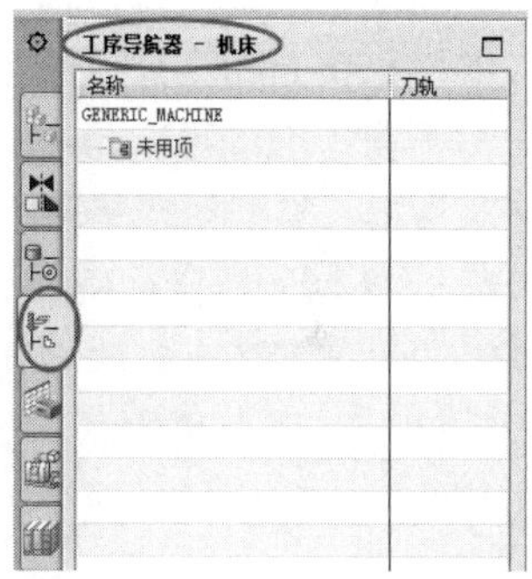

图 5-3-18　“工序导航器-机床”界面

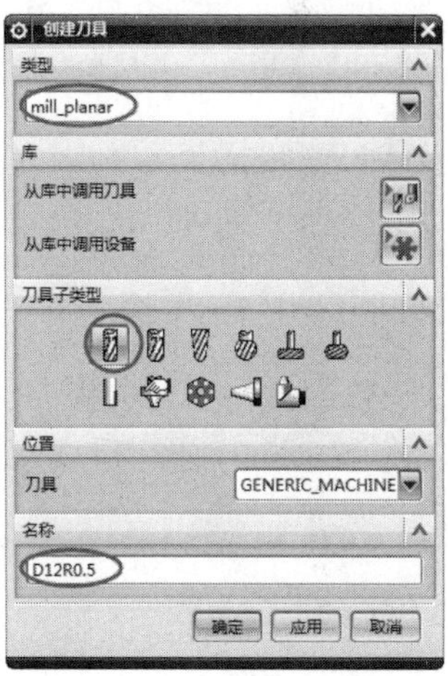

图 5-3-19　“创建刀具”对话框

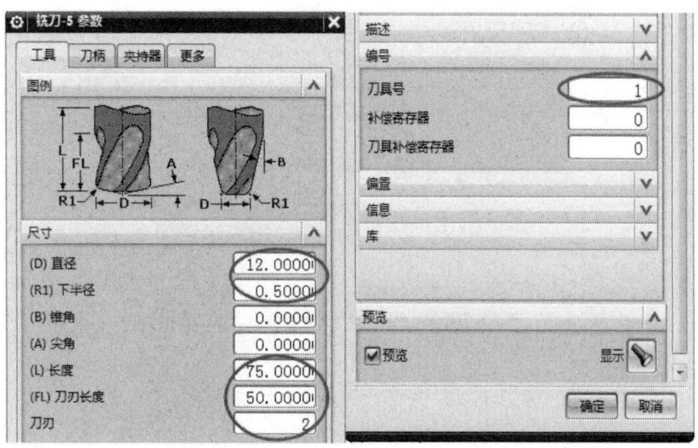

图 5-3-20　设置 D12R0.5 铣刀参数

（3）用同样的方法依次创建 D10R0.5、D8、R3、R1.5、D0.3 的铣刀，如图 5-3-21 所示。

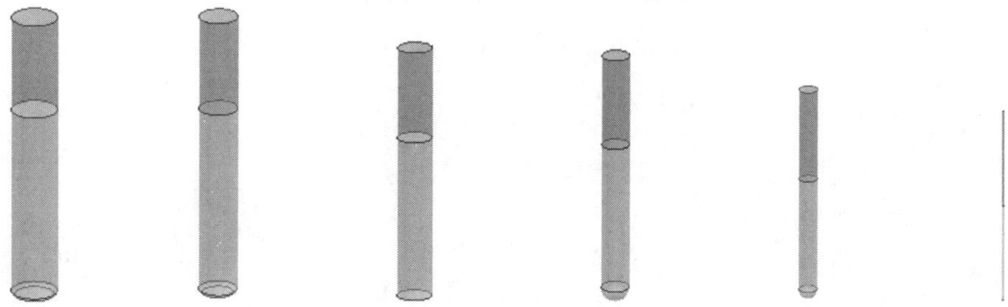

（a）D12R0.5　（b）D10R0.5　（c）D8　（d）R3　（e）R1.5　（f）D0.3

图 5-3-21　酒杯型腔 CAM 用刀具模型

3. 创建程序组

根据工艺安排，需要创建三个程序大组，分别是 KC、BJ、JG，分别代表开粗、半精和精光加工。后续创建的各个工序分别归属于各个组别。

在“工序导航器-程序顺序”中单击按钮，弹出图 5-3-22 所示的“创建程序”对话框，类型的选择可以忽略，程序位置根据需要进行选择，这里保持默认，在“名称”文本框中输入 KC，单击“确定”按钮，完成 KC 程序组的创建。另外两个程序组请大家参考 KC 的创建方法。创建程序组有两次对话框弹出，其中第二个对话框用来输入编程人员信息，如工号等，这里直接单击“确定”按钮，将设置忽略。创建好的三个程序组如图 5-3-23 所示。

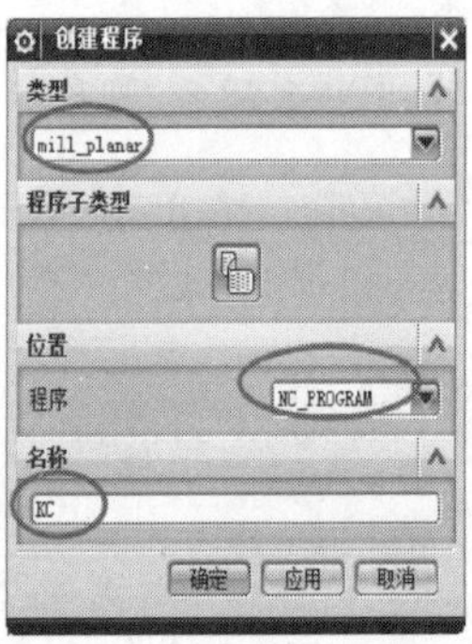

图 5-3-22　“创建程序”对话框

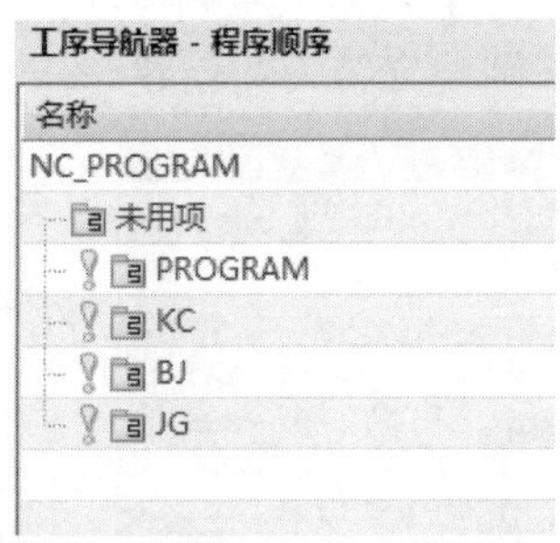

图 5-3-23　创建好的三个程序组

5.3.3　酒杯型腔零件 CAM——开粗与补开

1. 酒杯型腔零件外轮廓开粗加工

微课：第 3 步　外轮廓粗加工

（1）创建基本型腔铣工序。单击工具条中的按钮，弹出“创建工序”对话框，如图 5-3-24 所示。在“类型”下拉列表中选择 mill_contour 选项；单击按钮；“程序”选择 KC，“刀具”选择 D12R0.5（用于开粗），“几何体”选择 WORKPIECE。单击“确定”按钮，弹出“深度轮廓加工”对话框。

（2）几何体设置——指定切削区域。在“几何体”选项区域中单击按钮，选择图 5-3-25 所示的外轮廓为切削区域。

图 5-3-24 “创建工序”对话框 1

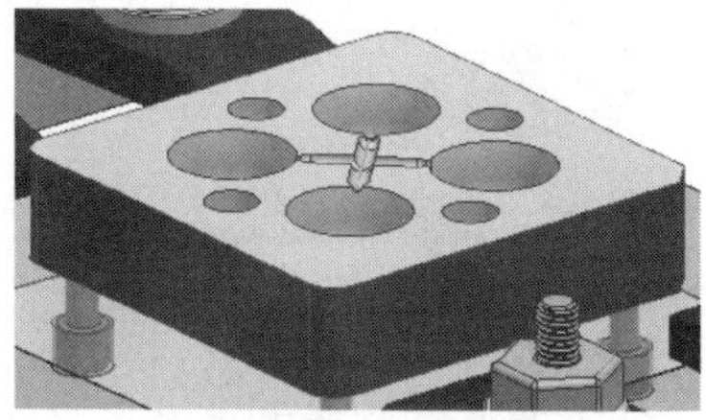

图 5-3-25 指定外轮廓为切削区域

（3）设置刀轨基本参数。在图 5-3-26 所示的“刀轨设置”选项区域中设置“最小切削长度”为 1mm，保证所选区域全部切削；设置每刀“最大距离”为 1mm，其他参数保持不变。

（4）设置切削层。在图 5-3-27 所示的“切削层”对话框中，设置范围深度为 33mm，每刀切削深度为 1mm，底面延伸 0.5mm，顶面延伸 2mm，其他参数保持不变。

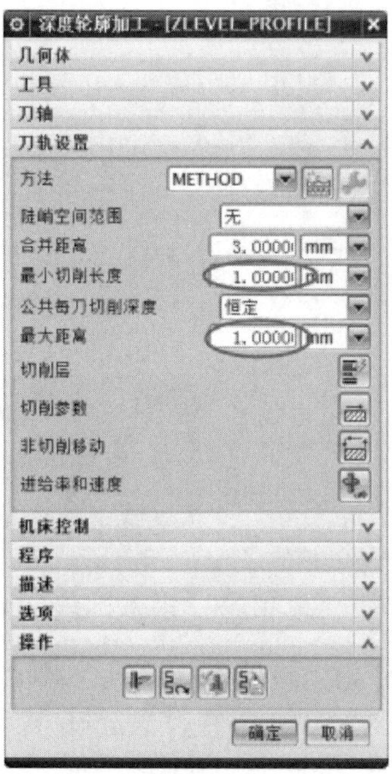

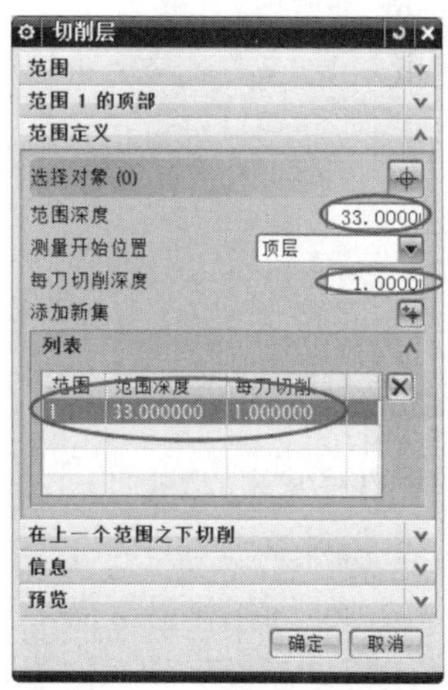

图 5-3-26 设置刀轨基本参数 1

图 5-3-27 “切削层”对话框 1

（5）设置切削参数。在“切削参数”对话框中主要对余量和策略选项卡进行设置。

在图 5-3-28 所示的“余量”选项卡中，取消选中“使底面余量与侧壁余量一致”复选框，设置“部件侧面余量”为 0.2mm；在图 5-3-29 所示的“策略”选项卡中，选中“在边上延伸”复选框，延伸距离为2mm，其他参数保持不变。

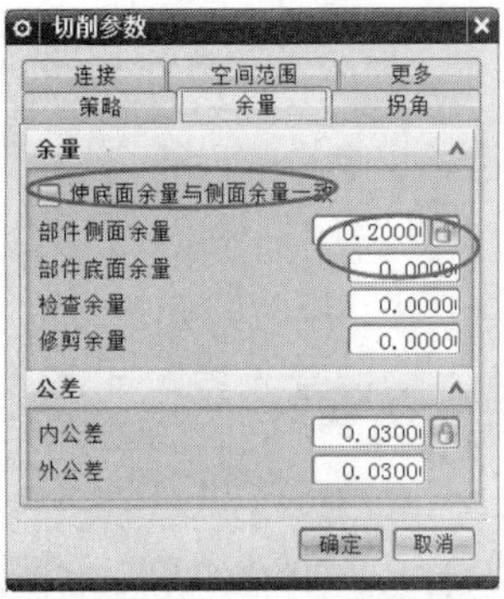

图 5-3-28 “余量”选项卡 1

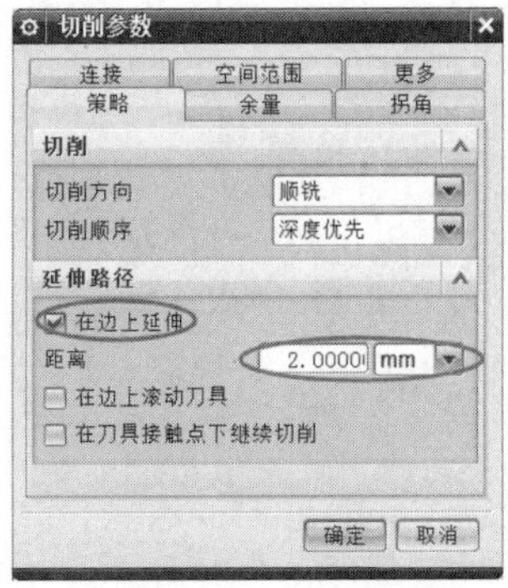

图 5-3-29 “策略”选项卡 1

（6）设置非切削移动参数。单击按钮，弹出图 5-3-30 所示的“非切削移动”对话框。在“转移/快速”选项卡中修改参数，设置区域之间和区域内的“转移类型”为“毛坯平面”，“安全距离”为 3mm；在图 5-3-31 所示的“起点/钻点”选项卡中，在“拐角”处选择一个点，如图 5-3-32 所示。其他选项卡默认不变，单击“确定”按钮，完成非切削移动设置。

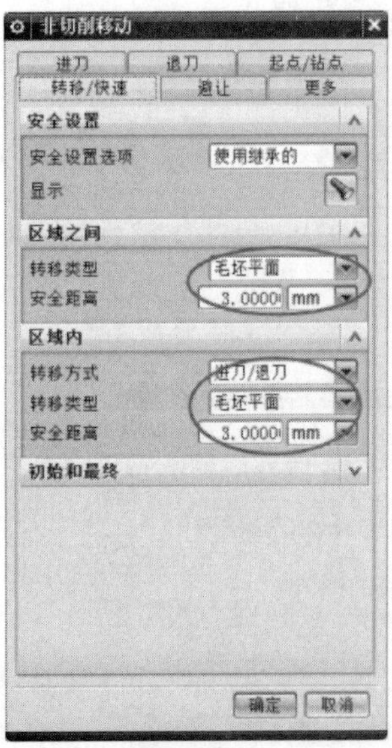

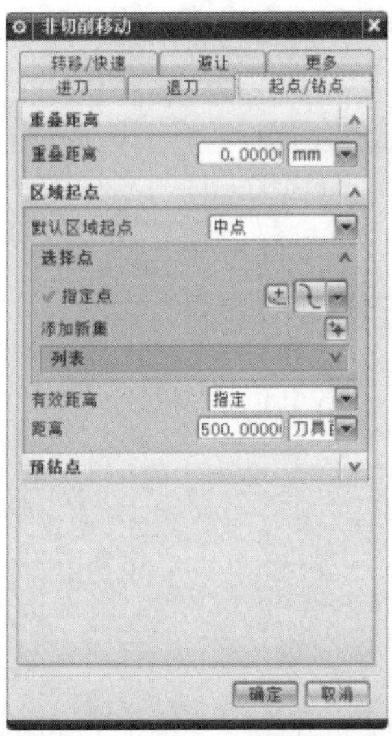

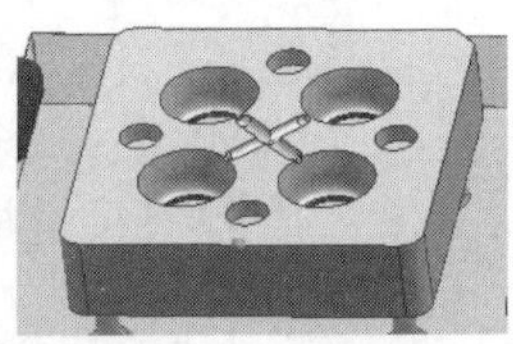

图 5-3-30 “转移/快速”选项卡 1　图 5-3-31 “起点/钻点”选项卡 1　图 5-3-32 点的位置

（7）设置进给率和速度参数。单击按钮，弹出“进给率和速度”对话框，如图 5-3-33 所示。选中“主轴速度”复选框，设置转速为 3500（单位为 r/min）；单击按钮，系统自动计算表面速度与每齿进给量；设置进给率为 2500mm/min。单击“确定”按钮，完成进给率和速度设置。

（8）生成外轮廓开粗加工刀轨。单击按钮，系统自动完成外轮廓开粗加工刀轨的计算，刀轨效果如图 5-3-34 所示。

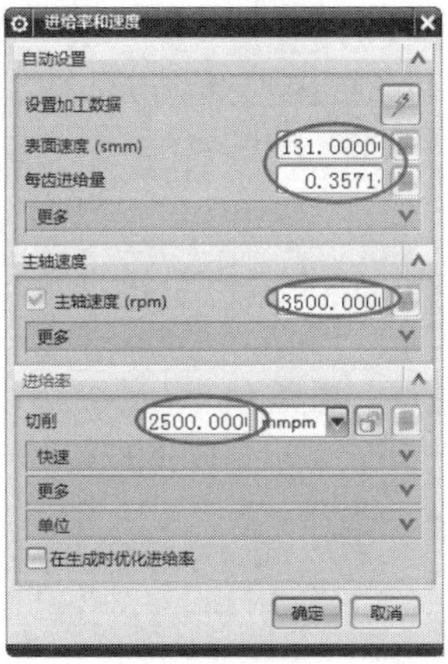

图 5-3-33　“进给率和速度”对话框 1

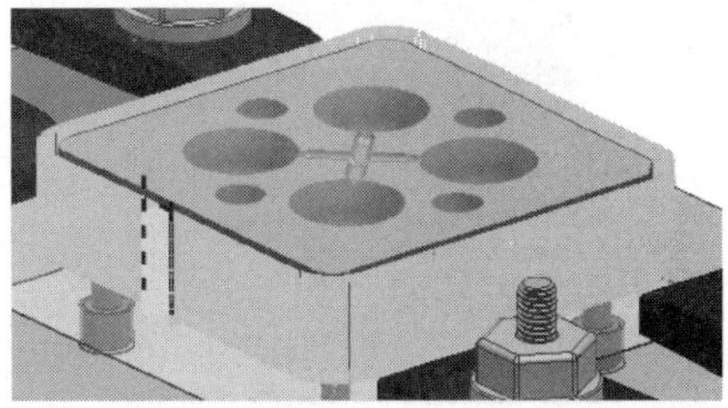

图 5-3-34　外轮廓开粗加工刀轨效果

2. 酒杯型腔零件整体开粗加工

微课：第 4 步　整体开粗

（1）创建基本型腔铣工序。单击工具条中的按钮，弹出“创建工序”对话框，如图 5-3-35 所示。在“类型”下拉列表中选择 mill_contour 选项；单击按钮；“程序”选择 KC，“刀具”选择 D12R0.5（用于开粗），“几何体”选择 WORKPIECE。单击“确定”按钮，弹出“型腔铣”对话框。

（2）几何体设置——指定切削区域。在“几何体”选项区域中单击按钮，选择图 5-3-36 所示的型腔整体为切削区域。

（3）设置刀轨基本参数。在图 5-3-37 所示的“刀轨设置”选项区域中，设置“切削模式”为“跟随周边”，“步距”为刀具直径 65%，“最大距离”为 0.4mm，完成刀轨基本参数设置。

图 5-3-35　“创建工序”对话框 2

图 5-3-36　指定型腔整体为切削区域

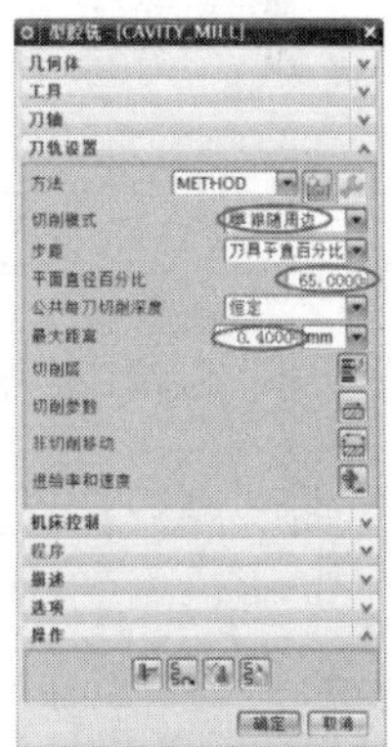

图 5-3-37　设置刀轨基本参数 2

（4）设置切削参数。单击按钮，弹出“切削参数”对话框，如图 5-3-38 所示。在“策略”选项卡中设置“切削方向”为“顺铣”，“切削顺序”为“深度优先”，“刀路方向”为“向外”；选中“岛清根”复选框，清根方式为自动。

在图 5-3-39 所示的“余量”选项卡中，设置“部件侧面余量”为 0.3mm，“部件底面余量”为 0.2mm。其他参数保持不变，单击“确定”按钮，完成切削参数设置。

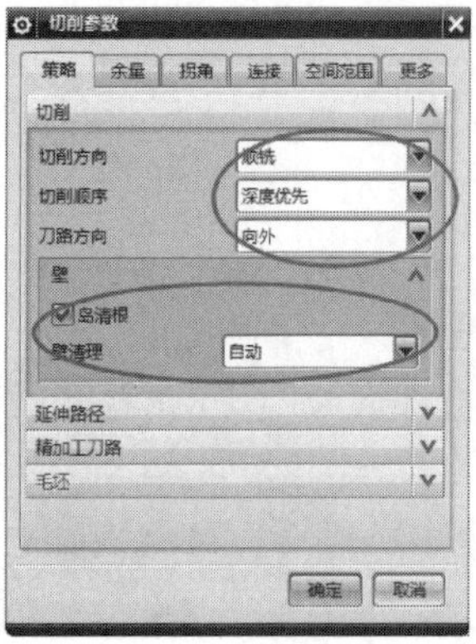

图 5-3-38 “策略”选项卡 2

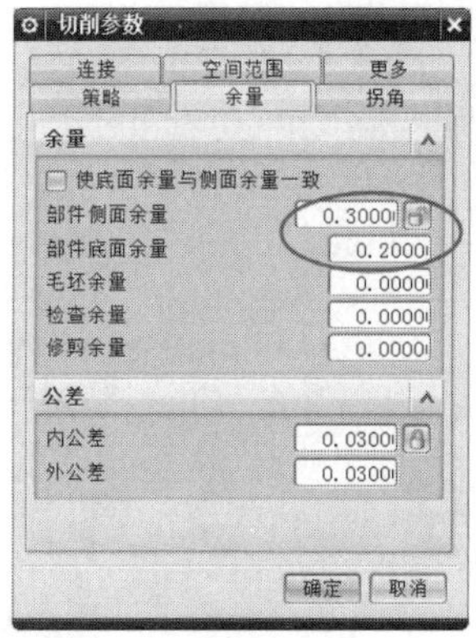

图 5-3-39 “余量”选项卡 2

（5）设置非切削移动参数设置。单击按钮，弹出图 5-3-40 所示的“非切削移动”对话框。在“进刀”选项卡中修改进刀方式，首先设置封闭区域“进刀类型”为“螺旋”，“斜坡角”为 3°，“高度”为 1mm，最小斜面长度为 0%刀具；然后设置开放区域进刀类型为“圆弧”，半径为刀具直径 55%，“高度”为 1mm。在图 5-3-41 所示的“转移/快速”选项卡中修改参数，设置区域之间和区域内的“转移类型”为“毛坯平面”，“安全距离”为 3mm。其他选项卡默认不变，单击“确定”按钮，完成非切削移动设置。

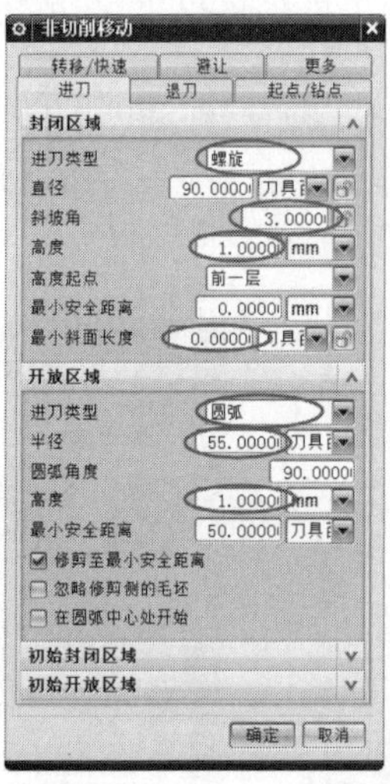

图 5-3-40 “进刀”选项卡 1

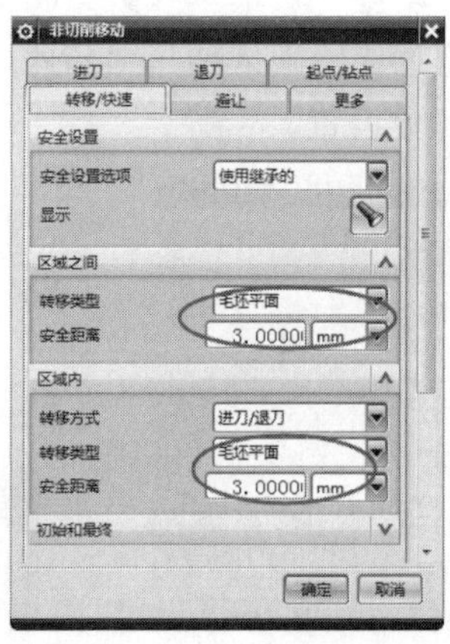

图 5-3-41 “转移/快速”选项卡 2

（6）设置进给率和速度。单击按钮，弹出“进给率和速度”对话框，如图 5-3-42 所示。选中“主轴速度”复选框，设置转速为 3500（单位为 r/min）；单击按钮，系统自动计算表面速度与每齿进给量；设置进给率为 3000mm/min。单击“确定”按钮，完成进给率和速度设置。

（7）生成整体开粗刀轨。单击“型腔铣”对话框最底部的按钮，系统自动完成酒杯型腔整体开粗刀轨的计算，刀轨效果如图 5-3-43 所示。

图 5-3-42　“进给率和速度”对话框 2

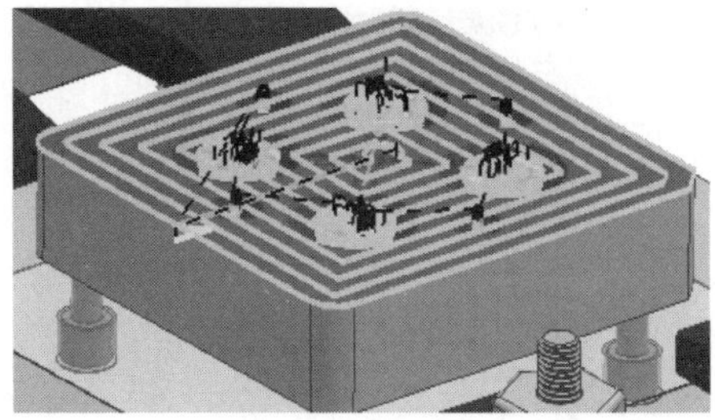

图 5-3-43　整体开粗加工刀轨效果

3. 酒杯型腔零件流道加工

（1）创建平面铣工序。单击工具条中的按钮，弹出“创建工序”对话框，如图 5-3-44 所示。在“类型”下拉列表中选择 mill_planar 选项；单击按钮；“程序”选择 KC，“刀具”选择 R3（用于铣削），“几何体”选择 WORKPIECE。单击“确定”按钮，弹出“平面铣”对话框，如图 5-3-45 所示。

图 5-3-44　“创建工序”对话框 3

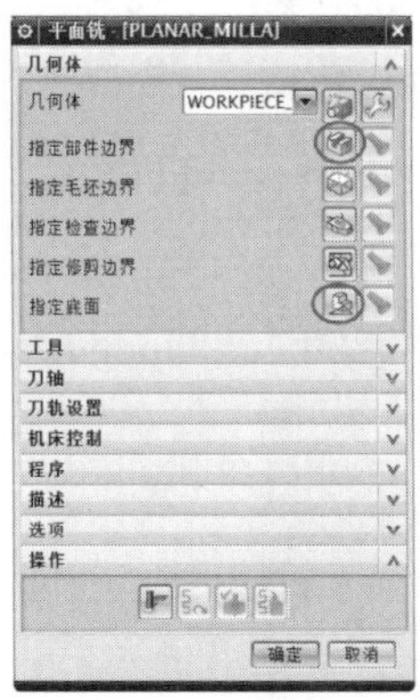

图 5-3-45　“平面铣”对话框

微课：第 5 步　流道加工

（2）设置几何体。在图 5-3-45 所示的“平面铣”对话框中单击按钮，弹出“边界几何体”对话框，选择“曲线/边”模式，弹出图 5-3-46 所示的“创建边界”对话框，设置“类型”为“开放的”，“刀具位置”为“对中”。依次选取图 5-3-47 所示曲线，完成部件边界指定。

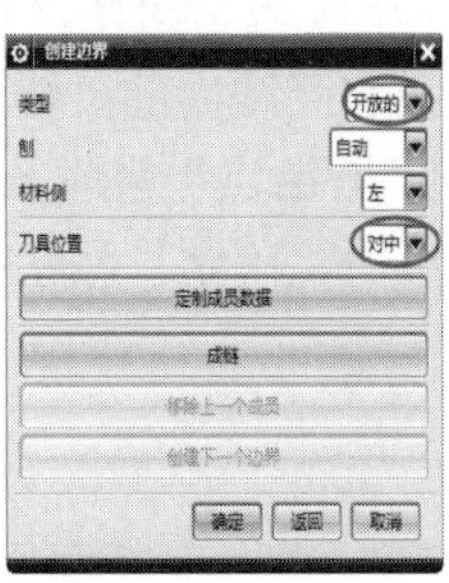

图 5-3-46　“创建边界”对话框 1

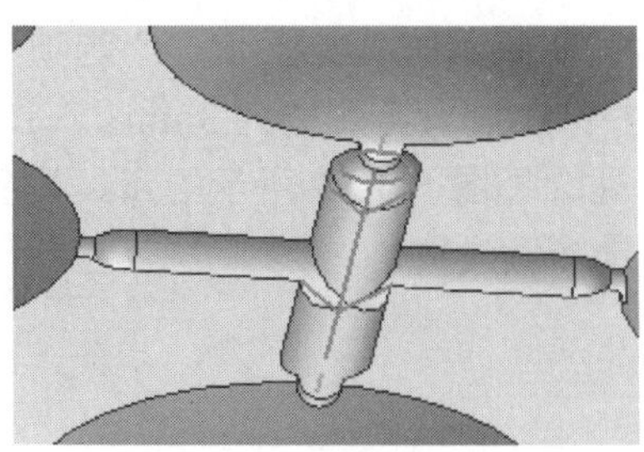

图 5-3-47　指定部件边界 1

单击按钮，弹出图 5-3-48 所示的“刨”对话框，在“类型”下拉列表中选择“按某一距离”选项，选择分型面，向下偏置 3mm。完成指定底面设置，指定底面如图 5-3-49 所示。

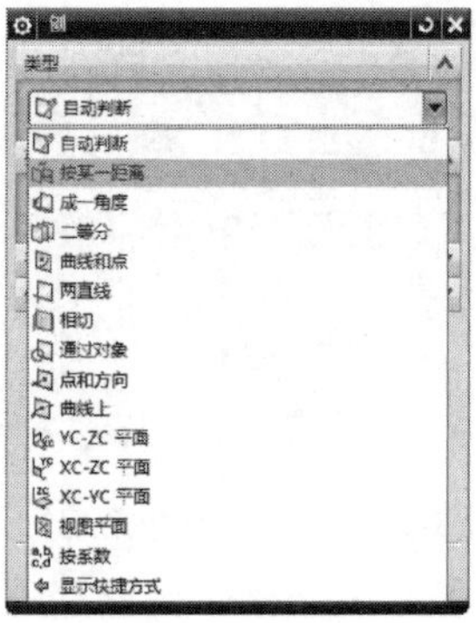

图 5-3-48 “刨”对话框 1

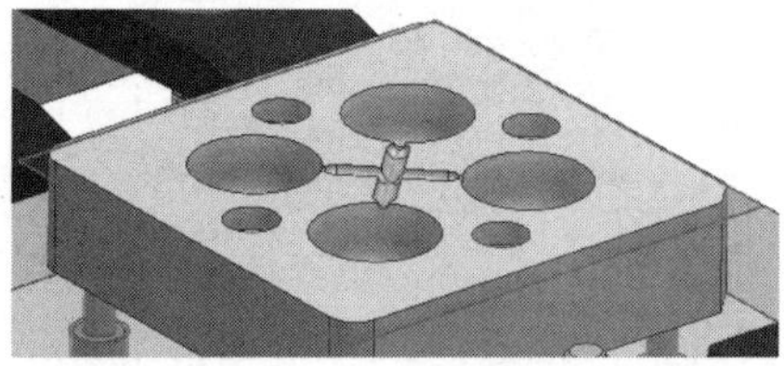

图 5-3-49 指定底面 1

（3）设置刀轨基本参数。在图 5-3-50 所示的“平面铣”对话框中，设置“切削模式”为“标准驱动”，其他参数不变。

（4）设置切削层。在图 5-3-51 所示的“切削层”对话框中，设置“每刀切削深度”为 0.10mm，其他参数不变。

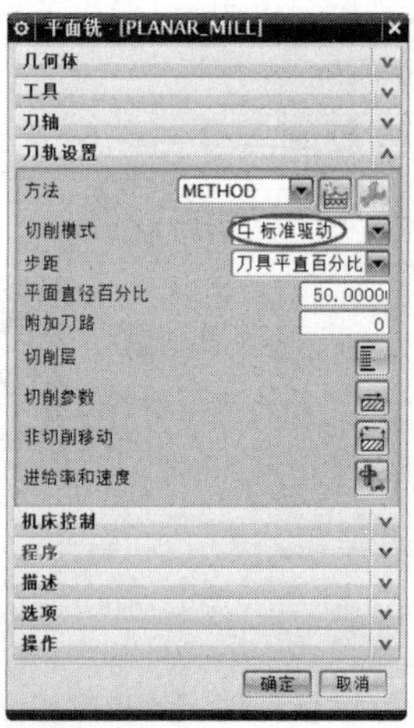

图 5-3-50 设置刀轨基本参数 3

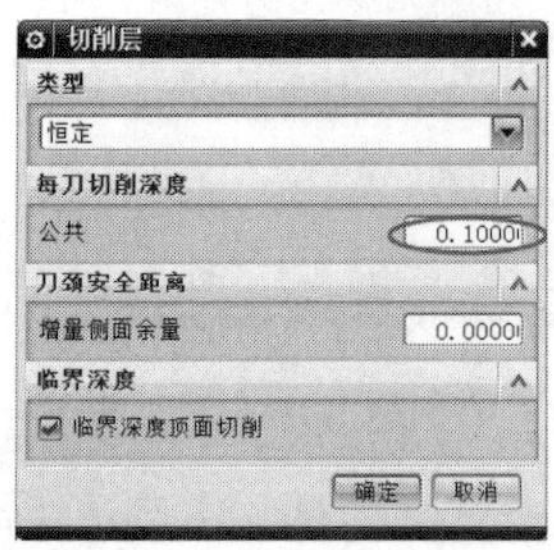

图 5-3-51 “切削层”对话框 2

（5）设置非切削移动。在图 5-3-52 所示的“非切削移动”对话框“进刀”选项卡中，设置封闭区域中的“进刀类型”为“插削”，开放区域与封闭区域相同；在图 5-3-53 所示的“转移/快速”选项卡中，设置区域之间和区域内的“转移类型”为“毛坯平面”，安全距离为 3mm；在图 5-3-54 所示的“起点/钻点”选项卡中，在“拐角”处选择图 5-3-55 所示的点。其余参数保持不变，单击“确定”按钮，完成非切削移动参数设置。

图 5-3-52　“进刀”选项卡 2

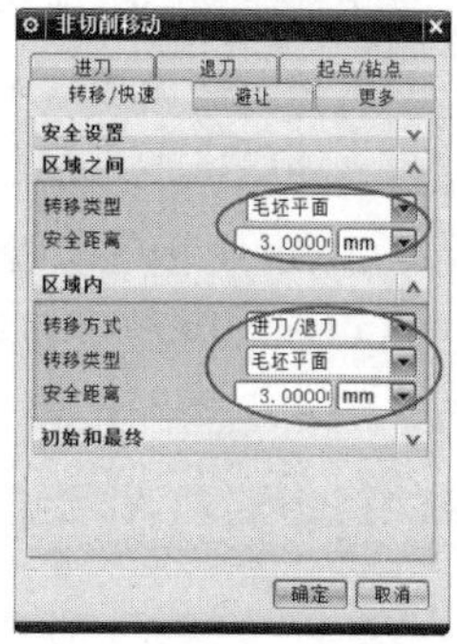

图 5-3-53　“转移/快速”选项卡 3

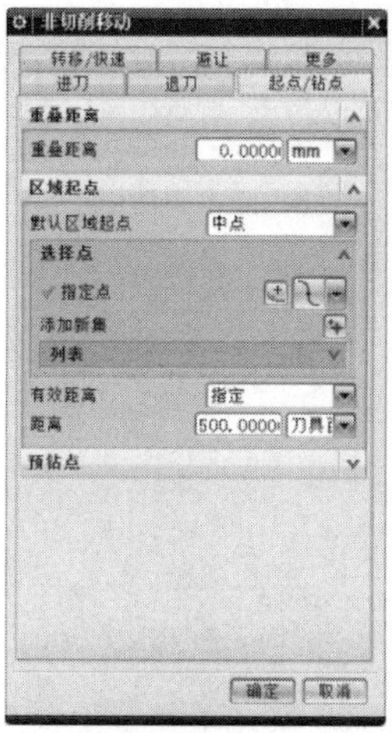

图 5-3-54　“起点/钻点”选项卡 2

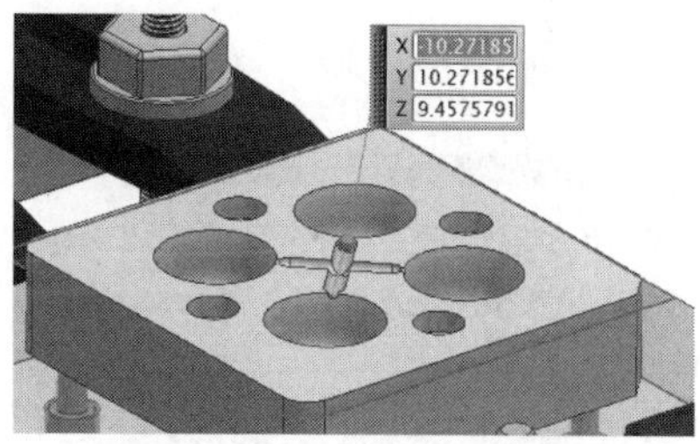

图 5-3-55　点的位置

（6）设置进给率和速度参数。单击按钮，弹出“进给率和速度”对话框，如图 5-3-56 所示。选中“主轴速度”复选框，设置转速为 4500（单位为 r/min）；单击按钮，系统自动计算表面速度与每齿进给量；设置进给率为 1200mm/min。单击“确定”按钮，完成进给率和速度设置。

（7）单击“平面铣”对话框最底部的按钮，系统自动完成刀轨的计算，刀轨效果如图 5-3-57 所示。

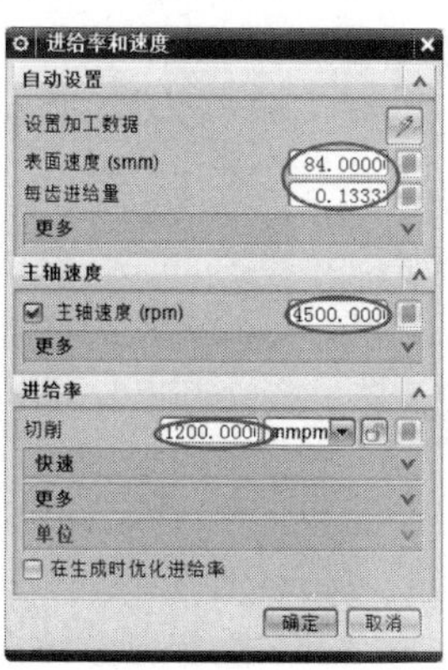

图 5-3-56　“进给率和速度”对话框 3

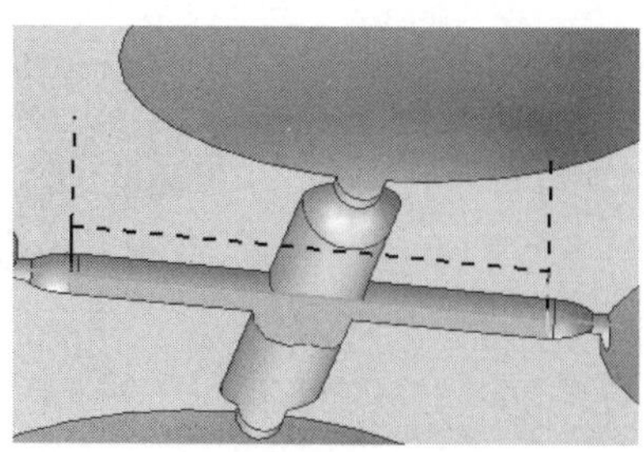

图 5-3-57　酒杯型腔第一条流道刀轨效果

（8）创建工序。在“工序导航器-几何”中右击酒杯型腔的第一条流道，在弹出的快捷菜单中选择“对象”→“变换”命令，弹出“变换”对话框，如图 5-3-58 所示。

（9）设置变换。设置“类型”为“绕直线旋转”，如图 5-3-59 所示，单击“确定”按钮；在图 5-3-60 所示的“变换参数”选项区域中，选择型腔中心点，矢量选择 *Z* 轴，在“结果”选项区域中，选中“复制”单选按钮，设置完成后效果如图 5-3-61 所示。单击“确定”按钮，第二条流道创建完成。

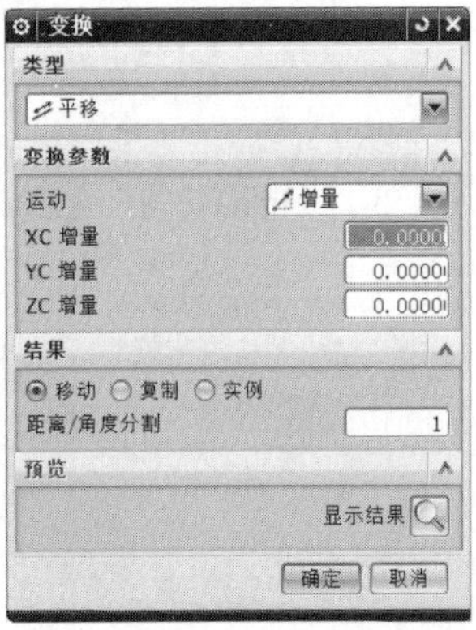

图 5-3-58 “变换”对话框 1

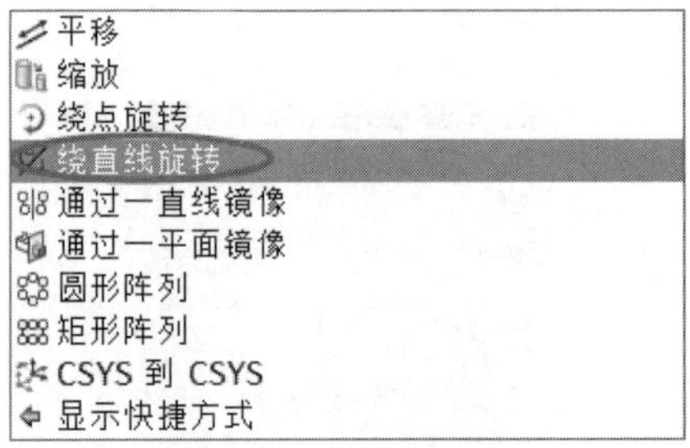

图 5-3-59 选择类型 1

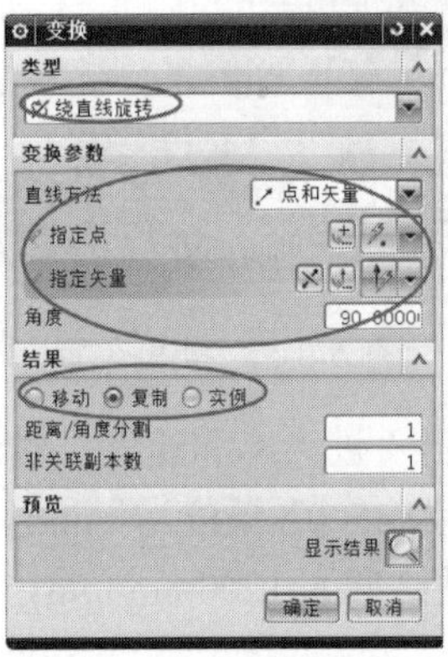

图 5-3-60 “变换”对话框设置 1

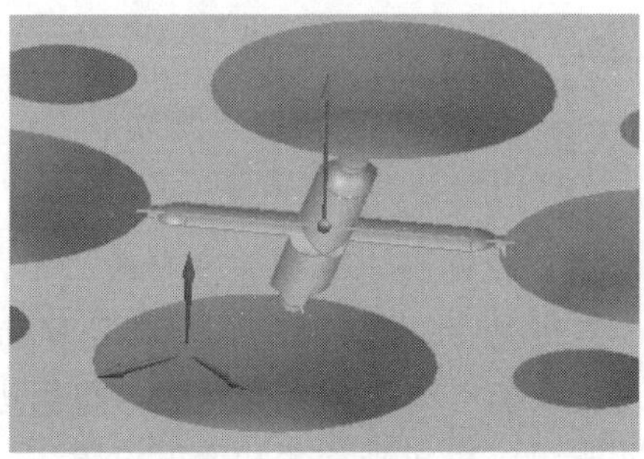

图 5-3-61 设置变换参数效果 1

（10）打开创建的第二条流道加工工序，单击“平面铣”对话框最底部的按钮，系统自动完成刀轨的计算，刀轨效果如图 5-3-62 所示。

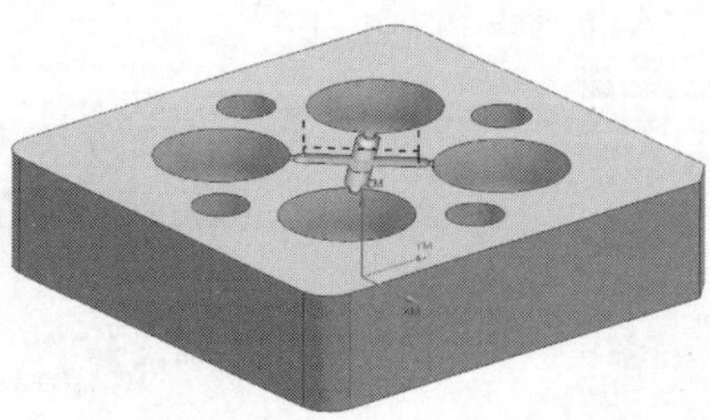

图 5-3-62 酒杯型腔第二条流道刀轨效果

4. 酒杯型腔零件浇口加工

（1）创建工序。在“工序导航器-程序顺序”中选中并复制PLANAR_MILL，粘贴后得到图5-3-63所示的工序。浇口加工工序就在该工序基础上进行设置。

（2）几何体设置。在“平面铣”对话框中单击按钮，弹出边界几何体对话框，选择“曲线/边”模式，弹出图5-3-64所示的“创建边界”对话框，设置“类型”为“开放的”，“刀具位置”为“对中”。然后单击“创建下一个边界”按钮，选择第二条，依次选取图5-3-65所示曲线，完成部件边界指定。

微课：第6步 浇口加工

图5-3-63 复制工序1

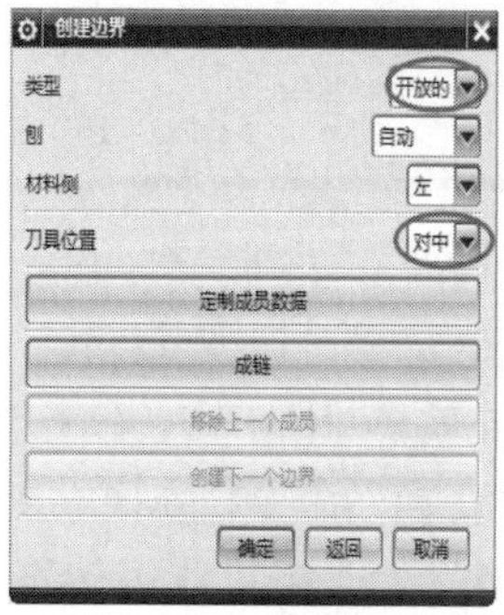

图5-3-64 “创建边界”对话框2

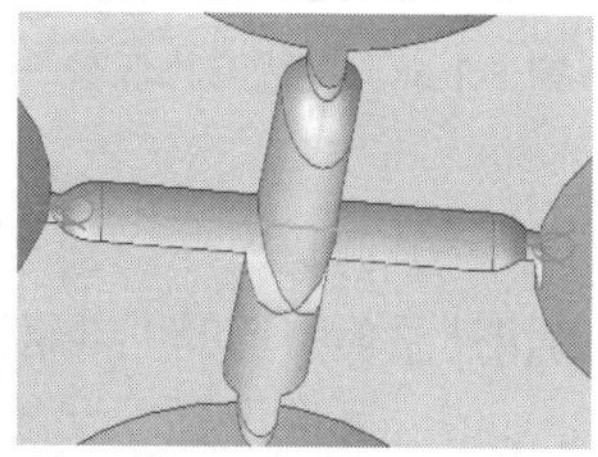

图5-3-65 指定部件边界2

单击按钮，弹出图5-3-66所示的“刨”对话框，选择“类型”为“按某一距离”，选择分型面，向下偏置1.5mm，完成图5-3-67所示底面设置。

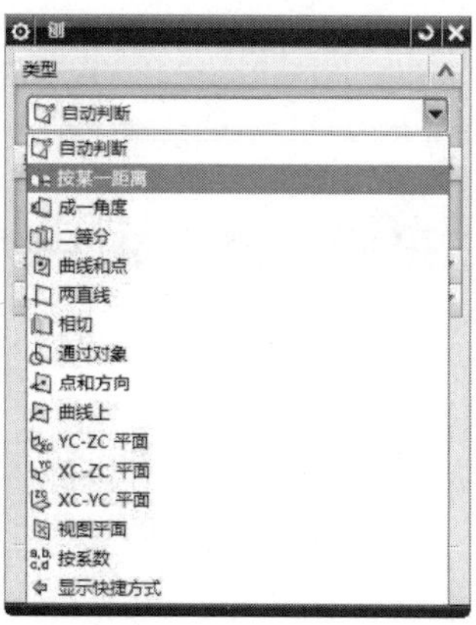

图5-3-66 “刨”对话框2

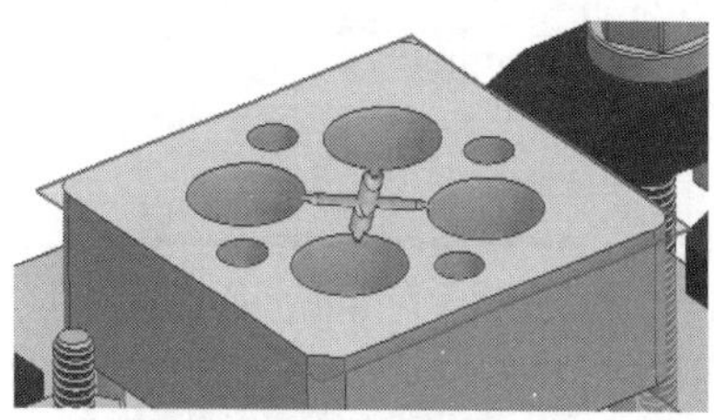

图5-3-67 指定底面2

（3）设置刀轨基本参数。在图5-3-68所示“平面铣”对话框中，设置刀具为R1.5的球头立铣刀，切削模式为“标准驱动”，其他参数保持不变。

（4）设置进给率和速度参数。单击按钮，弹出“进给率和速度”对话框，如图5-3-69所示。选中“主轴速度”复选框，设置转速为6000（单位为r/min）；单击按钮，系统自动计算表面速度与每齿进给量；设置进给率为600mm/min。单击“确定”按钮，完成进给率和速度设置。

（5）单击“平面铣”对话框最底部的按钮，系统自动完成刀轨的计算，刀轨效果如图5-3-70所示。

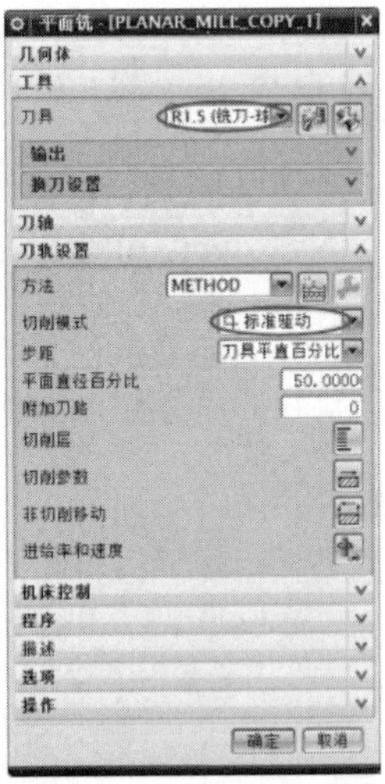

图 5-3-68 设置刀轨基本参数

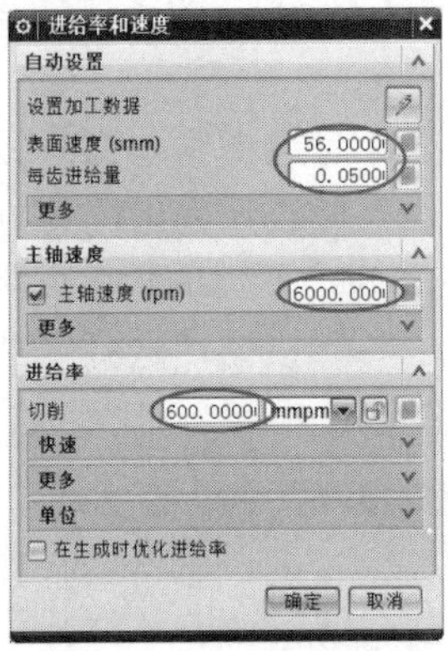

图 5-3-69 “进给率和速度”对话框 4

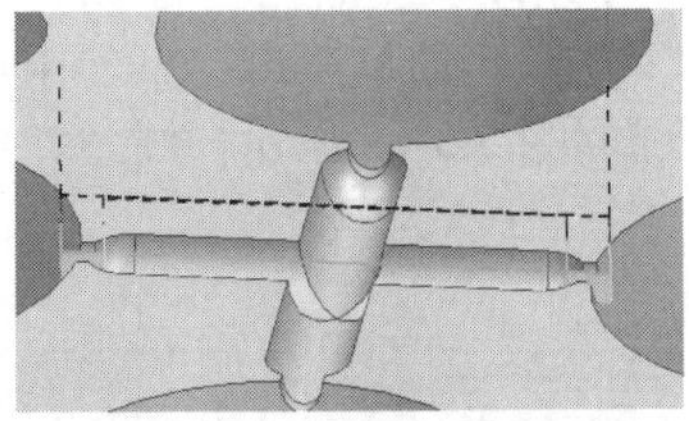

图 5-3-70 酒杯型腔第一条浇口刀轨

（6）创建工序。在“工序导航器-几何”中右击酒杯型腔的第一条浇口，在弹出的快捷菜单中选择“对象”→“变换”命令，弹出“变换”对话框，如图 5-3-71 所示。

（7）变换设置。设置“类型”为“绕直线旋转”，如图 5-3-72 所示。在图 5-3-73 所示的“变换”对话框中，选择型腔中心点，矢量选择 *Z* 轴，在“结果”选项区域中选中“复制”单选按钮，设置完成后效果如图 5-3-74 所示。单击“确定”按钮，第二条浇口创建完成。

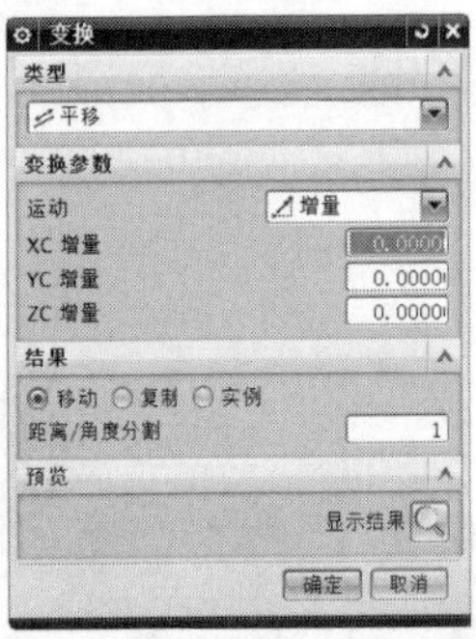

图 5-3-71 “变换”对话框 2

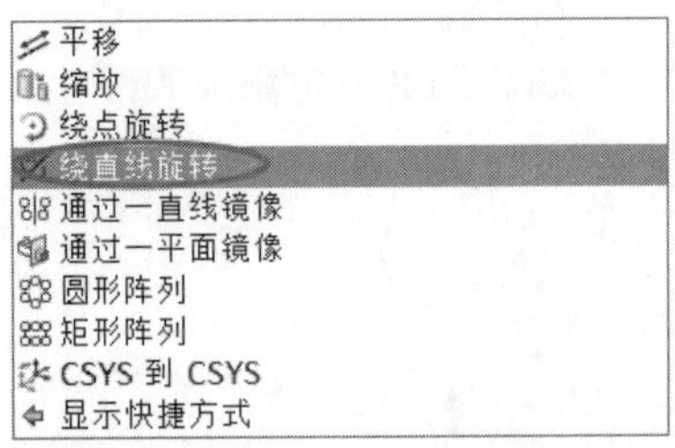

图 5-3-72 选择类型 2

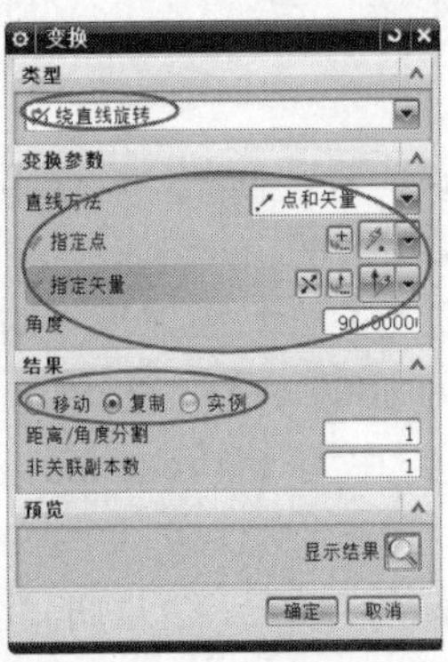

图 5-3-73 “变换”对话框设置 2

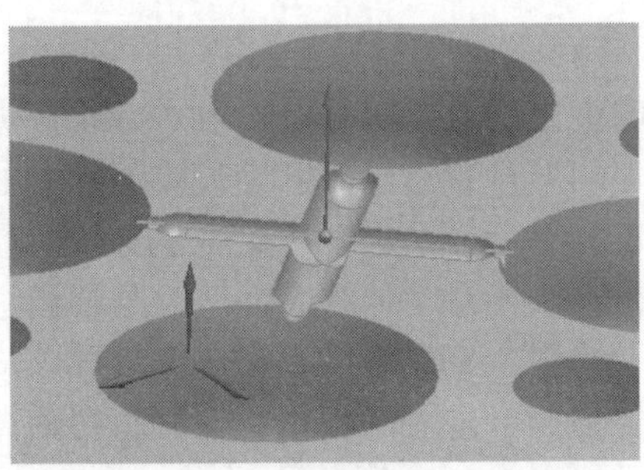

图 5-3-74 设置变换参数效果 2

（8）打开创建的第二条浇口加工工序，单击“平面铣”对话框最底部的按钮，系统自动完成刀轨的计算，刀轨效果如图 5-3-75 所示。

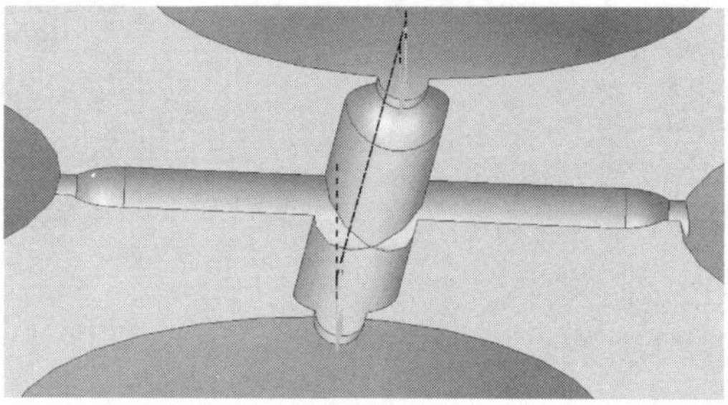

图 5-3-75　酒杯型腔第二条浇口刀轨效果

5.3.4　酒杯型腔零件 CAM——半精加工

1．酒杯型腔分型面半精加工

（1）创建平面铣工序。在工具条中单击按钮，弹出“创建工序”对话框，如图 5-3-76 所示。在“类型”下拉列表中选择 mill_planar 选项；单击按钮；“程序”选择 BJ，刀具选择 D8 平底立铣刀，“几何体”选择 WORKPIECE；程序名称默认不变。单击“确定”按钮，弹出“底壁加工”对话框。

（2）几何体设置——指定切削底面。单击按钮，选择分型面区域，如图 5-3-77 所示。

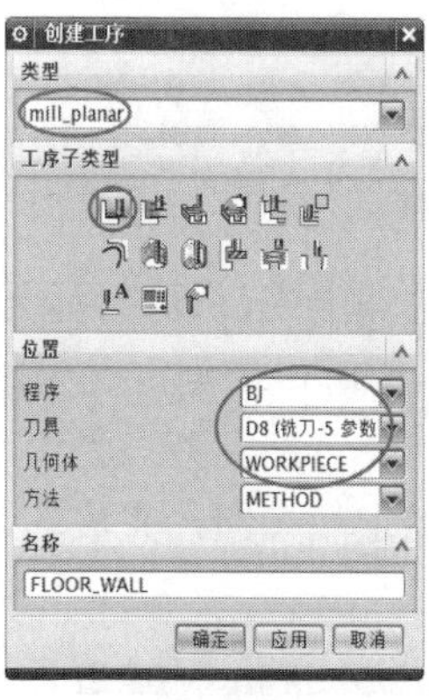

图 5-3-76　“创建工序”对话框 4

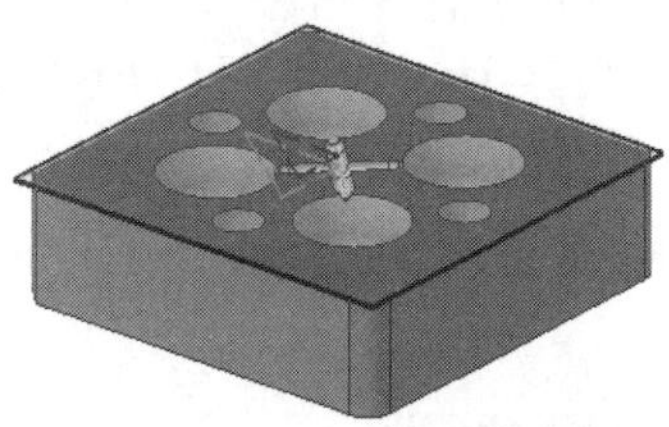

图 5-3-77　指定分型面为切削区域

微课：第 7 步　分型面半精

（3）设置刀轨基本参数。在“底壁加工”对话框“刀轨设置”选项区域中设置“切削区域空间范围”为“底面”，“切削模式”为“往复”，“步距”为 80%刀具直径，“底面毛坯厚度”为 3mm，“每刀切削深度”保持默认的 0（一刀切除），如图 5-3-78 所示。

（4）设置切削参数。在“切削参数”对话框中主要对策略、余量、空间范围等选项卡进行设置。

在图 5-3-79 所示的“策略”选项卡中，设置“切削方向”为“顺铣”，“剖切角”为“指定”，“与 XC 的夹角”为 0；在图 5-3-80 所示的“空间范围”选项卡中，设置“简化形状”为“最小包围盒”，“第一刀路延展量”为 60%；在图 5-3-81 所示的“余量”选项卡中，设置“最终底面余量”为 0.1mm。其他参数保持不变。

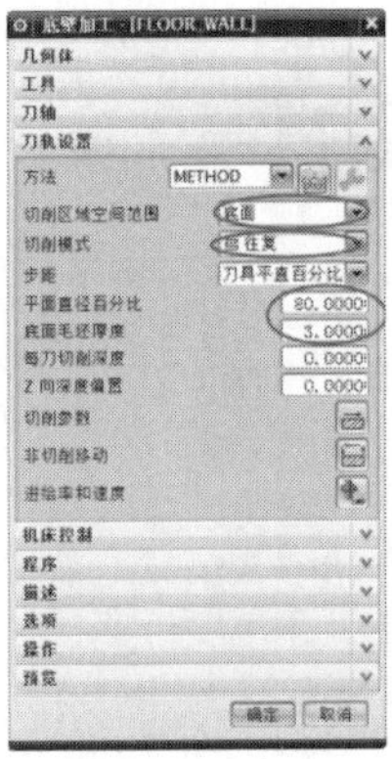

图 5-3-78 设置刀轨基本参数 4

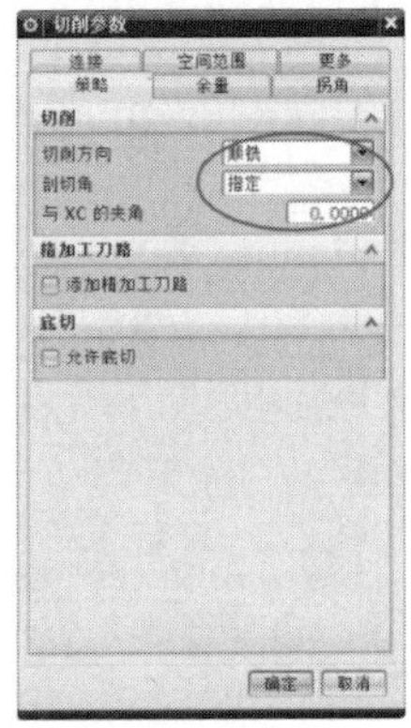

图 5-3-79 “策略”选项卡 3

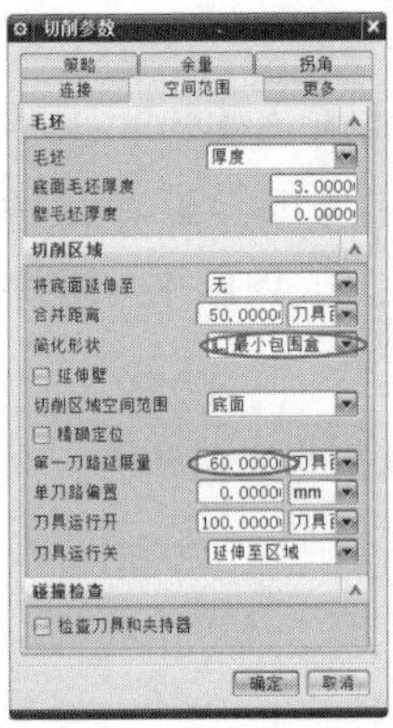

图 5-3-80 “空间范围”选项卡 1

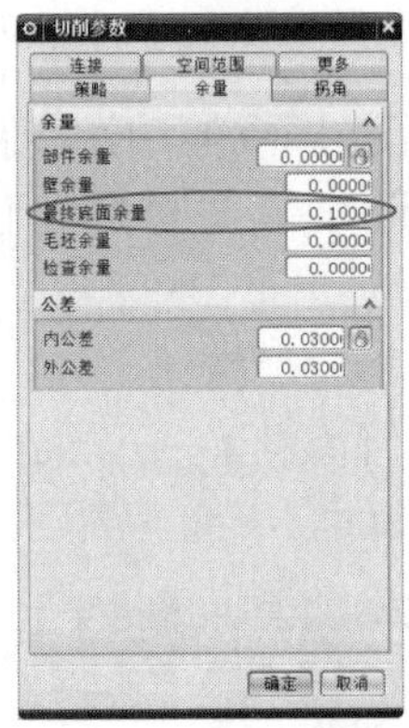

图 5-3-81 “余量”选项卡 3

（5）设置非切削移动。在图 5-3-82 所示的“进刀”选项卡中，设置封闭区域的“进刀类型”为“插削”，开放区域的“进刀类型”为“线性-相对于切削”；在图 5-3-83 所示的“转移/快速”选项卡中，设置区域之间和区域内的“转移类型”为“毛坯平面”，“安全距离”为 3mm。其余参数保持不变，单击“确定”按钮，完成非切削移动参数设置。

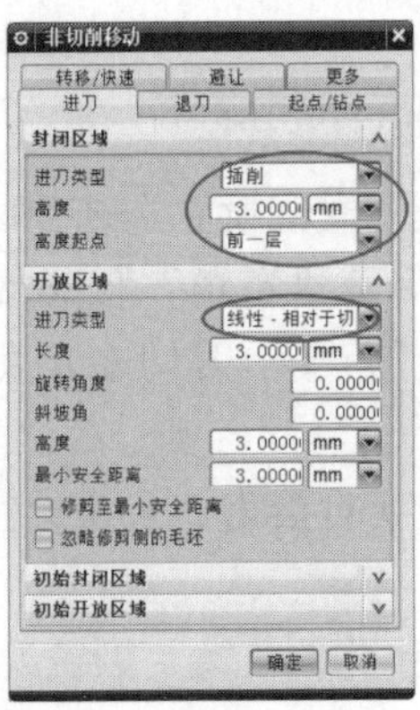

图 5-3-82 “进刀”选项卡 3

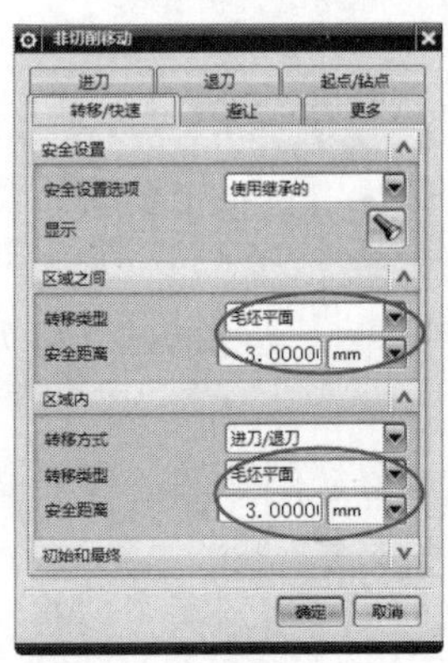

图 5-3-83 “转移/快速”选项卡 4

（6）设置进给率和速度参数。单击按钮，弹出“进给率和速度”对话框，如图 5-3-84 所示。选中“主轴速度”复选框，设置转速为 4000（单位为 r/min）；单击按钮，系统自动计算表面速度与每齿进给量；由于是精光加工，进给率适当降低，设置为 2000mm/min。单击“确定”按钮，完成进给率和速度设置。

（7）单击“底壁加工”对话框最底部的按钮，系统自动完成刀轨的计算，刀轨效果如图 5-3-85 所示。

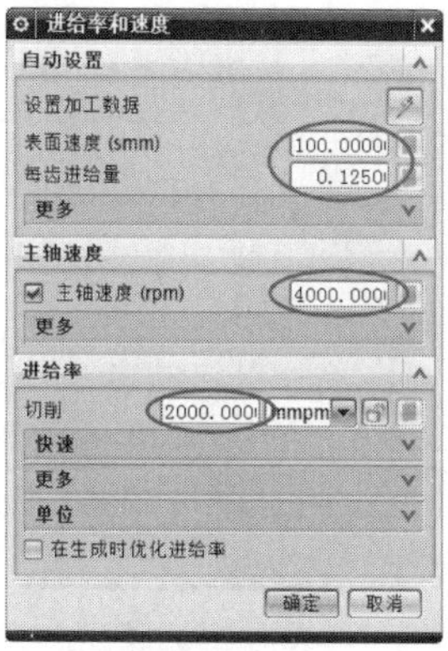

图 5-3-84　“进给率和速度”对话框 5

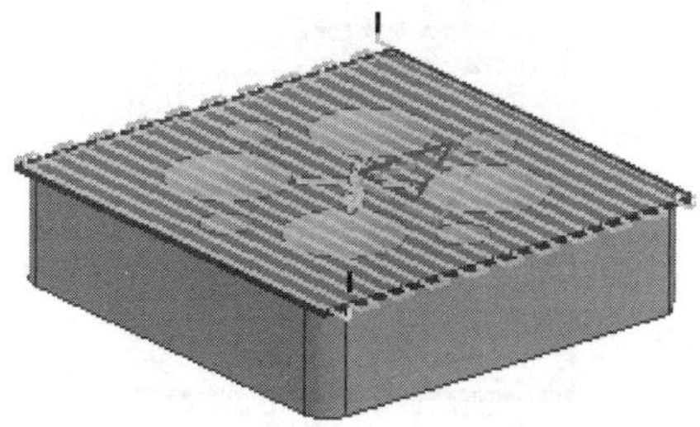

图 5-3-85　分型面半精加工刀轨效果

2. 酒杯型腔零件外轮廓半精加工

（1）创建工序。在“工序导航器-程序顺序”中选中并复制 ZLEVEL_PROFILE，得到图 5-3-86 所示的工序。外轮廓半精加工工序就在该工序基础上进行设置。

（2）设置刀轨基本参数。在图 5-3-87 所示的“工具”选项区域中，设置刀具为 D10R0.5，最大距离为 6mm，完成刀轨基本参数设置。

图 5-3-86　复制工序 2

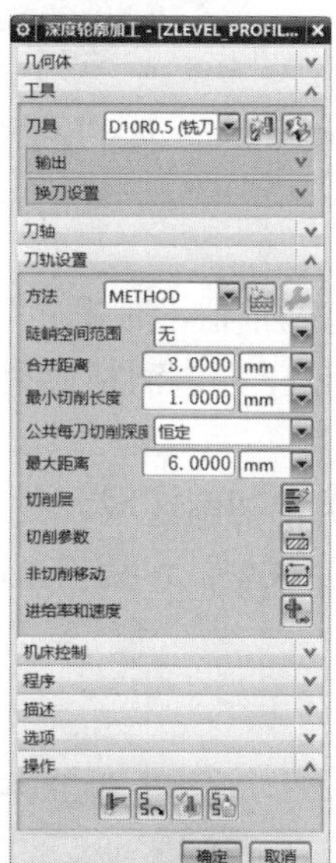

图 5-3-87　设置刀轨基本参数 5

微课：第 8 步　外轮廓半精

（3）设置切削参数。单击按钮，弹出“切削参数”对话框。在图 5-3-88 所示的“余量”选项卡中，设置“部件侧面余量”为 0.1mm。其余参数保持不变，单击“确定”按钮，完成切削参数设置。

（4）设置进给率和速度参数。单击按钮，弹出“进给率和速度”对话框，如图 5-3-89 所示。选中“主轴速度”复选框，设置转速为 4500（单位为 r/min）；单击按钮，系统自动计算表面速度与每齿进给量；由于是精光加工，进给率适当降低，设置为 1500mm/min。单击“确定”按钮，完成进给率和速度设置。

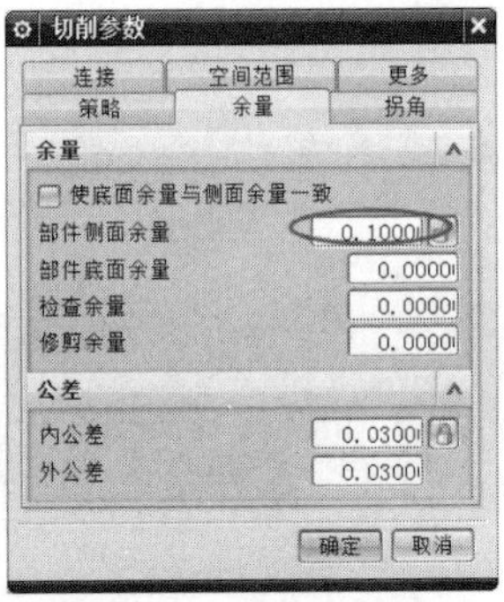

图 5-3-88 “余量”选项卡 4

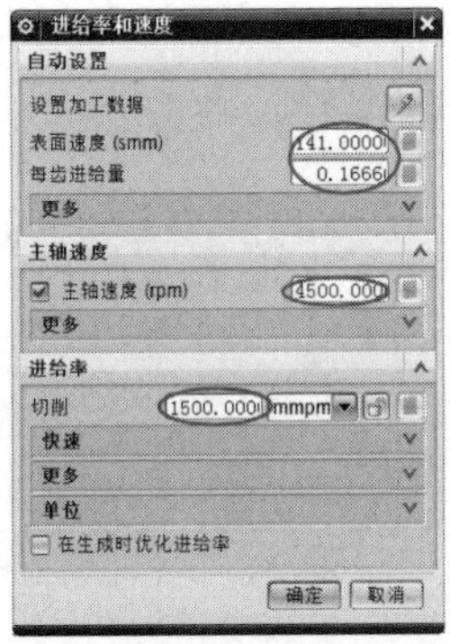

图 5-3-89 “进给率和速度”对话框 6

（5）生成外轮廓半精加工刀轨。单击按钮，系统自动完成酒杯型腔外轮廓半精加工刀轨的计算，刀轨效果如图 5-3-90 所示。

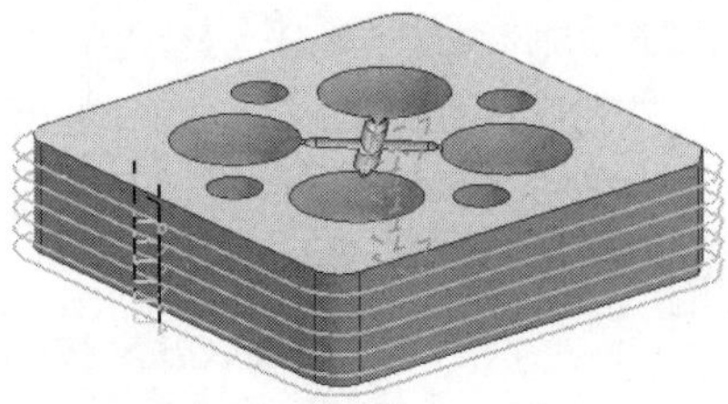

图 5-3-90 外轮廓半精加工刀轨效果

3. 酒杯成型面半精加工

（1）创建工序。在“工序导航器-程序顺序”中选中并复制 ZLEVEL_PROFILE_COPY，粘贴后得到图 5-3-91 所示的工序。酒杯成型面半精加工工序就在该工序基础上进行设置。

（2）几何体设置——指定切削区域。在“几何体”选项区域中单击按钮，选择图 5-3-92 所示的酒杯型腔成型面作为切削区域，完成几何体设置。

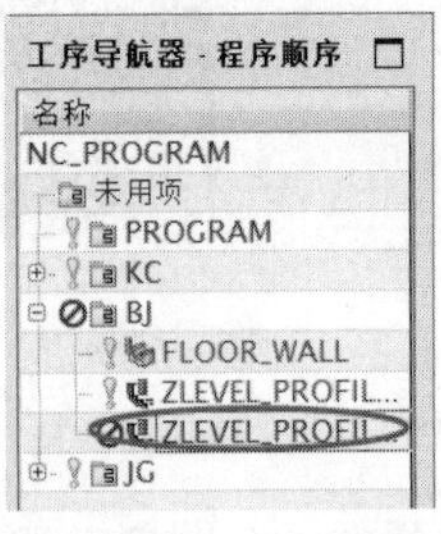

图 5-3-91 复制工序 3

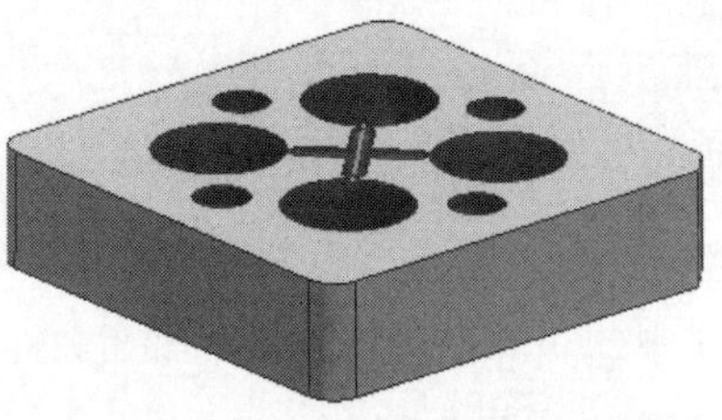

图 5-3-92 指定成型面为切削区域

微课：第 9 步 成型面半精

（3）设置刀轨基本参数。在图 5-3-93 所示的“深度轮廓加工”对话框中设置每刀最大距离为 0.3mm，完成刀轨基本参数设置。

（4）设置切削层。在“切削层”对话框中，将顶面设置为图 5-3-94 所示的型腔分型面，其他参数保持不变。

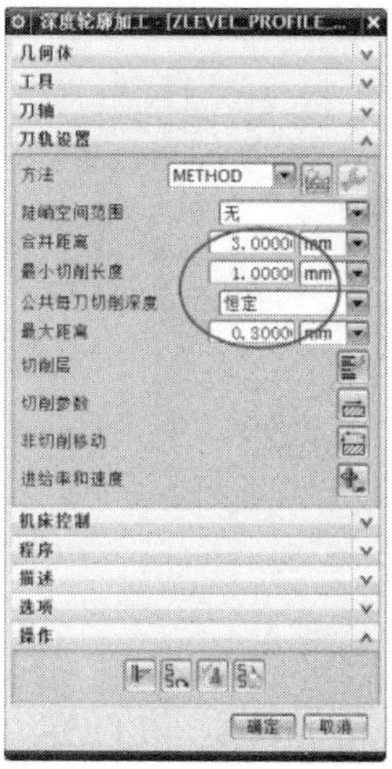

图 5-3-93　设置刀轨基本参数 6

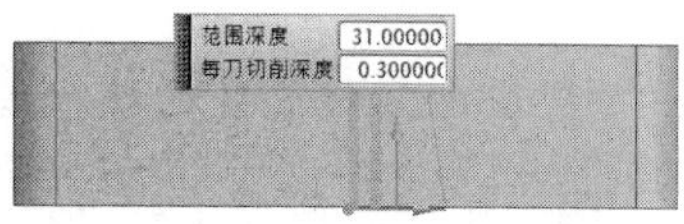

图 5-3-94　设置切削层参数

（5）设置切削参数。单击按钮，弹出“切削参数”对话框。在图 5-3-95 所示的“余量”选项卡中，设置“部件侧面余量”为 0.1mm，“部件底部余量”为 0.1mm。

在图 5-3-96 所示的“连接”选项卡中，设置“层到层”为“直接对部件进刀”，选中“在层之间切削”复选框，“步距”为“恒定”，“最大距离”为 3mm。

在图 5-3-97 所示的“策略”选项卡中，设置“切削方向”为“混合”，“切削顺序”为“深度优先”，选中“在边上延伸”复选框，延伸距离为 2mm。

其余参数保持不变，单击“确定”按钮，完成切削参数设置。

图 5-3-95　“余量”选项卡 5

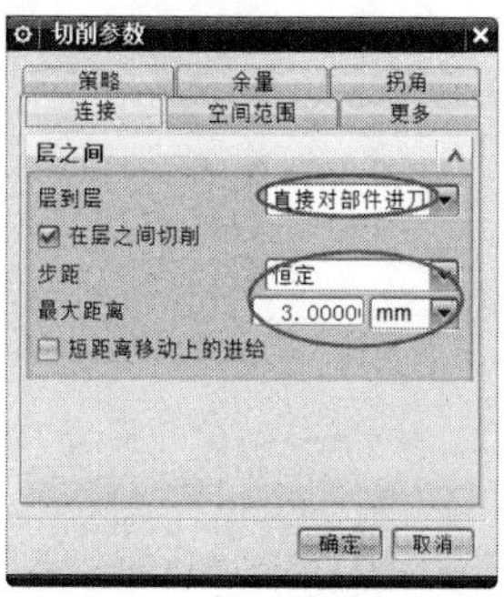

图 5-3-96　“连接”选项卡 1

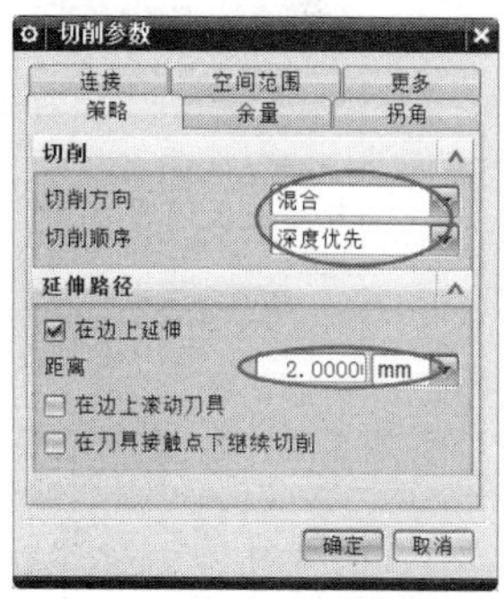

图 5-3-97　“策略”选项卡 4

（6）设置进给率和速度参数。单击按钮，弹出“进给率和速度”对话框，如图 5-3-98 所示。选中“主轴速度”复选框，设置转速为 4500（单位为 r/min）；单击按钮，系统自动计算表面速度与每齿进给量；由于是精光加工，进给率适当降低，设置为 1500mm/min。单击“确定”按钮，完成进给率和速度设置。

（7）生成成型面半精加工刀轨。单击按钮，系统自动完成酒杯型腔成型面半精加工刀轨的计算，刀轨效果如图 5-3-99 所示。

图 5-3-98 “进给率和速度”对话框 7

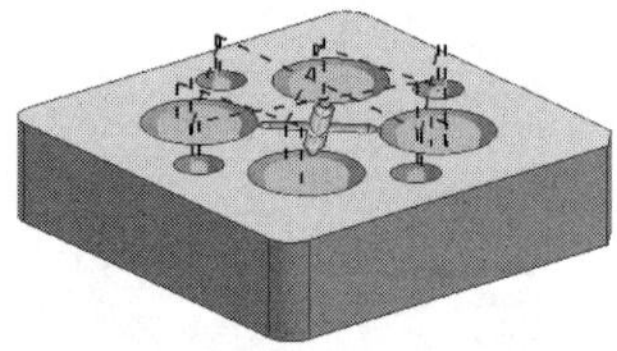

图 5-3-99 成型面半精加工刀轨效果

5.3.5 酒杯型腔零件 CAM——精加工

1. 酒杯型腔零件分型面精加工

（1）创建工序。在“工序导航器-程序顺序”中选中并复制 FLOOR_WALL，粘贴后得到图 5-3-100 所示的工序。分型面精加工工序就在该工序基础上进行设置。

（2）设置刀轨基本参数。在图 5-3-101 所示的“底壁加工”对话框中，设置步距为 50%刀具直径，其他参数保持不变。

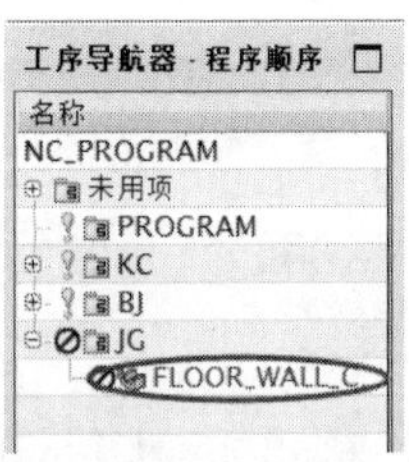

图 5-3-100 复制工序 4

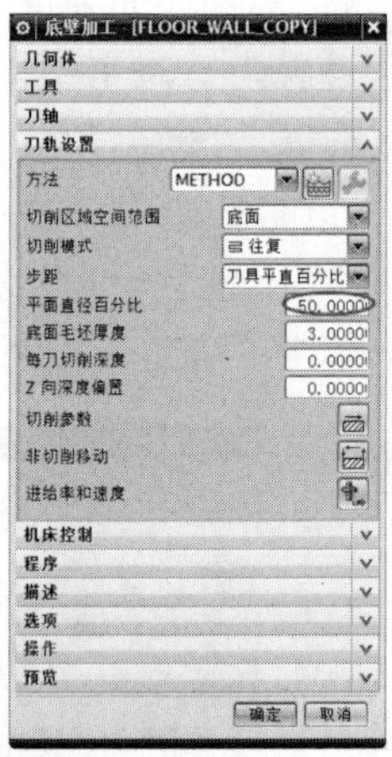

图 5-3-101 设置刀轨基本参数 7

微课：第 10 步 分型面精光

（3）设置切削参数。单击按钮，弹出“切削参数”对话框。在图 5-3-102 所示的“余量”选项卡中，设置“部件底面余量”为 0mm，内外公差为 0.03mm。

在图 5-3-103 所示的“策略”选项卡中，设置“切削方向”为“顺铣”，“剖切角”为“指定”，“与 XC 的夹角”为 90°。

其余参数保持不变，单击“确定”按钮，完成切削参数设置。

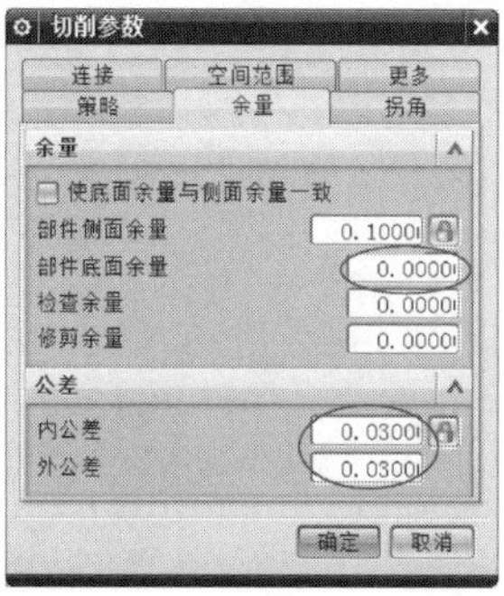

图 5-3-102 “余量”选项卡 6

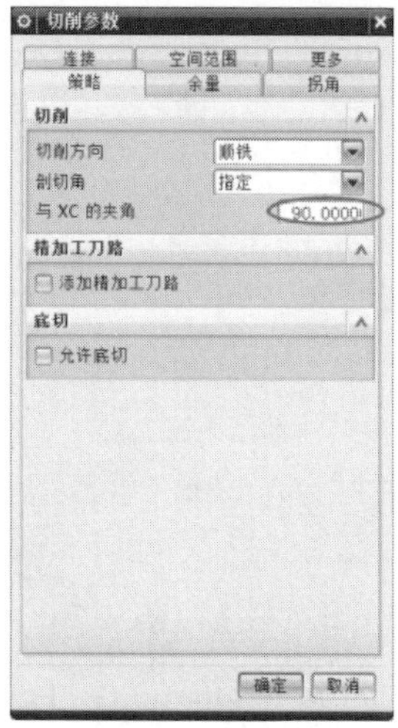

图 5-3-103 “策略”选项卡 5

（4）设置进给率和速度参数。单击按钮，弹出“进给率和速度”对话框，如图 5-3-104 所示。选中“主轴速度”复选框，设置转速为 6500（单位为 r/min）；单击按钮，系统自动计算表面速度与每齿进给量；由于是精光加工，进给率适当降低，设置为 600mm/min。单击“确定”按钮，完成进给率和速度设置。

（5）生成分型面精加工刀轨。单击按钮，系统自动完成酒杯型腔分型面精加工刀轨的计算，刀轨效果如图 5-3-105 所示。

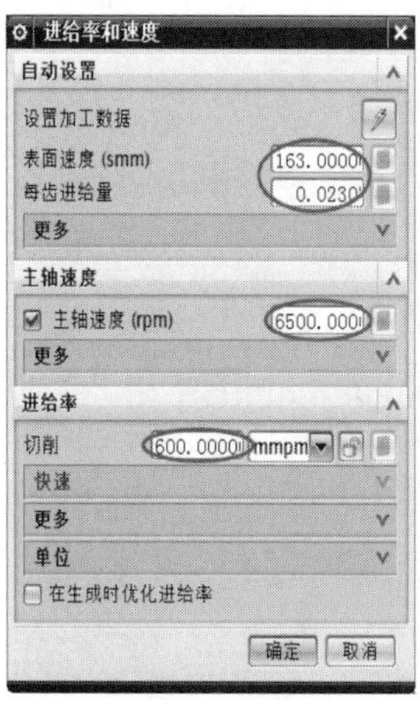

图 5-3-104 “进给率和速度”对话框 8

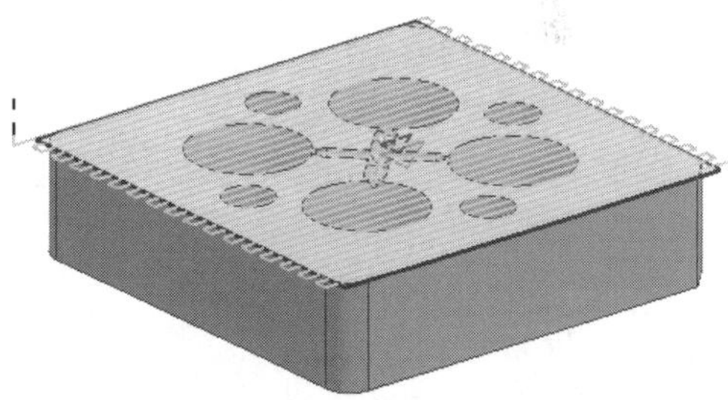

图 5-3-105 分型面精加工刀轨效果

2. 酒杯型腔零件外轮廓精加工

（1）创建工序。在“工序导航器-程序顺序”中选中并复制 ZLEVEL_PROFILE_COPY，粘贴后得到图 5-3-106 所示的工序。外轮廓精加工工序就在该工序基础上进行设置。

微课：第 11 步 外轮廓精光

（2）设置刀轨基本参数。在图 5-3-107 所示的“深度轮廓加工”对话框中，设置刀具为 D10R0.5，每刀最大距离为 8mm，其他参数保持不变，完成刀轨基本参数设置。

图 5-3-106　复制工序 5

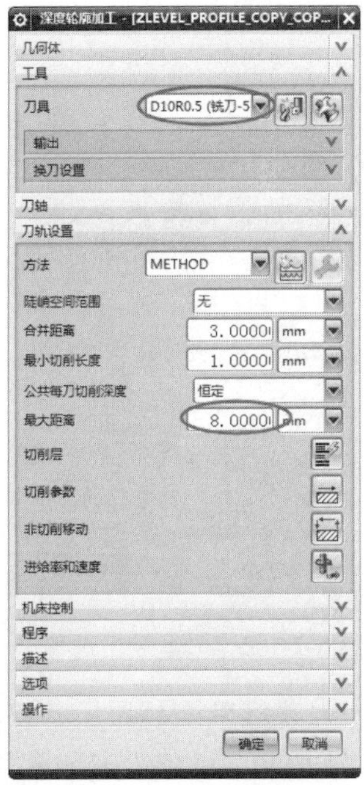

图 5-3-107　设置刀轨基本参数 8

（3）设置切削参数。单击按钮，弹出“切削参数”对话框。在图 5-3-108 所示的“余量”选项卡中，设置“部件侧面余量”为-0.02mm，“部件底面余量”为 0mm，内外公差为 0.01mm；在图 5-3-109 所示的“连接”选项卡中，设置“层到层”的转移方式为“沿部件斜进刀”，“斜坡角”为 5°。其他参数保持不变，单击“确定”按钮，完成切削参数设置。

图 5-3-108　“余量”选项卡 7

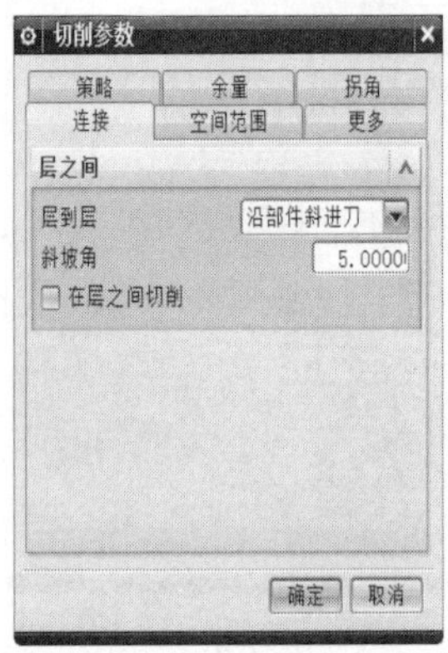

图 5-3-109　“连接”选项卡 2

（4）设置非切削移动参数。在图 5-3-110 所示的“起点/钻点”选项卡中，在“拐角”处选择图 5-3-111 所示的点。其余参数保持不变，单击“确定”按钮，完成非切削移动参数设置。

（5）设置进给率和速度参数。单击按钮，弹出“进给率和速度”对话框，如图 5-3-112 所示。选中“主轴速度”复选框，设置转速为 6500（单位为 r/min）；单击按钮，系统自动计算表面速度与每齿进给量；由于是精光加工，进给率适当降低，设置为 1000mm/min。单击“确定”按钮，完成进给率和速度设置。

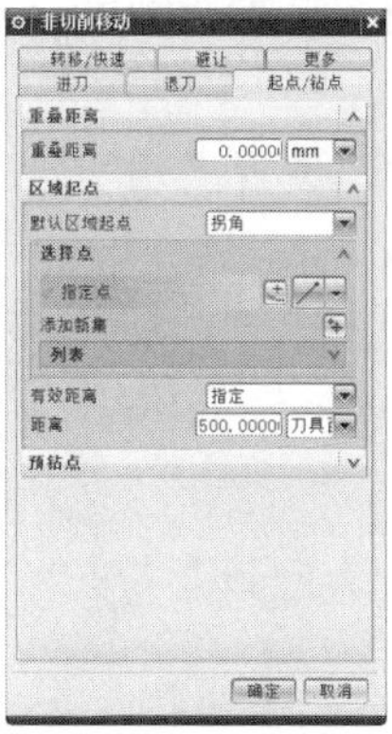

图 5-3-110　“起点/钻点”选项卡 3

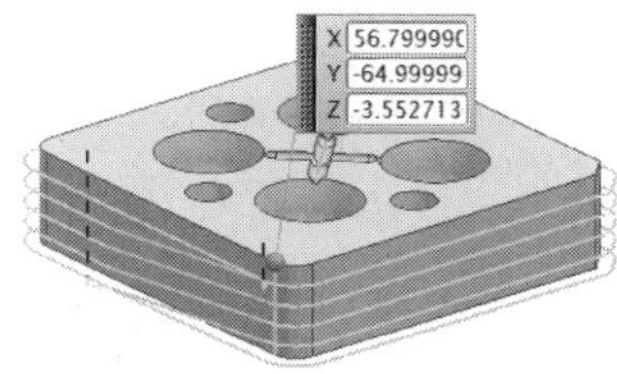

图 5-3-111　点的位置

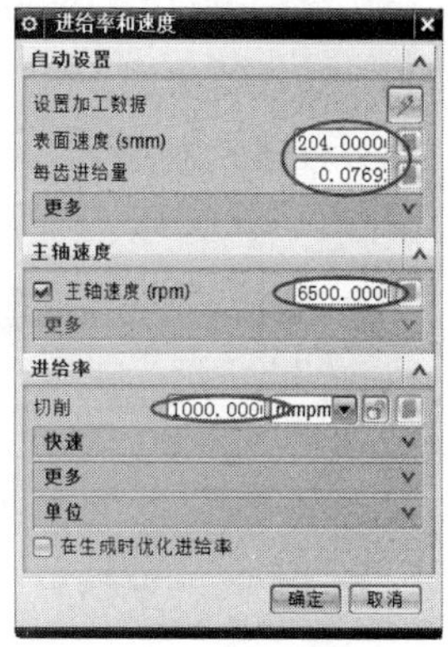

图 5-3-112　“进给率和速度”对话框 9

（6）生成外轮廓精加工刀轨。单击按钮，系统自动完成酒杯型腔外轮廓精加工刀轨的计算，刀轨效果如图 5-3-113 所示。

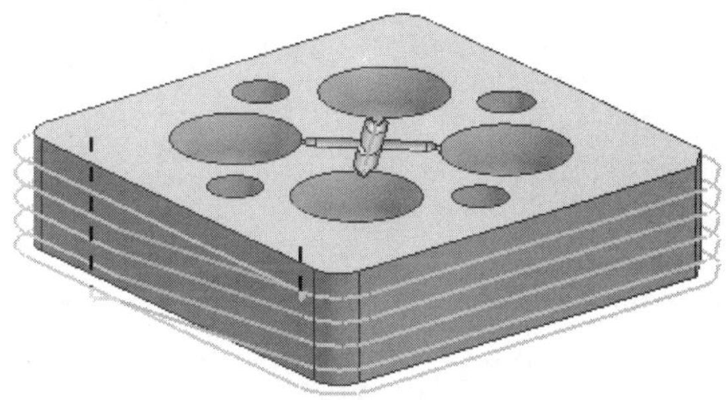

图 5-3-113　外轮廓精加工刀轨效果

3. 酒杯型腔成型面精加工

（1）创建工序。在“工序导航器-程序顺序”中选中并复制 ZLEVEL_PROFILE_COPY_COPY，得到图 5-3-114 所示的工序。成型面精加工工序就在该工序基础上进行设置。

（2）几何体设置——指定切削区域。在“几何体”选项区域中单击按钮，选择图 5-3-115 所示酒杯型腔成型面作为切削区域，完成几何体设置。

图 5-3-114　复制工序 6

图 5-3-115　指定酒杯型腔成型面为切削区域

微课：第 12 步　成型面精光

（3）设置刀轨基本参数。在图 5-3-116 所示的“深度轮廓加工”对话框中，设置每刀最大距离为 0.12mm，完成刀轨基本参数设置。

（4）设置切削层。在图 5-3-117 所示的“切削层”对话框中，设置“切削层”为“最优化”，其他参数保持不变。

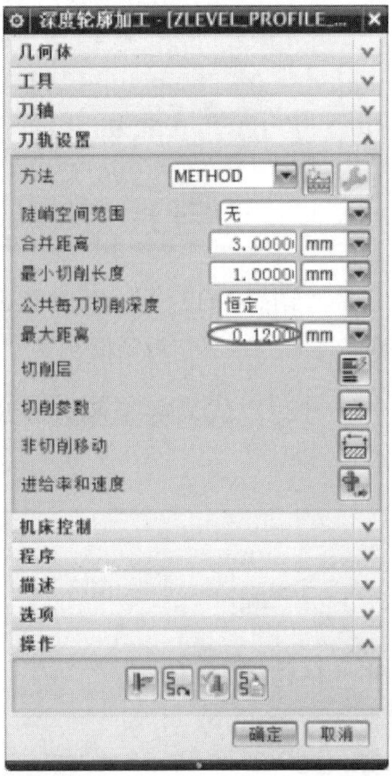

图 5-3-116 设置刀轨基本参数 9

图 5-3-117 “切削层”对话框 3

（5）设置切削参数。单击按钮，弹出“切削参数”对话框。在图 5-3-118 所示的“余量”选项卡中，设置“部件侧面余量”为 0.1mm，“部件底面余量”为 0.1mm，内外公差为 0.13mm；在图 5-3-119 所示的“连接”选项卡中，设置“层到层”为“沿部件交叉斜进刀”，“斜坡角”为 3°；在图 5-3-120 所示的“策略”选项卡中，设置“切削方向”为“顺铣”，“切削顺序”为“深度优先”。其余参数保持不变，单击“确定”按钮，完成切削参数设置。

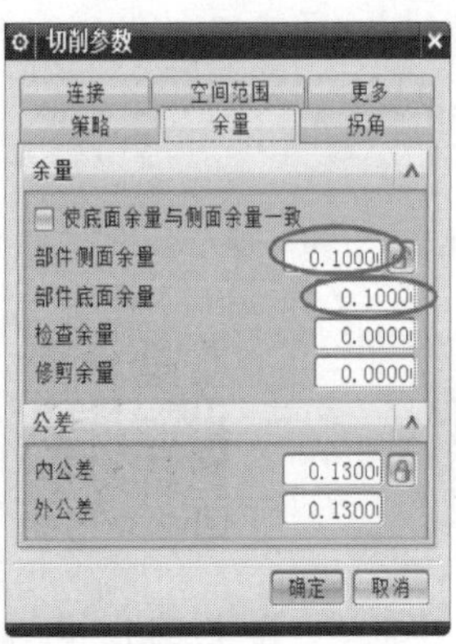

图 5-3-118 “余量”选项卡 8

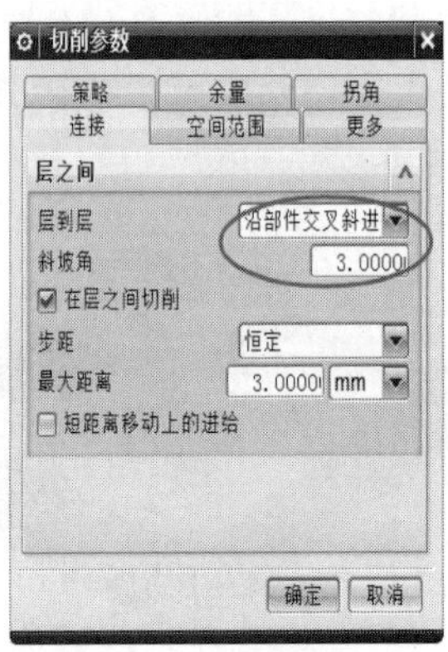

图 5-3-119 “连接”选项卡 3

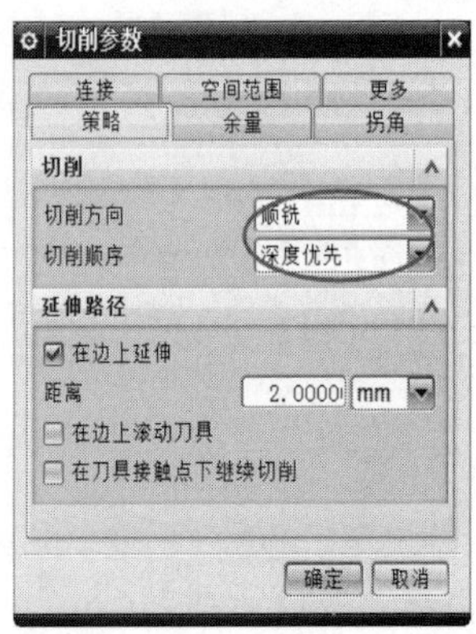

图 5-3-120 “策略”选项卡 6

（6）设置进给率和速度参数。单击按钮，弹出“进给率和速度”对话框，如图 5-3-121 所示。选中“主轴速度”复选框，设置转速为 6500（单位为 r/min）；单击按钮，系统自动计算表面速度与每齿进给量；由于是精光加工，进给率适当降低，设置为 1000mm/min。单击“确定”按钮，完成进给率和速度设置。

（7）生成成型面精加工刀轨。单击按钮，系统自动完成酒杯型腔成型面精加工刀轨的计算，刀轨效果如图 5-3-122 所示。

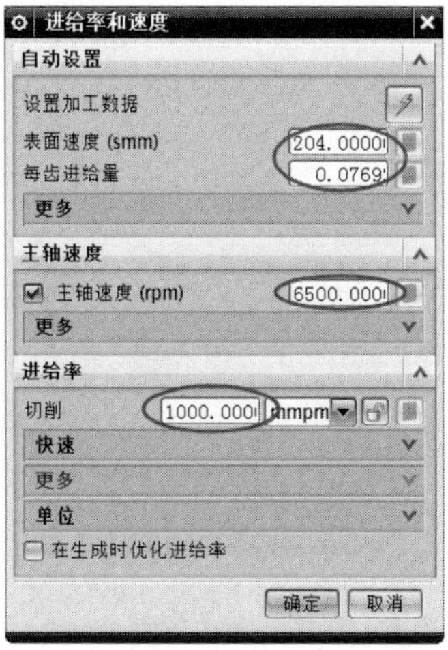

图 5-3-121　“进给率和速度”对话框 10

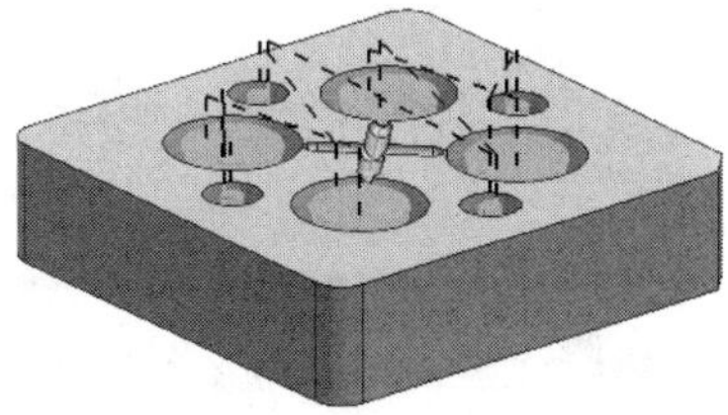

图 5-3-122　成型面精加工刀轨效果

4. 酒杯型腔成型面底面精光加工

（1）创建工序。在“工序导航器-程序顺序”中选中并复制 FLOOR_WALL，粘贴后得到图 5-3-123 所示的工序。成型面底面精加工工序就在该工序基础上进行设置。

（2）几何体设置——指定切削区域。在“几何体”选项区域中单击按钮，选择图 5-3-124 所示的酒杯型腔成型面底面作为切削区域，完成几何体设置。

图 5-3-123　复制工序 7

图 5-3-124　指定酒杯型腔成型面底面为切削区域

微课：第 13 步　成型面底面精光

（3）设置刀轨基本参数。在“底壁加工”对话框“刀轨设置”选项区域中，设置“切削区域空间范围”为“底面”，“切削模式”为“跟随周边”，“步距”为 50% 刀具直径，“底面毛坯厚度”为 3mm，每刀切削深度保持默认的 0（一刀切除）。其他参数保持不变，刀轨基本参数设置如图 5-3-125 所示。

（4）切削层设置。在图 5-3-126 所示的“切削层”对话框中，设置“切削层”为“最优化”，其他参数保持不变。

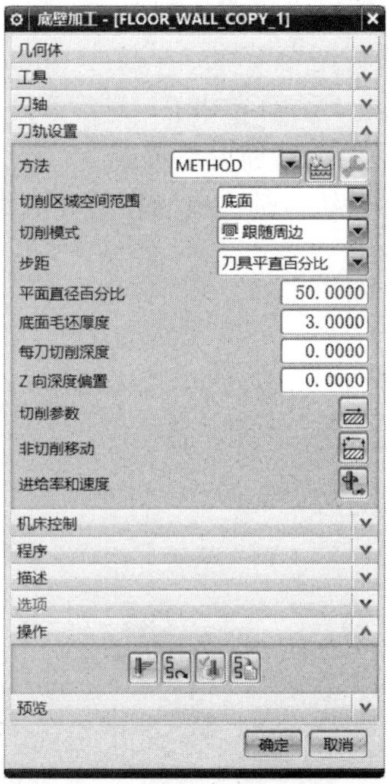

图 5-3-125 设置刀轨基本参数 10

图 5-3-126 “切削层”对话框 4

（5）设置切削参数。单击按钮，弹出“切削参数”对话框。在图 5-3-127 所示的“余量”选项卡中，设置“部件余量”为 0mm，“最终底面余量”为 0mm，内外公差为 0.01mm；在图 5-3-128 所示的“空间范围”选项卡中，设置“简化形状”为“轮廓”；在图 5-3-129 所示的“策略”选项卡中，设置“切削方向”为“顺铣”，“刀路方向”为“向外”，选中“添加精加工刀路”复选框，设置“刀路数”为 1，“精加工步距”为 0.1mm。其余参数保持不变，单击“确定”按钮，完成切削参数设置。

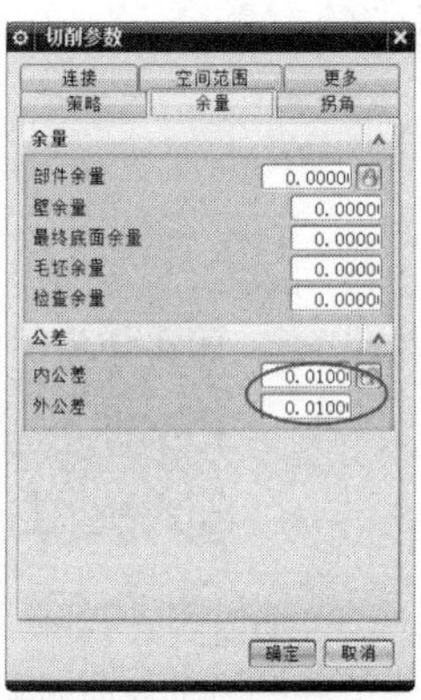

图 5-3-127 “余量”选项卡 9

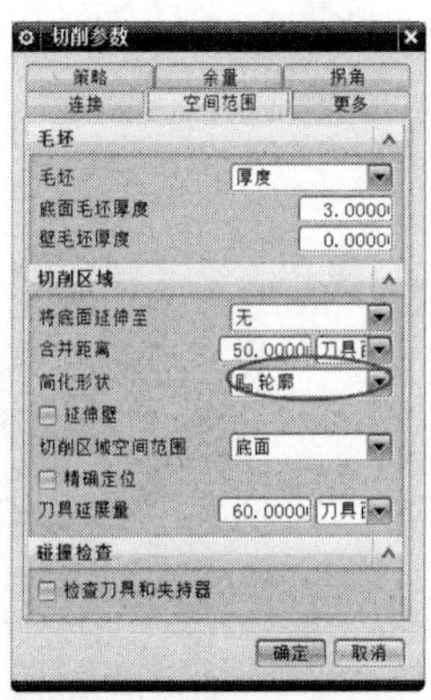

图 5-3-128 “空间范围”选项卡 2

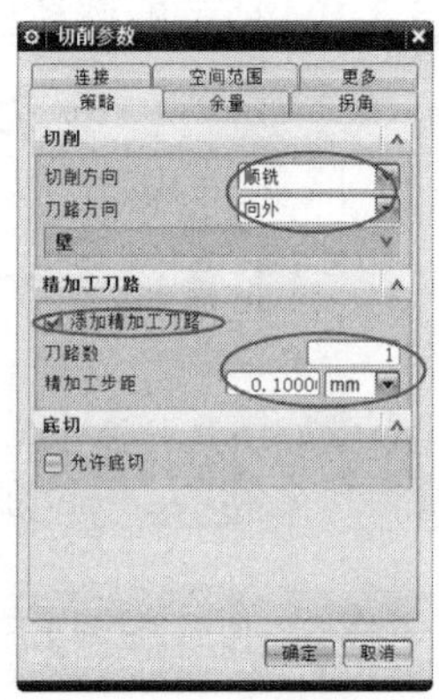

图 5-3-129 “策略”选项卡 7

（6）设置进给率和速度参数。单击按钮，弹出“进给率和速度”对话框，如图 5-3-130 所示。选中“主轴速度”复选框，设置转速为 6500（单位为 r/min）；单击按钮，系统自动计算表面速度与每齿进给量；由于是精光加工，进给率适当降低，设置为 600mm/min。单击“确定”按钮，完成进给率和速度设置。

（7）生成成型面底面精加工刀轨。单击按钮，系统自动完成酒杯型腔成型面底面精加工刀轨的计算，刀轨效果如图 5-3-131 所示。

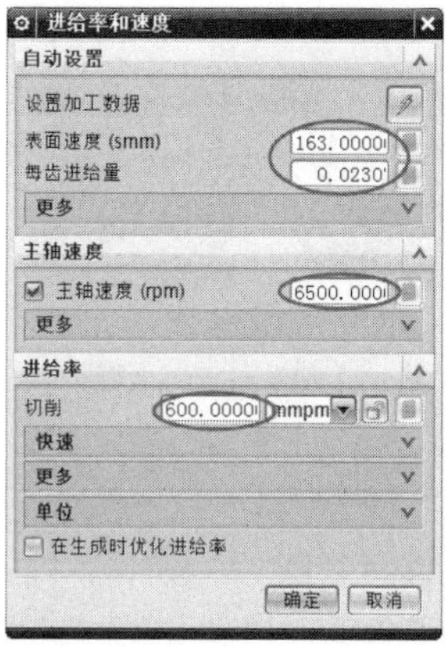

图 5-3-130 “进给率和速度”对话框 11

图 5-3-131 成型面底面精加工刀轨效果

5. 酒杯型腔杯底刻字加工

（1）创建刻字加工工序。在工具条中单击按钮，弹出“创建工序”对话框，如图 5-3-132 所示。在“类型”下拉列表中选择 mill_contour；单击按钮；刀具选择 D0.3（用于刻字加工），“几何体”选择 WORKPIECE。单击“确定”按钮，弹出“轮廓文本”对话框。

（2）几何体设置——指定制图文本。在“几何体”选项区域中，单击按钮，选择图 5-3-133 所示的文本文字。

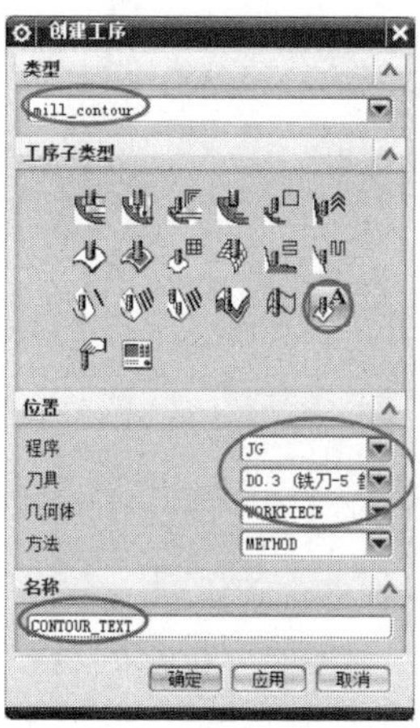

图 5-3-132 “创建工序”对话框 5

图 5-3-133 指定制图文本

微课：第 14 步 杯底刻字加工

（3）设置刀轨基本参数。在图 5-3-134 所示的“刀轨设置”选项区域中，设置文本深度为 0.5mm，其他参数保持不变。

（4）设置切削参数。在“切削参数”对话框中，主要对“多刀路”选项卡进行设置。在图 5-3-135 所示的“多刀路”选项卡中，设置“部件余量偏置”为 0.5mm，选中“多重深度切削”复选框，“步进方法”为“刀路”，“刀路数”为 20。其他参数保持不变，单击“确定”按钮，完成切削参数设置。

图 5-3-134 设置刀轨基本参数 11

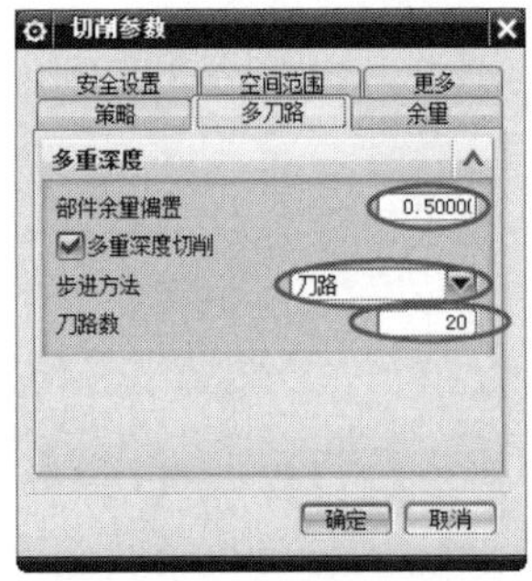

图 5-3-135 “多刀路”选项卡

（5）设置非切削移动参数。单击按钮，弹出“非切削移动”对话框。在图 5-3-136 所示的“进刀”选项卡中，设置开放区域的“高度”为 3mm。其他参数保持不变，单击“确定”按钮，完成非切削移动参数设置。

（6）设置进给率和速度参数。单击按钮，弹出“进给率和速度”对话框，如图 5-3-137 所示。选中“主轴速度”复选框，设置转速为 18000（单位为 r/min）；单击按钮，系统自动计算表面速度与每齿进给量；设置进给率为 300mm/min。单击“确定”按钮，完成进给率和速度设置。

（7）生成杯底刻字加工刀轨。单击按钮，弹出图 5-3-138 所示“操作参数警告”提示框，单击“否”按钮，系统自动完成酒杯刻字加工刀轨的计算，刀轨效果如图 5-3-139 所示。

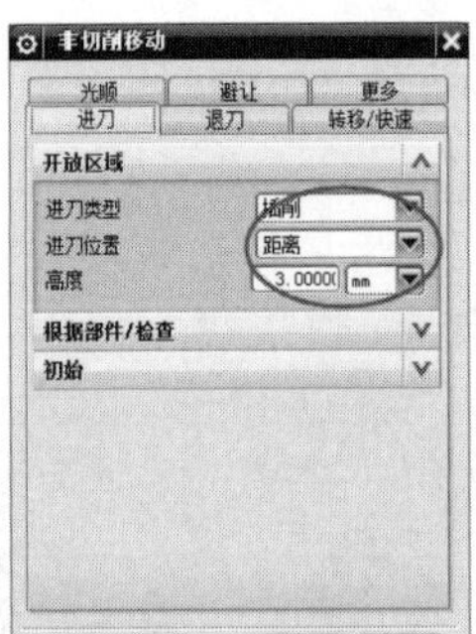

图 5-3-136 “非切削移动”对话框的“进刀”选项卡

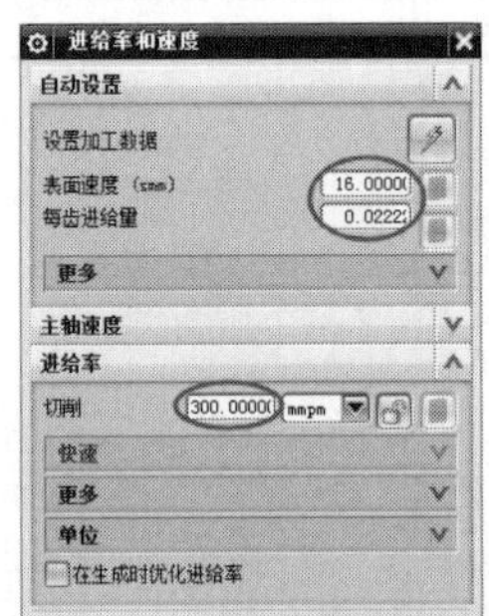

图 5-3-137 “进给率和速度”对话框 12

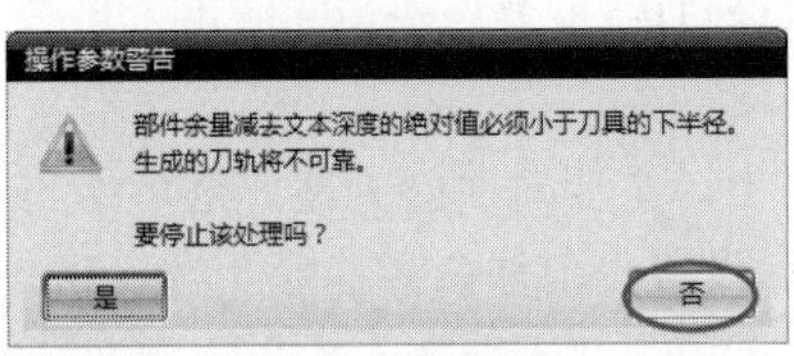

图 5-3-138 “操作参数警告”提示框

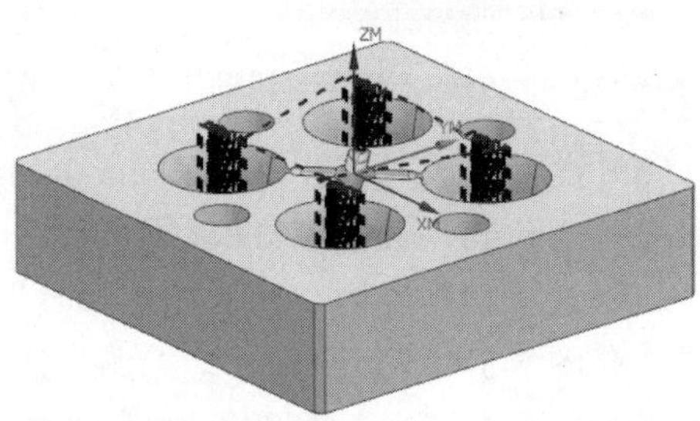

图 5-3-139 杯底刻字加工刀轨效果

5.3.6　酒杯型腔零件 CAM——仿真与后处理

1．酒杯型腔零件 CAM 刀轨仿真

通过 NX 10.0 对刀轨进行仿真，确认刀轨的正确性。

（1）在“工序导航器-程序顺序”视图下选中所有加工工序，如图 5-3-140 所示，右击，在弹出的快捷菜单中选择“刀轨”→“确认”命令，弹出图 5-3-141 所示的“刀轨可视化”对话框。

（2）单击“碰撞设置”按钮，弹出图 5-3-142 所示的“碰撞设置”对话框，选中“碰撞时暂停”复选框，单击“确定”按钮，完成设置。

微课：第 15 步　仿真与后处理

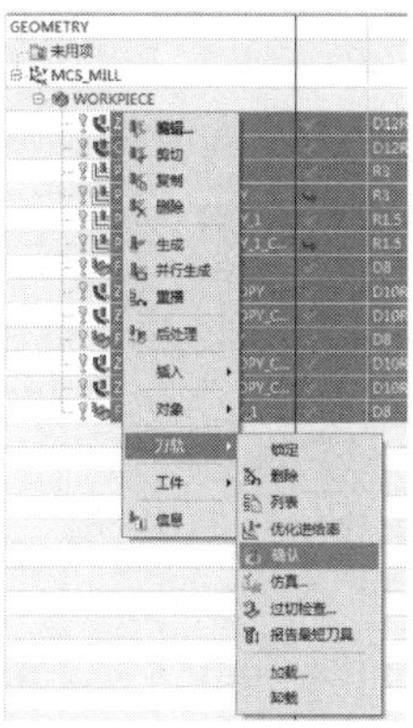

图 5-3-140　选中所有工序

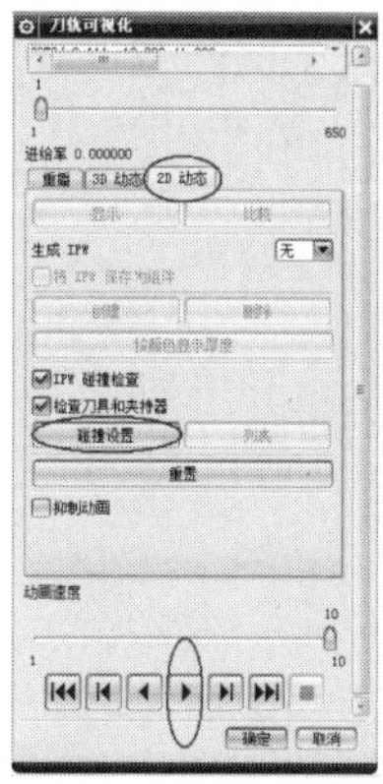

图 5-3-141　“刀轨可视化”对话框

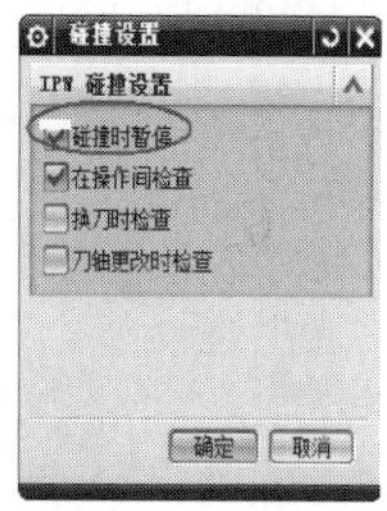

图 5-3-142　“碰撞设置”对话框

（3）在“刀轨可视化”对话框中可以选择生成 IPW。在“生成 IPW”下拉列表中选择“中等”选项（对显卡要求不高）。模拟完成后，如果单击“创建”按钮，系统将创建一个“三角片体集”的 IPW。

（4）单击▶按钮，系统播放所有模拟切削过程动画，如图 5-3-143 所示。动画速度可以通过拖动按钮来调节。完成仿真后，单击“按颜色显示厚度”按钮，弹出图 5-3-144 所示的“厚度-按颜色”对话框。可以通过指定点的方式来侦测余量厚度，发现铣削加工全部到位，如图 5-3-145 所示。

（a）外轮廓粗加工

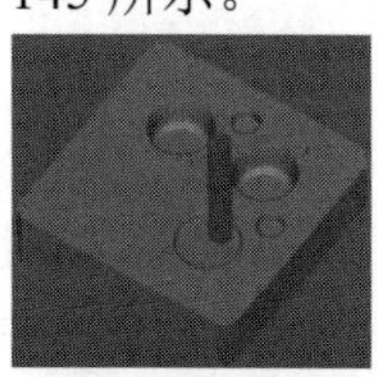

（b）整体开粗

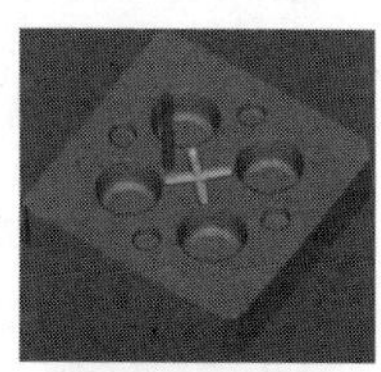

（c）流道加工

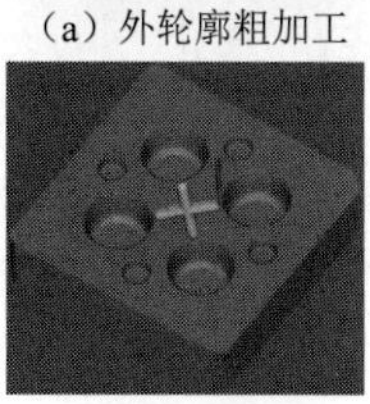

（d）浇口加工

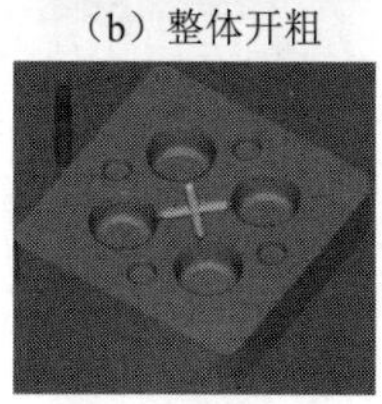

（e）分型面半精

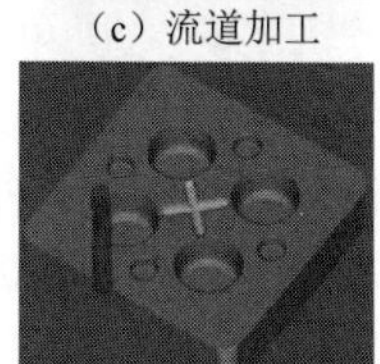

（f）外轮廓半精

图 5-3-143　酒杯型腔加工刀轨仿真过程

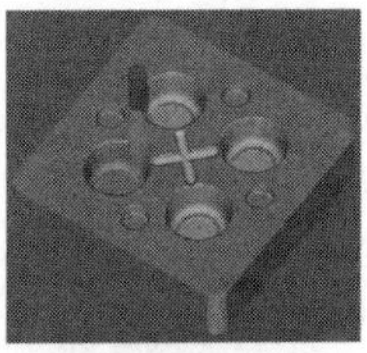

（g）成型面半精

（h）分型面精光

（i）外轮廓精光

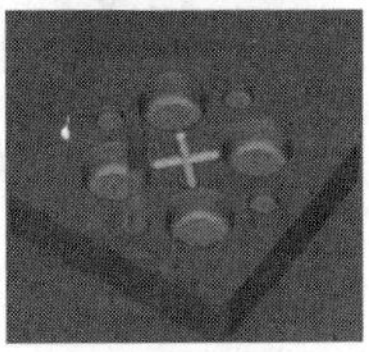

（j）成型面精光

（k）成型面底面精光

（l）刻字投影加工

图 5-3-143 （续）

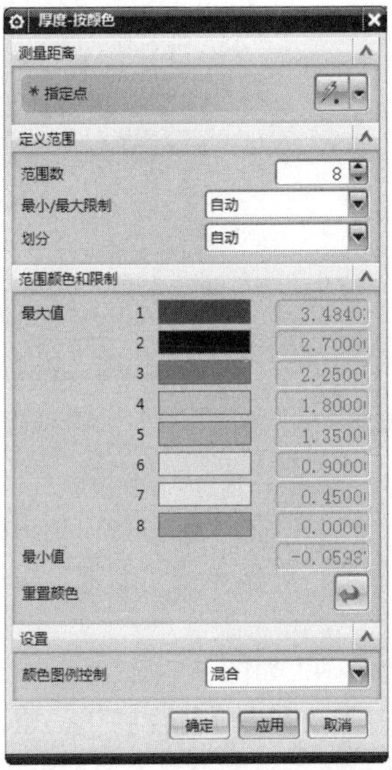

图 5-3-144 “厚度-按颜色”对话框

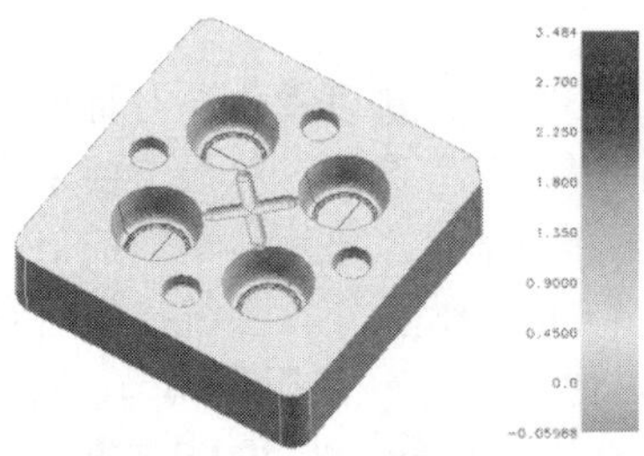

图 5-3-145 酒杯型腔 IPW 余量侦测

2. 酒杯型腔零件 CAM 刀轨后处理

通过 NX 10.0 自带的后处理器对刀轨进行后处理，得到生产加工用的程序代码，为机床进行加工做好准备。刀轨后处理可以单个工序处理，也可以通过 Shift 键选择多个刀轨同时处理。一般情况下，先处理开粗工序，机床在开粗加工的同时进行后续工序的设置。

（1）在“工序导航器-几何”视图中，右击所需处理的工序，在弹出的快捷菜单中选择“后处理”命令（图 5-3-146），弹出图 5-3-147 所示的“后处理”对话框。

图 5-3-146　选择“后处理”命令

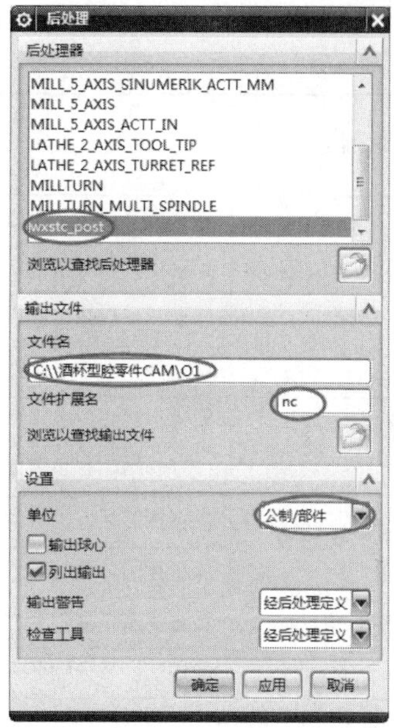

图 5-3-147　“后处理”对话框

（2）在“后处理器”列表框中选择之前创建的后处理文件 wxstc_post，在“输出文件”选项区域中设置保存路径，修改后处理文件名为“O1”，文件扩展名修改为“nc”；在“设置”选项区域中修改单位为“公制/部件”。单击“确定”按钮，完成后处理设置，系统自动处理，得到图 5-3-148 所示的开粗工序程序代码。

（3）以相同的操作对后续各个工序进行后处理，得到酒杯型腔零件铣削加工的全部 13 个程序，如图 5-3-149 所示，其中 O3 和 O4 为流道铣削刀轨，O5 和 O6 为浇口铣削刀轨。

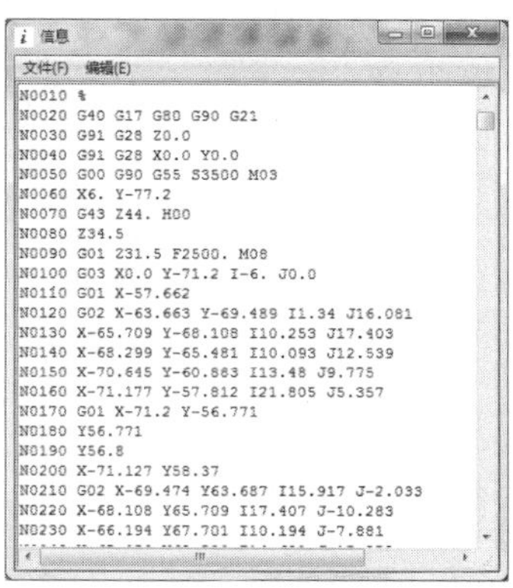

图 5-3-148　开粗工序程序代码

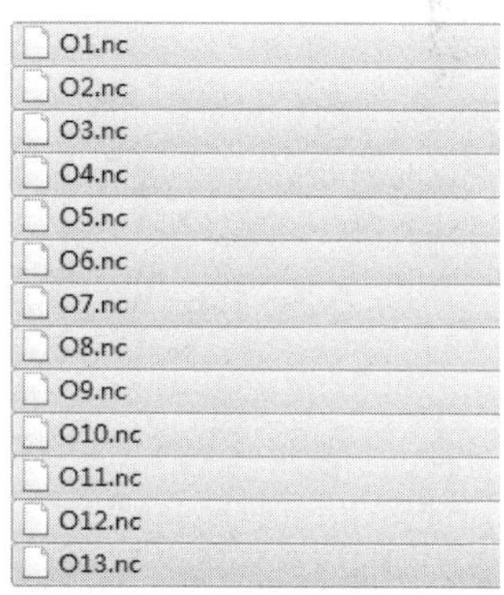

图 5-3-149　酒杯型腔 CAM 所有程序

5.4　考核评价：酒杯型腔零件 CAM 项目任务实施评价

根据酒杯型腔零件 CAM 技术项目任务实施完成情况进行评价（表 5-4-1）。

表 5-4-1 酒杯型腔零件 CAM 项目任务实施评价

班级： 姓名： 年 月 日

核心能力	评价指标	自我评价（掌握程度）		
		合格	良好	优秀
掌握酒杯型腔零件 CAM 技术	理解模具电极加工原理			
	了解模具制造用电极设计的基本标准			
	掌握酒杯型腔电极设计			
	掌握酒杯型腔定制要求、制作过程、处理结果检验			
酒杯型腔零件 CAM 设置	能进行酒杯型腔零件制造工艺规划			
	能进行酒杯型腔零件 CAM 数字模型导入与处理			
	能进行酒杯型腔零件 CAM 铣削准备			
	能进行酒杯型腔零件 CAM 开粗与补开粗			
	能进行酒杯型腔零件 CAM 半精加工和精光加工			
	能进行酒杯型腔零件 CAM 仿真与后处理			
其他				
学习体会				
教师评价 年 月 日				

参 考 文 献

葛正浩，樊小蒲，2008．UG NX 5.0 典型机械零件设计实训教程[M]．北京：化学工业出版社．
王姬，吕斌，2008．CAD/CAM 建模与实训[M]．北京：高等教育出版社．
袁锋，2013．计算机辅助设计与制造实训图库[M]．北京：机械工业出版社．